기독교문서선교회(Christian Literature Center: 약칭 CLC)는 1941년 영국 콜체스터에서 켄 아담스에 의해 시작되었으며 국제 본부는 미국 필라델피아에 있습니다.
국제 CLC는 59개 나라에서 180개의 본부를 두고, 약 650여 명의 선교사들이 이동도서차량 40대를 이용하여 문서 보급에 힘쓰고 있으며 이메일 주문을 통해 130여 국으로 책을 공급하고 있습니다. 한국 CLC는 청교도적 복음주의 신학과 신앙 서적을 출판하는 문서선교기관으로서, 한 영혼이라도 구원되길 소망하면서 주님이 오시는 그날까지 최선을 다할 것입니다.

# 개혁신학과 한국 장로교 보수신학

*Reformed Theology and Korean Presbyterian Conservative Theology*
Written by Byung-Ho Moon
All rights reserved.
Korean Edition Copyright ⓒ 2019 by Christian Literature Center, Seoul, Korea

## 개혁신학과 한국 장로교 보수신학

2019년 3월 29일 초판 발행

지은이 | 문병호

편집 | 곽진수
디자인 | 박인미
펴낸곳 | (사)기독교문서선교회
등록 | 제16-25호(1980.1.18)
주소 | 서울특별시 서초구 방배로 68
전화 | 02-586-8761~3(본사) 031-942-8761(영업부)
팩스 | 02-523-0131(본사) 031-942-8763(영업부)
이메일 | clckor@gmail.com
홈페이지 | www.clcbook.com
송금계좌 | 기업은행 073-000308-04-020 (사)기독교문서선교회
ISBN 978-89-341-1948-7 (93230)

이 도서의 국립중앙도서관 출판예정도서목록(CIP)은 서지정보유통지원시스템 홈페이지 (http://seoji.nl.go.kr)와 국가자료공동목록시스템(http://www.nl.go.kr/kolisnet)에서 이용하실 수 있습니다. (CIP제어번호: CIP2019006658)

이 책의 저작권은 저자와 (사)기독교문서선교회가 소유합니다. 신저작권법에 의하여 한국 내에서 보호받는 저작물이므로 무단 전재와 무단 복제를 금합니다.

# 개혁신학과 한국 장로교 보수신학

문병호 지음

CLC

# 목차

저자 서문     6

## 제1부 한국교회와 개혁신학의 계승과 심화     13
  제1장 개혁신학과 신앙의 요체     14
  제2장 다시 돌아보는 칼빈신학     42
  제3장 한국 장로교의 신학적 기원과 형성     70
  제4장 한국 장로교의 신학적 맥락: 칼빈, 녹스, "웨스트민스터 신앙고백서," 박형룡     101

## 제2부 한국 장로교 보수신학     131
  제5장 박형룡의 언약신학: '언약적 전가' 개념을 중심으로     132
  제6장 박형룡의 기독론: 구속사적-구원론적 관점에서     153
  제7장 박윤선의 언약신학: 개혁신학의 성경신학적 적용     177
  제8장 정규오의 자유주의 신학 비평     209
  제9장 WCC와 한국교회: 죽산 박형룡과 해원 정규오 중심으로     238
  제10장 서철원의 그리스도의 중보론     270
  제11장 김길성의 교회론     317

본서에 수록된 필자의 논문     338
참고 문헌     339
주제별 색인     354
성구 색인     361
인명 색인     364

# 저자 서문

## 우리가 서 있는 자리에 대한 조직신학적, 교리사적 고찰

본서는 부족한 종이 그동안 학계와 교계에 상제했던 개혁신학과 한국 장로교 보수신학에 대한 논문 12편을 축약해서 11장으로 담고 있다.

필자는 그동안 몇 권의 책과 다수의 논문을 통하여서 존 칼빈과 그를 잇는 칼빈주의자들의 신학을 다각도로 조명해 왔다. 무엇보다 이를 위하여 먼저 그 연원을 밝혀야 했던바, 터툴리안, 아타나시우스, 세 명의 갑바도기아 신학자들, 알렉산드리아의 키릴, 비잔티움의 레온티우스, 고백자 막시무스 등을 비롯한 초대 교부들의 신학을 탐구하였다. 그리고 그 계승과 심화로서, 프란시스 뚤레틴과 존 오웬 등으로 대변되는 정통 개혁신학자들과 청교도 신학자들 그리고 헤르만 바빙크와 찰스 핫지와 B. B. 워필드를 위시한 근현대의 개혁신학자들에 이르는 정통적 입장을 종합적이고 체계적으로 정리하는 데 지속적인 관심을 쏟았다. 그뿐만 아니라, 이러한 일련의 과정에서 필히 수반되어야 할 초대교회 이후의 신경을 조직신학적이고 교리사적으로 파악하는 데 다름대로 심혈을 기울였다. 또한 프리드리히 슐라이어마허, 칼 바르트, 칼 라너, 폴 틸리히, 볼프하르트 판넨베르그를 필두로 하는 자유주의 신학, 신정통주의 신학, 로마 가톨릭 신학, 여타 현대신학의 오류를 지적함으로 정통신학을 변증하는 일도 주된 신학적 과제로 여기고 일련의 논문을 통하여서 입장을 지속적으로 개진해 왔다. 이러한 관심사는 2013년 세계교회협의회(WCC) 제10차 부산 총회를 겨냥한 여러 비판적인 글 가운데서 여러모로 반영되었다.

이러한 탐구의 작은 결실로는, 필자의 박사학위 논문을 책으로 엮어 영국에서 출간된 *Christ the Mediator of the Law: Calvin's Christological Understanding of the Law as the Rule of Living and Life-Giving* (Milton Keynes, UK: Paternoster, 2006)을 필두로, 『30주제로 풀어 쓴 기독교 강요: 성경교리정해』(서울: 생명의말씀사, 2011, 수정증보판, 2013), 『교회의 '하나 됨'과 교리의 '하나임': WCC의 '비(非)성경적,' '반(反)교리적' 에큐메니즘 비판, 정통 개혁주의 조직신학적 관점에서』(서울: 지평서원, 2012), 『칼빈신학: 근본 성경교리 해석』(서울: 지평서원, 2015), 『기독론: 중보자 그리스도의 인격과 사역』(서울: 생명의말씀사, 2016) 등의 책과 다수의 논문이 있다. 이러한 필자의 신학적 주관심사는 지금 내가 서 있는 자리를 회고하고 전망하는 데에 필히 관련될 수밖에 없었는데, 장래의 목회자들, 신학자들, 교회지도자들을 양성하는 총신대학교 신학대학원에서의 교편은 정확히 이러한 요구와 맞닿아 있었다. 또한 필자가 본교에서 가르치기 시작한 이후 연이어진 칼빈 출생 500주년, 본교가 속한 교단총회 100주년, 위에서 언급한 WCC 부산 총회, 로마 가톨릭 교황의 한국방문, 종교개혁 500주년 등도 여러 모양으로 개혁신학과 한국 기독교 신학, 특정해서, 개혁신학과 장로교 보수신학의 맥과 요체와 체계와 영향 등에 대한 연구의 필요성을 진작시키는 데 일조하였다.

본서는 2부 11장으로 구성되어 있다. 각 장마다 한 편의 논문을 싣고 있는데, 제10장 "서철원의 그리스도의 중보론"은 본래 두 편으로 게재되었던 것을 한 편으로 묶어 한 장으로 다루었다.

제1부는 "한국교회와 개혁신학의 계승과 심화"라는 제하에 네 편의 글에 할애된다.

제1장 "개혁신학과 신앙의 요체"에서는 개혁신학을 개혁교회의 신학이라는 관점에서 정의하고 그 의의와 가치를 일별한 이후 그 내용을 조망한다. 개혁신학은 칼빈의 신학을 계승하고 심화시킨 역사적 개혁교회의 산물이다. 그러므로 그 특성을 고찰하기 위해서는 교리사적 연구와 교리적 실체에 대한 탐구가 선행되어야 하며 교회적 적용도 염두에 두어야 한다. 본 장은 이러한 취지에서 칼빈과 그를 잇는 개혁신학으로부터 한국 장로교 보수신학에 이르는 신학적, 역사적 맥을 짚어보고자 한다.

제2장 "다시 돌아보는 칼빈신학"에서는 먼저 칼빈을 성경의 전체 진리를 엄밀하게 파악하여 종합적이며 체계적으로 정리한 조직신학자로서 다룸이 마땅함을 제언하고 『기독교 강요』와 제1차 『신앙교육서』를 통하여서 그가 계시론, 신론, 인간론, 기독론, 구원론과 종말론, 교회론의 순서로 개진한 조직신학의 구조가 후대의 조직신학자들에게 전형이 됨을 논증한다. 그리고 칼빈신학을 열네 가지 측면에서 조망한 후 향후 그것이 어떻게 심화되어야 할 것인지를 전망한다.

제3장 "한국 장로교의 신학적 기원과 형성"에서는 칼빈신학에 터 잡아 형성된 개혁신학이 한국 장로교에 전래된 과정과 그것이 미친 영향을 교리사적으로 고찰하는 데 주안점을 가지고, 칼빈신학의 장로교적 특성, 이를 활용한 존 녹스의 장로교 정체의 수립, 그것이 웨스트민스터 총회에 미친 영향, 그 자리에 서 있는 한국 장로교 보수신학을 순차적으로 다룬다.

제4장 "한국 장로교의 신학적 맥락: 칼빈, 녹스, '웨스트민스터 신앙고백서,' 박형룡"은 제3장에서 살펴 본 교리사적 맥락이 "기독론적 교회론"이라는 신학적 맥락으로부터 기인한다는 점을 환기시킨 후, 그리스도의 의의 언약적 전가를 전제하는 무조건적 선택의 교리 위에 가시적이고 비가시적인 교회의 본질과 당위를 정초시키는 데 장로교 신학의 본질이 있음을 논증한다.

제2부는 "한국 장로교 보수신학" 제하에 일곱 편의 글에 할애된다.

제5장 "박형룡의 언약신학: '언약적 전가' 개념을 중심으로"는 박형룡 신학의 조직신학적 체계와 요체를 개혁신학자들이 추구해 온 정통적인 방식인 구속사적-구원론적 관점에서 파악하는 데 주안점을 둔다. 먼저 그가 서 있는 언약신학의 자리를 일별하고, 그리스도의 의의 전가에 기초한 그의 속죄론을 탐구한 후, 선택과 유기의 이중예정론이 담고 있는 기독론적이며 구원론적인 의의와 가치에 대해서 고찰한다.

제6장 "박형룡의 기독론: 구속사적-구원론적 관점에서"는 그리스도가 당하신 순종과 행하신 순종을 통하여서 모든 언약과 절기와 제사를 다 이루심이 새 언약의 성취하는 점과 그 다 이루신 의의 전가로써 성도가 누리는 칭의와 성화의 이중적 은총이 그 열매라는 점에 주안점을 두고 박형룡의 개혁신학자로서의 면모와 그가 추구한 장로교 청교도주의의 의의와 가치를 고찰한다.

제7장 "박윤선의 언약신학: 개혁신학의 성경신학적 적용"은 그가 "계약론"이라는 이름으로 전개하고 있는 언약신학을 전체적으로 조망함으로써 그리스도를 언약의 머리로서, 성도의 그리스도와의 연합을 언약의

작용으로서, 그리고 칭의와 성화의 이중적 은총을 언약의 열매로서 개진하고 있는 그의 입장이 어떤 면에서 개혁신학의 궤에 서 있는지를 그가 남긴 몇몇 교리적 저술들과 성경 전반에 걸친 주석을 통하여서 파악하는 데 주안점을 둔다.

제8장 "정규오의 자유주의 신학 비평"은 모범적인 목회자였으며 교정(敎政)의 지혜가 남달랐을 뿐만 아니라 충실하고 면밀한 신학에 서서 한국교회를 현대 사조로부터 지키려고 애썼던 정규오의 사상을 조직신학의 체계에 따라서 교리 조목별로 고찰한다. 여기에서 우리는 개혁신학을 계승한 한국 장로교 보수신학이 교회의 목회와 교계의 정치에 어떻게 수용되어 일체화되어 갔는지에 대한 단초를 얻게 된다.

제9장 "WCC와 한국교회: 죽산 박형룡과 해원 정규오 중심으로"에서는 WCC의 도전에 직면하여 한국 장로교 보수신학을 굳건히 지켜내는 데 중심적인 역할을 한 두 인물이 당대 사조와 세속적 가치에 함몰된 에큐메니즘을 표방하는 WCC가 정통적 신학과 신앙을 버린 비성경적이며 반교리적인 기구라는 사실을 분명히 직시하였으며 WCC 신학을 극단화하면 결국 탈교회주의 혹은 무교회주의에 이르게 될 수밖에 없다는 점을 간파하였음을 고찰한다.

제10장 "서철원의 그리스도의 중보론"에서는 그가 성경 전체의 가르침이 그리스도가 창조중보자로서 구원중보자이심을 계시하여 구속사의 경륜과 개인 구원서정을 동시에 전망하게 한다는 점에서 신학이 기독론에 기초하여야 한다는 관점을 견지하여 신학서론을 그 계시로서, 신론을 그 본질로서, 인간론을 그 당위로서, 구원론을 그 적용으로서, 교회론을 그 확산으로서, 종말론을 그 완성으로서 다루고 있음이 논구된다.

제11장 "김길성의 교회론"에서는 그가 교회론을 단지 조직신학의 한 분과로서 외따로 다루는 것이 아니라 전체 교리를 조화롭게 아우르는 가운데서 성경신학과 역사신학 등과도 끊임없는 대화를 하면서 심층적, 역동적으로 개진하고 있음을 고찰하는바, 그의 신학이 사변적이라기보다는 고백적이고, 비판적이라기보다는 서술적이며, 논쟁적이라기보다는 변증적이라는 점이 논구된다.

자기가 쓴 글에 애착을 가져 그것이 널리 읽히고 오래 읽히길 바라는 것은 인지상정일 것이다. 그러나 자기의 글을 다시금 꺼내서 읽는다는 것은 섣불리 거울 앞에 자신을 세우는 것 이상으로 조심스런 일이다. 이와 같이 그 글을 엮어 책으로 낸다는 것은 더 그럴 것이다. 여러 논문을 모아서 한 권의 책으로 내는 그 과정에는 필히 수반되어야 할 몇몇 과제가 있었다.

첫째, 가급적 원래 논문을 그대로 유지하되 글의 흐름과 내용 전개에 있어서 필요한 경우 첨삭하거나 수정을 가하였다.

둘째, 전체적으로 용어 표기를 통일시켰다. 가급적 독자들의 일관적 이해를 돕기 위하여 미묘한 어의의 차이 등이 있을 때에는 기존 용어를 유지하되 설명을 더하였다.

셋째, 글의 출처는 모두 각주로 처리하였으며, 각주는 그 번호를 전체적으로 매겨 각주 번호가 중복되지 않게 하였다.

넷째, 주제별 색인과 성구 색인과 인명 색인을 작성해서 이해에 도움을 주고자 하였다.

다섯째, 라틴어 원문의 경우 이탤릭체로 표기한다. 다만 라틴어 문장 전체를 각주에 실은 경우에는 정자체로 둔다.

이 얼마의 지면으로는 본서의 주제를 충분히 다루기에 턱없이 부족하다는 것을 안다. 그렇지만 이렇듯 용기를 내는 것은 이를 교리사적이고 조직신학적인 관점에서 기술한 책이 한 권쯤 필요하다는 생각에서이다. 글은 혼자 쓰지만 책은 여럿이 모여야 나온다. 여기에 실린 글의 다수는 학회에서 발표된 것들이다. 그때마다 귀한 논평을 해 주신 분들께 이 자리를 빌려서 감사드린다. 글을 써 갈수록 구두점 하나라도 제자리에 올바르게 찍는 자세가 중요하다는 생각을 하게 된다. 이런 신중함에 있어서 제자 곽진수 목사는 남다르다. 착한 심성이라 글도 유하게 읽는 편인데, 그렇다고 틀린 것이나 어색한 것을 그냥 두고 넘어가지는 않는다. 이번에 교정과 편집과 더불어 각주와 색인 작업 등 여러 일로 수고를 아끼지 않았다. 좋은 목회자도 되고 좋은 책을 내는 신학자도 되길 바란다. 그리고 교회를 섬기고 가정을 돌보느라 쉴 틈이 없는 아내에게도 고맙다는 말을 남긴다. 보이는 것은 나타난 것으로 말미암아 된 것이 아니다. 무엇보다, 언제나 그렇듯이 주께서 모든 일을 다 이루셨음을 고백하며, 영원히 오직 하나님께만 영광을 올린다.

2019년 2월
우면산 자락에서
문병호

# 제1부 한국교회와 개혁신학의 계승과 심화

제1장 개혁신학과 신앙의 요체
제2장 다시 돌아보는 칼빈신학
제3장 한국 장로교의 신학적 기원과 형성
제4장 한국 장로교의 신학적 맥락:
   칼빈, 녹스, '웨스트민스터 신앙고백서,' 박형룡

# 제1장 개혁신학과 신앙의 요체

## 1. 들어가는 말: 연원

"개혁주의"란 무엇인가?

자주 이 말은 "칼빈주의"와 동의어로 사용된다. 개혁주의는 "오직 성경으로(*Sola Scriptura*)"라는 모토로 집약된다. 오직 성경 안에 오직 믿음, 오직 은혜, 오직 그리스도, 오직 하나님께 영광이라는 모토가 다 들어 있다. 존 칼빈(John Calvin)은 성경의 가르침에 가장 충실할 때, 그것이 가장 신학적이라고 여겼다. 그의 신학은 성경에서 시작되고, 성경에서 머문다.

칼빈의 영향 가운데, 개혁신학자들은 "성경의 복음"만을 "성경적 복음"이라고 보았다. 이는 포괄주의, 혼합주의, 다원주의가 "성경적"이라는 말에 대해서 매우 열린 입장을 지녀 "성경적 복음"을 "성경의 복음"에 국한하지 않는 것과는 분명 대조된다. 이러한 입장에 서 있는 사람들에게 있어서—비록 그들이 "복음주의"라고 자처하는 경우에도—"복음"이라는 단어는 더 이상 복음 자체를 의미하지 않는다.[1]

---

[1] 그러나 종교개혁의 본질이 "복음적 신앙(evangelical faith)"에 있으며 "오직 믿음," "오직 은혜," "오직 그리스도," "오직 성경"이라는 "근본공리들(fundamental axioms)"을 내포한다고 말하는 경우에 있어서와 같이 "개혁주의," "복음주의," "근본주의"의 용례는

개혁주의는 성경의 가르침에 따른 참 신학(*theologia vera*)과 참 경건(*pietas vera*)을 엄밀하게 추구한다. 그리하여 그것은 "보수주의" 혹은 "근본주의"라는 이름과 동일시되기도 한다. 개혁주의가 "보수주의"라고 불리는 이유는 그것이 고유한 기원(*origo*)과 근원(*fons*)에 충실하고자 하기 때문이다. 그리고 개혁주의가 "근본주의"라고 불리는 이유는 그것이 추호도 타협하지 않고 참 근본을 교회의 서고 넘어지는 조항으로서 견지해 왔기 때문이다.

개혁주의의 이러한 보수적, 근본적 성향은 단지 성향에 그치지 않고 신학적 정밀성으로 나타났다. 우리는 역사상 가장 현저한 예를 16세기 말 이후부터 칼빈의 후예들, 즉 칼빈주의자들에 의해서 수립된 개혁파 정통주의(Reformed Orthodoxy)"에서 발견하게 된다.

과연 "우리의 신학자(*theologus noster*)"라고 불릴만한 존 칼빈과 프란시스 뚤레틴(Francis Turretin), 헤르만 바빙크(Herman Bavinck), 아브라함 카위퍼(Abraham Kuyper), 찰스 핫지(Charles Hodge), B. B. 워필드(B. B. Warfield) 등은 단지 시대적 변증을 수행한 한시적인 신학을 한 것이 아니라 개혁주의를 충실히 계승·심화·발전시켜 기독교 교리를 가장 체계적이면서도 부요하게 만들었다. 개혁된 교회가 그러하듯이, 개혁주의도 항상 개혁되어지고 있어야 한다(*reformanda*). 우리가 서 있는 자리는 회고하면서 다지는 자리이기도 하지만, 전망하면서 내딛는 자리이기도 하다.

개혁주의는 "모든 성경"을 "하나님의 감동으로 된 것으로" 믿는다(딤후 3:16). 그리고 우리가 "배우고 확신한 일"(딤후 3:14)이 성경의 진리이며 성경적 진리라는 것을 고백한다. 본 장은 개혁주의의 이러한 본질에 주목하여 그 역사적 특성을 우선적으로 고찰한다. 그리고 개혁신학과 신앙을 주요한 교리 중심으로 이어서 전개한다. 마지막으로 한국 장로교회

---

항상 뚜렷이 구별되는 것은 아니다. Cf. Heinrich Bornkamm, *The Heart of Reformation Faith*, tr. John W. Doberstein (New York: Harper and Row, 1965), 15-44.

에 비추어 개혁주의가 서야 할 바람직한 자리를 "웨스트민스터 신앙고백서(The Westminster Confession of Faith)"를 일별함으로써 확정한다.

## 2. 개혁주의와 개혁신학

### 1) 정의적 규정: 개혁주의의 객관성

"개혁주의(Reformed)"에 대한 정의 자체가 다채롭다. 최광의(最廣義)로 이를 이해하는 입장은 그것이 성경적 진리와 정통신학 그리고 삶을 망라하는 개념이라고 본다. 개혁신학자 유진 오스트헤번(M. Eugene Osterhaven)은 그의 책 서문에서 다음과 같이 말하였다.

> 나에게 "개혁주의(Reformed)"는 고대 이스라엘과 초대 교회의 고난 받는 신앙을 마땅히 감사하고, 어거스틴(Augustine)과 루터와 함께 서서 죄와 주권적 은혜에 관한 교리들을 견지하며 … 예수 그리스도의 주되심에 전 생애를 복종시키고, 성령을 은사와 은총의 유일한 근원으로 인정하는 것을 의미한다.[2]

여기에서 칼빈과 그 후예들에 관련된 언급이 없는 것은 이를 당연히 전제하고 있기 때문이다.

개혁주의를 광의(廣義)로 이해하는 경우, 이는 자주 종교개혁(Reformation)과 동일시된다. 저명한 역사학자 하이코 오버만(Heiko A. Oberman)은 개혁주의를 종교개혁의 한 과정으로 이해한다. 그리하여 칼빈의 종교개

---

[2] M. Eugene Osterhaven, *The Faith of Church: A Reformed Perspective on Its Historical Development* (Grand Rapids: Eerdmans, 1982), xii.

혁을 마틴 루터(Martin Luther)의 종교개혁과 도시 종교개혁을 잇는 제3기 형태로 여기고 이를 "망명객 종교개혁(the Reformation of the Refugees)"이라고 불렀다.[3]

오버만은 종교개혁의 본질을 "권력과 허장성세(虛張聲勢)로부터 벗어나서 설교와 기도로 나아가는 전환"이라고 규정하였고,[4] 칼빈은 이러한 "전환"을 신학적으로 승화시켜 성경 전체를 하나님의 법으로 여기고 이로써 교회와 국가의 관계를 역동적으로 풀어내었다는 점에서 가히 새로운 단계의 종교개혁을 수립했다고 보았다.[5]

오버만이 이렇듯 개혁주의를 종교개혁의 일부로 여겼다면,[6] 오스트헤번은 역으로 종교개혁을 개혁주의의 일부로서 파악했다. 오스트헤번의 다음 정의는 이러한 경향을 드러낸다.

> 종교개혁은 단순하나 고급스러우며, 사도적이고 성경적인 종교 생활로 돌아가는 것이다. 그 종교는 교회가 주님으로부터 받은 것이다. 종교개혁은 기독교를 그 본래적 순수함 가운데 회복하고, 하나님의 말씀에 대한 기초와 지지도 없이 수세기 동안 붙들고 왔던 신앙과 삶을 제거하려는 시도이다.[7]

최광의와 광의의 이해가 있으나, 대체로 개혁주의는 협의(俠義)로 이해된다. 이 경우 개혁주의는 루터란(Lutheran)과 구별되는 개념으로서,

---

[3] Heiko A. Oberman, *The Reformation: Roots and Ramifications* (Grand Rapids: Eerdmans, 1994), 217-220.

[4] Oberman, *The Reformation*, 26.

[5] Oberman, *The Reformation*, 218.

[6] 오버만과 같은 입장은 역사학자들에게 있어서 통상적이다. Cf. Hans J. Hillerbrand, *The World of the Reformation* (Grand Rapids: Baker, 1981).

[7] M. Eugene Osterhaven, *The Spirit of the Reformed Tradition* (Grand Rapids: Eerdmans, 1971), 19. 여기에서 말하는 "종교"는 우리가 칼빈의 예에서 보듯이 그 의미가 "경건"에 가깝다.

칼빈과 그를 잇는 후예들의 신학 즉 "칼빈주의"를 지칭한다. 이런 입장을 개진하는 학자들은 "칼빈주의"라는 이름으로 울리히 츠빙글리(Ulrich Zwingli)와 하인리히 불링거(Heinrich Bullinger)의 취리히 종교개혁과 오이콜람파디우스(Johannes Oecolampadius)의 바젤 종교개혁 등 스위스 종교개혁을 아우르는 경향이 있다.[8] 이는 존 맥닐(John T. McNeill)이 지적하였듯이, 스위스의 도시 종교개혁자들이 성경, 언약, 성령, 성례, 권징 등을 다루면서 칼빈 이전의 칼빈주의의 특성을 뚜렷이 드러내고 있기 때문이다.[9]

그렇다면 "칼빈주의"로서 개혁주의는 어떻게 정의될 수 있는가?

그것은 "칼빈의 유산"을 의미한다고 볼 것이다. 여기에서 널리 인용되는 칼빈신학자 폴 펄만(Paul T. Fuhrmann)의 말에 주목하자.

> 칼빈의 진정한 유산은 실로 구조가 아니라 방법에 사람, 그리스도, 믿음, 세계, 성경, 종교, 삶 등 모든 것들을 사람의 관점이 아니라 하나님의 관점에서 파악하고자 애쓰는 방법에 있다.[10]

여기에서 펄만은 개혁주의의 본질을 하나님 자신이 자신의 일을 바라보는 관점 곧 '하나님의 자기 세계관'에서 찾고 있다.

우리가 개혁주의를 "칼빈주의"라고 부르는 것은 칼빈의 사상이 이러한 '하나님의 자기 세계관'을 창조, 계시, 구원의 전 영역에서 가장 뛰어나게 추구·구현하고 있기 때문이다. 칼빈주의는 하나님의 관점에서 생과 세상을 바라보는 시각이다(life-view, world-view). 그것은 관점 자체를 하나님으로부터 찾고, 관점에 따른 사유, 즉 '사상' 자체를 하나님께

---

[8] Cf. John Dillenberger and Claude Welch, *Protestant Christianity: Interpreted through Its Development* (New York: Charles Scribner's Sons, 1954), 78-89.

[9] John T. McNeill, *The History and Character of Calvinism* (Oxford: Oxford University Press, 1966), 3-89.

[10] Paul T. Fuhrmann, *God-Centered Religion* (Grand Rapids: Zondervan, 1942), 23.

맡기는 것이다. 칼빈주의에 관한 고전적 명저를 남긴 헨리 미터(H. Henry Meeter)는 이를 다음과 같이 간명하게 언급했다.

> 그러므로 칼빈주의의 중심 사상은 하나님의 위대한 사상이다(The central thought of Calvinism, therefore, the great thought of God).[11]

로마 가톨릭이 교회를 위한 신학을 했고, 루터가 성도 개인을 위한 신학을 했다면, 칼빈은 하나님을 위한 신학 곧 하나님의 신학을 했다. 칼빈은 자신의 신학이 아니라 교회와 성도 개개인을 위한 하나님의 신학을 했다. 그리고 그것을 위대한 유산으로 남겼다. 칼빈대학(Calvin College) 교수를 역임했던 찰스 밀러(Charles Miller)는 다음 말로써 이러한 점을 암묵적으로 부각시키고 있다.

칼빈주의의 영향은 로마 가톨릭과 같이 교회적이지 않으며, 루터와 같이 개인적이지 않으며, 그것은 주로 이념적(ideological)이다.[12] 여기에서 "이념적"이라는 말은 하나님 자신에 중심을 두고 그분의 주권을 모든 것의 불변하는 가치로 여기는 칼빈주의의 근본 특성에 충실하다는 의미를 담고 있다.

엄밀히 말해서, 칼빈주의자들(Calvinists, Calvinians)은 '칼빈의 사상'이 아니라 칼빈에 의해 조명된 '하나님의 사상'을 계승하여 체계적으로 심화시킴으로 역사상 개혁주의 곧 칼빈주의를 수립하였다. 칼빈과 칼빈주의자들의 일체성(unity)과 연속성(continuity)은 그들이 공유한 '하나님 사상' 그 자체에 객관적으로 놓여 있다. 여기에서 우리는 그 대상에 있어서뿐만 아니라 그 '방법'에 있어서까지 "하나님의 주권(God's sovereignty)"을 본질

---

**11** H. Henry Meeter, *The Basic Ideas of Calvinism* (Grand Rapids: Kregel, 1960), 32.

**12** Charles Miller, "The Spread of Calvinism in Switzerland, Germany, and France," in *The Rise and Development of Calvinism*, ed. John H. Bratt (Grand Rapids: Eerdmans, 1964), 27.

로 삼고 우리의 주관을 배제하는 칼빈주의의 객관성을 발견할 수 있다.[13]

칼빈은 "우리는 우리 자신의 것이 아니라 하나님의 것이다(*Nostri non sumus, sed Dei*)"라는 자기부인(自己否認)에 "기독교 철학(*philosophia Christiana*)"이 가장 분명하게 새겨져 있다고 보았다.[14] 이러한 입장의 근저에는 칼빈의 '객관성'이 놓여 있다.

> 칼빈의 "나"는 불가분리하게 그의 교리에 부착(付着)해 있다. 루터의 경우, 주관적 요소는 종종 어떤 진술에 나타난 객관성 요소를 변모시킨다. 정반대로 칼빈의 경우, 객관적 요소는 주관적 요소를 압도한다. 그러나 주관적 요소를 압도함으로써, 객관적 요소는 주관적 요소의 실체를 보존한다.[15]

이러한 '객관성'으로 말미암아 '칼빈의 칼빈주의'와 '칼빈주의의 칼빈'은 시간을 뛰어 넘어 유기적으로 공존하고 있는 것이다. "칼빈주의"에 대한 미터의 다음 정의는 이러한 이해를 반영한다.

> 칼빈주의는 존 칼빈으로부터 우리에게 내려온 사상 체계에 적용되는 이름이다. 그는 이 체계에 대한 주요한 설명자로 인식된다. 그렇다고 해서 그가 그 체계에 속한 모든 사상들의 원(原)창시자가 되는 것은 아니다. …

---

[13] Meeter, *The Basic Ideas of Calvinism*, 33-36.

[14] Ioannes Calvinus, *Institutio christianae religionis, in libros quatuor nunc primum digesta, certisque distincta capitibus, ad aptissimam methodum: aucta etiam tam magna accessione ut propemodum opus novum haberi possit*, 1559, 3.7.1, *Ioannis Calvini opera quae supersunt omnia* 2.505-506. 본서에 대한 인용은 이하 *Inst*. 3.7.1(*CO* 2.505-506)과 같이 표기. 본서에 대한 인용은 다음 영어 번역본을 참조한다. *Institutes of the Christian Religion*, ed. John T. McNeill, tr. Ford Lewis Battles, *Library of Christian Classics*, vols. 20-21 (Philadelphia: Westminster Press, 1960).

[15] Alexandre Ganoczy, *The Young Calvin*, tr. David Foxgrover and Wade Provo (Philadelphia: Westminster Press, 1987), 242.

칼빈주의는 단지 의견들을 집성(集成)한 것이 아니라 칼빈과 칼빈주의자들에 의해서 주장된 전체 개념들의 총합이다. 그러나 그것은 공통된 뿌리를 가진 하나의 근본원리를 따르는 유기적 전체이다.[16]

여기에서 미터는 개혁주의가 칼빈이 여전히 숨 쉬는 칼빈주의자들의 사상 체계를 의미한다는 사실을 강조하고 있다.

그렇다면 미터가 말하는 "유기적 전체"를 이루는 "하나의 근본원리"는 무엇인가?

### 2) 개혁주의 근본원리

미국 개혁신학의 대변자 존 리이쓰(John H. Leith)는 개혁주의를 "고전적 개혁신학, 1517-1564," "개신교 학문주의, 1564-1755," "계몽주의와 19세기의 위기, 1775-1918," "새로운 종교개혁 신학, 1918-1955," "신학적 수수께끼와 경험주의 시대, 1955 이후"로 나눈다.[17] 이러한 구분법은 그리 생소한 것이 아니다. 무엇보다도 칼빈의 신학과 이를 토대로 테오도르 베자(Theodore Beza)와 뚤레틴을 위시한 칼빈주의자들이 종합화·체계화한 신학을—이는 개혁파 학문주의(Reformed Scholasticism)," "개혁파 정통주의(Reformed Orthodoxy)," "정통 칼빈주의(Orthodox Calvinism)" 등으로 불린다—구분하는 것은 통상적이다.[18]

이러한 리이쓰의 구분은 시대별로 나타나는 신학적 차이에 근거하고 있다. 대체로 개혁주의의 본질, 원리, 특성 등을 논할 때 학자들은 그

---

16 Meeter, *The Basic Ideas of Calvinism*, 29-30.
17 John H. Leith, *Introduction to the Reformed Tradition: A Way of Being the Christian Community* (Atlanta: John Knox Press, 1981, rev. ed.), 115-127.
18 Cf. Willem J. van Asselt, *Introduction to Reformed Scholasticism*, tr. Albert Gootjes (Grand Rapids: Reformation Heritage Books, 2011), 1-9.

신학적 고유성에 주목하고, 거의 예외 없이 칼빈의 신학에 그 연원을 문의(問議)한다.

원전을 중심으로 기독교 전 역사를 교리의 발전이라는 측면에서 분석한 역작을 쓴 야로슬라프 펠리칸(Jaroslav Pelikan)은 칼빈의 신학을 다루면서 "말씀과 하나님의 뜻," "말씀과 성령," "말씀과 하나님의 뜻에 대한 순종," "감추어진 그리고 계시된 영원한 하나님의 뜻," "세상을 향한 하나님의 뜻"이라는 제하에 지면을 다수 할애하고 있다. 여기에서 저자는 개혁주의의 신학적 본질이 '말씀에 계시된 하나님의 뜻을 아는 지식과 순종'에 있다는 사실을 분명히 표명하고 있다.[19]

펠리칸의 이해는 바빙크에 있어서 좀 더 신학적으로 기술된다. 바빙크는 루터주의가 인간론적이라면 개혁주의는 신론적이며, 루터주의가 칭의를 교회의 서고 넘어짐의 조항(articulus stantis et cadentis ecclesiae)으로 여긴다면 개혁주의는 선택을 교회의 심장(cor ecclesiae)으로 여긴다고 지적한 후 다음과 같이 말한다.

> 개혁주의에 속한 사람은 회고함에 있어서는 모든 것을 하나님의 작정에 돌리며 그 원인을 추적하고, 전망함에 있어서는 모든 것을 하나님의 영광에 부속시킨다. 루터주의에 속한 사람은 사실 자체에 만족하고 믿음으로 동참하게 된 구원을 만족하는 데 그친다.[20]

개혁주의가 사실 자체보다 하나님의 뜻을 강조한다는 바빙크의 관점은 오스트헤번을 통하여 더욱 구체적으로 전개된다. 오스트헤번은 삼위

---

[19] Jaroslav Pelikan, *The Christian Tradition: A History of the Development of Doctrine,* vol. 4, *Reformation of Church and Dogma(1300-1700)* (Chicago: University of Chicago Press, 1984), 183-244.

[20] Herman Bavinck, *Reformed Dogmatics,* 4 vols. ed. John Bolt, tr. John Vriend (Grand Rapids: Baker, 2003-2004), 1.177.

일체 하나님의 영원한 뜻이 성령을 통하여 역사상 구현되는 제 형태들을 언급함으로 전체 신학의 체계를 수립하고자 한다. 그는 창조, 구속, 교회, 국가, 삶이 모두 하나님의 작정(decretum)과 정하심(ordinatio)에 따른 것이라고 말한다.[21] 그리고 하나님의 말씀은 이를 전체적으로 계시하며, 그것이 언약 가운데 특징적으로 전개된다고 본다.[22]

하나님의 말씀에 계시된 영원한 작정을 이루는 경륜과 섭리는 아들의 구원에 있어서 절정에 이른다. 삼위 하나님은 만세 전에 구원을 협약하셔서 구속자는 제2위 성자 하나님, 구속방식은 그의 대속, 구속백성은 택함 받은 자들로 정하셨다. 이러한 구원협약(pactum salutis)이 역사상 성취되는 경륜이 언약이다.[23] 칼빈과 뚤레틴은 자신들의 대작(opus magnum)에서 언약을 신·구약 전체로 이해한다. 개혁주의를 그 신학적 특성에 관련해서 말할 때 "언약신학"이라고 부르는 까닭이 여기에 있다.[24]

『기독교 강요』에서 언약신학에 대한 칼빈의 입장이 전개되는 신·구약에 관한 장들은 기독론 안에서 다루어지고 있다. 칼빈은 신·구약이 그 실체에 있어서는 동일하나 경륜에 있어서 다양하다는 원리를 분명히 제시한다.[25] 신·구약의 실체는 그리스도시다. 칼빈은 그리스도가 말씀의 실체라는 측면에서 율법과 복음을 이해한다. 율법은 언약의 법으로서 약속을 담고 있고, 복음은 그 약속을 성취한 그리스도의 인격과 사역에 관한

---

[21] Osterhaven, *The Faith of Church*, 162-193.
[22] Osterhaven, *The Faith of Church*, 56-66.
[23] Cf. Bavinck, *Reformed Dogmatics*, 3.212-232; Charles Hodge, *Systematic Theology*, 3 vols. (Grand Rapids: Eerdmans, 1995, rep.), 2.313-321, 354-377. 핫지는 구원협약을 "구원의 계획(the plan of salvation)"이라는 이름으로 논한다.
[24] *Inst*. 2.10-11; Francis Turretin, *Institutes of Elenctic Theology*, 3 vols. tr. George Musgrave Giger, ed. James T. Dennison, Jr. (Phillipsburg, NJ: Presbyterian and Reformed Publishing Company, 1994), 2.169-269.
[25] *Inst*. 2.10.2.

소식으로 정의된다.²⁶

　칼빈에게 있어서 신·구약, 복음과 율법의 언약신학적 이해는 "율법의 중보자 그리스도(Christ the Mediator of the law, *Christus mediator legis*)"라는 개념 가운데 뚜렷이 부각된다.²⁷ 리처드 멀러(Richard A. Muller)는 이 부분에 착안하여 칼빈과 칼빈주의의 연속성을 예정에 대한 칼빈의 기독론적 이해에서 찾았다. 멀러는 중보자 그리스도의 신인양성의 위격적 연합이 영원한 하나님의 작정을 성취하는 사역을 이루기 위하여 필연적이라는 점을 부각시켰다는 점을 칼빈의 언약신학을 다룸에 있어서 가장 주목해야 한다고 말하였다.²⁸ 존 녹스(John Knox)는 예정에 대한 언약신학적 입장을 전개함으로 장로교의 신학적 기초를 놓았다.²⁹ 이러한 입장은 개혁주의 신경이나 고백서 등에서 현저하게 전개되었다.³⁰

　칼빈의 언약신학은 그의 신학 체계 전체를 관통하는 구속사적-구원론적 원리로서 읽어야 한다. 이러한 입장에서 후대 언약신학자들에게 미친 칼빈의 영향을 파악할 때 그 실체가 온전히 파악된다. 근자에 언약신학의 조건성(conditionality)을 지나치게 강조하고 칼빈에게는 이러한 의식이 결여되어 있다는 점을 들어 그가 후대의 언약신학에 미친 영향을 과소평가하려는 경향이 있다.³¹ 비록 그 성격은 다르지만 칼빈의 언약신학이

---

26　*Inst.* 2.7-9, 특히 2.7.1-13; 2.9. 뚤레틴은 별도의 장을 두지 않고 신·구약을 다룬 곳에서 율법과 복음을 함께 논한다. 그러므로 이 점에 있어서 칼빈과 뚤레틴은 일치한다.

27　Cf. Byung-Ho Moon, *Christ the Mediator of the Law: Calvin's Christological Understanding of the Law as the Rule of Living and Life-Giving* (Milton Keynes, UK: Paternoster, 2006).

28　Richard A. Muller, *Christ and the Decree: Christology and Predestination in Reformed Theology from Calvin to Perkins* (Grand Rapids: Baker, 1986), 17-38.

29　John Knox, "An Answer to the Cavillations of an Adversary Respecting the Doctrine of Predestination," in *Works of John Knox*, vol. 5, ed. David Laing (Edinburgh: Bannatyne Club, 1856), 21-468.

30　Benjamin B. Warfield, "Predestination in the Reformed Confessions," in *The Works of Benjamin B. Warfield*, vol. 9, *Studies in Theology* (New York: Oxford University Press, 1932), 117-231.

31　칼빈주의자들의 언약신학에 미친 칼빈의 영향을 평가절하고 그 자리에 츠빙글리나 불링거를 대체하려는 경향을 가진 학자들의 다음 글들을 참조하라. J. Wayne Bak-

대륙과 영국의 신학에 결정적인 영향을 미친 것은 주지의 사실이다.[32]

칼빈은 속죄론을 다루면서 하나님의 사랑과 그리스도의 공로가 언약의 두 축이라는 사실을 강조하였다.[33] 하나님은 전적인 은혜로 타락한 인류와 언약을 맺으시고 택한 백성에게 영생을 선물로 주신다. 분명 그 선물은 값없이 거저 주시는 것이나 거저 된 것은 아니다. 왜냐하면 주님은 이 선물을 주시기 위하여 고통을 당하신 순종(passive obedience, *obedientia passiva*)과 율법을 모두 행하신 순종(active obedience, *obedientia activa*)의 모든 의를 다 이루셨기 때문이다. 친히 주님이 언약의 당사자가 되셔서 아버지의 요구를 다 이루시고 그 의를 택한 백성에게 전가하심으로 행위언약과 은혜언약을 모두 성취하셨다. 이것이 새 언약 곧 피 언약이다.

이렇듯 칼빈에게 있어서 새 언약은 모든 언약의 성취로서 순종의 조건성과 전가의 무조건성을 모두 함의한다. 그것은 삼위일체 하나님의 뜻의

---

er, *Heinrich Bullinger and the Covenant: The Other Reformed Tradition* (Athens, Ohio: Ohio University Press, 1980); "Heinrich Bullinger, the Covenant, and the Reformed Tradition in Retrospect," *Sixteenth Century Journal* 29/2 (1998), 359-376. 이를 반박하는 글은 다음 참조하라. Lyle D. Bierma, "Federal Theology in the Sixteenth Century: Two Traditions?" *Westminster Theological Journal* 45 (1983), 304-321.

32 칼빈의 영향을 받은 언약신학은 크게 두 흐름이 있다. 프란시스 뚤레틴과 헤르만 윗시우스(Herman Witsius) 등 대륙의 개혁파 정통주의에 속한 신학자들은 창조와 구속을 전체적으로 아우르는 하나님의 영원한 작정의 성취로서의 행위언약과 은혜언약에 관심을 쏟았다. 한편 윌리엄 퍼킨스(William Perkins), 존 볼(John Ball) 등의 잉글랜드 청교도 신학자들과 사무엘 러더포드(Samuel Rutherford)에 의해서 대변되는 스코틀랜드 장로교 신학은 대륙과 기본적인 관심사를 공유하지만 특히 율법의 기원과 용법에 치중하여 다루었다. 이와 관련하여 다음 작품들을 참조하라. Heinrich Heppe, *Reformed Dogmatics: Set Out and Illustrated from the Sources*, ed. Ernst Bizer, tr. G. T. Thomson (London: George Allen & Unwin, 1950); William Ames, *The Marrow of Theology*, tr. John D. Eusden (Durham, N.C.: Labyrinth Press, 1983); John W. Beardslee III, ed. and tr. *Reformed Dogmatics: Seventeenth-Century Reformed Theology through the Writings of Wollebius, Voetius, and Turretin* (New York: Oxford University Press, 1965); David A. Weir, *The Origins of the Federal Theology in Sixteenth-Century Reformation Thought* (Oxford: Clarendon Press, 1990).

33 *Inst*. 2.7.

성취, 그리스도의 구속의 성취, 성도의 구원의 성취이다. 그것은 율법의 약속을 성취하신 그리스도의 복음이며 구약을 완성한 신약의 경륜이다.[34]

여기에서 우리는 미터가 말한 "유기적 전체"를 이루는 "하나의 근본원리"를 발견하게 된다. 여기로부터 이후 칼빈주의자들이 교리화한 성경 중심, 하나님 주권, 그리스도의 대속적 공로의 절대성, 성도의 감사와 책임이 모두 흘러나온다.[35]

칼빈주의자들은 이러한 칼빈의 언약신학을 정치(精緻)하게 심화·체계화시키는 과정에서 교리의 보편성(catholicity), 신경화(confessionalization), 성문화(成文化, coedification)에 주력하였다. 칼빈 사후 18세기까지 사조를 형성했던 정통 개혁주의는 특히 일반 철학과도 교호적인 상관성을 유지하면서 교회의 신학과 그리스도인의 삶의 신학을 추구하였다. 특히 개혁주의 신경들이 앞을 다투어 제정되고, 대학교를 중심으로 학파가 형성되어 일군의 제자들을 양성함으로 말미암아 개혁신학의 영향력은 단지 교단이나 강단을 넘어서게 되었다.[36]

개혁주의의 "하나의 근본원리"는 곧 성경이다. "언약"은 성경의 가르침이 아니라 성경 자체를 전체로 함의하는 개념이다. 그러므로 개혁주의를 언약신학으로 특정할 때, 그것은 "오직 성경으로"의 원리를 되새기는

---

[34] 칼빈의 언약관에 관하여, Peter A. Lillback, *The Binding of God: Calvin's Role in the Development of Covenant Theology* (Grand Rapids: Baker, 2001), 126-141, 194-209, 264-304; James B. Torrance, "The Concept of Federal Theology–Was Calvin a Federal Theologian?" in *Calvinus Sacrae Scripturae Professor: Calvin as Confessor of Holy Scripture*, ed. Wilhelm H. Neuser (Grand Rapids: Eerdmans, 1994), 15-40.

[35] Cf. Anthony A. Hoekema, "The Covenant of Grace in Calvin's Teaching," *Calvin Theological Journal* 2/2 (1967), 133-161; Paul Helm, "Calvin and the Covenant: Unity and Continuity," *Evangelical Quarterly* 55/2 (1983), 65-81. 폴 헬름(Paul Helm)은 칼빈의 언약신학이 일관성을 결여하고 있으므로 그의 영향도 모호하다고 본다. 이러한 입장은 최근에도 여전히 견지된다. Cf. Paul Helm, *Cavin: A Guide for the Perplexed* (London: T&T Clark, 2008), 138-147.

[36] Cf. van Asselt, *Introduction to Reformed Scholasticism*, 103-193.

것과 다름이 없다. 그리고 개혁주의에 대한 오해를 바로잡는 일은 그것이 성경적이라는 것을 극적으로 변증하는 한 '방법'이 될 것이다.

개혁주의는 어떤 현학적 틀에 갇힌 맹목적 독단주의를 추구하는 것이 아니다.[37] 카위퍼가 프린스턴에서 행한 스톤 강좌에서 보여 주었듯이 칼빈주의는 신학적 특성으로만 로마 가톨릭주의(Romanism)나 루터주의(Lutheranism)와 구별되는 것은 아니다.[38] 개혁주의는 하나님 중심, 말씀 중심, 교회 중심, 삶 중심으로 파악되어야 한다.[39] 사실 이 모든 요소들이 어우러진 것이 성경의 가르침이며, 교리이며, 신학이다.

과연 "오직 성경"을 근본원리로 삼는 개혁주의의 가르침은 무엇인가? 이를 답하는 길은 칼빈의 신학으로부터 추구되어야 한다.

개혁주의란 무엇인가?

본 질문에 대한 답은 기본적으로 신학적이어야 한다. 왜냐하면 개혁주의는 칼빈의 신학에 기초하고 있기 때문이다.[40] 제네바의 종교개혁자 칼빈은 신학자로서 목회자, 설교자, 주석가였다.[41]

칼빈의 신학을 일의적으로 파악하기는 어렵다. 칼빈신학과 관련하여 소위 중심 교리(the so-called central dogma)에 대한 논쟁이 있어 왔다. 혹자는 그것을 포괄적으로 다루어서 하나님의 주권, 성경 중심 등에서 찾았

---

[37] Cf. Brian Gerrish, "Tradition in the Modern World: The Reformed Habit of Mind," in *Toward the Future of Reformed Theology*, ed. David Willis and Michael Welker (Grand Rapids: Eerdmans, 1999), 11.

[38] Abraham Kuyper, *Lectures on Calvinism* (Grand Rapids: Eerdmans, 1953). 본 강좌에서 카위퍼는 "칼빈주의"를 "삶의 체제," "종교," "정치," "과학," "예술"이라는 영역에서 다루고 마지막 여섯 번째 강좌에서는 그 "미래"를 논한다.

[39] I. John Hesselink, *On Being Reformed: Distinctive Characteristics and Common Misunderstandings* (Grandville, MI: Reformed Church Press, 1988), 89-107.

[40] Cf. Wilhelm Niesel, *Was heisst reformiert?* (Munich: Kaiser Verlag, 1934).

[41] Cf. 문병호, "신학자로서의 칼빈," 오정호 편, 『칼빈과 한국교회』 (서울: 생명의 말씀사, 2009), 171-208; Benjamin B. Warfield, "John Calvin the Theologian," in *Calvin and Augustine*, ed. Samuel G. Craig (Philadelphia: Presbyterian and Reformed Publishing, 1956), 484-485.

고, 혹자는 좀 더 구체적으로 다루어서 예정론, 성도의 그리스도와의 연합 등을 거론하기도 하였다. 그리고 그것을 신학하는 방법론에서 추구하기도 하였다.[42] 칼빈의 신학이 "오직 성경으로"의 원리에 따른다고 보는 이상 이러한 논의는 사실상 무의하다. 왜냐하면 성경을 놓고 중심 주제를 말한다는 것은 어불성설이기 때문이다.

### 3) 개혁신학의 원리와 중심 교리

#### (1) 신학의 원리: 삼위일체론적-기독론적 계시 이해

칼빈의 신학이 그의 후예들에 의해서 칼빈주의로 수립되어 가는 과정에서 "신학의 원리(principia theologiae)" 혹은 "계시의 원리(principia revelationis)"라는 개념이 신학의 서론에서 논의되었다. 이는 존재의 원리와 인식의 원리로 이루어진다. 존재의 원리(principium essendi)는 하나님의 지식, 즉 계시는 스스로 영원히 객관적이고 절대적으로 존재한다는 데[43] 있다. 이는 하나님은 스스로 계시고, 스스로 자기를 드러내시며, 스스로 일하신다는 존재적·경륜적 삼위일체론으로부터 필연적으로 도출된다.

이렇듯 스스로 존재하는 계시는 오직 성경에 기록된 바대로 믿음으로 수납된다. 이를 인식의 원리(principium agnoscendi)라고 한다. 하나님은 스스로 말씀이시나 그 자체로 우리에게 계시될 수 없다. 오직 계시된 계시(revelatio revelata)만이 우리에게 알려진다. 이를 모형계시(revelatio ectypa)라고 한다. 이는 하나님이 우리에게 맞추어 주신 계시(revelatio accommodata)이다. 성경은 이러한 모형계시의 기록이다. 그것은 원형계시(revelatio archetypa)

---

[42] Cf. Richard A. Muller, *Post-Reformation Reformed Dogmatics*, 4 vols. (Grand Rapids: Baker, 1987), 1.82-87.

[43] Cf. Cornelius Van Til, *The Defense of Faith* (Phillipsburg, NJ: Presbyterian and Reformed Publishing, 1955), 39-41.

를 모두 담고 있지는 않다. 그러나 부분적이지만 진리이다.

성경은 오직 성령의 역사로 말미암아 믿음으로 받아들여진다. 즉 수납된다. 성령의 영감으로 기록된 말씀이 성령의 조명으로 말미암아 심령에 떨어지고(受) 그 감화로 들어온다(納). 이러한 수납(受納)은 오직 믿음으로 말미암는다. 세상의 지식(scientia)이 이성으로 추론된다면, 성경의 지식(notitia, cognitio)은 오직 믿음으로만 수납된다. 성경을 인식의 외적(externum) 원리라고 하는 반면에, 성령 혹은 믿음을 인식의 내적(internum) 원리라고 부르는 소이(所以)가 여기에 있다.[44]

칼빈은 이러한 계시의 원리가 삼위일체론적이며 기독론적으로 이해되어야 함을 강조한다. 성부 하나님은 계시의 시작 혹은 뜻이며, 성자는 계시물, 즉 말씀이며, 성령은 계시의 작용이다.[45] 아들은 이 땅에 오신 계시 자체이며 그 완성이시다. 그리하여 그는 생명의 빛이시며 그 안에 은혜와 진리가 충만하시다. 그리스도의 성육신은 '스스로 계신 하나님(Deus in se)'이 '우리를 위한 하나님(Deus pro nobis)'으로서 이 땅에 오신 구속사적 사건이다. 성육신을 계시의 정점(culmen, climax)이라고 불리는 것은 이로써 드러내심이 곧 이루심이라는 하나님의 경륜이 계시되기 때문이다.[46]

신학의 원리는 프란키스쿠스 유니우스(Franciscus Junius)에 의해서 제기되었고 아만두스 폴라누스(Amandus Polanus)에 의해서 신학적 교리로 수립

---

[44] Cf. Bavinck, *Reformed Dogmatics*, 1.89, 207 ff.; Abraham Kuyper, *Principles of Sacred Theology*, tr. J. Hendrik De Vries (Grand Rapids: Eerdmans, 1980), 341 ff.; Louis Berkhof, *Systematic Theology, New Edition containing the full text of Systematic Theology and the Original Introductory Volume to Systematic Theology* (Grand Rapids: Eerdmans, 1996), *The Original Introductory Volume to Systematic Theology*, 93-97, 116-186.

[45] 이는 칼빈의 경륜적 삼위일체론적 이해에 부합한다. Cf. *Inst*. 1.13.18.

[46] Cf. Benjamin B. Warfield, "Calvin's Doctrine of the Knowledge of God," in *The Works of Benjamin B. Warfield*, vol. 5, *Calvin and Calvinism* (Grand Rapids: Baker, 2003, rep.), 29-130; P. Lobstein, "La Connaissance religieuse d'après Calvin," *Revue de théologie et de philosophie religieuses* 42 (1909), 53-110.

되었다. 이들은 원형계시와 모형계시의 개념을 통하여서 은혜의 빛(*lumen gratiae*) 가운데 수행되는 지상의 신학이 영광의 빛(*lumen gloriae*)을 누리는 천상의 신학과 그 방법이나 목적에 있어서 구별되어야 함에 주목하였다.[47]

그렇다면 지상의 신학이 하나님의 진리를 어떻게 구현할 수 있는가?

개혁신학자들은 이에 대한 답을 그리스도의 성육신에서 찾았다. 그들은 "연합의 신학(*theologia unionis*)"이라는 이름으로, 오직 하나님에게만 알려진 원형계시가 그리스도의 인성 가운데 모형계시로서 계시된다고 본 것이다.[48] 여기에서 유한은 무한을 파악할 수 없다(*finitum non capax infiniti*)는 개혁주의의 원리가 침해를 받지 않고서, 그리스도의 중보로 말미암아 하나님과 교통하는 신학의 가능성이 열리는 것이다.[49]

칼빈은 하나님을 아는 지식과 우리 자신을 아는 지식의 역동적 관계에 주목하면서 『기독교 강요』의 구조를 세웠다. 사람에게는 하나님의 형상이 있기 때문에 하나님을 알 수 있다. 그러나 스스로는 하나님을 알 수 없다. 왜냐하면 하나님의 형상을 한 사람의 인격은 하나님과 관계하는 한에 있어서 고유한 가치를 지닐 수 있기 때문이다. 즉 오직 사람만이 인격적으로 하나님을 알 수 있는 존재이다. 다만 하나님이 알려 주시는 한에 있어서 그러하다.[50] 이러한 칼빈의 이해가 개혁신학의 원리로 수립된 것이다.[51]

### (2) 개혁교리

칼빈은 『기독교 강요』에서 참 교회에 대해서 논하면서 "종교[기독교]

---

[47] Muller, *Post-Reformation Reformed Dogmatics*, 1.126-145.
[48] Muller, *Post-Reformation Reformed Dogmatics*, 1.145-153.
[49] Muller, *Post-Reformation Reformed Dogmatics*, 1.153-166.
[50] *Inst.* 1.1-2. 이와 관련하여, 문병호, 『30주제로 풀어 쓴 기독교 강요: 성경교리정해』 (서울: 생명의 말씀사, 2013, 수정 증보판), 46-47.
[51] Cf. Heppe, *Reformed Dogmatics*, 5-11.

의 합당한 가르침(*propria religionis placita*)"을 다음과 같이 기술한다.[52]

> 하나님은 한 분이시다. 그리스도는 하나님이시며 하나님의 아들이시다. 우리의 구원은 하나님의 자비에 있다. 그리고 이것들에 버금가는 교리들.[53]

본문의 세 문장은 각각 삼위일체 교리, 기독론 교리, 전적 은혜의 구원 교리를 제시하고 있다. 삼위일체 교리는 그리스도의 신격을 중심으로, 구원론은 그리스도의 공로가 개인적으로 적용되는 은혜를 중심으로 다루어진다는 점을 감안하면, 이 세 가지 교리는 그리스도의 인격과 사역에 함께 묶여 있다는 것을 발견하게 된다. 이러한 관점에서 칼빈은 그리스도가 교회의 "진리의 기둥과 터"(딤전 3:15)이시며 "모퉁잇돌"이시라고(엡 2:20) 한 성경 말씀을 통하여 참 교회의 본질을 기독론적으로 논한다.[54]

사실 이 세 가지 교리에 성경의 모든 진리가 함의된다. 삼위일체론은 계시, 창조, 섭리의 교리를 함의하고, 기독론은 율법과 복음의 실체와 완성을 함께 가르친다. 구원론은 그리스도의 공로의 적용의 서정을 다루는 바, 전적 은혜는 전적 타락을 전제한다. 교회에 관한 가르침은 그것이 구원받은 백성의 모임으로서 그 머리가 그리스도이시라는 점에서 기독론과 구원론의 연장에 있다. 오직 이러한 측면에서 개혁주의 전통은 몇몇 교리를 중심으로 성경의 전체 가르침을 대변하기도 했다.

대표적인 사례로 "도르트 신경(The Canons of Dort)"으로부터 수립된 칼빈주의 5대 교리, 즉 전적 타락, 무조건적 선택, 제한 속죄, 불가항력적

---

[52] 여기에 제시한 것은 통상 일컫는 "근본조항들(*articuli fundamentales*)"에 해당한다. 이는 교회의 순수성과 일치성의 관계를 다룰 때 자주 논의된다. Cf. Bavinck, *Reformed Dogmatics*, 4.318-319.
[53] *Inst.* 4.1.12(*CO* 2.756): "unum esse Deum; Christum deum esse, ac Dei filium; in Dei misericordia salutem nobis consistere, et similia."
[54] *Inst.* 4.2.1.

은혜, 성도의 견인을 들 수 있다.⁵⁵ 그리고 1910년 미국 북장로교회(PCU-SA)가 성경과 "웨스트민스터 신앙고백서"의 가르침으로 선포한 다섯 가지, 즉 "성경의 무오, 그리스도의 동정녀 탄생, 그리스도의 대속, 그리스도의 육체적 부활, 그리스도의 기적들"을 들 수 있다.⁵⁶

대체로 개혁신학은 "하이델베르크 신앙교육서"에서 특징적으로 나타나듯이 죄(guilt), 은혜(grace), 감사(gratitude)를 담고 있다.⁵⁷ 여기에서 필자는 칼빈과 칼빈주의 신학자들의 사상과 개혁교회들의 신앙고백서와 신경들을 참조하여 개혁주의를 특징짓는 가르침을 몇 가지로 간단하게 정리해 보고자 한다. 이는 개혁신학의 원리를 그 바탕으로 한다.

### ① 성경의 성령 영감

성경은 기록된 하나님의 말씀으로서 정확무오하다. 성경의 권위는 그 저자가 하나님이시라는 사실에 있다.⁵⁸ 성경은 그 규범에 있어서뿐만 아니라 그 역사에 있어서도 무오하며, 사상과 문자에 있어서 무오하다.⁵⁹ 성경은 하나님의 감동으로 기록된 하나님의 말씀으로서 원저자는 하나님이시다. 인간 저자들은 이차적이다. 그들이 받은 말씀과 기록이 모두

---

55 "Total depravity, Unconditional election, Limited atonement, Irresistible grace, Perseverance."

56 *Constitution of the Presbyterian Church(U.S.A)*, pt. II, *Book of Order* (New York: Office of the General Assembly, 1985), G-2.0500: "(1) the inerrancy of the Bible, (2) the virgin birth, (3) substitutionary atonement, (4) the bodily resurrection of Christ, and (5) Christ's miracles."

57 Cf. Howard G. Hageman, "Guilt, Grace, and Gratitude," in Donald J. Bruggink, *Gulit, Grace and Gratitude: A Commentary on the Heidelberg Catechism Commemorating Its 400ᵗʰ Anniversary* (New York: Half Moon Press, 1963), 1-19.

58 John Murray, *Calvin on Scripture and Divine Sovereignty* (Grand Rapids: Baker, 1959), 11-15; Roger Nicole, "John Calvin and Inerrancy," *Journal of the Evangelical Theological Society* 25 (1982), 427-431.

59 W. Sanday, *Inspiration, Eight Lectures on the Early History and Origin of the Doctrine of Biblical Inspiration* (London: Longmans, Green, 1893), 3; H. D. McDonald, *Theories of Revelation: An Historical Study 1860-1960* (London: George Allen & Unwin, 1963), 196-373.

정확무오하다.⁶⁰

### ② 삼위일체 하나님의 존재와 경륜

무한하고 영이신 삼위일체 하나님이 스스로 계신다. 한 분 하나님이 세 위격—세 인격, 세 위격적 존재—으로 계신다. 성부, 성자, 성령은 항상 함께 계시고, 함께 일하시고, 영광과 존귀와 찬송을 함께 받으시고, 함께 예배를 받으신다. 삼위 각각은 고유한 특성으로 구별되나 분리되지 않으시며, 그 실체와 본질에 있어서 동일하시다. 스스로 계신 삼위일체 하나님은 아들을 통하여 성령의 능력으로 자신을 계시하시고, 일하신다.⁶¹ 성자는 성부로부터만 나시고, 성령은 성부와 성자로부터 출래하신다. 성부는 일의 시작이시며, 성자는 지혜시며, 성령은 능력과 작용이시다.⁶²

### ③ 언약신학: 구속사적-구원론적 이해

만세 전에 삼위일체 하나님이 영원한 구원의 협약에 따라 구속주, 구속방식, 구속백성을 정하셨다. 구속주는 제2위 성자 하나님, 구속방식은 대속의 방식, 구속백성은 택한 백성으로 정하셨다.

하나님은 이 작정을 역사상 성취하시기 위한 경륜으로서, 사람과 언약

---

60 James Orr, *Revelation and Inspiration* (New York: Charles Scribner's Sons, 1916), 162-169, 197-218; Benjamin B. Warfield, *Calvin and Augustine*, 9. 워필드에 의해서 "계시기록의 영감"과 더불어 "계시구술의 영감"이 확고하게 주장되었다.

61 Benjamin B. Warfield, "Calvin's The Doctrine of the Trinity," in *Calvin and Augustine*, 233-252; "The Biblical Doctrine of the Trinity," in *The Works of Benjamin B. Warfield*, vol 2, *Biblical Doctrines* (New York: Oxford University Press), 133-172; Bavinck, *Reformed Dogmatics*, 2.296-322.

62 *Inst.* 1.13.18; "Westminster Confession of Faith," 2.3. 이와 같이 앞으로도 "웨스트민스터 신앙고백서"는 다음으로부터 장(章)과 조(條)로 인용함. "The Westminster Confession of Faith," in *The Creeds of Christendom with a History and Critical Notes*, vol. 3, *The Evangelical Protestant Creeds with Translations*, ed. Philip Schaff (Grand Rapids: Baker, 1996, rep.), 600-673.

을 맺으셨다. 타락 후 사람은 모두 사망의 형벌에 놓이고, 전적으로 무능하고 전적으로 부패한 상태로 태어나 아무도 스스로 하나님께 순종하여 영생에 이를 수 없게 되었다. 그리하여 하나님은 아들을 보내셔서 모든 고난을 당하시고 율법을 모두 순종하여 우리를 위한 의를 다 이루셨다. 그 의가 우리의 영생의 값이 되었다.

주께서 다 이루신 의를 우리에게 거저 전가하시기 위하여 친히 우리를 위한 새 언약의 중보자가 되셨다. 주께서 행위언약과 은혜언약을 다 이루셨다. 그리하려 가장 값진 것을 이루시고(구속사적 성취) 그것을 우리에게 값없이 베풀어 주셨다(구원론적 적용). 신·구약은 전체로 이를 계시하고 증언한다.[63]

### ④ 중보자 그리스도의 중보: 위격적 연합 교리

대속의 의를 이루시고 승천하셔서 보좌 우편에서 우리에게 보혜사 성령을 부어 주심으로 친히 다스리시는 주 예수 그리스도는 영원하신 하나님의 아들로서 사람이 되신 참 하나님과 참 사람이시다.[64]

아들은 자기 자신을 비우시고 낮추셔서, 택함 받은 자들을 위하여 자기 자신을 주셨다.[65] 멜기세덱의 반차를 좇는 대제사장으로서 친히 자신을 제물로 드려 단번에, 영원한 제사를 이루셨다. 그리하여 세상의 죄를 지고 가신 어린 양이 우리의 선한 목자가 되셨다. 그분은 종으로 자신을

---

**63** 이에 대해서는 본 장 2. 2)를 참조하라. 이 부분은 필자의 다음 책에 상세히 기술되어 있다. 문병호, 『기독론: 중보자 그리스도의 인격과 사역』 (서울: 생명의 말씀사, 2016), 36-56.

**64** Hodge, *Systematic Theology*, 2.387-397; Benjamin B. Warfield, "The Person of Christ," in *The Works of Benjamin B. Warfield*, vol 2, 175-209; Donald MacLeod, *The Person of Christ* (Downers Grove, IL: IVP, 1998), 121-152.

**65** 여기에서 제한 속죄 교리가 논의된다. "The Canons of the Synod of Dort," Second Head, 1-9, in *The Creeds of Christendom with a History and Critical Notes*, vol. 3, ed. Philip Schaff, 586-587.

드려 우리의 주가 되셨다. 주님은 자신을 제물로 드리신 대제사장으로서 우리의 왕이 되시고 날마다 지식을 새롭게 하시는 선지자로 여전히 중보하신다.[66]

### ⑤ 보혜사 성령의 사역: 그리스도의 의의 전가

보혜사 성령은 그리스도의 영으로서 양자의 영, 주의 영이라고 불리는 바, 하나님의 능력과 작용으로서, 아들의 구속의 의를 전가하신다.[67] 성령은 만물을 창조하시고 운행·통치하시며, 모든 사람에게 일반은총적 역사를, 구원의 백성에게 특별은총적 역사를 행하신다.[68]

보혜사 성령은 생명을 살리는 영-중생의 영이시다. 보혜사 성령의 임재로 성도는 그리스도를 영접하고 그와 함께 자녀가 되고 상속자가 된다. 그리하여 성령의 소욕을 추구하는 의의 종이 되며, 하나님의 뜻대로 말씀에 따라서 무엇이든지 주의 이름으로 구하면 주님이 친히 행하시는 은혜를 누린다.

보혜사 성령이 임하여 그리스도는 성도를 위한 중보를 감당하시고, 진리를 새롭게 하시며, 친히 영의 탄식으로 우리를 위하여 기도하신다. 보혜사 성령의 임재로 다 이루신 그리스도의 의가 성도에게 전가되고, 성도는 그 의로 말미암아 머리이신 그분과 연합하여 그분께로 자라간다.[69]

---

[66] Benjamin B. Warfield, "Christ Our Sacrifice," in *The Works of Benjamin B. Warfield*, vol 2, 401-435; Bavinck, *Reformed Dogmatics*, 3.475-482; John Murray, *Collected Writings of John Murray*, vol. 1, *The Claims of Truth* (Carlisle, PE: Banner of Truth, 1976), 62-76.

[67] Cf. *Inst.* 3.1.1-3; 3.2.39; 3.3.9; Bavinck, *Reformed Dogmatics*, 3.499-508; Sinclair B. Ferguson, *The Holy Spirit* (Downers Grove, IL: IVP, 1996), 35-56. 우리가 이후의 논의에서 보듯이, 보혜사 성령을 "그리스도의 영"이라고 부르며 그의 의의 전가를 그 사역의 중심으로 보는 입장은 "웨스트민스터 신앙고백서"에 현저하게 나타난다.

[68] Werner Krusche, *Das Wirken des Heiligen Geistes nach Calvin* (Göttingen: Vandenhoeck & Ruprecht, 1957), 15-32, 33-125, 126-343.

[69] Cf. Turretin, *Institutes of Elenctic Theology*, 2.501 ff.; John Owen, *The Holy Spirit: His Gifts and Power* (Grand Rapids, 1960, rep.); Berkhof, *Systematic Theology*, 423-431; Anthony A. Hoekema, *Saved by Grace* (Grand Rapids: Eerdmans, 1989), 28-67.

그러므로 성령을 단순한 영기(靈氣)나 기적의 현상과 동일시하는 것은 전혀 합당치 않다.[70]

### ⑥ 전적 타락과 전적 은혜

주께서 전적으로 타락한 인류를 전적인 은혜로 구원하신다. 아담의 죄로 말미암아 모든 인류는 전인격적이며 전체적으로 타락하였다. 그리하여 모든 것이 부패하고 무능해졌으며 모태에서 조성될 때 이미 죄의 값인 사망의 형벌에 놓이게 되었다. 타락으로 인하여 순전함을 잃어버린 인류는 생각하는 것이나 행하는 모든 것이 악하여 하나님 앞에서 선을 행할 순수한 지식도, 의지도 상실했다.[71]

그러므로 영생을 오직 영원한 작정에 따른 언약의 선물로 얻기 위해서는 오직 은혜로 말미암은 대속의 역사가 필요하다. 이제 주 예수 그리스도를 믿기만 하면 전적이며 불가항력적인 은혜로 구원받게 된다.[72] 이 은총이 만세 전에 택한 언약의 후손들에게 임한다. 선택은 무조건적이며 공로 없는 은혜로 말미암고, 유기는 죄에 대한 마땅한 형벌로 말미암는다.[73] 무조건적으로 이루신 구원이므로 그 은혜가 떠나지 않는다.[74] 성도는 이러한 믿음 가운데 미래를 묵상하며 자기를 부인하고, 십자가를 지고 주님을 좇는 삶을 산다.[75]

---

[70] Cf. Richard B. Gaffin, Jr., *Perspectives on Pentecost* (Phillipsburg, NJ: Presbyterian and Reformed Publishing Company, 1979), 13-41.

[71] Cf. *Inst*. 2.1-5; Hodge, *Systematic Theology*, 2.227-277; "The Canons of the Synod of Dort," Third and Fourth Heads, 1-3 (587-588).

[72] "The Canons of the Synod of Dort," Third and Fourth Heads, 4-17 (588-592).

[73] Cf. *Inst*. 3.12-14; "The Canons of the Synod of Dort," First Head, 1-18 (581-585).

[74] 이는 성도의 견인 교리로 논해진다. Cf. *Inst*. 3.24.6-11; "The Canons of the Synod of Dort," Fifth Head, 1-15 (592-595); Heppe, *Reformed Dogmatics*, 581-589.

[75] 이는 칼빈에 의해서 전개된 그리스도인의 삶의 교리를 함축하는 개념이다. *Inst*. 3.6-10.

### ⑦ 율법과 복음의 역동적 이해

율법은 경건하고 올바른 삶의 규범으로서, 언약의 백성이 살아가는 길로서 하나님이 주신 것이다. 율법은 그 본질상 선하고, 거룩하며, 신령하다. 다만 죄로 말미암아 율법이 저주의 기능을 하게 되었다. 율법은 언약의 법이므로 명령과 함께 약속이 있다. 그리하여 율법은 하나님의 어떠하심과 뜻을 계시한다. 율법의 약속을 그리스도께서 다 이루셨다. 이것이 복음이다. 복음은 죄 사함과 의의 전가의 은혜를 선포한다. 율법과 복음은 분리되지 않으며, 신약과 구약이 그러하듯이 그 실체에 있어서 공히 그리스도를 계시한다.

율법은 자신의 죄를 깨달아 그리스도를 찾게 하는 칭의 단계의 용법에 그치는 것이 아니라 거듭난 사람이 진정 율법을 즐거워하며 순종하는 성화 단계의 용법에까지 미친다. 오히려 후자가 율법의 본래적 기능에 더욱 부합한다. 왜냐하면 율법은 본래 거룩하고, 의롭고, 선하고, 신령하기 때문이다.[76] 그리하여 그리스도인의 자유의 요체는 율법의 저주로부터 벗어나서 뜻을 다하여 율법에 계시된 하나님의 뜻에 순종하는 것이다.[77] 언약의 법으로서 율법은 오직 복음으로써만 신학적인 의미를 갖는다. 오직 복음으로써만 계시의 은혜가 역사하기 때문이다.[78]

### ⑧ 교회의 본질과 표지, 그리고 은혜의 방편

교회는 비가시적(*invisibilis*)이며 가시적(*visibilis*)이다.[79] 비가시적 교회는

---

[76] Cf. Moon, *Christ the Mediator of the Law: Calvin's Christological Understanding of the Law as the Rule of Living and Life-Giving*, 84-89, 213-245.
[77] *Inst*. 3.19. 칼빈은 이를 그리스도인의 자유의 요체로 여긴다.
[78] Cf. *Inst*. 2.7.1-13; 2.9; 3.19; Hodge, *Systematic Theology*, 3.259-456; John Murray, *Redemption Accomplished and Applied* (Grand Rapids: Eerdmans, 1955), 9-78; Berkhof, *Systematic Theology*, 614-615.
[79] 이하 본서에 나타나는 "비가시적 교회(非可視的 敎會, *ecclesia invisibilis*)"와 "가시적 교회(可視的 敎會, *ecclesia visibilis*)"는 그동안 주로 사용되어 온 "무형교회(無型敎會)"와 "유형교회

과거와 현재 그리고 미래에 속한, 택함 받은 성도의 총수(總數)로 이루어진다.[80] 가시적 교회는 말씀의 순수한 선포와 성례의 합법적 거행을 표지로 삼을 뿐만 아니라 권징의 합당한 시행에도 힘써야 한다.[81]

교회는 유일하신 중보자이신 그리스도와 연합한 성도들의 연합체로서 함께 한 몸이 되어서 머리이신 그분께로 자라간다. 하나님은 직분을 제정하여 교회를 돌보신다. 지상의 성도가 그러하듯 지상의 교회는 완전하지 않다.

주님이 한 분이시듯 교회도 하나이며, 보편적이고, 거룩하다. 그리고 교회는 올바른 교리를 계승한다는 측면에서 사도적이다.[82] 참 교회는 말씀을 선포하고 가르치는 교회이다. 오직 말씀을 듣는 믿음이 구원의 전 과정을 통하여 은혜로 말미암아 역사한다. 또한 성도는 성례를 통하여서 보이지 않는 은혜를 보이는 표로 제시한다. 성례는 둘이 있으니, 그리스도와의 연합의 시작의 표로서의 세례와 그 연합의 계속의 표로서의 성찬이다.[83] 성도는 기도 가운데 믿음의 훈련을 행하며 마땅히 구할 것을 하나님의 뜻 가운데 구하여 얻게 된다.[84]

---

(有形敎會)"를 대신하여 문자 그대로 번역한 것이다. 의미적으로도 이렇게 부르는 것이 옳다고 여겨지기 때문이다. 앞으로 보게 되듯이, 대한예수교장로회(합동) 총회의 헌법에 수록된 "웨스트민스터 신앙고백서"나 박형룡 박사, 정규오 목사, 김길성 교수 등은 "무형교회"와 "유형교회"라는 용어를 사용하므로 각각 관련되는 인용이 직접적일 때에는 그대로 둔다. 간혹 이를 "불가견적 교회(不可見的 敎會)"와 "가견적 교회(可見的 敎會)"라고 칭하는 경우도 있으나 이름만 다를 뿐이다.

80  *Inst.* 4.1.1-3; Heppe, *Reformed Dogmatics,* 657-669.
81  *Inst.* 4.12; Berkhof, *Systematic Theology,* 576-578; Edmund P. Clowney, *The Chuch* (Downers Grove, IL: IVP, 1995), 99-111.
82  Bavinck, *Reformed Dogmatics,* 4.320-325.
83  *Inst.* 4.14-17; Bavinck, *Reformed Dogmatics,* 4.523-692.
84  *Inst.* 3.20; Hodge, *Systematic Theology,* 3.692-709.

## 3. 결론: 한국 개혁주의가 서 있는 자리

한국교회는 칼빈과 칼빈주의자들에 의해서 수립된 개혁주의를 여러 경로를 통하여 받아들였다. 이에 지대한 영향을 미친 초기 선교사들은 개혁신학에 대한 식견이 깊었으며 신앙 또한 그에 걸맞게 경건했다.[85] 특히 보수적인 장로교 합동교단은 "12신조"를 받으며 그 서언에서 "「웨스트민스터」 신도게요서(信徒揭要書)와, 성경 대 · 소요리문답은 성경을 밝히 해석한 책으로 인정한 것"이라고 공표함으로 신학과 신앙의 자리를 분명히 했다.[86] 이러한 신경과 신앙고백서(신도게요서)와 요리문답서에 전개된 신학은 죽산(竹山) 박형룡 박사 등에 의하여 굳건하게 견지되어 왔다.[87] 웨스트민스터 총회의 문건들은 칼빈의 신학을 계승한 녹스의 스코틀랜드 장로교의 신학을 충실히 반영하고 있다.[88]

지금까지 본 장에서는 개혁주의의 정의와 특성에 관한 다양한 견해들을 고찰하고, 개혁주의에 관한 오해에 대해서 변증하며, 그것의 원리를 살핀 후, 그것을 특징짓는 교리들을 제시하였다. 역사상 개혁교회는 장로교를 포함하여 다양한 토양 가운데 발전하여 왔다. 개혁교회는 특히 각 교회의 신경과 신앙고백서, 신앙교육서 등을 통하여 칼빈 이후 주창되었던 오직 성경의 원리를 심오하게 구현하여 왔다. 한국의 보수 교회

---

[85] Cf. 간하배, 『한국 장로교 신학사상』 (서울: 실로암, 1988); 박용규, 『한국 장로교 사상사: 한국교회와 성경의 권위』 (서울: 총신대학교 출판부, 1992).
[86] 대한예수교장로회 총회, 『헌법』 (서울: 대한예수교장로회 헌법, 1992), "12신조," 19.
[87] Cf. 이상웅, "박형룡과 웨스트민스터 신앙고백서," 「개혁신학회」 14 (2010), 51-82.
[88] Cf. James S. McEwen, *The Faith of John Knox* (London: Lutterworth, 1961); Benjamin B. Warfield, *The Westminster Confession and Its Work* (New York: Oxford University Press, 1931; rep. Grand Rapids: Baker Book House, 1981); Homes Rolston III, *John Calvin versus the Westminster Confession* (Richmond: John Knox, 1972); John H. Leith, *Assembly at Westminster: Reformed Theology in the Making* (Richmond: John Konx Press, 1973); Robert Letham, *The Westminster Assembly: Reading Its Theology in Historical Context* (Phillipsburg, NJ: P&R, 2009), 1-44.

들이 서 있는 자리를 살피는 접근법은 다양할 것이나 무엇보다도 그들이 공통적으로 고백하는 "웨스트민스터 신앙고백서"가 얼마나 "개혁교회"의 신학과 신앙과 부합하느냐를 살피는 것이 최선일 것이다.

"웨스트민스터 신앙고백서"는 개혁신학의 원리를 "성경"이라고 명명한 제1장에서 분명히 다음과 같이 천명(闡明)한다.[89] 성경은 기록된 하나님의 말씀으로서, 신앙과 생활의 완전하고 무오한 법칙이 된다. 성경 자체가 성경 해석의 법칙이 된다.[90] 성경의 권위는 그 저자가 하나님이시라는 사실에 있다.[91] 성경은 살아 있는 하나님의 말씀이다. 왜냐하면 성경에서 말씀하시는 분은 성령이시기 때문이다.[92]

"웨스트민스터 신앙고백서"는 삼위일체 하나님의 존재와 경륜을 역동적으로 파악하는 개혁주의의 입장을 반영한다.[93] "웨스트민스터 신앙고백서"는 "신비한 예정의 교리"에서 하나님의 전적인 주권을 강조하고, 예지예정론을 반대하며, 선택과 유기가 만세 전에 미리 정해졌다는 이중예정을 뚜렷이 공표한다.[94] 이것이 전적 타락 교리와 함께 천명된다.[95] 타락한 인류는 전적으로 무능하고 부패해서 은혜가 아니면 새 언약의 당사자가 될 수 없다.[96] 교회는 끝까지 붙드시는 하나님의 견인을 확신하는 성도들이 유일한 머리이신 그리스도 안에 한 몸으로 모인 언약 공동체이다.[97] 무형(비가시적)교회와 유형(가시적)교회는 모두 보편교회로서 그리스

---

[89] "Westminster Confession of Faith," 1.5, 6.
[90] "Westminster Confession of Faith," 1.2, 4, 5, 6, 9.
[91] "Westminster Confession of Faith," 1.4.
[92] "Westminster Confession of Faith," 1.10.
[93] "Westminster Confession of Faith," 2.1-3.
[94] "Westminster Confession of Faith," 3.2.3, 5, 8.
[95] "Westminster Confession of Faith," 6.2-6.
[96] "Westminster Confession of Faith," 7.3.
[97] "Westminster Confession of Faith," 17.1; 18.1; 25.6.

도를 머리로 한다.[98]

우리가 "성경을 밝히 해석한 책"으로 "웨스트민스터 신앙고백서"를 받는 한, 우리가 서 있는 자리는 분명하다. 그것은 언약신학으로 가장 뚜렷하게 특정되는 개혁신학과 신앙, 곧 역사상 그 정통성이 변증된 "개혁주의"이다.

이러한 취지에서 죽산은 개혁신학의 정통적 맥락을 견지하는 가운데 오직 계시를 믿는 믿음으로만 신(神)지식을 수납하게 됨을 중심적으로 강조하였다.[99] 죽산은 "정통신학은, 신구약 성경을 천계(天啓)와 영감(靈感)으로 말미암아 온 하나님의 말씀으로, 그리고 우리의 신앙과 행위의 정확무오한 법칙으로 인정하는 초자연적인 성경관을 가진다"고 피력하여[100] 정통신학이 개혁신학과 신앙의 원리에 정확하게 잇대어 있음을 확정하였다.

---

[98] "Westminster Confession of Faith," 25.1-2.
[99] 박형룡, 『박형룡박사 저작전집 I, 교의신학 서론』 (서울: 한국기독교교육연구원, 1977), 143-150.
[100] 박형룡, 『박형룡박사 저작전집 VIII, 현대신학비평 상권』 (서울: 한국기독교교육연구원, 1977), 26.

# 제2장 다시 돌아보는 칼빈신학

## 1. 들어가는 말: "객관적 요소"

존 칼빈의 신학, 즉 칼빈신학에 대한 신학적 조명이 여전히 활발하다. 이를 전반적으로 소개하고 있는 미첼 헌터(A. Mitchell Hunter)와 빌헬름 니이젤(Wilhelm Niesel)과 프랑수아 방델(François Wendel) 류(類)의[101] 개론서가 오늘날에도 계속해서 출판되고 있다.[102] 칼빈의 사상은 물론이고 그의 유산 전반을 다룸에 있어서 그의 신학이 일차적으로 고려되어야 함이 마땅한 것은, 그는 분명 신학자(*theologus*)로서 목회자, 주석자, 설교자였기

---

[101] A. Mitchell Hunter, *The Teaching of Calvin: A Modern Interpretation* (London: James Clarke, 1950); Wilhelm Niesel, *The Theology of Calvin*, tr. Harold Knight (Grand Rapids: Baker, 1980, rep.); François Wendel, *Calvin: The Origins and Development of His Religious Thought*, tr. Philip Mairet (New York: Harper and Row, 1973).

[102] 예컨대, Marijn de Kroon, *The Honour of God and Human Salvation: Calvin's Theology According to His Institutes*, tr. John Vriend and Lyle D. Bierma (Edinburgh, UK: T&T Clark, 2001); Charles Partee, *The Theology of John Calvin* (Louisville: Westminster John Knox Press, 2008); David W. Hall and Peter A. Lillback, ed., *Theological Guide to Calvin's Institutes: Essays and Analysis* (Phillipsburg, NJ: P&R Publishing Company, 2008). 대체로 이들 작품들은 칼빈의 『기독교 강요』에 주안점을 두고 칼빈신학을 전체적으로 다루고 있다. 주요한 교리를 중심으로 칼빈신학을 개괄적으로 고찰하고 있는 작품도 크게는 『기독교 강요』의 체계 가운데 있다. Helm, *Calvin: A Guide for the Perplexed*.

때문이다.[103]

칼빈은 목사 이전에 성경의 교사(*doctor Scripturae*)로서 제네바에 부름을 받았다.[104] 그의 대작(*opus magnum*) 『기독교 강요』는 단지 목회적인 단상을 담은 종교적 수상록이 아니라 성경의 가르침을 유려한 문체로 체계적이고 종합적으로 기술한,[105] 교리사적으로 최고의 조직신학 서책이었다.[106] 칼빈의 삶은 주요한 교리를 망라하는 신학적 논쟁들로 이어졌다.[107] 이러한 점에 비추어 우리는 칼빈의 생애를 다룸에 있어서 무엇보다 '신학적 접근'에 주목해야 한다.[108] 알렉상드르 가녹지(Alexandre Ganoczy)의 다음 고찰도 이와 관련된다.

> 칼빈의 경우, 객관적 요소는 주관적 요소를 압도한다. 그러나 주관적 요소를 압도함으로써, 객관적 요소는 주관적 요소의 실체를 보존한다.[109]

여기에서 "주관적 요소"는 칼빈의 생애가 보여 주는 고유한 특성을 칭하는바, 이를 압도하는 "객관적 요소"는 다름 아닌 그의 신학—혹은

---

[103] Cf. Warfield, "John Calvin the Theologian," 484-485; 문병호, "*Calvinus Theologus*: 신학자 칼빈," 『칼빈신학: 근본 성경교리 해석』 (서울: 지평서원, 2015), 37-59.

[104] Herman J. Selderhuis, *John Calvin: A Pilgrim's Life*, tr. Albert Gootjes (Downers Grove, IL: IVP Academic, 2009), 65.

[105] Cf. 존 칼빈, 『라틴어 직역 기독교 강요: 경건에 대한 순수한 가르침』, 문병호 역 (서울: 생명의 말씀사, 2009), xxxiii-lx.

[106] Cf. Richard A. Muller, *The Unaccommodated Calvin: Studies in the Formation of a Theological Tradition* (Oxford: Oxford University Press, 2000), 101-102, 188.

[107] Richard C. Gamble, "Calvin's Controversies," in *The Cambridge Companion to John Calvin*, ed. Donald K. McKim (Cambridge: Cambridge University Press, 2004), 188-189.

[108] 최근에 간행된 다음 두 작품이 이와 관련하여 주목된다. Willem van't Spijker, *Calvin: A Brief Guide to His Life and Thought*, tr. Lyle D. Bierma (Louisville: Westminster John Knox Press, 2009); W. Robert Godfrey, *John Calvin: Pilgrim and Pastor* (Wheaton, IL: Crossway Books, 2009).

[109] Ganoczy, *The Young Calvin*, 242.

그의 신학적 작품들—을 지시하고 있다. 칼빈은 모국을 등지고 다시 돌아갈 수 없게 된 외인으로서 천상의 본향만을 바라보고 나그네의 신학(*theologia viatoris*)을 수행하였다.110

마틴 루터의 종교개혁과 도시 종교개혁을 잇는 제3기 형태로서 "망명객 종교개혁"을111 이끌었던 칼빈은 지상의 정황에 토착화되지 않은 순수하고(*pura*), 견실하고(*solida*), 건전한(*sana*) 참 신학(*theologia vera*)을 전개하였다. 오직 '성경의 신학'만이 '성경적 신학'이라고 여기는 칼빈신학의 객관성이 이러한 배경으로부터 연유한다. 이러한 특성상 칼빈신학은, 관념적이고 사변적인 독일의 토양에 깊이 뿌리박고 있었던 루터의 신학이 독일 권내를 크게 벗어나지 못했던 것과는 다르게, 구주(歐洲) 대륙과 영국과 스코틀랜드 나아가서 미국 등지로 급속히 확산되었다.112

## 2. 칼빈의 조직신학

칼빈의 사상이 조직신학적 체계를 갖춘 것은 1539년에 출판된 제2판 『기독교 강요』로부터 비롯되었다고 주장되는 것이 상례이지만,113 "칼빈의 가르침의 문을 여는 열쇠"이자114 "『기독교 강요』의 정수(精髓)"라고 불리는,115 1537년과 1538년에 불어와 라틴어로 각각 출판된 제1차

---

110 Cf. Heiko A. Oberman, "Initia Calvini: The Matrix of Calvin's Reformation," in *Calvinus Sacrae Scripturae Professor: Calvin as Confessor of Holy Scripture*, ed. Wilhelm H. Neuser (Grand Rapids: Eerdmans, 1994), 113-154, 특히 129, 154.
111 Oberman, *The Reformation*, 217-220; "The Impact of the Reformation: Problems and Perspectives," in *The Impact of the Reformation* (Grand Rapids: Eerdmans, 1994), 198-200.
112 Cf. van't Spijker, *Calvin*, 148-166.
113 Muller, *The Unaccommodated Calvin*, 102-108.
114 McNeill, *The History and Character of Calvinism*, 140.
115 John Calvin, *Instruction in Faith (1537)*, tr. & ed. Paul T. Fuhrmann (Philadelphia: Westminster, 1949), "Historical Forward," 8-10.

『신앙교육서』에서[116] 우리는 이미 그 효시를 발견할 수 있다. 그곳에서 제시된 교리의 목차(*ordo docendi*)는 다음과 같다.[117]

| | 목차 | 1537년 불어판 | 1538년 라틴어판 |
|---|---|---|---|
| 1 | 일반 종교성 | Que tous hommes sont nex pour cognoitre Dieu | Omnes homines ad religionem esse natos |
| 2 | 참 종교와 거짓 종교 | Quelle difference il y a entre vraye et faulse religion | Quid inter falsam ac veram religionem intersit |
| 3 | 하나님을 아는 지식 | Que c'est qu'il nos fault cognoistre de Dieu | Quid de Deo nobis cognoscendum |
| 4 | 인간 | De l'homme | De homine |
| 5 | 자유의지 | Du liberal arbiter | De libero arbitrio |
| 6 | 죽음과 사망 | Du peché et da la mort | De peccato et morte |
| 7 | 구원의 길 | Comment nous sommes restituez à Salut et Vie | Quomodo in salutem ac vitam restituamur |
| 8 | 율법 | De la Loy du Seigneur(Ex 20) | De lege Domini(Ex 20) |
| 9 | 율법의 전체 개요 | La somme de la loy | Legis summa |
| 10 | 율법의 의 | Que c'est qu'il nous vient de la loy seule | Quid ex sola lege ad nos redeat |
| 11 | 율법과 그리스도 | Que la loy est un degree pur venire à Christ | Legem gradum esse ad Christum |
| 12 | 그리스도를 믿는 믿음 | Que nous apprehendons Christ par foy | Christum fide a nobis apprehendi |
| 13 | 선택과 예정 | De l'Election et Predestination | De electione et praedestinatione |
| 14 | 참 믿음 | Que c'est que la vraye foy | Quid sit vera fides |
| 15 | 믿음의 선물 | Que la foy est don de Dieu | Fides Donum Dei |
| 16 | 이신칭의 | Que nos sommes justifiez en Christ par foy | In Christo iustificamur per fidem |
| 17 | 성화 | Que par la foy nous sommes sanctifiez pour obeir à la loy | Per fidem sanctificamur in legis obedientiam |
| 18 | 회개와 중생 | De Penitence et Regeneration | De poenitentia et regeneratione |
| 19 | 선행 | Comment la Justice des bonnes oeuvres et de la foy conviennent ensemble | Quomodo bonorum operum et fidei iustitia simul conveniant |

---

116 Ioannes Calvinus, *Instruction et confession de foy dont on use en l'église de Genevè*, 1537(CO 22.25-74); *Catechismus, sive christianae religionis institutio*, 1538(CO 5.313-362).

117 문병호, "교리와 교육: 칼빈의 제1차 『신앙교육서』를 중심으로," 『칼빈신학』, 156-158.

| 20 | 사도신경 | Le Simbole de la foy | *Symbolum fidei* |
|---|---|---|---|
| 21 | 소망 | Que c'est que Esperance | *Quid sit spes* |
| 22 | 기도 | De Orayson | *De oratione* |
| 23 | 기도의 목적 | Que c'est qu'il fault regarder en Orayson | *Quid in oratione spectandum* |
| 24 | 주기도문 | L'exposition de l'orayson dominicale | *Orationis dominicae enarratio* |
| 25 | 성도의 견인 | De la Perseverance en Orayson | *Orandi perseverantia* |
| 26 | 성례의 작용 | Des Sacremens | *De Sacramentis* |
| 27 | 성례의 본질 | Que c'est que Sacrament | *Quid Sacramentum* |
| 28 | 세례 | Du baptesme | *De baptismo* |
| 29 | 성찬 | De la Cene du Seigneur | *De coena domini* |
| 30 | 말씀의 목회 | Des Pasteurs de l'Eglise, et de leur puissance | *De ecclesiae pastoribus, et eorum potestate* |
| 31 | 인간의 전통 | Des traditions humaines | *De traditionibus humanis* |
| 32 | 권징 | De Excommunication | *De excommunicatione* |
| 33 | 시민 국가 | Du Magistrat | *De magistratu* |

여기에서 칼빈은 계시론(1-2), 신론(3), 인간론(4-6), 기독론(7-11), 구원론(12-25), 교회론(26-33)의 순서로 교리 전반을 논하고 있다. 이는, 종말론에 별도의 장이 할애되어 있지 않은 점을 제외하고는,[118] 대다수 개혁신학자들이 추구하는 종합적-체계적 방법에 부합한다.[119] 무엇보다, 기독론 부분에서 율법이 다루어지고 있다는 사실, 예정론이 구원서정(救援序程, *ordo salutis*)의 첫 단계로 다루어지고 있다는 사실, 그리고 "시민 국가"라는 제하로 마지막 부분에 한 장이 할애되어 있다는 사실이 주목된다.

이러한 구조는 『기독교 강요』 1559년 마지막 판에서도 기본적으로 계승된다. 다만, 예정론이 구원론에서 다루어지기는 하되 구원서정의 한

---

[118] 칼빈 당시에는 이전과 다를 바 없이 그리스도의 재림에 따른 성도의 부활과 최후의 심판 외에 별도로 종말론을 논하지 않았던 점을 보아 이는 예외적이지 않다.

[119] 예컨대, Hodge, *Systematic Theology*, 3 vols.; Bavinck, *Reformed Dogmatics*, 4 vols.

과정으로서가 아니라 기도와 함께 성도의 감사의 영역에서 다루어지고 있다는 점과[120] 종말론이 구원론의 마지막 부분에서 한 장으로 다루어지고 있다는 점이 주목된다. 필자는 『기독교 강요』 1559년판을[121] 그 순서를 좇아 교리 조목별로 30주제로 분류하여 다음과 같이 고찰한 적이 있다.[122]

| 권·장·절 | 주제 | 교리 |
|---|---|---|
| 1.1.1-1.5.15 | 생명의 지혜: 하나님을 아는 지식과 우리 자신을 아는 지식 | 계시, 일반계시 |
| 1.6.1-1.7.5 | 성경: 하나님의 자녀들의 특별한 학교 | 성경, 특별계시 |
| 1.8.1-1.9.3 | 말씀과 성령: 친히 말씀하시는 하나님의 말씀 | |
| 1.13.1-1.13.29 | 삼위일체 하나님: 한 본질 안에 세 위격이 세 인격으로 계심 | 하나님 |
| 1.10.1-1.12.3; 1.14.1-22 | 피조물: 하나님의 영광의 눈부신 극장 | 창조 |
| 1.15.1-8 | 사람: 하나님의 형상대로 지어진 인격적 찬미의 도구 | 인간 |
| 1.16.1-1.18.4 | 섭리: 영원히 현존하는 하나님의 손 | 섭리 |
| 2.1.1-2.5.19 | 원죄: 죄책과 오염의 전가<br>일반은총: 모든 사람에게 미치는 하나님의 은혜 | 원죄, 일반은총 |
| 2.7.1-2.8.59 | 율법: 경건하고 올바른 삶의 규범 | 율법 |
| 2.9.1-2.11.14 | 복음, 신구약: 언약 가운데 약속하시고 이루심 | 언약 |

---

[120] Cf. Robert Letham, "Faith and Assurance in Early Calvinism: A Model of Continuity and Diversity," in *Later Calvinism: International Perspectives*, ed. W. Fred Graham (Kirksville, MO: Sixteenth Century Essays & Studies, 1994), 355-384.

[121] *Inst*(*CO* 2.1-1118).

[122] 문병호, 『30주제로 풀어 쓴 기독교 강요』, 14-15. 다음 책에서는 칼빈신학을 18주제로 다룬다. 즉 하나님을 아는 지식, 성경론, 삼위일체론, 예정론, 창조와 섭리, 죄론, 구속사와 언약신학, 언약의 중보자, 그리스도의 대속 사역, 칭의와 성도의 그리스도와의 연합, 성령과 믿음과 확신과 회개, 그리스도의 법과 성령, 기독교인의 삶의 교리, 기도, 예배와 성례, 교회론, 시민 국가론, 종말론이다. Hall and Lillback, ed., *Theological Guide to Calvin's Institutes*, 16-467.

| | | |
|---|---|---|
| 2.6.1-4;<br>2.12.1-2.13.4 | 그리스도의 중보의 필연성: 성육신 | 예수 그리스도 |
| 2.14.1-2.15.6 | 위격적 연합을 통한 양성의 교통: 그리스도의 선지자, 왕, 제사장 직분 | |
| 2.16.1-19 | 그리스도의 구속자 직분: 비하(卑下)와 승귀(昇貴) | |
| 2.17.1-6 | 그리스도의 대리적 무름: 사랑의 시작은 의(義) | |
| 3.1.1-4 | 성령: 성도의 그리스도와의 연합의 띠 | 성령 |
| 3.2.1-43 | 믿음: 감화와 확신 | 믿음 |
| 3.3.1-3.5.10 | 중생으로서의 회개: 옛 사람의 죽음과 새 사람의 삶 | 회개, 중생 |
| 3.6.1-3.10.6 | 그리스도인의 삶: 미래를 묵상하며 자기를 부인하고 십자가를 지고 주님을 좇는 삶 | 성도의 삶 |
| 3.11.1-3.13.5 | 이신칭의(以信稱義): 죄 사함과 그리스도의 의의 전가 | 칭의 |
| 3.14.1-3.18.10 | 성화: 중보자 예수 그리스도의 계속적 중보로 거룩해짐 | 성화 |
| 3.19.1-16 | 그리스도인의 자유: 기꺼이 하나님의 말씀에 순종하는 자유 | 성도의 자유 |
| 3.20.1-52 | 기도: 믿음의 주요한 훈련 | 기도 |
| 3.21.1-3.24.17 | 예정: 하나님의 기뻐하신 뜻에 따른 영원한 작정 | 예정 |
| 3.25.1-12 | 최후의 부활: 죽을 것이 죽지 아니함을 입음 | 종말 |
| 4.1.1-4.2.12 | 참 교회: 건전한 교리의 일치와 형제적 사랑으로 그리스도와 연합된 교회 | 교회 |
| 4.3.1-4.7.30 | 교회의 직분: 머리이신 주님께로 자라감 | |
| 4.8.1-4.13.21 | 교회의 권세: 교리권, 입법권, 사법권(권징) | |
| 4.14.1-26;<br>4.15.1-4.16.32 | 성례: 보이지 않는 은혜의 보이는 표<br>세례: 그리스도와 연합한 성도의 살아남의 표 | 성례 |
| 4.17.1-50;<br>4.18.1-4.19.37 | 성찬: 그리스도와 연합한 성도의 살아감의 표<br>로마 가톨릭 미사와 거짓 성례들: 새로운 유대주의 | |
| 4.20.1-32 | 국가: 하나님의 일반은총적 다스림 | 시민 정부 |

위에서 살펴본 제1차 『신앙교육서』가 방증이 되듯이, 칼빈은 이러한 체계를 『기독교 강요』 초판 이후부터 줄곧 염두에 두고 있었다고 보아야

한다.¹²³ 『기독교 강요』 1559년판은 "사도신경"의 고백의 순서를 따르고 있음이 학자들의 대체로 일치된 견해이다.¹²⁴ 필자는 이를 "성부, 스스로 계신 창조주 하나님," "성자, 우리를 위하신 구속주 하나님," "성령, 우리 안에 오신 보혜사 하나님," "교회, 그리스도와 연합하여 자라 가는 한 몸"이라는 제목으로 다룬 바 있다.¹²⁵ 이를 세분하여 다음과 같이 고찰함으로써, 우리는 조직신학자 칼빈의 면모를 다시금 확인할 수 있게 될 것이다.

제1권은 거의 모든 참 지혜는 하나님을 아는 지식과 우리를 아는 지식(*cognitio Dei et nostri*)으로 이루어진다는 천명(闡明)으로 시작된다. 전자는 창조주 하나님과 구속주 하나님에 대한 지식, 후자는 원 하나님의 형상, 타락한 하나님의 형상, 회복된 하나님의 형상으로서의 인간에 대한 지식으로 이루어진다. 칼빈은 이러한 지식들이 동시적이며 교호적으로 작용함을 강조한다.

그리고 일반은총의 계시적 도구로서 하나님을 알만한 지식(*sensus divinitatis*), 종교의 씨앗(*semen religionis*), 양심(*conscientia*)을 부문별로 소개하고 이러한 것들의 불씨들(*scintilae*)이 모든 사람들에게 남겨져 있으나 그것들에 성령의 기름을 붓지 않는 사람들은 결국 그것들을 꺼뜨려 영원히 하나님을 모르고 하나님과 단절된 저주의 삶을 살게 됨을 부각시킨다.

그리고 특별계시로서 성경을 다룬다. 이와 관련하여 믿음의 세 가지 요소로서 지식(*notitia*), 승인(*assensus*), 확신(*fiducia*)이 언급되는데, 그리스도의 고리로써 성경 저자들에게는 말씀에 대한 성령의 영감(*inspiratio*)이, 성경 독자들에게는 말씀에 대한 성령의 조명(*illuminatio*)과 감화(*persuasio*)가

---

123 Muller, *The Unaccommodated Calvin*, 188.
124 Cf. Wendel, *Calvin*, 121-122; Jean-Daniel Benoît, "The History and Development of the *Institutio*: How Calvin Worked," tr. G. E. Duffield, in *John Calvin*, ed. G. E. Duffield (Grand Rapids: Eerdmans, 1966), 109. 이와 더불어 로마서의 체계로부터 영향을 받았다는 입장도 개진된다. Cf. Muller, *The Unaccommodated Calvin*, 132-139.
125 문병호, 『30주제로 풀어 쓴 기독교 강요』, 16-23.

일어나게 됨을 강조된다.

이와 같이 일반계시와 특별계시가 다루어진 후에 삼위일체 하나님의 존재와 경륜이 논해진다. 여기에서 존재적인 위격적 특성인 성부의 나시지도 나오시지도 않으심, 성자의 나심(*generatio*), 성령의 나오심(*processio*, 출래, 발출)이 경륜적인 위격적 특성인 성부의 일하심의 시작(*principium agendi*), 성자의 지혜(*sapientia*), 성령의 능력과 작용(*virtus et efficacia*)과 불가분리하다는 사실이 강조된다. 그리고 이러한 삼위일체 하나님의 존재와 경륜에 대한 역동적 이해에 터 잡아 그의 창조와 섭리가 연이어 논해진다.

우리가 특히 주목할 것은 제1권 전반부에서와 같이 계시론이 신학의 서론(*prolegomena*)으로서 정위된 것은 교리사상 초유의 일이었다는 사실이다.

제2권은 먼저 인간의 타락과 타락한 인간의 모습에 대해서 다룬다. 죄의 본질이 불순종의 행위에 있음과 첫 언약에 대한 위반으로 아담의 죄가 전가되어 모든 인류가 죄책(*reatus*)으로 말미암아 사망의 형벌에 처해졌고 오염(*corruptio*)으로 말미암아 전적으로 무능하고 부패하게 되었음을 말한다. 이와 관련하여 타락으로 인하여 인류가 상실한 자유의지(*arbitrum liberum*)에 대해서 자세히 다루면서 율법의 약속을 이루신 그리스도의 의가 아니고서는 아무도 하나님 앞에서 선을 행할 수 없다는 사실과 성도의 성화 과정에서의 선행도 그 의의 전가로 말미암는다는 사실을 강조한다.

이와 더불어 원죄(*peccatum originale*)로 말미암아 더 이상 행위로는 구원에 이를 수 없게 된 인류에게 요구되는 중보자 그리스도의 의의 전가의 필연성이 제기되는바, 이로부터 기독론이 도입된다. 그런데 이를 본격적으로 논하기 전에 먼저 율법이 다루어지고 이어서 구약과 신약의 일치성과 차이성이 고찰된다. 여기에서 율법은 언약의 법(*lex foederis*)으로서 명령(*praeceptum*)과 함께 약속(*promissio*)을 담고 있다는 사실과 그 약속을 성취하신 그리스도에 관한 소식이 복음이라는 사실이 함께 개진된다. 이는 율법의 본질을 경건하고 올바른 삶의 규범(*regula vivendi pie et iuste*)으로 적극적으로 이해하는 입장에서 비롯된다. 그리스도의 의는 모든 고난을 당하신 순종(*obedientia passiva*)과 모든 율법을 지켜 행하신 순종(*obedientia activa*)을 포함한다는 입장이 이에 기초하여 주장된다.

이를 위하여 칼빈은 중보자 그리스도의 중보가 그의 신인양성의 위격적 연합(*unio hypostatica*) 가운데 수행된다는 사실과 그 두 상태(*status duplex*)로서의 비하(*humiliatio*)와 승귀(*exaltatio*) 그리고 그 삼중직(*munus triplex*)으로서 선지자직, 제사장직, 왕직을 논한다. 칼빈이 복음과 율법, 신약과 구약을 기독론의 영역에서 다룬 것은 이 네 가지가 비록 경륜(*administratio, dispensatio*)에 있어서는 다양하나 그 실체(*substantia*)가 그리스도이시라는 점에서는 일치한다는 사실을 부각시키기 위함이다.

칼빈은 제2권의 마지막 장을 속죄론에 할애하는 바, 여기에서는 언약의 두 요소로서 성부의 사랑과 성자의 공로가 분명히 제시된다. 이러한 기독론의 편별(判別)과 내용이 개혁파 언약신학의 근간(根幹)과 지주(支柱)를 형성한다. 우리는 이를 유일한 개혁파 전통으로서, 칼빈의 언약신학이라고 부른다.

제3권은 구원론 혹은 성령론에 할애된다. 그리스도의 다 이루신 의를 성도에게 적용시키시는 전가(*imputatio*)로써 성령의 특성이 부각된다. 이런 측면에서 보혜사 성령이 그리스도의 영이시라는 점과 그 영의 임재로 말미암은 성도의 그리스도와의 연합(*unio cum Christo*)이 특히 부각된다.

믿음은 말씀에 대한 성령의 감화(*persuasio*)로서 지식, 승인, 확신의 요소를 본질적으로 함의하는바, 필히 그것에는 평정(*securitas*)이 뒤따른다. 그리하여 성도는 잠잠함(*serenitas*) 가운데 담대함(*audacia*)을 얻게 되고 사랑으로써 역사하는 믿음의 열매를 맺게 된다. 믿음은 그리스도를 믿고 그의 의를 전적인 구원의 질료(*materia*)로 받아들이는 구원의 도구적 원인(*causa instrumentalis*)이 될 뿐, 그 자체로 어떤 공로도 지닐 수 없다. 믿음조차 성도가 그리스도와 연합하여 얻는 선물(*donum*)이다. 그리하여 중생, 회심,

칭의에 있어서 두 요소로 작용하는 죄 사함(*remissio peccatorum*)과 의의 전가(*imputatio iustitiae*)는 오직 은혜(*gratia sola*), 전적 은혜(*gratia tota*)로 주어진다. 이는 그리스도인의 삶에 있어서도 다를 바 없다.

성도가 미래를 묵상하고 자기를 부인하고 십자가를 지고 주님을 좇는 삶을 사는 자체가 오직, 전적으로, 그리스도의 다 이루신 의로 말미암는다. 이러한 관점에서 칼빈은 오직 믿음으로 우리(*nos*)뿐만 아니라 우리의 행위(*opera nostra*)도 의롭다 함 받음을 천명한다. 이러한 관점 가운데, 그리스도의 의로 구원받아 이제는 더 이상 죄의 노예가 되지 않고 성도의 자유를 누리는 자에게 있어서 뜻을 다하여 하나님의 뜻에 순종하는 것이 가장 본질적인 자유자의 모습이 됨이 견지된다. 이렇듯 칭의와 성화는 구별되나 분리되지 않는다. 왜냐하면 이러한 이중적 은혜(*gratia duplex*)가 모두 그리스도의 다 이루신 의의 전가로 말미암기 때문이다.

성도가 이러한 은총을 누리는 것은 오직 그를 택하시고 부르신 이로 말미암는다. 예정론이 구원론의 일부로서 성도의 감사의 영역에서 기도와 더불어 다루어지는 까닭이 여기에 있다. 이런 측면에서, 유기(*reprobatio*)가 마땅한 형벌(*poena debita*)을 받는 것이라면, 선택(*electio*)은 공로 없는 은혜(*gratia immerita*)를 누리는 것이라는 점이 강조되며, 택함을 받은 성도에게 주어진 제일 특권 혹은 제일 능력은 믿음의 눈으로 본 보화를 기도로 캐내는 데, 곧 주님의 이름으로 기도하는 데 있음이 천명된다.

우리가 주목할 것은 제3권에 전개된 성도의 구원서정 전부를 지배하는 원리로서 칼빈은 '오직 믿음으로 의롭게 됨(*sola fide iustificari*)'을 말하고 있다는 사실이다. 마지막 장이 종말론에 할애된 것도 이러한 취지와 무관하지 않다. 종말론의 핵심은 그리스도의 재림에 따른 성도의 구원의 완성을 다루어야 하기 때문이다.

제4권은 교회론에 할애된다. 교회가 그리스도를 머리(*caput*)로 한 지체들(*membra*)의 연합체(*societas*, 몸)이라는 사실이 그 요체이다. 그리스도는 언약의 머리로서 택함 받은 자들의 총수(總數)로 이루어진 비가시적 교회(*ecclesia invisibilis*)와 지상의 가시적 교회(*ecclesia visibilis*) 모두의 주가 되신다.

참 교회의 본질이 이러한 주님의 몸 됨에 있다면 그 당위는 그 머리이신 그리스도께 자라감에 있다. 이러한 자라감을 위하여 하나님을 아버지로 섬기는 자에게 교회는 어머니(*mater*)가 된다. 이러한 모성적 돌봄의 핵심은 가르치는 교회(*ecclesia docens*)와 선포하는 교회(*ecclesia praedicens*)에 있다. 교회의 직분과 그 직분을 위한 은사는 모두 이에 관련된다.

교회의 본질은 로마 가톨릭이 말하는 교황을 통한 인적 계승(*succesio humana*)이 아니라 말씀의 계승에 있다. 교회의 하나이며(*una*), 거룩하고(*sancta*), 보편적이고(*catholica*), 사도적인(*apostolica*) 특성이 이에 기인한다. 이러한 교회에는 교리권, 입법권, 사법권의 권세가 있으며, 동시에 하나님의 은혜의 방편으로서 말씀, 성례, 기도가 그 가운데 작용한다. 교회는 말씀이 순수하게 선포되고 성례가 합법적으로 거행될 때에만 참되다. 권징은 이러한 두 표지를 바로 수행하기 위하여 필요불가결하다. 그러므로 이를 사실상 제3의 표지로 보아 무방하다. 이러한 참 교회의 표지는 참 성도의 표지와 더불어 다루어져야 한다. 왜냐하면 교회는 그리스도에 접붙임을 받은 지체들의 몸이기 때문이다.

성례는 성도가 그리스도와 연합하여 교제하고 교통하는—즉 살아남과 살아감의—보이지 않는 은혜의 보이는 표징(*signum visibile gratiae invisibilis*)이다. 성례는 말씀의 제정에 따른 표징과 표징이 의미하고(*significare*) 제시하는(*exhibere*) 은혜의 두 요소로 이루어진다. 그러므로 표징(*signum*)과 의미(*significatio, significatus*) 사이의 성례적 연합(*unio sacramentalis*)을 거부하고 이를 상징적이거나 물질적으로 이해하는 자세는 그릇되다.

제4권을 통하여 우리에게 특히 주목되는 것은 성례론을 포함한 칼빈의 교회론이 기독론적으로 개진되고 있다는 사실이다. 중보자 그리스도의 위격적 연합에 따른 신인양성의 중보를 전제하지 않고는 교회의 본질,

가치, 직분, 권세와 성례적 연합을 성경적으로 거론할 수 없음을 칼빈은 천명하고 있다. 마지막 장에 할애된 국가에 대한 장도 이러한 배경하에 이해되어야 한다. 왜냐하면 국가는 그리스도의 구원의 은총이 직접적으로 미치는 영적인 장(場)은 아니지만, 하나님이 베푸시는 일반은총에 따라 국가와 법과 위정자를 통하여 성도의 지상의 삶이 교회 밖에서도 특별히 보호받기 때문이다.

칼빈의 『기독교 강요』는 단지 개혁신학의 초석을 다지고 토대를 놓았다는 정도의 의의와 가치를 지니는 데 그치지 않고 그 자체로 개혁신학의 전형을 제시하고 있다. 비록 신학적 정교함이나 이론적 선명함이 후대에 비해서 떨어지는 곳도 없지 않으나, 기독교 신학의 요체를 이루는 근본 교리들이 거의 빠짐없이 망라되었으니, 신학의 원리, 계시론(일반계시와 특별계시), 삼위일체론, 창조론, 섭리론, 인간의 타락, 자유의지론, 율법관, 신약과 구약의 관계, 중보자 그리스도의 인격에 있어서의 신인양성의 위격적 연합과 그에 따른 비하와 승귀의 두 상태, 객관적이며 직접적인 전가에 서 있는 속죄론, 그리스도인의 삶의 교리, 그리스도인의 자유의 교리, 예정론, 기도론, 재림에 따른 부활과 최후의 심판, 참 교회의 본질과 사역과 권세와 표지, 영적 그러나 실제적 임재를 주장하는 성경적 성례론, 시민 국가론이 확립되었다.

이러한 『기독교 강요』가 그 체계와 조직과 내용에 있어서 이후 개혁신학자들의 조직신학의 효시가 됨을, 칼빈의 사후(死後) 한 세기가 지난 후 이 책을 더욱 정치하게 세분화하여 학문적으로 체계화하고 변증한 프란시스 뚤레틴의 『변증신학 강요』를 통하여 깨닫게 된다.[126] 17세기 개혁파 정통주의(Reformed Orthodoxy)의 전형을 보여 주는 이 책은 찰스 핫지와 헤르만 바빙크의 조직신학 책의 모본과 같은 역할을 하였다는 점에서,

---

[126] Turretin, *Institutes of Elenctic Theology*, 3 vols. 라틴어 원본은 다음과 같다. *Institutio Theologiae Elencticae* (New York: University Press, 1847).

궁극적으로 그것이 계승하고 심화시켰던 칼빈의 『기독교 강요』의 조직신학적 특성을 우리에게 제시한다. 뚤레틴의 『변증신학 강요』의 목차는 교리별로 다음과 같이 정리된다.

| 목차 | 제목 | 교리적 변증 |
|---|---|---|
| 1 | 신학 | 자연신학 거부 |
| 2 | 성경 | 성경의 성령 영감, 완전성, 명료성 |
| 3 | 삼위일체 하나님 | 성자의 나심과 성령의 나오심(필리오케) |
| 4 | 하나님의 작정 일반과 특별한 작정인 예정 | 영원한 작정. 선택과 유기의 이중예정 |
| 5 | 창조 | 6일간의 창조. 하나님의 형상을 한 인간 |
| 6 | 하나님의 실제적 섭리 | 운명론 거부. 일차적 원인과 이차적 원인 |
| 7 | 천사 | 창조된 영적 실체로서 하나님의 일꾼임 |
| 8 | 타락 전 인간의 상태와 자연 언약 | 원 인류의 순전함과 영생을 얻게 하는 언약 |
| 9 | 일반적 죄와 특별한 죄 | 전가된 원죄와 실제로 짓는 자범죄 |
| 10 | 죄 상태에서의 인간의 자유의지 | 하나님 앞에서 선을 행할 의지의 상실 |
| 11 | 하나님의 율법 | 자연법과 구별되는 언약의 법으로서 삶의 규범이 됨. 영원한 도덕법과 그 완성인 그리스도 |
| 12 | 은혜언약 그리고 구약과 신약의 이중적 경륜 | 은혜언약의 하나임과 신구약의 일체와 차이 |
| 13 | 그리스도의 인격과 상태 | 신인양성의 위격적 연합으로서의 성육신과 그에 따른 속성교통. 그 인격 가운데서의 비하와 승귀 |
| 14 | 그리스도의 중보자 직분 | 중보자 그리스도의 신인양성의 중보와 삼중직. 그리스도의 대리적 무름에 따른 객관적 속죄 |
| 15 | 소명과 믿음 | 오직 은혜와 전적 은혜에 따른 소명. 구원적 믿음의 확실성과 확신, 그리고 견인 |
| 16 | 칭의 | 오직 믿음으로 말미암은 의의 전가에 따른 법정적 칭의 |
| 17 | 성화와 선행 | 칭의와 구별되나 분리되지 않는 성화. 선행의 상급도 은혜 |
| 18 | 교회 | 교회의 네 가지 특성. 가시적, 비가시적 교회. 교회의 무오성 거부. 참 교회의 세 가지 표지. 교회와 구별되는 국가의 고유한 영역 |
| 19 | 성례 | 성례적 연합에 대한 성경적 이해 |
| 20 | 종말 | 성도의 부활과 최후의 심판 |

이를 통하여, 우리는 뚤레틴이 변증하고자 했던 주요한 교리적 논점들이 이미 칼빈이 『기독교 강요』를 비롯한 그의 저술들이나 신학적 논쟁들을 통하여서 부각시켰던 사안들이라는 사실을 발견하게 된다. 물론 가변적인 시대적 상황에 따라 주안점과 강조점의 차이는 있었지만, 『변증신학 강요』는 예정론을 하나님의 작정 일반과 함께 다루고, 시민 국가에 대한 논의에 별도의 장을 할애하지 않으며, 종말론을 교회론 이후 마지막 부분에 위치시킨다는 점을 제외하고는 조직신학적 체계에 있어서 『기독교 강요』와 궤를 같이 한다.

무엇보다 여기에서 우리는 두 책 모두에서 하나님의 율법과 언약이 기독론의 한 부분으로서 다루어지고 있다는 점에서 면면히 흐르는 개혁파 언약신학의 맥을 읽을 수 있다.[127]

## 3. 칼빈신학: 조망과 전망

### 1) 조망

칼빈은 "성경의" 가르침만이 "성경적"이라고 믿었던바, "오직 성경으로(sola Scriptura)!"를 "전적 성경으로(tota Scriptura)!"를 함의하는 원리로 인식하고 모든 성경이 하나님의 말씀으로서 동등한 가치를 지니고 있다고 여겼다. 그러므로 특정한 교리를 중심으로 삼아 그의 신학을 일의적으로 규정하려는 시도는 무의미할 뿐만 아니라 무모하기조차 하다.[128] 칼빈이 수행한 "하나님의 말씀의 신학"을 단지 예정론의 영역에 국한하거나,[129]

---

[127] 이를 파악하는 데 필자의 다음 책이 도움이 된다. Moon, *Christ the Mediator of the Law*.
[128] Cf. Muller, *Post-Reformation Reformed Dogmatics*, 1.82-87.
[129] 이러한 입장이 개진된 다음 글 참조하라. Paul Jacobs, *Prädestination und Verantworklichkeit bei Calvin* (Neukirchen: Neukirchener Verlag, 1937).

교회론적 가치나 하나님의 주권에 부수하는 하나의 원리와 같이 여겨서는 안 된다.[130]

일찍이 발터 크렉(Walter Kreck)은 이러한 칼빈의 신학을 그 동기에 따라서 네 가지로 논한 바 있었는데—① 말씀과 성령의 하나 됨과 불가분리성, ② 성육신하신 영원하신 말씀의 중요성, ③ 명령하시고 그것을 베푸시는 말씀, ④ 선택과 유기의 말씀[131]—이러한 접근법이 오히려 더 적실성이 크다고 보아야 할 것이다.

필자는 칼빈신학 전반을 되새기며 그 특성을 다음과 같이 열네 가지로 포괄적으로 기술해 보고자 한다.[132]

첫째, 성경의 가르침이 존재적, 지식적, 도덕적 관점으로 고찰된다. 하나님께서는 스스로 계시며, 스스로 진리이시며, 스스로 의로우시므로, 뜻하신 즉 이루시고 이루신 즉 옳으시다. 그러므로 하나님의 존재를 믿는 믿음, 그분의 어떠하심을 아는 앎, 그 앎에 따라서 사는 삶이 동시에 함께 추구되어야 한다.

둘째, 한 분 하나님께서 삼위로 계시고 일하심, 즉 삼위일체 교리가 존재적이며 경륜적으로 파악된다. 무한하고 절대적인 영으로서 하나님은 스스로 존재하시며, 스스로 계시하시고, 스스로 역사하신다. 삼위일체 교리는

---

[130] 예컨대 존 리이쓰는 개혁신학의 특성을 "거룩하고 보편적인 교회의 신학," "하나님 중심적 신학," "성경의 신학," "예정론," "창조주와 피조물의 구별," "실천적 학문으로서의 신학," "지혜로서의 신학"에서 찾는바, 이러한 경향을 보인다. Leith, *Introduction to the Reformed Tradition*, 96-112.

[131] Walter Kreck, "Die Eigenart der Theologie Calvin," in *Calvin Studien 1959* (Neukirchen: Neukirchener Verlag, 1960). 이에 대한 개략적 내용을 다음에서 재인용. I. John Hesselink, "Calvin's Theology," in *The Cambridge Companion to John Calvin*, ed. Donald K. McKim (Cambridge: Cambridge University Press, 2004), 80-84.

[132] 문병호, 『30주제로 풀어 쓴 기독교 강요』, 25-29.

하나님의 존재와 뜻하심과 역사하심에 대한 진리를 동시에 함의하고 있다.

셋째, 특별은총과 함께 일반은총이 강조된다. 일반은총은 모든 사람이 인식할 수 있는 일반계시적 은총이다. 특별은총은 택함 받은 백성만이 인식하는 특별계시적 은총이다. 하나님을 바로 앎으로 그분께 감사하고 그분을 영화롭게 하는 중생자의 지식은 오직 특별계시로만 말미암는다. 일반계시는 유기된 백성이 무지를 핑계할 수 없는 조건이 될 뿐이다.

넷째, 계시와 은총이 그리스도 안에서 함께 역사한다는 사실이 부각된다. 그분 안에는 은혜와 진리가 충만하기 때문이다(요 1:14, 17). 주님께서 말씀 자신, 말씀의 성취, 말씀의 해석자시다. 은총이 없는 지식은 거짓이며, 지식이 없는 은총은 헛되다. 주님께서는 생명의 길, 생명의 진리이시다(요 14:6). 그러므로 주님을 아는 것이 곧 영생이다(요 17:3).

다섯째, 성령의 영감으로 기록된 하나님의 말씀을 성령으로 조명되어 감화 받은 심령이 믿음으로 받아들임(受納)으로써 하나님과 우리 자신을 아는 지식과 지혜의 부요함에 이르게 됨이 강조된다. 하나님의 말씀은 절대적, 객관적 진리로서 영원히, 스스로, 실재한다. 하나님께서는 자신의 형상을 지닌 사람에게만 이 말씀을 인격적으로 계시하셨다.

여섯째, 언약의 두 요소로서 하나님의 사랑과 그리스도의 공로가 논해진다. 이 땅에 오신 주님께서 율법의 모든 의를 다 이루시고 죽기까지 복종하심으로써 우리의 거룩함과 생명이 되셨다. 아버지의 사랑은 아들을 내어주시고 그 대리적 속죄의 공로를 값없이 우리에게 전가해 주심에 있다. 아버지의 사랑은 아들의 의로부터 시작된다.

일곱째, 다 이루신 자신의 의를 우리에게 전가해 주심으로써 우리 자신뿐만 아니라 우리의 행위도 의롭다고 받아 주신다는 이중적 은혜가 역동적으로 논의된다. 그리스도의 의의 전가는 단회적이나 법정적이므로 성도의 전체 구원 과정을 통하여 계속적이며 반복적으로 역사한다. 사랑으로 역사하는 참 믿음은(갈 5:6) 필히 성화의 열매를 맺는다. 그러므로 이신칭의의 법정적 은총 외에 그 어디에서도 성화의 조건을 찾을 수는 없다.

여덟째, 그리스도의 영을 받아서 그분과 연합한 성도가 그분의 중보로 말미암아 그분께로 자람을 성화의 핵심으로 여긴다. 구속의 사역을 다 이루신 중보자 그리스도께서 지금도 여전히 성도를 위하여 중보하시기 때문에 성도는 "예"가 되신 그분께 "아멘" 하여(고후 1:20) 그분의 공로를 자신의 것으로 삼게 된다. 성도의 의는 오직 자신 속에 사시는 그리스도께 구하여 그분께서 친히 자신의 일을 행하게 하심에 있다(요 14:13-14). 성령의 임재는 곧 주 내 안에 사심이다. 성령의 임재는 절대적, 인격적이므로 각자에게 단회적이다. 성령의 충만은 성령을 더하여서 받는 것이 아니라 주님께서 내 안에서 마음껏 사시도록 회개하고 기도하며 말씀을 묵상하는 것이다.

아홉째, 미래를 묵상하며 자기를 부인하고 십자가를 지고 주님을 좇는 그리스도인의 삶의 교리가 제시된다. 하나님의 자녀로서 그리스도와 함께 상속자 된 성도는 그분과 함께 영광을 받기 위하여 고난도 함께 받아야 한다(롬 8:17). 언약의 은혜는 영생의 삶으로 열매를 맺는다. 우리를 위하여 죽으신 주님께서 우리 안에서 영원히 함께 사시기 때문이다.

열째, 뜻을 다하여서 하나님의 뜻에 순종하는 것을 그리스도인의 자유의 본질로 여긴다. 성도는 죄의 멍에를 벗어버리고 율법의 속박으로부터 해방되었다. 그러나 세상의 멍에는 벗어 버렸으되 이제 주님의 멍에를 멘다.

주님의 멍에는 쉽고 그 짐은 가볍다. 주님의 멍에는 은혜의 멍에이다. 그것은 새의 날개와 같아서 오직 그 멍에를 멘 사람만이 멀리, 높이 날아서 신령한 것을 누리게 된다.

열한째, 하나님의 무조건적인 은혜로 자녀가 되었음을 확신하는 성도가 말씀과 기도로 거룩한 삶을 살아가는 것을 성도의 표지로서 부각시킨다. 구원의 확신은 말씀과 성령의 역사 가운데 전인격적으로 주어진다. 공로 없이 주어지는 선택의 은혜를 감사하는 자는 날마다 감사하는 삶을 살고 그 삶을 영적 산 제물로 하나님께 되돌려 드린다. 부르심을 확신하며 좇아가는 성도의 삶 그 자체가 곧 예배이다.

열두째, 교회의 본질은 그것이 한 분 그리스도를 머리로 삼아 지체된 백성들의 연합체라는 사실에서 파악된다. 교회의 본질은 성도의 그리스도와의 신비한 연합에 있다. 이러한 본질은 동서고금을 통하여서 택함 받은 백성의 총수로서 이루어지는 비가시적 교회를 지시한다. 지상의 가시적 교회는 비가시적 교회와 함께 유기적으로 바라보아야 한다. 지상의 교회는 하나님의 말씀을 순수하게 선포하고 성례를 합법적으로 거행하는 표지로써 그 참됨이 제시되며 몸의 힘줄과 같은 권징의 합당한 시행을 통하여서 그 순결함이 유지된다. 교리는 교회의 서고 넘어짐의 조항이 된다. 교회의 교리는 비가시적 교회의 비밀이 가시적 교회 가운데 교훈이나 규범으로 나타나 체계화되는 과정에서 수립된다.

열셋째, 성례를 통한 그리스도의 죽음과 부활에의 연합이 제시된다. 세례는 성도의 그리스도와의 연합의 시작의 표이다. 그것은 옛 사람이 죽고 새 사람이 사는 중생의 은혜를 표한다. 성찬은 성도의 그리스도와의 연합의 계속의 표이다. 그것은 성도가 그리스도의 계속적인 중보에 의지하여 날마다 머리 되신 그분께로 자라 가는 삶을 사는 것을 기념한다. 성례는 의의 전가와 함께 그로 말미암아 하나님의 자녀가 되어서 하나가 되는 삶을 사는 성도의 즐거움을 제시한다. 이렇듯 성례의 수직적 성격과 함께 수평적 성격이 부각된다. 칼빈이 중보자 그리스도의 중보 가운데서 말씀과 성령의 역사가 함께 일어남을 성례신학의 핵심으로 여기는 까닭이 여기에 있다.

열넷째, 시민 국가의 삶의 원리를 사랑과 절제와 공평에서 찾음으로써 자연법과 하나님의 법과의 본질적 일치를 추구한다. 위정자는 하나님의 대리자로서 법을 집행한다. 법은 국가의 힘줄과 같다. 시민법은 지상의 삶에 맞추어 주신 하나님의 일반은총적 은혜의 질서이다. 그러므로 그 자체로서 존중되어야 하며 하나님의 법과 무조건 배치되는 것으로 여겨서는 안 된다. 율법이든 자연법이든 실정법이든, 모든 법의 궁극적인 수여자는 하나님이시다. 모든 법의 궁극적인 목적은 법수여자의 뜻을 이루는 데 있다.

이러한 조망을 통하여 알 수 있는바, 칼빈신학은 교리적 조목을 좇아 종합적-체계적으로 개진된다. 그럼에도 불구하고, 많은 경우 칼빈신학에 대한 연구가 인식론적이거나 수사학적인 방법론이나 철학적 적실성과 관련하여 국소적으로 수행되어 온 것이 사실이다.[133] 심지어 칼빈이 추구한 "하나님의 말씀의 신학"을 곡해하여 그것이 마치 편향된 기독론 중심성에 매몰되어 있는 것처럼 여겨지기도 했다.[134]

---

[133] Cf. Richard C. Gamble, "Current Trends in Calvin Reserch, 1982-90," in *Calvinus Sacrae Scripturae Professor: Calvin as Confessor of Holy Scripture*, ed. Wilhelm H. Neuser (Grand Rapids: Eerdmans, 1994), 105-108; Karin Maag and Paul Fields, "Calvin in Context: Current Resources," in *The Cambridge Companion to John Calvin*, ed. Donald K. McKim (Cambridge: Cambridge University Press, 2004), 317-329.

[134] 이러한 오류는 칼 바르트(Karl Barth)로 대변되는 신정통주의자들에 의해서 현저히 노정된다. Cf. 문병호, 『기독론』, 1092-1121.

칼빈의 언약신학은 신·구약 말씀 전체를 아우르는 개념으로서 단번에 영원히 아버지의 뜻을 다 이루신 아들의 의가 보혜사 성령의 임재로 택함 받은 성도에게 전가되는 "구속사적-구원론적 관점"에서만 온당히 읽혀진다.[135] 이는 스스로 계신 하나님이 우리를 위하여 창조하시고, 계시하시고, 구원하시는 하나님이시라는 "삼위일체론적-기독론적 관점"을 도외시하고는 올바로 견지될 수 없다.[136] 이러한 점에서 칼빈신학은 개혁신학자들이 조직신학을 전개함에 있어서 사용한 가르침의 순서(*ordo docendi*)를 도입한 효시가 된다.[137]

칼빈은 칼빈주의자가 아니었다는 논제로써 그들 사이의 불연속성을 지적하고자 하는 시도는 어느 영역에서 전혀 적실성이 없지는 않으나,[138] 이러한 연속성을 본질적으로 훼손시킬 정도는 못 된다.

## 2) 전망

칼빈의 글들을 충실히 읽고 그의 신학을 조명하고자 하는 노력이 최근에 두드러짐은 사실이나 17-18세기의 개혁신학자들에 대한 연구에 부수하는 전사(前史)로서 다루어지는 경우가 대부분이고 칼빈신학 자체를 깊이 고찰하는 경우는 그리 많지 많다. 위에서 언급했듯이 『기독교

---

[135] 문병호, 『기독론』, 40-54.
[136] 문병호, 『기독론』, 137-149.
[137] 이와 관련하여 다음 작품들을 동시에 조망해 보는 것이 유익하다. Warfield, "Calvin's Doctrine of the Trinity," in *The Works of Benjamin B. Warfield*, vol. 5, 189-284; David. E. Willis, *Calvin's Catholic Christology: The Function of the So-Called Extra Calvinisticum in Calvin's Theology* (Leiden: E. J. Brill, 1966); Krusche, *Das Wirken des Heiligen Geistes nach Calvin*.
[138] Cf. Heiko A. Oberman, "Calvin's Critique of Calvinism," in *The Dawn of the Reformation: Essays in Late Medieval and Early Reformation Thought* (Grand Rapids: Eerdmans, 1992, rep.), 259-268.

강요』를 요약하거나 주제별로 정리하는 정도의 글들이 주를 이룰 뿐 특정한 주제에 대한 조직신학적 고찰은 찾기는 그리 쉽지 않다. 그럼에도 불구하고 언약신학,[139] 삼위일체론,[140] 그리스도와 율법,[141] 기독론,[142] 구원론,[143] 교회론[144] 등에 관한 글들이 근래에도 계속해서 상재되고 있음은 고무적이라고 할 것이다.

칼빈신학은 『기독교 강요』에서 두드러지듯이 교훈적, 고백적, 변증적 성격을 띤다. 모든 성경의 가르침을 충실히 개진한다는 점에서 교훈적이고, 그 가르침을 믿음으로 수납한 바대로 서술한다는 점에서 고백적이며, 그 고백한 바대로 옳고 그름을 분별하여 옳은 것을 견지하고 그릇된 것을 배척한다는 점에서 변증적이다.[145] 우리가 이후 추구해야 할 칼빈신학은 이러한 특성을 충실히 담아내는 것이 되어야 할 것이다. 이를 위해 요청되는 바를 다음과 같이 몇 가지로 정리해 볼 수 있을 것이다.

첫째, 조직신학으로서의 칼빈신학을 올바로 정위시키는 일이 요구된다. 이를 통하여 개혁파 조직신학의 기원과 맥을 통찰하고 그 부요함을 추적할 수 있을 것이다. 무엇보다 삼위일체론, 기독론, 구원론, 교회론 등의 근본 교리들에 대한 칼빈의 이해를 철저히 조직신학적으로 접근할 필요가 있다.

---

[139] Cf. Lillback, *The Binding of God*.
[140] Cf. Philip Walker Butin, *Revelation, Redemption, and Response: Calvin's Trinitarian Understanding of the Divine-Human Relationship* (Oxford: Oxford University Press, 1995).
[141] Cf. Moon, *Christ the Mediator of the Law*.
[142] Cf. Stephen Edmondson, *Calvin's Christology* (Cambridge: Cambridge University Press, 2004).
[143] Cf. Mark A. Garcia, *Life in Christ: Union with Christ and Twofold Grace in Calvin's Theology* (Milton Keynes, UK: Paternoster, 2008).
[144] Cf. Yosep Kim, *The Identity and the Life of the Church: John Calvin's Ecclesiology in the Perspective of His Anthropology*, Princeton Theological Monograph Series 203 (Eugene, OR: Wipf and Stock Publishers, 2014).
[145] 문병호, 『칼빈신학』, 42-49.

둘째, 칼빈신학에 터 잡아 개진된 개혁신학자들의 신학의 원리(*principia theologiae sive revelationis*)를 오늘날 소위 개혁파 인식론(Reformed epistemology)과 더불어 비교 고찰함으로써 참다운 성경적 신학 방법론을 모색해야 한다. 이를 통하여 오늘날 횡행하는 존재의 유비의 오류를 지적하고 그것과 분명히 차별화되는 정통적인 방법인 신앙의 유비를 변증하는 기회를 갖게 될 것이다.

셋째, 개혁파 조직신학의 신학적 근간을 제시하는 구속사적-구원론적 관점을 견지하는 가운데 칼빈의 언약신학을 더욱 심오하고 부요하게 추구해야 한다. 그리하여 그리스도와 율법의 관계를 단지 세대주의적으로 단절시키지 않고 역동적으로 파악하는 기회를 삼아야 한다.

넷째, 칼빈과 그를 잇는 개혁신학자들의 신학적 연속성과 불연속성에 대한 철저한 조직신학적 고찰이 요구된다. 그리하여 오늘날 횡횡하는 경계선상에 있는 신학적 조류들에 일침을 가하는 기회를 삼아야 한다. 무엇보다 이로써 신정통주의나 신복음주의나 신자유주의 신학에 경종을 울려야 한다.

다섯째, 각색된 칼빈이 아니라 진정한 칼빈을 그의 작품들에 대한 면밀한 분석과 신학적 정리와 체계화를 통하여 그려내야 한다. 무엇보다 이를 위하여 원전 번역이 더욱 정치하게 추구되어야 하며, 칼빈의 생애를 통하여 그의 신학을 유추하는 것이 아니라 그의 작품이 객관적으로 그에 대해서 말하게 해야 한다.

오늘날 한국교회는 유래 없이 많은 칼빈주의자들이 그의 학문과 사상과 삶을 여러 방면으로 연구하고 그 결과물을 여러 분과에서 쏟아내고 있다. 최근에는 칼빈신학에 대한 성경신학적이거나 실천신학적인 '신학적' 고찰이 눈에 띠게 부각되고 있다.[146] 무엇보다 칼빈의 글들을 원문에

---

[146] Cf. 한국칼빈학회 편, 『John Calvin I: 칼빈 신학 개요』(서울: 두란노 아카데미, 2009). 본서에는 칼빈신학이 교리별로(신론, 계시론, 기독론, 성령론, 구원론, 예정론, 교회론, 성화론, 국

서 직역하여 소개하거나 원문을 읽고 연구하는 풍토가 활성화되고 있다. 이를 기류로 삼은, 칼빈신학에 대한 더욱 심오하고 정치한 연구가 앞으로 요구되며 이에 부응하는 노력이 경주되어 그 결과물을 교회적으로뿐만 아니라 일반 사회적으로—즉 특별은총과 일반은총의 영역에서—공유하고자 하는 적극적인 도모가 있을 것으로 전망된다.

## 4. 결론: 종교개혁 500주년에 즈음해서 요청되는 칼빈신학

칼빈에 관한 것들은(*Calviniana*)[147] 단지 신학적으로만 추구되어서는 안 되지만, 신학을 도외시한 그것들에 대한 논의는 무의미하고 무모하다. 칼빈신학에 대한 시대적 요청은 오늘날 더욱 절실하다. 그것은 성경의 가르침을 가장 성경적으로 조명해 내고자 하는 일체의 몸부림에 맞물려 있다. 한때 뚜렷한 경향을 보였던 "Calvin's doctrine of …" 유(類)의 작품들이[148] 오늘날 다시금 요구되는 까닭이 여기에 있다.

본 장에서 환기된 바와 같이 칼빈의 조직신학을 우리는 다시금 재고해야 한다. 이를 위하여 칼빈신학이 단지 전기적이거나, 역사적이거나, 수사학적이거나, 해석학적으로가 아니라, 순수하게 그리고 전적으로, 교리

---

가론, 종말론) 전문 학자들에 의해서 다루어지고 있다. 그리고 칼빈신학에 대한 연구물들이 2004년 이후 매년 출간되는 한국칼빈학회 편, 「칼빈연구」와 부정기적이나 거의 매년 계속해서 시리즈로 출간되는 고신대학교 개혁주의 학술원의 저술들을 통하여 풍부하게 게재되고 있다.

[147] Cf. Ford Lewis Battles, "The Future of Calviniana," in *Renaissance, Reformation, Resurgence*, ed. Peter De Klerk (Grand Rapids: Calvin Studies, 1976), 133-173.
[148] Cf. Thomas F. Torrance, *Calvin's Doctrine of Man* (London: Lutterworth Press, 1952); Heinrich Quistorp, *Calvin's Doctrine of the Last Things*, tr. Harold Knight (Richmond: John Knox Press, 1955); Ronald S. Wallace, *Calvin's Doctrine of The Christian Life* (Edinburgh: Oliver and Boyd, 1959); *Calvin's Doctrine of the Word and Sacrament* (Edinburgh: Oliver and Boyd, 1953).

적 혹은 신학적으로 추구되어야 한다. 이를 위하여 단지 옛날로 회귀하자는 것이 아니라 옛날의 교훈을 새기는 신중함이 필요하다. 그것은 칼빈의 영향을 말하기 전에 그 본질에 주목하자는 것이다.[149]

지금은 지난 세기 제2차 세계대전을 겪은 후 거국적으로 나타났던 "칼빈주의의 재생(a revival of Calvinism)"이 다시금 요청된다.[150] 다만 그때의 오류를 반면교사로 삼아, 신학적이거나 역사적인 동기나 관념에 경도된 주관적 전제를 배경으로 삼아 칼빈을 이용하는 것이 아니라,[151] 칼빈을 제대로 읽음으로써 수행되어야 한다.

> 명민한 신학자는 칼빈을 거의 모든 주제에 맞게 각색할 수 있을 것이다. 그러나 충실한 신학자—좋은 역사가—는 칼빈을 이용하기보다 읽기를 추구할 것이다.[152]

칼빈은 신학의 "규범적 기능(a normative function)"을 등한시하지 않았다. 그렇다고 해서 이를 부각시키고자 그가 신학자에게 우선적으로 요구되는 덕목을 "정확한 교리적 엄정함"이 아니라 "진리에 대한 용기와 충성"에서 찾았다고 보는 것은 지나친 발상이다.[153] 그가 하나님을 아는 지식

---

[149] 이에 대한 암시적 제안이 없었던 것은 아니다. 이에 대해서, Richard A. Muller, "Directions in Current Calvin Research," in *Calvin Studies IX*, ed. John H. Leith and Robert A. Johnson (Davidson, NC: Calvin Studies, 1998), 78-82, 86-87.

[150] Cf. McNeill, *The History and Character of Calvinism*, 432, 436-438.

[151] 예컨대, 존 맥닐의 다음 글은 칼빈이 후대의 칼빈주의에 미친 영향을 논하면서 자연법으로 특징되는 일반은총의 영역과 시대적 정황에 편향된 교회론의 영역에 지나치게 매몰되어 칼빈신학 자체의 본질과 특성을 조명하는 데까지는 나아가지 못하고 있는바, 저자 자신이 세운 신학적이거나 역사적인 전제 가운데 칼빈을 이용하고 있음을 보여 주는 한 단면을 잘 보여 준다. McNeill, *The History and Character of Calvinism*, 201-225.

[152] Muller, *The Unaccommodated Calvin*, 188.

[153] Ronald S. Wallace, *Calvin, Geneva and the Reformation: A Study of Calvin as Social Reformer, Churchman, Pastor and Theologian* (Grand Rapids: Baker, 1988), 231-232.

을 다룰 때 "이론(a theory)"보다 "정황(a praxis)"를 중요하게 여겼다고 말하는 것도 논리적 비약이다.[154]

칼빈과 개혁신학자들의 연결점은 성경을 기독교 신학의 유일한 기초로 여겼다는 점에서 찾을 수 있다.[155] 칼빈은 신학자의 직무를 "참되고, 확실하고, 유익한 것들을(*vera, certa, utilia*)" 가르치는 데 있다고 보았다.[156] 그의 신학은 성경의 가르침을 파악하여 체계화하고 그 잣대로 중세 스콜라 신학과 동시대 여러 잘못된 교설들을 엄정하게 비판하는 가운데 수립되었다. 『기독교 강요』를 비롯한 신학적 작품들과 주석들과 설교들은 일차적으로 이러한 취지와 목적을 지니고 있었다.[157]

칼빈신학은 하나님의 말씀의 유일한 진리를 변증하는 것이었으니, 변증법적 "중간 길(*via media*)"을 모색하거나,[158] "가장 효과적인 수사학적 논리의 형태"를 제공한 것이 아니었다.[159] 칼빈신학은 서로 대척점에 선

---

[154] Hans-Joachim Kraus, "The Contemporary Relevance of Calvin's Theology," in *Toward the Future of Reformed Theology: Task, Topics, Traditions*, ed. David Willis and Michael Welker (Grand Rapids: Eerdmans, 1999), 327.

[155] Cf. W. Stanford Reid, "John Calvin, John Knox, and the Scottish Reformation," in *Church, Word, and Spirit: Historical and Theological Essays in Honor of Geoffrey W. Bromiley*, ed. James E. Bradley and Richard A. Muller (Grand Rapids: Eerdmans, 1987), 146.

[156] *Inst.* 1.14.4(*CO* 2.118).

[157] 칼빈과 중세 스콜라신학 간의 연속성과 불연속성에 대한 논의와는 별도는 이러한 사실이 분명히 지적되어야 한다. Cf. Richard A. Muller, "Scholasticism in Calvin: A Question of Relation and Disjunction," in *Calvinus Sincerioris Religionis Vindex: Calvin as Protector of the Purer Religion*, ed. Wilhelm H. Neuser and Brian G. Amstrong (Kirksville, MO: Sixteenty Century Essays & Studies, 1997), 252-263.

[158] 이러한 입장을 견지하는 다음 글 참조하라. Merwyn Johnson, "Calvin and Patterns of Identity in Reformed Theology," in *Calvin Studies X and XI*, ed. Charles Raynal (Grand Rapids: CRC Product Services, 2006), 358-361.

[159] 이러한 입장을 견지하는 다음 글 참조하라. Alister A. McGrath, *The Science of Theology*, ed. G. Evans (Grand Rapids: Eerdmans, 1986), 126. Gamble, "Current Trends in Calvin Reserch, 1982-90," 108에서 재인용.

신학적 논제들을 소개함으로써 그 긴장을 제시한 것에 그치지 않는다.[160] 단지 망명객으로서의 칼빈의 삶은 그의 신학에 모종의 타협성이나 편향성을 제공한 계기가 된 것이 아니라, 그가 오직 성경만을 바라보고 본향으로 나아가는 지상의 나그네 신학을 수행하게 하신 하나님의 섭리를 보여 준다.[161]

작금 종교개혁 500주년을 맞이해서 주제어로서 화해나 일치가 거론되고, 로마 가톨릭의 정서적 사과와 함께 개신교의 신학적 사과가 병행되어야 한다는 말이 공공연히 횡행하고 있다. 종교개혁 자체를 부정하고 다시금 그 이전으로 돌아가 교회의 일치를 이루자는 공허한 발상의 발로인 것이다. 이를 지향하는 여러 행사가 계획되고 있다는 말도 들린다. 말할 나위도 없이, 이 시점에서 우리가 가장 깊이 새겨야 할 모토는 '타협할 수 없는 순수한 진리'가 되어야 한다.

종교개혁의 포문을 열었던 루터와 그의 후예들의 신학은 로마 가톨릭의 체제 자체를 부정하는 과격함과 엄정함도 없지는 않았으나, 오직 성경의, 성경적 신학을 추구한 칼빈과는 기독론, 구원론, 언약관, 율법관, 성례론 등에서 많은 차이를 노정했음을 부인할 수 없다. 개혁신학의 입장에서 볼 때, 루터란 신학은 오히려 로마 가톨릭에 더 많이 경도된 부분이 적지 않다. 로마 가톨릭과 루터란 교회가 함께 공동 신앙고백서를 작성할 수 있었던 것은 이러한 신학적 근접성 때문이었다.

---

[160] 이러한 입장을 견지하는 다음 글 참조하라. H. Bauke, *Die Probleme der Theologie Calvins* (Leipzig: J. C. Hinrichs Buchhandlung, 1922).

[161] 오버만은 망명객 종교개혁을 제3기 종교개혁으로 분류하고 그 가운데 칼빈을 조명한 공이 있으나 그 의의와 가치에 대해서는 모호한 입장을 취한다. Cf. Heiko A. Oberman, "Toward the Recovery of the Historical Calvin: Redrawing the Map of Reformation Europe," in *Calvinus Evangelii Propugnator: Calvin, Champion of the Gospel*, ed. David F. Wright, Anthony N. S. Lane, and Jon Balserak (Grand Rapids: Calvin Studies Society, 2006), 101-104.

이 점을 상기하면서, 종교 500주년을 맞은 우리는 루터란 신학과 구별되는 칼빈과 그를 잇는 후예들의 개혁신학을 더욱 깊이 숙고함으로써 우리가 서 있는 자리를 다시금 냉철히 돌아보아야 한다. 비텐베르크는 시원적으로 우리가 나온 곳일지언정, 그저 우리가 되돌아갈 곳은 아닌 것이다. 우리에게는 우리에게 고유한 것이 있다. 그것은 루터로부터 나온 것이지만 루터와 아주 닮아 있지는 않다. 이즈음 다시금 우리가 칼빈신학을 되돌아보게 되는 소이가 여기에 있는 것이다.

# 제3장 한국 장로교의 신학적 기원과 형성

## 1. 서론: 성경-역사적인 역사적 장로교

"한국 장로교 신학"을 하나의 작은 논문에 담기는 사실상 불가능하다. 이는 한국교회 전반에 대한 역사적, 신학적 이해와 더불어 장로교의 실체와 정체 그리고 정통성 등이 상호 유기적으로 고찰되어야 하기 때문이다.

한국 장로교는 과연 어떠한 고유한 특성을 지목하여 일의적으로 규정할 수 있는가?

아니면 그것은 단지 역사적 산물로서 일단 회고적으로 고찰되어야 할 그 무엇인가?

역사상 장로교회는 성경의 절대적 권위와 교회를 통한 경건과 예배의 삶을 강조했다. 그리하여 장로교 신자들은 여느 다른 교단의 성도들보다 자신들이 속한 교회가 "성경에 따른" "성경적" 정체를 가지고 있다고 믿는 경향이 강하게 나타난다. 그들에게 있어서 장로교는 많은 교단들 중의 하나가 아니라 유일하게 정당한 교회의 형태로서 자각된다. 그리하여 장로교에 대하여 "성경적인 교회"라는 정의 외에 다른 말을 덧붙이는 것은 사족에 불과할 뿐이라고 여긴다.

"한국 장로교"는 선교 130년, 총회 수립 100년의 역사를 가진 역사상

교회이다. 그것의 정체성은 인위적이라기보다 초기 장로교 선교사들의 교단 소속으로부터 기원한다. 그러나 "한국 장로교 신학"을 논의할 때 우리의 관심을 초기 선교사들의 교단적 배경이나 그들의 신학적 입장에만 두어서는 안 된다. 우리는 "한국 장로교 신학"이 "장로교 신학"에 부합하는지에 대한 질문에 일차적 관심을 쏟아야 한다. 즉 진정 그것이 성경-역사적 장로교를 구현한 역사적 장로교였는가에 대한 질문을 먼저 던져야 한다.

"한국 장로교 신학"에 대한 논의는 단지 역사적으로만 추구되어서는 안 되며 조직신학적 당위성을 함께 다루어야 한다. 총신대학교 교수를 역임했던 간하배 교수는 "한국 교회사 초기는 보수주의적 기독교, 복음주의적 기독교의 역사였다"라고 그의 책 첫머리에서 규정하였다. 그러나 그 근거로 당시 선교사들이 옛 스코틀랜드 언약성도들의 후손들로서 보수적인 복음적 기독교인들이며 네비우스 선교사의 경우에서 보듯이 철저히 성경 중심적이었다는 사실을 거론했다.[162]

같은 맥락에서 박용규 교수는 자신의 박사학위 논문에서 한국 장로교의 최대 논제가 "성경의 권위, 특히 성경의 무오성과 영감론"이었으며 이는 "20세기 초의 미국 근본주의와 현대주의 논쟁의 재판"이라고 할 만큼 유사점이 많다고 하였다.[163] 이러한 고찰은 한국 장로교 형성에 대한 주요한 시각을 제공한다. 그러나 우리는 선교사들이 누구였는가에 대한 질문에 그쳐서는 안 되고 그들이 전했던 것이 과연 무엇이었던가에 대한 질문에까지 나아가야 한다.

본 장은 역사상 장로정치제도가 어떻게 존 칼빈에 의해서 이론적으로 정초되었으며 존 녹스에 의해서 실제적으로 수립되었는지에 일차적인 관심을 갖는다. 다만 역사적 사실 그 자체가 아니라 그것의 신학적 의미

---

[162] 간하배, 『한국 장로교 신학사상』, 1-6.
[163] 박용규, 『한국 장로교 사상사』, 18.

에 주목한다. "스코틀랜드 신앙고백서"와 두 치리서 그리고 "웨스트민스터 신앙고백서"를 중심으로 이를 고찰한다. 그리고 이러한 논의를 바탕으로 한국 장로교 신학의 특성을 논의한다. 그동안 많은 논의들이 있어 왔기 때문에 여기서는 장로교의 본질과 관련된 신학적 입장을 박형룡 박사의 저술들을 간략히 조명함으로써 살펴보는 데 그친다.

## 2. 장로교 신학

### 1) 칼빈 교회론의 장로교적 특성

장로교 교회정치의 두 요소는 성도가 그리스도를 머리로 한 몸 된 교회에의 지체로서 참여한다는 사실과 그것이 자의적이지 않으며 하나님의 주권적 질서에 의해서 이루어진다는 점이다.[164] "웨스트민스터 신앙고백서" 25장과 26장에서는 교회의 무형적 본질과 유형적 본질, 그리고 성도의 교제를 연이어 다루는데, 이는 교회의 수직적 측면과 수평적 측면을 역동적으로 바라보는 장로교적 특성을 잘 보여 준다.[165]

칼빈은 교회의 본질을 논함에 있어서 성도의 그리스도와의 연합과 함께 성도들 상호 간의 형제적인 사랑을 강조하였다. 교회의 교리적 일치는 이러한 유기적 구조의 질서로서 추구되었다.[166]

성도의 교회에의 참여는 단지 수동적이지만 않다. 성도는 직분에 따라서 주어진 은사와 능력으로 "복음의 사역"을 감당하는 기회를 얻는다.

---

[164] 오덕교, 『장로교회사』 (수원: 합동신학대학원출판부, 2006), 19-20.
[165] Cf. A. A. Hodge, *The Westminster Confession: A Commentary* (Edinburgh: The Banner of Truth Trust, 1958, rep.), 310-337.
[166] *Inst.* 4.1.3, 9-12; 4.2.5.

성령의 은사는 직분의 조건이 되기보다 오히려 직분을 예비한다. 성도들은 직분에 봉사함으로써 그리스도의 한 몸에 한다. 그러므로 그리스도를 머리로 고백하는 자마다 교회의 사역에 참여한다.[167] 칼빈이 전개한 이러한 교회의 직분론은 교회의 본질로부터 필연적으로 도출된다.

교회의 통상직은 목사, 교사, 장로, 집사로 구성된다. 목사의 직분은 "그리스도의 교리로 사람들을 가르쳐서 진정한 경건에 이르게 하고, 거룩한 성례들을 거행하며, 올바른 권징을 지키고 시행하는 것"이다.[168] 설교는 진리에 대해서 증언하는 것이 아니라 진리 자체를 전하는 것이다. 설교자는 자신의 주관적 입장이 아니라 하나님의 음성을 실어 나르는 나팔수와 같아야 한다. 교회가 진리의 터 위에 서 있듯이, 설교는 그 터의 고리가 되어서 성도들을 하나님께 묶고 나아가서 상호 간에 하나가 되게 한다.[169]

교사는 가르치는 교회를 구현하기 위하여 필히 요구된다. 교사는 성경을 바로 해석할 뿐만 아니라 "순수하고 건전한 교리"를 변호하는 직분을 수행한다.[170] 칼빈은 목사를 "하나님의 비밀을 맡은 자"(고전 4:1)로서 특별히 부각시키는데, 이는 그가 가르치고 권고하는 일을 함께 수행하기 때문이다.[171]

장로와 집사는 이러한 일을 돕는 직분으로서 나타난다. 장로의 직분은 "다스리는 자"(롬 12:8)로서 "다스리는 것"(고전 12:28)이다. 장로는 목사의 설교를 바로 이해하고 그것을 충분히 새겨서 성도들을 권면하고 그들을 바로 세우기 위해서 "도덕적인 견책"과 "권징"을 시행하는 직분을 감당한다.[172] 집사는 재정과 구제하는 일 그리고 긍휼을 베푸는 일을 감당

---

**167** *Inst*. 4.3.2.
**168** *Inst*. 4.3.6.
**169** *Inst*. 4.1.5.
**170** *Inst*. 4.3.4.
**171** *Inst*. 4.3.6-7.
**172** *Inst*. 4.3.8.

한다. 집사 직분은 단지 목사를 돕는 데 그치는 것이 아니라 고유한 사역을 감당하는 독립된 직분이다.[173]

이러한 네 가지 직분은 서로 유기적으로 연결된다. 성경은 교회의 집사들도 도를 풀어서 전하는 일에 적극적으로 참여했음을 말해 준다. 아직 권위적이거나 교조적이지 않았던 초기 "장로회(*presbyterorum collegium*)"에는 교사들도 동등한 자격으로 주도적으로 참여하였다. 사실 그들은 가르치는 감독들로 여겨졌다(딛 1:9). 그리하여 선포하는 것과 가르치는 것과 교정하는 것이 긴밀성을 갖게 되었다.[174]

칼빈은 교회의 권세는 그리스도로부터 주어지고 그리스도 안에서만 작용하는 것으로 여긴다. 그러므로 교회의 권세는 영적이다. 이는 "교리권," "사법권," "입법권"으로 나누어진다. 이러한 삼권은 특정한 사람에게 집중되지 않는다. 오직 그리스도만이 선지자, 제사장, 왕으로서 이러한 모든 권세의 주가 되신다.

교리권은 말씀을 선포하고 가르치는 권세이다.[175] 성경의 교사와 선포자는 하나님의 감동으로 기록된 말씀을 성령의 감화 가운데 전달하여야 한다. 듣지 않고, 배우지 않은 것을 가르치려고 해서는 안 된다. 교회는 그리스도의 신부로서 무엇보다 순수하고 바른 진리에 서 있어야 한다. 성경의 권위는 그것이 하나님의 말씀이라는 사실로부터 직접 도출된다. 하나님의 말씀으로서 성경은 자증한다. 그러므로 교회의 교리권은 일차적으로 성령의 감동에 순종하는 내적 의무에 충실할 때 참되게 작용한다.[176]

교회의 입법권은 하나님의 규범에 관한 것으로서 사람의 전통에 매이

---

[173] *Inst.* 4.3.9.
[174] *Inst.* 4.4.1-4. 단지 이러한 사실로부터 목사와 교사의 직분이 장로의 직분으로부터 파생되었다고 보는 것은 잘못되었다. 왜냐하면 단지 이름의 연원이 아니라 그 직무에 있어서 목사와 교사의 직분이 오히려 앞서기 때문이다.
[175] *Inst.* 4.8.1.
[176] *Inst.* 4.9.1-2, 8, 12-13.

지 않는다. 하나님은 입법자시므로 절대적으로 의로우신 재판장이 되신다. 법의 조성자(*auctor*)가 수여자(*largitor*)시며 통치자(*gubernator*)이시다. 하나님의 법은 그분의 어떠함과 뜻을 계시한다. 그것의 지혜와 지식은 모두 그리스도 안에 부요하게 담겨 있다. 하나님의 법은 몸을 움직이는 "근육"과 같다. 그것은 교회를 세워서 머리이신 그리스도께로 자라게 하는 데 근본 목적이 있다.[177]

교회의 재판권은 복음의 감화와 관련된 영적인 것으로서 그리스도께서 제자들에게 주신 "열쇠의 권한"에 부합한다. 권징은 하나님의 말씀을 듣되 그것을 내적으로 수납하고 추구하기를 거부하는 자들을 돌이키기 위하여 시행된다.[178] 교회의 권징은 영적인 재판권이기 때문에 세상적 방식으로 이루어지지 않는다. 지상에서의 심판은 그것이 교회의 이름으로 이루어졌다고 하더라도 종국적이지 않다. 그러므로 언제든 긍휼히 여기는 마음을 버리지 말 것이며 하나님의 자비의 손에 맡기는 기도의 자세가 필요하다.[179]

교회의 직분과 권세는 성도들의 참여를 통하여서 이루어진다. 그러나 어떤 일이든 사람의 판단과 자의에 맡겨지지 않으며 머리이신 그리스도의 영적인 통치 가운데 행해진다. 칼빈의 이러한 이해는 그가 교회와 국가의 관계를 역동적으로 파악하는 점에서 뚜렷해진다.

칼빈은 기독교인은 "영적 통치"와 "국가적 통치"라는 "이중적 통치"를 받는다는 점을 강조한다. "영적 통치"는 성령의 임재로 그리스도의 진리를 좇아서 살아가는 성도의 감화에 기초한다. "국가적 통치"는 일반은총의 산물로서, 이로써 죄를 억제하고 하나님 앞에서 자신의 죄를

---

[177] *Inst*. 4.10.27-32.
[178] *Inst*. 4.11.1-2.
[179] *Inst*. 4.12.11.

핑계할 수 없게 한다.[180] 국가는 하나님의 섭리 가운데 교회를 외부에서 돕는 역할을 감당한다. 교회를 위한 하나님의 섭리는 국가에도 미친다.[181] 하나님의 은총은 창조와 섭리 그리고 구속에 모두 미친다. 하나님은 모든 것을 다스리신다.[182]

국가의 위정자는 하나님의 섭리의 종이며 일시적으로 대사직(大使職)을 수행하는 자이다.[183] 하나님은 국가를 통해서도 궁극적으로 자신의 십계명이 준수되도록 이끄신다.[184] 하나님은 교회에 법을 주시듯이 국가에도 그리하신다. 세상의 법은 자연법에 기초하는데, 이는 하나님의 법과 그 본질에 있어서 다르지 않다. 특히 이웃 사랑의 계명과 관련하여 공평(aequitas)과 사랑(caritas)의 원리는 더욱 그러하다.[185]

성도는 그리스도인이자 한 사람의 국민이다. 그러므로 국가의 존재와 기능을 하나님의 통치(gubernatio)라는 관점에서 헤아릴 수 있어야 한다. 성도는 국가와 관련해서도 기도와 말씀 가운데 거룩한 것을 추구해야 한다. 하나님의 뜻에 순종한다는 측면에서 국가의 통치에 따라야 한다. 정부에 대하여 저항하는 경우에도 그것이 하나님의 질서를 넘어서서는 안 된다.[186] 칼빈은 교회에 대의적 참여와 대표적 감찰이 있듯이 국가에도 그러하다고 본다. 그러나 교회와 국가의 구성원으로서 성도가 그러할 뿐만 아니라 교회와 국가 양자 모두는 하나님 앞에서 하나로 묶인 피치자(被治者)일 뿐이다. 이러한 칼빈의 입장은, 이후 그의 제자 녹스에 의해서 구현된 장로교의 바로 그 자리에 그가 미리 서 있다는 사실을 알려 준다.

---

[180] *Inst.* 3.19.15; 4.20.1-3.
[181] *Inst.* 2.2.7, 13.
[182] *Inst.* 1.5.8.
[183] *Inst.* 4.20.4-7.
[184] *Inst.* 4.20.9.
[185] *Inst.* 4.20.14-16.
[186] *Inst.* 4.20.39-41.

녹스의 입장에서 보면 칼빈은 이미 "장로교 교회신학"을 충실히 전개하고 있었던 것이다.

### 2) 녹스와 스코틀랜드 장로교 신학

스코틀랜드 장로교는 성도가 하나님의 대사(大使)로서 교회의 직분에 여러모로 참여하되 먼저 자신을 말씀으로 다스리는 질서를 중요시했다. 녹스가 가장 강조한 것은 "양식 있는 설교 사역"이었으며 "사람들을 말씀에 헌신된 제자들"로 가르치는 데 있었다. 이러한 측면에서 권징이 제3의 교회의 지표로 부각되었다.[187] 녹스는 의회의 세속적 권한을 인정한다. 그러나 그것은 교회 총회의 규율을 인정해야 하며 그것을 조성하도록 도와야 한다. 어찌하였던 칼빈이 주장한 교회와 국가의 관계가 신학적인 의미를 가지기 위해서는 그것이 "기독교 국가(a Christian State)"이어야 한다는 점을 녹스는 분명히 알고 있었다.[188]

칼빈이 주도한 제네바의 종교개혁이 신앙고백서, 신앙교육서, 그리고 『기독교 강요』의 틀 안에서 진행되었듯이 녹스의 스코틀랜드 개혁은 "일반예식서(the Book of Common Order 혹은 Knox's Liturgy)," "스코틀랜드 신앙고백서(the Scot Confession of Faith)," 그리고 "제1 치리서(the First Book of Discipline)"에 정초하였다.

예배, 기도, 성례, 결혼, 공적 회개, 출교, 병자 심방 등을 다룬 "일반예식서"는 녹스가 제네바에서 영국인들을 목회할 때 사실상 수립된 것들을 스코틀랜드의 정치 상황에 맞춰 좀 더 긴밀하게 수립한 것이었다.

---

[187] Balfour of Burleigh, *An Historical Account of the Rise and Development of Presbyterianism in Scotland* (Cambridge: Cambrigde Press, 2011, first published 1911), 39-40.

[188] W. Stanford Reid, *Trumpeter of God: A Biography of John Knox* (Grand Rapids: Baker, 1974), 195-197; Balfour of Burleigh, *An Historical Account of the Rise and Development of Presbyterianism in Scotland*, 41.

1560년 의회에 제출되어 통과된 "스코틀랜드 신앙고백서"는 그리스도 안에서 무조건적으로 시혜된 선택의 은총이 말씀의 참된 선포와 성례의 바른 거행 그리고 권징의 합당한 시행이라는 세 가지 지표를 통해서 가시적 교회에 임함을 강조하였다. 본 고백서에서는 세속정부와 로마가톨릭의 잘못된 권세가 하나님의 질서를 해칠 수 없다는 사실이 뚜렷한 변증적 어조로 선포되었다.[189]

"스코틀랜드 신앙고백서"는 예정론을 강조한 점, 선행은 신앙의 열매이고 신앙은 성령의 열매라고 한 점, 참 교회의 본질을 비가시적 교회에서 찾은 점, 성례에 있어서 영적인 임재의 비밀을 강조한 점, 교회와 국가의 유기적 연관성을 하나님의 섭리 가운데 찾는다는 점 등에 있어서 칼빈주의적 성격을 뚜렷이 나타내었다.[190]

장로교의 정체와 관련하여 더욱 주목해야 할 것은 녹스가 작성한 "제1 치리서"였다. 여기에서는 교회 행정을 위한 당회, 노회, 총회가 규정되어 있다. 그리고 목사, 교사, 장로, 집사 외에 감독(superintendent)과 예배를 주재하는 것을 허가 받은 평신도 독경자(讀經者, lay reader)를 두었다는 점이 주목된다. 이는 순교를 각오하고 평신도들이 서로에게 성경을 읽어 주고 권고하던 "비밀교회(privy kirks)"의 전통이 반영된 것이었다.[191]

"제1 치리서"는 칼빈의 "제네바 교회규칙서"와 프랑스 개혁교회의 권징규례 그리고 엠덴의 존 아 라스코(John à Lasco)가 사용하던 규범에 영향을 받았다.[192] "제1 치리서"의 가장 큰 장점은 그것이 "스코틀랜드 신앙

---

[189] Cf. Balfour of Burleigh, *An Historical Account of the Rise and Development of Presbyterianism in Scotland*, 24-26; Jack Rogers, *Presbyterian Creeds: A Guide to the Book of Confessions* (Philadelphia: Westminster Press, 1985), 86-91.
[190] Schaff, ed., *The Creeds of Christendom with a History and Critical Notes*, vol. 3, 437-479.
[191] "비밀교회"에 관해서는 다음 글 참조하라. James Kirk, "The 'Privy Kirks' and Their Antecedents: The Hidden Face of Scottish Protestantism," in *Patterns of Reform: Continuity and Change in the Reformation Kirk* (Edinburgh: T.&T. Clark, 1989), 1-15.
[192] Cf. 오덕교, 『장로교회사』, 165-166.

고백서"에서 선포된 신앙의 조목들을 배경으로 하되 당시 스코틀랜드의 사정에 매우 실제적으로 적용하고 있다는 데 있다. 다만 본 문건은 "스코틀랜드 신앙고백서"와는 달리 총회의 승인은 받았으나 법률적 재가는 얻지 못하였다. 이를 간략하게 정리하면 다음과 같다.

제1장 교리. 하나님의 말씀은 모든 교회에 참되게, 공개적으로 선포되어야 한다. 하나님의 말씀이 명확하게 가르치지 않는 것들을 양심에 강압적으로 요구하는 것은 전적으로 금한다. 로마 가톨릭의 제의와 맹세 등은 비판을 받아야 한다.

제2장 성례. 세례와 성찬은 가능한 한 그것들의 본래의 단순함을 좇아서 거행되어야 한다.

제3장 우상을 타파함. 미사, 성인들에 대한 기도, 우상 숭배, 그리고 하나님의 말씀에 포함되지 않은 모든 경배들은 모든 기념품들과 기념지들과 더불어 배척되어야 한다.

제4장 목사들과 그들의 합법적인 선출. 누구든지 합당한 절차에 따른 질서대로 선출되지 않으면 설교와 성례를 거행할 수 없다. 통상 직분의 소명은 "선택(Election), 심사(Examination), 그리고 인허(Admission)"로 이루어진다. 각각의 교회 회중은 자신들의 교역자를 뽑을 권리가 있다. 복음을 전하기에 부적합하고 불능한 사람을 선출하는 것보다 목사가 없는 것이 더 낫다. 목사를 선출하기 어려울 때에는 독경자들을 두어서 공동 기도문이나 성경을 읽도록 할 수 있다.[193]

제5장 통상 목사들, 감독들, 독경자들, 권고하는 사람들을 위하여 돈이나 다른 종류의 급료가 합당하게 지불되어야 한다. 가난한 자들과 젊은이들을 가르치는 자들은 교회의 기금으로 급여를 제공받아야 한다.

---

[193] "독경자"는 자격을 인정받은 경우에 읽은 성경을 설명하고 권고하는 임무를 부여받았다. 그리하여 "권위자(勸慰者)"라고 불렸다. 이는 평신도의 교회 직분 참여의 가장 뚜렷한 실례가 된다. David Laing, ed., *Works of John Knox*, vol. 6 (Edinburgh, 1895), 386.

제6장 감독들. 설교자들과 달리 감독들이 존재하는 이유는 목사들이 부족하고 각지의 수요에 부응하기 위한 것이다. 열 명이나 열두 명 정도 학식과 경험이 있는 사람들이 두어서 교회를 세우거나 다시금 일으키는 데 돕도록 하고, 다음 목사를 준비하도록 할 수 있다. 감독들은 정해진 관할에 제한되며, 임기에 따라야 하고, 심사와 인허를 받아야 한다. 그리고 목사들과 장로들에 의해서 견책과 교정을 받기도 하며 다른 목사들과 마찬가지로 범죄가 있을 때에는 물러나야 한다.

제7장 학교들과 대학들. 모든 교회는 시골 교구에 독경이나 목회를 하거나 (칼빈의) 신앙교육서로 기초 교육을 할 교사(schoolmaster)를 한 사람 두어야 한다. 그리하여 작은 고장에서는 문법과 라틴어를, 큰 고장에서는 최소한 논리학과 수사학 그리고 지방 언어들을 가르치도록 해야 한다. 가르치는 자에게는 급료를 주어야 하며 가난하고 명민한 학자들을 도와서 가능한 한 교육이 계속되도록 해야 한다. 그리고 대학들(St Andrews, Glasgow and Aberdeen)을 재조직하여 면밀한 계획을 세워야 한다.

제8장 교회의 지대와 기금. 교회는 권리와 자유를 회복하고, 사인의 토지를 부당하게 사용하는 것은 금지된다. 목사들과 학교들과 가난한 자들을 돕기 위한 기금이 마련되어야 하고 각 교회에 기부된 금액은 그곳에서 사용되도록 한다. 감독이 속한 교구와 대교구 교회들은 대학들과 감독들을 유지하도록 해야 한다. 집사들은 매년 임명되어 교회의 재정을 받고 처리한다. 그들은 감사를 받고 보고할 의무가 있다.

제9장 교회 치리. 이것은 교회에 절대적으로 필요하며 효과적으로 수행되어야 한다. 절차에 대한 규칙들이 마련되어야 하며 죄에 따라서 천천히 혹은 심각하게 다루어야 한다. 극단적 치리는 하나님과 교회 공동체로부터의 출교이다. 이는 완고하여 회개하지 않고 중죄에 속한 사람들에게 해당한다. 회개하는 사람에게는 공적으로 회복할 규칙이 마련되어야 한다. 모든 귀족들과 통치자들 그리고 목사들도 예외는 아니다.

제10장 장로들과 집사들. 장로들과 집사들은 매년 각각의 회중들이 뽑는다. 후보자들 중 하나님의 말씀에 가장 지식이 많고 가장 깨끗한 생활을 하며 충실하고 가장 정직한 대화를 할 수 있는 사람들이 선출된다. 장로들은 교회의 모든 공적인 일들에 있어서 목사들을 도우며, 목사를 포함하여 성도들의 도덕을 감찰하는 일을 한다. 목사는 법정에 자주 다녀서는 안 되며 은밀하게 위원회의 회원이 되어서도 안 된다. 집사들은 교회의 세를 걷고 구제금을 모으는 일과 그것들을 유지하고 나누는 일을 한다.

제11장 교회정책. 주일과 주중의 예배 그리고 성례의 거행에 대한 일반적인 지침들이 수립되어야 한다. 성찬은 사분기마다[194] 행할 것을 권하고 교황의 의식들은 폐지되어야 한다. 성경 읽기와 설교는 빼먹거나 건너뛰어서는 안 된다. 가족 교육과 시편 찬송 그리고 기도는 의무로 규정한다.

제12장 예언과 성경 해석. 모든 주요한 도시에서는 매주 정기적으로 모여서 하나님의 말씀에 나타난 성령의 뜻을 조직적으로 연구해야 한다. 그리하여 각 사람을 향한 하나님의 은혜와 은사, 그리고 주시는 말씀을 확신하게 해야 한다. 6마일 내에 있는 목사들과 지방 교구에 속한 뛰어난 자격을 갖춘 독경자들은 이 훈련에 참여해야 한다.

제13장 결혼. 결혼에 대한 허용, 선포, 예식은 규정되어야 한다. 간음은 결혼이 해소되는 유일한 원인이 된다. 시민 정부의 권력은 순결을 해친 범죄들에 대해서 엄한 형벌을 가해야 한다.

제14장 장사. 미신을 피하기 위하여 죽은 사람들은 노래나 기도문을 읽는 것 없이 장사되어야 한다. 심지어 장례식의 설교들조차도 경시된다.

---

[194] Cf. David Laing, ed., *Works of John Knox*, vol. 2 (Edinburgh, 1895), 239. 여기에서 녹스는 성찬에 대한 로마 가톨릭과 같은 미신을 억제하기 위해서 일 년에 네 번 거행하는 것이 충분하다고 보았다. 그러나 1562년 총회에서는 시골 지역에서는 두 번이 적합하다고 하였다.

교회는 장사의 터가 되어서는 안 된다.

제15장 교회의 보수. 교회의 건조물은 비용을 들여서 보수함으로 하나님의 말씀의 엄위에 충분히 부합하고 성도들에게 편하고 유용하도록 해야 한다.

제16장 성례를 더럽힌 자들과 말씀을 경멸하는 자들에 대한 벌. 우상숭배자들, 경외감도, 말씀도, 목사도 없이 공공연한 모임을 하는 자들, 소명도 없이 불경건하게 가정에서 성례를 거행하는 자들, 이러한 자들은 하나님이 목사를 세우셔서 친히 부여하시는 자기의 지혜를 가장 잘 즐기도록 한 놀라운 소명을 부정하는 것이므로 엄한 법률로 다스려야 한다.

마지막에 "제1 치리서"는 "교회의 자유(the Liberty of the Kirk)"가 그 목적임을 분명하게 못 박았다.[195]

"제1 치리서"는 한 교인이 살아가는 가정, 교회, 국가의 삶을 전체적으로 규율하고자 했다. 여기에서 성도의 표지와 교회의 표지가 단지 관념적으로 추구된 것이 아니라 아주 구체적으로 다루어졌다는 점을 주목해야 한다. 아직 완전한 장로교 체제를 규정한 것은 아니지만 목사와 장로로 이루어진 교회의 회(會)로부터 노회와 총회로 나아가는 심급이 수립되었으며, 비록 교사의 직분에 대한 별도의 언급이 적으나 전체적으로 칼빈이 강조한 교회의 네 직분을 실제적으로 구현하고자 했던 점이 당시로서는 파격적인 측면이 있었다. 무엇보다도 가정의 문제를 국가와 교회가 긴밀하게 연결되어 함께 다루어야 할 것이라고 여긴 점과 교육과 빈민 구제 등에 관하여 교회가 법을 수립하여 적극적으로 대처할 것을 주장한 점은 본 치리서의 높은 격을 느끼게 한다.

"제1 치리서"를 작성한 녹스의 여망은 "장로교의 대헌장"이라고 불리는 "제2 치리서(the Second Book of Discipline)"에서 더욱 구체적으로 구현되

---

[195] Balfour of Burleigh, *An Historical Account of the Rise and Development of Presbyterianism in Scotland*, 30-36.

었다. 새로운 치리서는 칼빈주의에 더욱 부합하는 것이었다. 이를 작성한 이는 제네바의 테오도르 베자에게서 수학한 앤드루 멜빌(Andrew Melville)이었다. 그는 글래스고대학교와 세인트앤드루스대학교의 총장을 역임했으며 자신의 학식과 열정을 모아서 장로교 정치의 금자탑이라고 여겨질 본 문건을 작성하여 총회와 의회의 승인을 얻어냈다.

"제2 치리서"는 제1장에서 "하나님의 교회(Kirk of God)"는 예수 그리스도 아래에 독립적인 영적 관할권을 가지고 있으며 오직 하나님의 말씀에만 규율을 받는다는 것을 천명했다. 그럼에도 불구하고 교회와 시민 정부의 상호 협조를 강화했다.

그리고 이어지는 장들을 통하여 교회의 네 가지 직분을 다루고 있다(제2장). 교회의 통상적인 직분은 장로들과 사람들이 동의한 선택(election)과, 금식과 기도와 안수를 포함하는 임직(ordination)의 두 요소로 임명된다(제3장). 목사의 직분은 그 이름이 다양할지라도(bishop, pastor, minister) 말씀을 가르치는 일을 주로 여기고, 성례를 거행하며, 사람들을 위하여 축복하는 기도를 드리고, 그들의 행실을 돌보는 일에 있다. 목사는 특정한 무리만 섬긴다(제4장). 교사(doctor)의 직분은 성경에 계시된 하나님의 영의 뜻을 드러내는 데 있다. 여기에는 학교와 대학교의 교사들도 포함된다(제5장). 장로(elder, senior)의 직분은 목사들과 그들의 수에 드는 교사들과 함께 올바른 규칙을 수립하고 권징을 수행하는 데 있다(제6장).

장로회(eldership, assembly)는 특정한 교회, 지역, 전체 국가, 모든 기독교 국가들로 이루어진 네 가지 종류가 있다. 이는 관할 내에서 순수한 종교와 올바른 규칙을 유지하고 이를 어긴 사람들을 벌하는 기능을 한다. 다만 시민 정부에 속한 것은 관할하지 않는다(제7장). 집사(deacon)는 교회의 모든 재물들을 받고 나누는 의무를 가진다(제8장). 교회재산(patrimony)은 이전에 교회에 주어진 것으로 특정인이 특정 부분을 사용하는 것은 불결하며 교회에 모독이 된다. 집사들은 이것을 전체적으로 관리해야 한다(제9장).

기독교 통치자(Christian magistrate)는 교회를 돕고, 거짓 교사들을 몰아내고, 불경한 자들을 벌하여야 한다. 또한 목회를 유지하도록 돌보고, 학교와 가난한 사람들을 도와야 한다. 그리고 교회의 재산을 보호하고, 교회와 그 정책이 발전되도록 법률을 제정해야 한다. 다만 영적인 관할권을 침범해서는 안 된다(제10장).

교회의 권세를 남용하여 교황적인 이름이나 직분을 지니고 있거나 교회를 그러한 것들에 연결시키는 자들, 교회의 재산을 남용하여 의회에서 자리를 차지하고 있는 사람들, 생소하고 나태한 일에 일신을 맡기고 사는 사람들, 무리를 섬기지 않고 단지 자리만 보전하는 주교들은 장로회에서 몰아내야 한다. 그리고 아무 사명도 없이 위원회와 의회에서 교회를 대표하는 듯이 행동하는 사람들, 교황제의 폐습에 젖어서 총회와 교회의 관할을 성가시게 생각하는 위원들, 스스로 자신들의 성직록을 파괴시키고 있는 사람들도 몰아내야 한다(제11장).

무엇보다도 목사를 모든 교구의 가장 합당한 회중에게 임명하고, 작은 교구들은 합병하고 매우 큰 교구들은 나누며, 교사들은 대학들과 다른 필요한 곳에 임명되고, 모든 주요한 곳에 장로회가 수립되며, 노회가 구성되고, 총회는 자유롭고 교회의 명분에 있어서 최고가 되어야 한다. 직분자들은 회중에 의해서 자유선거로 선출되어야 하고, 영혼을 돌보기 위한 후견제도를 폐지하며, 학자들과 장학생들에게 작은 성직록을 주어야 한다. 교회 재산은 목사들, 교사들을 포함한 다른 직분자들, 가난한 자들과 병자들, 교회의 보수와 기타 초과되는 지출을 위하여 교회로 환원되어야 한다. 집사들은 이것을 담당하되 매년 감사를 받아야 한다. 그리고 교회를 해치는 모든 다른 비용들은 폐지되어야 하며 목사의 사례를 위해 헌납한 땅이 있다면 되도록 그 땅을 실제로 경작하는 사람들에게 사용할 수 있도록 해 주어야 한다(제12장).

그리고 이러한 개혁을 통하여서 나타날 종교적, 사회적, 정치적 유익이 지적되었다(제13장). 이 마지막 장에서는 칼빈이 『기독교 강요』에서 다루었던 교회와 국가의 관계에 대한 많은 논의들에 대한 실제적인 답을 제시하고 있다. 여기에서는 종교개혁이 단지 강단의 사변에 그치는 것이 아니라 삶의 전반을 변화시키는 양식을 제공한다는 사실을 자신 있게 드러내었다.[196]

장로교는 단지 교회의 정치 영역에 국한되는 역사적 개념인가?

과연 녹스와 멜빌은 단지 교회와 국가의 관계를 다룬 『기독교 강요』의 마지막 장에만 관심을 가졌던 것인가?

우리는 녹스가 제네바에서 영국인들을 목회하며 제네바 성경을 편찬했다는 점을 주목해야 한다. 그는 시종 스코틀랜드 교회의 근간은 올바른 교리를 가르치고 선포하는 데 있음을 강조했다. 멜빌은 스코틀랜드의 대학에서 총장으로 섬기기 전에 제네바에서 헬라어와 히브리어를 연구하여 헬라어 강사가 되었고 시민법도 가르쳤다.

1528년 스물네 살의 패트릭 해밀턴(Patrick Hamilton)이 세인트 앤드루스에서 선 채로 화형당한 사건은 스코틀랜드 종교개혁의 씨앗이 되었다. 죄목은 세례가 아니라 오직 믿음으로 구원을 받는다는 교리를 주장했다는 사실이었다.[197]

스코틀랜드의 종교개혁의 온상은 처음부터 성경의 진리 곧 복음에 대한 확신에 있었다. 스코틀랜드 종교개혁 400주년을 맞이해서 에든버러의 학문의 전당 어셔홀에서 행한 강연에서 마틴 로이드 존스(D. Martyn Lloyd-Jones)는 녹스를 "청교도주의의 설립자"라고 불렀다. 두 가지 이유를 들었는데, 그가 성경을 최고의 권위를 지닌 하나님의 말씀으로 믿었다는 점과 그 말씀에 따라서 교회를 "뿌리에서부터" "전면적"으로 개혁

---

[196] Balfour of Burleigh, *An Historical Account of the Rise and Development of Presbyterianism in Scotland*, 63-66.
[197] A. F. Michell, *The Scottish Reformation* (Edinburgh: Blackwood, 1900), 31.

하였다는 점이다.[198] 우리가 청교도를 개혁신학의 역사적 구현이라는 측면에서 바라본다면 이러한 입장이 무리는 아니라고 볼 것이다.

녹스가 추구한 "언약 국가(covenanted nation)"가 이후 스코틀랜드 언약신학의 초석이 되는 것은 단지 교회정치나 행정의 측면에서가 아니라 기본적으로 신학적 측면에서 그리하였다.[199] 녹스 자신은 "스코틀랜드 신앙고백서"를 기초했을 뿐 아니라 예정론에 관한 장문의 책을 쓴 신학자였다.[200]

녹스의 사상은 자신이 기초한 "스코틀랜드 신앙고백서"에 충실하게 구현되었다. 특히 말씀에 대한 성령의 영감과 그리스도의 절대 공로에 기초한 예정론은 이 고백서의 두 축을 이룬다고 해도 과언이 아닐 것이다. 교회의 본질을 무형적인 선택에서 찾은 것을 주목해야 한다.[201] 유형적인 총회는 무형(비가시적)교회를 가장 진실하게 드러내는 기구여야 한다고 고백되었다.[202]

교회의 세 가지 표징이 "하나님의 말씀에 대한 진실한 선포와 성례의 올바른 거행 그리고 하나님의 말씀에 따라서 수행되는 권징(the Worde of God trewly preached, and the Sacraments richtlie ministred, and Discipline executed according to the Worde of God)"으로 확정된 것도 이를 반영한다.[203] 무엇보다 "스코틀랜드 신앙고백서"는 성찬의 신비를 그리스도의 신성과 인성의

---

[198] 마틴 로이드 존스·이안 머리(D. Martyn Lloyd-Jones, Iain Murray), 『존 녹스와 종교개혁』, 조계광 역 (서울: 지평서원, 2011), 71-73.

[199] Cf. Reid, *Trumpeter of God*, 290.

[200] Knox, "An Answer to the Cavillations of an Adversary Respecting the Doctrine of Predestination," 21-468.

[201] "The Scotch Confession of Faith," in *The Creeds of Christendom with a History and Critical Notes*, vol. 3, ed. Philip Schaff, 459(16조).

[202] "The Scotch Confession of Faith," in *The Creeds of Christendom with a History and Critical Notes*, vol. 3, ed. Philip Schaff, 465-466(20조).

[203] "The Scotch Confession of Faith," in *The Creeds of Christendom with a History and Critical Notes*, vol. 3, ed. Philip Schaff, 476(25조).

연합 가운데서 찾는다. 그리하여 주님의 임재가 성령의 역사로 신비롭게 일어난다는 사실을 통하여 성찬의 비밀이 언약의 말씀으로부터 비롯됨을 강조하였다.204

스코틀랜드 종교개혁의 핵심은 정치와 행정이 아니라 신학 혹은 교리에 있다고 해도 과언이 아니다. 성경과 신학을 강조하는 녹스와 멜빌의 전통이 있었기 때문에 스코틀랜드 장로교 신학자들은 웨스트민스터 총회에서 주도적 역할을 하게 된다. 예컨대 우리가 에든버러의 목회자 조지 길레스피(George Gillespie, 1613-1648)의 행적을 통하여서 보듯이 교회정치는 신학으로부터 결코 분리되지 않았다.205 이런 측면에서 장로교와 영국 청교도는 공통점이 있다. 이러한 경향은 역사적으로 언약신학이라는 이름으로 전개되었다. 우리는 그 금자탑을 웨스트민스터 총회의 문건들을 통하여 만나게 된다.

### 3) 웨스트민스터 총회와 장로교 신학

"웨스트민스터 신앙고백서"는 종교개혁 이후 125년 동안의 프로테스탄트 신학을 집대성했다.206 웨스트민스터 총회에서는 잉글랜드와 스코

---

204 "The Scotch Confession of Faith," in *The Creeds of Christendom with a History and Critical Notes*, vol. 3, ed. Philip Schaff, 467-470(21조).
205 조지 길레스피는 여섯 명의 스코틀랜드 대표들 중 가장 어린 나이로 웨스트민스터 총회에 참석하여 신앙고백서 등을 기초하는 작업에 참여하였다. 다음 작품은 중보자 그리스도의 인격과 직분에 기초한 신학적 배경에서 교회의 정치를 다룬 당대의 수작이었다. George Gillespie, *Presbyterian's Armoury*, 3 vols. (Edinburgh: Robert Ogle, and Oliver & Boyd, 1846).
206 "웨스트민스터 신앙고백서"는 웨스트민스터 총회에서 작성되었다. 총회는 1642년부터 5년 6개월 22일 동안 1163 차례의 회의와 수많은 소위원회로 모였다. 총회는 기도, 예배, 금식으로 이어졌다. 1647년 11월 회의를 마칠 무렵에 신앙고백서는 교리지침서로, "소요리문답(The Shorter Catechism)"은 젊은이들의 교육교재로, "대요리문답(The Larger Catechism)"은 설교자들의 지침서로 사용되도록 만들어졌다. 또한 "공예배 지침

틀랜드 장로교 신학과 그 영향을 받아서 칼빈주의가 강했던 아일랜드 신학이 함께 구현되었다. 특히 신약과 구약을 그리스도의 구속사의 관점에서 파악하고 그것을 교회정치의 영역까지 적용하고자 했던 스코틀랜드 장로교의 영향이 주목할 만하였다.[207]

스코틀랜드 총회는 1647년 "웨스트민스터 신앙고백서"를 채택했다. 이후 미국과 영국의 여러 장로교파와 일부 회중교회와 침례교회도 이를 채택했다. 우리나라의 장로교단은 1907년에 "조선예수교장로회 신조(12신조)"를 채택했는데, 이는 "웨스트민스터 신앙고백서"의 영향을 받은 인도 장로교회의 신조문을 본 떠 만든 것이었다. 이후 1974년 총회 헌법에 "웨스트민스터 신앙고백서"가 실리게 되었다.

웨스트민스터 총회에서 구현된 신학은 영국과 대륙이 함께 호흡했던 16-17세기 칼빈주의의 공유 자산이라고 할 수 있다. 이는 그것이 이후 서구 기독교에 미친 광범위하고 포괄적인 영향을 통하여서도 입증된다.[208] 웨스트민스터 문건들이 칼빈으로부터 멀어진 칼빈주의의 경향을 보이며 이런 측면에서 "스코틀랜드 신앙고백서"와 같은 순수한 개혁주의적 입장이 퇴색했다고 비판하는 경우도 있다.[209] 이런 비판은 칼빈과

---

서(Directory of Public Worship)," "장로교 정치양식(Form of Presbyterian Government)," 그리고 시편 찬송도 만들었다. 총대는 121명의 영국 국교회의 청교도 목사들과 약간 명의 회중 교회 목사 그리고 두세 명의 감독제 선호자들로 구성되었다. 총대 대다수는 장로회를 선호하는 사람들이었다. 이 총회에서 30명의 평신도 국회의원이 참석했다. 3명의 에라스티안(Erastian: 교회가 국가 권력에 종속되어야 한다고 보는 사람)과 스코틀랜드 장로교회가 파송한 여섯 명의 대표(이중 4명은 기초 위원으로서 활약)가 참석했다. 웨스트민스터 총회와 문건들에 관해서는 다음의 작품들을 보라. Leith, *Assembly at Westminster*; Robert S. Paul, *The Assembly of the Lord: Politics and Religion in the Westminster Assembly and the 'Grand Debate'* (Edinburgh: T&T Clark, 1985); Letham, *The Westminster Assembly*, 1-44.

[207] 특히 "영국교회의 39개 조항(the Thirty-Nine Articles of the Church of England, 1563)"과 제임스 어셔(James Ussher)을 통하여 반영된 "아일랜드 종교 조항들(the Irish Articles of Religion)" 등의 영향에 관해서 다음의 작품을 보라. Letham, *The Westminster Assembly*, 62-83.

[208] Letham, *The Westminster Assembly*, 84-98.

[209] Thomas F. Torrance, *Scottish Theology: From John Knox to John McLeod Campbell* (Edinburgh: T.&T. Clark, 1996), 128-129, 144.

칼빈주의의 연속성을 부인하는 입장에 기본적으로 서 있는 학자들이 주로 주장하는 바이다. 그러나 이러한 주장은 후 시대의 관념적 사고의 산물일 뿐 칼빈신학의 전승과 적용이라는 측면에서 칼빈주의를 파악하는 이상 그 연속성은 부정될 수 없다.[210]

웨스트민스터 총회에서 채택되고 영국 의회에서 1648년에 승인된 "장로교 정치양식"은 1647년 스코틀랜드 의회가 채택한 "교회행정을 위한 지침서"와 더불어 장로교 정치의 핵심이 어디에 있는지를 여실히 보여 준다. "장로교 정치양식"은 교회정치의 본질이 그 머리이신 그리스도의 대속적 공로와 계속적 중보에 있다는 "웨스트민스터 신앙고백서" 25장의 정신을 구체적으로 구현하였다.[211] 그리스도 안에서 교회가 하나라는 성경의 가르침에 따라서 지교회의 공동의회와 제직회(직원회의)의 활동이 강화되고 무엇보다도 교회에 대한 노회의 행정과 치리를 강조하였다. 주목할 것은 여기에서 목사, 교사, 장로, 집사의 직분을 규정하되, 서로 간의 견제보다는 사역의 효율성이 고려되고 교회교육과 권징에 대한 긴밀성과 이웃에 대한 구제가 더욱 강조되었다는 사실이다.[212]

교회의 직분자들이 말씀을 권고하고 권징을 시행할 수 있는 권한을 갖는 것이 그리스도 안에서 건전하게 성도의 교제를 나누는 일환으로 여겨

---

[210] Cf. Letham, *The Westminster Assembly*, 101-105.

[211] "The Westminster Confession of Faith," in *The Creeds of Christendom with a History and Critical Notes*, vol. 3, ed. Philip Schaff, 600-673.

[212] 오덕교, 『장로교회사』, 211-216. "장로교 정치양식"은 장로의 직분이 목사를 돕는 데 있다고 하였다. 그리고 사실상 신학교수에 해당하는 교사에게도 성례권과 권징권을 부여하여서 목사와 함께 감독권을 어느 부분 공유하는 것으로 여긴다. 여기서 장로의 직분은 상대적으로 약화되었다. 미국 교회가 이후 "치리 장로(Ruling Elders)"와 "가르치는 장로(Teaching Elders)"를 구분하고 목사는 이러한 장로로부터 나온 직분이라도 되는 듯이 한때 여겼던 것은 무리가 있다. 성경에 있어서 명칭이 함께 사용되기는 했으나 목사와 장로의 직분은 그 본질에 있어서 처음부터 구별되었다. Cf. 손병호, "한국 장로교 정치제도의 현황과 문제점," 심창섭, 손병호, 이성의 공저, 『오늘의 한국 장로교 정치제도 이대로 좋은가?』 (서울: 엠마오, 1997), 98-102.

진다. 그것을 "열쇠의 권한"이라고 부르는 것은 복음의 능력이 그들을 통하여 나타난다는 의미이지 그들에게 어떤 공로나 자질을 부여한다는 것이 아니다("웨스트민스터 신앙고백서," 30.1-2).[213] 권징은 그리스도의 언약에 따른 절대적인 은혜를 고려해야 한다. 그것은 단지 형벌을 가하는 것이 아니라 세우는 것이어야 한다(30.3-4).[214]

여기에서 교회의 권한을 교회의 본질 가운데서 이해하고 있는 신앙고백서의 특징을 인식할 수 있다. 교회에 대한 대회와 협의회의 치리의 필요성도 이러한 관점에서 바라보아야 한다. 주님은 파괴하러 오신 것이 아니라 세우기 위해서 오셨다(31.1-3).[215]

교회의 이러한 권세는 고유하므로 시민 국가의 권세와는 구별된다. 교회는 어떤 기관이나 회(會)의 이름으로도 국가의 정치에 간섭할 수 없다(31.4). 국가 위정자도 교회의 일에 간섭해서는 안 된다(23.3). 다만 위정자도 하나님이 세우셨으므로 위하여 기도해야 하며 성도는 국민의 의무를 다하여야 한다(23.1-2, 4).[216]

지금까지 우리는 교회정치의 관점에서 "웨스트민스터 신앙고백서"에 나타난 장로교적 특징을 찾아보았다. 이러한 접근법은 "장로교 신학"을 논하는 데 적합하다. 왜냐하면 "장로교 신학" 자체가 장로교 정치를 논외로 하고서 다루어질 수 없기 때문이다. 신학과 정치가 이렇듯 유기적

---

[213] 칼빈과 비교하여 "웨스트민스터 신앙고백서"는 열쇠의 권한을 복음의 권능보다 교회의 권세로 보는 경향이 더욱 강하다. 이는 스코틀랜드 장로교의 "제1 치리서"의 입장과 유사하다. Cf. 문병호, 『30주제로 풀어 쓴 기독교 강요』, 299-301.
[214] "웨스트민스터 신앙고백서"는 이중예정 교리를 직접적으로 언급하지는 않는다. 그러나 이런 경우에서 보듯이 선택에 관한 절대적인 주권은 시종 논의의 배경으로 작용한다.
[215] "웨스트민스터 신앙고백서"는 교회의 권징을 그리스도의 대속적 공로와 하나님의 주권적인 선택의 관점에서 설명하며 이런 관점에서 다른 심급(審級)의 회(會)를 다룬다.
[216] 교회와 국가는 분명 그 관할에 있어서 구별된다. 그러나 양자는 모두 하나님의 다스림(*gubernatio*) 아래에 있다. 그러므로 하나님 아래에서는 하나의 유기적 구조를 이룬다. 이러한 입장은 칼빈에 의해서 주장된 바이다. Cf. 문병호, 『30주제로 풀어 쓴 기독교 강요』, 328-333.

역동성을 갖는 것은 양자가 장로교적 성경 이해에 기초해서 파악되기 때문이다.

"웨스트민스터 신앙고백서"는 그 서장을 성경론에 할애한다. 그것은 일반계시에 대한 논의부터 시작된다. 일반계시를 인정하되 그것으로는 하나님을 알 수 없다고 했다. 여기서 일반계시의 불충분성과 특별계시의 보충성을 뚜렷이 천명했다(1.1).[217]

성경은 자증한다. 그것은 무오하며, 신적 권위가 있다(1.5). 성경의 권위는 그 저자가 진리이신 하나님이시라는 사실에 있다. 그러므로 성경은 하나님의 말씀이다(1.4).[218] 성경은 자체로 충족하다. 오직 성령의 내적인 조명으로 진리가 계시된다(1.6). 성경에 대한 해석자는 성경이다(1.9). 성경의 진리에 대한 판단은 오직 성경 자체에 돌려진다. 왜냐하면 성경은 성령의 영감으로 기록되었기 때문이다. 성도는 성경을 읽어야 하므로 각국의 언어로 번역되어야 한다(1.8). 성경은 명료하게 구원의 지식을 전하므로 통상적인 방법으로 가르쳐진다(1.7).[219]

성경의 속성에 대한 이러한 언급은 영국과 대륙의 개혁신학자들이 대체로 합의하는 바이다.[220] 일반계시와 특별계시에 대한 개론적 서술을 한 후 성경과 성령의 관계를 논하는 장을 각론의 첫 부분에 두었다는 자체가 칼빈이 『기독교 강요』에서 취한 가르치는 순서(*ordo docendi*)를 따르고 있다. 우리가 녹스의 스코틀랜드의 경우에서 보았듯이 장로교는 성경

---

[217] 일반계시와 특별계시에 대한 이러한 이해는 칼빈의 입장과 정확하게 일치한다. Cf. 문병호, 『30주제로 풀어 쓴 기독교 강요』, 43-45.
[218] 성경의 무오성이 그 권위와 함께 논의된다. 성경의 무오와 그것이 하나님의 말씀이라는 사실이 함께 다루어지는 것은 그것의 저자가 하나님이시라는 사실에 있다.
[219] 성경의 명료성은 성령의 내적 조명과 감화로 말미암아 그것을 읽는 모든 사람에게 동일한 진리로 인식된다. 로마 가톨릭은 성경 승인권과 해석권이 교회에 있다고 보았지만 칼빈이 그러했듯이 이곳에서는 이를 단호히 배척한다. Cf. 문병호, 『30주제로 풀어 쓴 기독교 강요』, 291-295.
[220] Warfield, *The Westminster Confession and Its Work*, 155-257.

읽기부터 시작되었다고 해도 과언이 아니다.

성경은 자증하며, 스스로 권위가 있으며, 충족하고, 모든 논쟁에 있어서 마지막 기준이 된다는 사실은 단지 교리적인 부분에서뿐만 교회의 구조와 조직, 직제, 정치, 나아가 교회와 국가의 관계에 이르기까지 영향을 미쳤다. 장로교 정치가 근거하고 있는 것은 하나님의 말씀 자체이다. 교회의 포고는 말씀을 넘어설 수 없다(31.3).[221]

"웨스트민스터 신앙고백서"는 성도의 구원을 다루면서 "그리스도의 영"의 임재를 강조한다. "그리스도의 영"은 곧 진리의 영이다. 칼빈이 말했듯이, 그리스도의 영의 고리로 말씀의 객관적 확실성과 주관적 감화가 연결된다.[222] 구원을 다 이루신 그리스도의 의의 전가로 말미암아 성도는 하나님을 아는 지식과 지혜의 부요함에 이르게 된다. 그리고 이러한 부요함을 교회의 사역을 통하여 나누게 된다. 국가는 이러한 영적인 왕국을 보호하고 그 고유한 특성을 존중할 뿐만 아니라 그 앙양에 도움을 주어야 한다. 여기에 장로교 언약신학의 핵심이 있다. 장로교 정치는 말씀의 구현 그 자체와 다르지 않다.

## 3. 한국 장로교 신학

"한국 장로교 정치" 혹은 "한국 장로교 사상" 등의 이름으로 전개된 글들이 적지 않다. 그러나 "한국 장로교 신학"이란 말은 흔치 않다. "한국 장로교"를 단지 역사적으로 이해하면 그것은 장로교 총회의 형성으로 일단락 된, 장로교 선교사들에 의한 한국교회의 형성으로 다루게 될 것이다. 그러나 "한국 장로교"를 좀 더 신학적 혹은 원리적 개념으로 여기

---

[221] Cf. Letham, *The Westminster Assembly*, 358-359.
[222] Cf. 문병호, 『30주제로 풀어 쓴 기독교 강요』, 60-62.

게 된다면 그것에 대한 논의는 훨씬 더 포괄적이며 원리적이 될 것이다.

잭 로저스(Jack Rogers)는 『장로교 신경들』이라는 제하의 책에서 "장로교"를 개혁주의가 말씀과 삶으로 구현된 형태를 포괄적으로 일컫는 것으로 여기면서 초대 교회 "니케아 신경"과 "사도신경"으로부터 논의를 시작하고 있다.[223] 이런 관점에서 본다면 "장로교 신학"에 대한 논의는 정통신학 전체를 아우른다고 할 것이다. 한국 장로교는 분명 이러한 포괄성이 있다. 한국 장로교 성도들은 자신들의 교회만이 유일한 교회라고 여기지는 않지만 자신들이 속한 교회만이 성경의 진리에 바로 서 있다고 믿는다. 정통성에 관한 논의가 유독 진지했던 이유가 여기에 있다.

죽산 박형룡 박사는 장로교회의 신학을 "구주 대륙의 칼빈 개혁주의에 영미의 청교도 사상을 가미하여 웨스트민스터 표준문서(The Westminster Standards)에 구현된 신학이다"라고 정의하였다.[224] 그는 한국 장로교 신학을 "청교도 개혁주의"라고 부르며 그 특징으로 "성경의 신성한 권위를 믿는 믿음," "하나님 주권에의 확신," "안식일의 성수와 경건생활에 치중," "성실한 실천," "천년기전 재림론"을 들었다.[225]

죽산의 교회론은 "웨스트민스터 신앙고백서"를 거의 여과 없이 따르고 있다. 그는 교회의 본질을 그리스도 안에서의 선택에서 찾는다. 즉 무형교회로 본다. 그런데 이러한 무형교회와 유형교회는 서로 분리되지 않고 함께 추구된다. 왜냐하면 유형교회도 그리스도를 주로 고백하는 믿음 가운데 서 있기 때문이다.[226] 죽산은 유형교회를 주의 교회라는 측면에서 "조직체"로뿐만 아니라 "유기체"로서 다루고 있다. 교회는 "유기체"이기

---

[223] Rogers, *Presbyterian Creeds: A Guide to the Book of Confessions*, 17-26.
[224] 박형룡, "한국 장로교회의 신학적 전통," 『박형룡박사 저작전집 XIV, 신학논문 하권』 (서울: 한국기독교교육연구원, 1977), 389.
[225] 박형룡, "한국 장로교회의 신학적 전통," 394-397.
[226] 박형룡, 『박형룡박사 저작전집 VI, 교의신학 교회론』 (서울: 한국기독교교육연구원, 1977), 15, 19-21, 30.

때문에 지체들 각자가 갖는, 그리스도와의 수직적 연합과 지체들 상호 간의 수평적 연합이 함께 강조된다.[227] 이러한 사실의 근저에는 모든 신자들이 만세 전에 그리스도 안에서 함께 택함을 받았다는 예정론이 있다.[228]

죽산은 자신의 이러한 입장을 변증하는 가운데서 장로교 신학의 맥을 이어갔다. 죽산은 단지 편협한 전제주의적 신학이 아니라 성경적 개혁주의를 추구하였다.[229] 죽산은 자신의 책 『현대신학비평』에서 특정 교파의 관점에서 정통과 비정통을 논할 것이 아니라 모든 교파를 초월한 기독교 전체를 단위로 이를 다루어야 할 것을 지적한다.[230]

죽산은 성경이 신앙과 행위의 유일한 법칙이라는 형식적 원리와, 믿음으로만 의롭게 된다는 실질적 원리를 "프로테스탄트주의의 2대 건설적 원리"라고 부르면서 "정통신학"을 다음과 같이 정의한다. 이는 곧 한국 장로교회가 말하는 "장로교 신학"의 정의와 부합한다.

> 정통신학은 신구약 성경을 천계(天啓)와 영감(靈感)으로 말미암아 온 하나님의 말씀으로, 그리고 우리의 신앙과 행위의 정확무오한 법칙으로 인정하는 초자연적 성경관을 가진다.[231]

1907년 개교한 평양신학교는 미국 4개 선교부의 대표를 포함한 선교위원회가 운영하던 학교로서 그 신학은 첫째, 성경을 하나님의 말씀으로 의심 없이 받아들이고, 둘째, 역사적 칼빈주의의 배경을 지니며, 셋째, 웨스트민스터 신앙 표준을 수납하고, 넷째, 그리스도의 십자가의 복음을 유일한 구원의 길로 여긴다. 이러한 입장은 찰스 핫지와 B. B. 워필드로

---

[227] 박형룡, 『박형룡박사 저작전집 VI, 교의신학 교회론』, 46-52.
[228] 박형룡, 『박형룡박사 저작전집 VI, 교의신학 교회론』, 42-43.
[229] 박정신, "우리 지성사에서 본 신학자 박형룡," 「한국개혁신학」 21 (2007), 48-63.
[230] 박형룡, 『박형룡박사 저작전집 VIII, 현대신학비평 상권』, 21-22.
[231] 박형룡, 『박형룡박사 저작전집 VIII, 현대신학비평 상권』, 26.

대변되는 프린스톤신학교 구학파와 존 그레섬 메이천(J. Gresham Machen)의 입장을 반영한다. 한국 장로교를 형성하는 데 기여한 초기 선교사들은 평양신학교를 중심으로 이러한 신학을 확산시켰다.[232]

한국교회 초기 선교사들의 입국은 대체로 미국의 선교 황금기에 해당한다. 그리고 보수주의 신학과 자유주의 신학에 대한 논쟁의 맹아가 싹트고 그것이 점점 가열되어 가는 1920년대 이후 시점은 미국에서 소위 근본주의 논쟁이 일어나는 시점과 거의 일치한다.[233] 그리고 미국에서 메이천의 신학이 헤롤드 오켕가(Harold Ockenga), 칼 매킨타이어(Carl McIntire), 프란시스 쉐퍼(Francis A. Schaeffer) 등을 위시한 그의 제자들에 의해서 복음주의로 꽃을 피우는 시점에 한국 장로교는 신학적 시비가 총회적 사안으로 첨예화되고 있었다.[234]

한국 장로교 신학이 전개됨에 있어서 나타난 주요 논쟁점은 과연 성경에 대한 비평과 성경의 성령 영감이 서로 양립할 수 있는가,[235] 신앙은 보수적으로 신학은 자유롭게 행할 수 있는가[236]에 대한 것이었다. 이러한 과정에서 조직신학과 함께 성경에 대한 바른 주석이 강조되었다. 박윤선 박사는 자신의 주석들을 통하여 장로교 신학의 정통성을 시종 강렬한 어조로 변호하였다.[237] 이러한 논쟁은 그 배경에 성경적 교회관이 자리 잡고 있었다.

---

[232] 간하배, 『한국 장로교 신학사상』, 12-40.
[233] Cf. George M. Marsden, *Understanding Fundamentalism and Evangelicalism* (Grand Rapids: Eerdmans, 1991), 23, 40-41.
[234] Cf. Marsden, *Understanding Fundamentalism and Evangelicalism*, 182-201; 간하배, 『한국 장로교 신학사상』, 41-72; 박용규, 『한국 장로교 사상사』, 147-241, 307-309.
[235] 이는 박형룡 박사가 김재준 교수를 비판한 요지이다. Cf. 간하배, 『한국 장로교 신학사상』, 127-130.
[236] 이는 조선신학교 학생 51명이 김재준 교수의 신학에 대해서 비판한 글 중 나타나는 요지이다. Cf. 간하배, 『한국 장로교 신학사상』, 123.
[237] 간하배, 『한국 장로교 신학사상』, 143-144; 이승구, "정암의 개혁파적 교회론에 대한 한 고찰," 「한국개혁신학」 25 (2009), 127-145.

죽산은 오직 성경이 계시하는 고백 위에 선 교회가 참 교회라고 여겼다. 그는 자유주의 신학이 비판받아야 할 요지는 계시신학을 버리고 자연종교로 도피한 점에 있음을 지적하였다. 자연종교는 성도의 그리스도와의 연합의 비밀을 부인한다는 점이 누차 지적되었다.[238] 성경에는 역사적이거나 과학적인 오류가 없다는 점과 더불어 일반 역사적, 과학적 지식으로는 하나님을 알 수가 없다는 점을 함께 강조하였다.[239]

죽산은 불가지론 혹은 회의론은 반교리적 경향을 띤다는 점에서 신비주의 혹은 내재신학과 일맥상통한다고 보았다. 하나님의 말씀의 절대 권위를 부인하는 자연신학은 필히 성경에 대한 정통적 이해에 배치되는데, 이는 계시와 은총은 그리스도 안에서 함께 작용한다는 계시신학과 다른 궤에 서 있기 때문이다.[240]

자유주의 신학에 대한 죽산의 저술은 대체로 계시에 대한 이해에 있어서 다양한 입장차를 밝히는 데 할애되고 있다. 역사적 예수 비평으로부터 본격적으로 점화된 자유주의 신학의 근본적인 특성을 그것이 계시의 초자연적인 성격을 부인하는 데서 찾는다.[241] 프리드리히 슐라이어마허(Friedrich Schleiermacher)는 계시의 초자연적인 성격이 있다면 그것은 주관적 감정을 공유하는 초월적 질서에 다르지 않다고 보았다. 즉 계시란 자기 깨달음을 서로 공유하는 인식에 다르지 않다.[242] 알브레히트 리츨(Albrecht Ritschl)은 형이상학적 논의를 거부하고 오직 역사상 예수의 행적이 가지는 가치에 몰두한다. 그 가치는 공동체에 의해서 해석된 윤리적 판단, 즉 사랑에 다르지 않다.[243]

---

[238] 박형룡, 『박형룡박사 저작전집 VIII, 현대신학비평 상권』, 35.
[239] 박형룡, 『박형룡박사 저작전집 VIII, 현대신학비평 상권』, 36-41.
[240] 박형룡, 『박형룡박사 저작전집 VIII, 현대신학비평 상권』, 42-45.
[241] 박형룡, 『박형룡박사 저작전집 VIII, 현대신학비평 상권』, 55-139.
[242] 박형룡, 『박형룡박사 저작전집 VIII, 현대신학비평 상권』, 145-156.
[243] 박형룡, 『박형룡박사 저작전집 VIII, 현대신학비평 상권』, 160-192.

칼 바르트(Karl Barth)로 대표되는 신정통주의 신학은 변형된 계시를 말할 뿐이다. 계시는 주어진 것이 아니라 실존적으로 해석되는 것이다. 그것은 그 자체로 실제적이지 않으며 그리스도 안에서 그러했듯이 우리 안에서 부딪혀 의미를 형성할 때 비로소 그 무엇으로 존재한다. 바르트가 자신의 신학을 교회의 신학이라고 하고 계시 중심으로 그것을 풀어 갔지만, 그에게는 계시도 그것에 기초한 교회도 없다고 죽산은 본 것이다. 바르트에 의하면 하나님은 스스로 존재하고 계시하시는 하나님이라기보다 지금 우리 가운데 행동하시는 하나님으로서 영원하다. 계시는 행동하시는 하나님의 행동에 의해서 순간순간 인식되는 것이므로 그 자체로 절대적이거나 무오하지 않다.[244]

바르트의 이해와 그 맥을 같이 하지는 않지만 신화를 제거한 순수한 복음에 대한 현대적 반응을 계시라고 여기는 루돌프 불트만(Rudolf Bultmann)도 주관주의를 벗어나지 못했다.[245] 폴 틸리히(Paul Tillich)는 신에 대한 철학적 존재 이해가 상징적으로 표현된 것을 계시라고 본다.[246]

죽산은 1960년대 이후의 비정통적인 신학을 통칭하여 "신자유주의"라고 부른다. 여기에는 구속사에 대한 실존적 이해를 강조한 오스카 쿨만(Oscar Cullmann), 세속적 가치에 부응하는 신의 존재와 사역을 말할 뿐인 사신(死神)신학, 부활의 종말론적 의미와 그 역사 자체를 혼동한 위르겐 몰트만(Jürgen Moltmann), 역사로서의 계시를 계시로서의 역사와 동일하게 여기고 역사에 대한 비평적 해석을 통한 의미 부여를 신학 작업으로 여겼던 볼프하르트 판넨베르그(Wolfhart Pannenberg), 범신론에 생성의 개념을 추가하여 하나님을 과정상 존재로 본 과정신학이 포함된다.[247]

---

[244] 박형룡, 『박형룡박사 저작전집 VIII, 현대신학비평 상권』, 199-245.
[245] 박형룡, 『박형룡박사 저작전집 VIII, 현대신학비평 상권』, 250-267.
[246] 박형룡, 『박형룡박사 저작전집 VIII, 현대신학비평 상권』, 273-290.
[247] 박형룡, 『박형룡박사 저작전집 VIII, 현대신학비평 상권』, 291-393.

죽산은 그의 생애을 통하여서 성경의 진리가 교회의 연합이나 일치라는 이름으로 훼손되거나[248] 복음 전도라는 명목으로 희석되는 것을[249] 줄곧 경계하여 왔다. 죽산은 세계교회협의회(WCC, World Council of Churches)가 교회의 일치를 주창하지만 사실 교회의 본질에 대한 이해를 결여하고 있다고 날카롭게 비판하였다.[250] 죽산은 특히 성경 본문 자체보다 성경의 형성과 기원 등에 대한 고등비평(higher criticism)에 주목하는데, 이는 여러 모로 한국교회 역사상 신학적 논쟁점이 되었다.[251]

### 4. 결론: 한국 장로교 신학이 한국교회에 미친 영향

박형룡 박사의 예를 통하여서 보았듯이 한국 장로교 신학은 변해(apologia) 혹은 변증(apologetic)의 과정을 통하여서 구체적으로 모습을 갖추었다. 선교사들의 신학이 미친 영향은 지대하다. 많은 경우 신학 논쟁의 근원은 선교사들이 미친 영향에 크게 좌우되었다. 선교사들을 통하여서 지식의 씨앗이 뿌려졌다면 당대 유능한 일꾼들이 서구의 유수한 신학교에서 절차탁마하여 정리한 신학을 한국에 소개하고 또한 그것을 열정적으로 가르침으로 한국교회는 신학의 성숙함에 맞물리는 부흥을 경험하였다.

한국 장로교를 한국교회의 전부로 여기는 것은 합당치 않다. 다양한 교파들이 병립하여 한국교회를 이루었다. 다만 장로교는 그 중심이 되었다. 그 중심성은 신학에 있어서 특히 현격하게 나타났다. 장로교 신학은

---

248 박형룡, 『박형룡박사 저작전집 IX, 현대신학비평 하권』, 70-98.
249 박형룡, 『박형룡박사 저작전집 IX, 현대신학비평 하권』, 99-125.
250 박형룡, "에큐메니칼 운동의 교리와 목적," 『박형룡박사 저작전집 XIV, 신학논문 하권』, 112-126. Cf. 문병호, "비(非)성경적, 반(反)교리적: WCC의 가시적 교회일치론 비판," 「역사신학논총」 19(2010), 40-61.
251 박형룡, 『박형룡박사 저작전집 IX, 현대신학비평 하권』, 126-203.

한국 신학을 주도했다. 특히 장로교의 정체성을 대변하는 하나님 주권과 말씀의 무오성, 그리고 전적 타락과 전적 은혜의 교리는 대다수 한국교회를 이끄는 중심 사상이 되었다. 장로교에서 일어난 신학적 논쟁은 한국교회 전체에 큰 파장을 몰고 오고는 했다. 그러나 간혹 다양한 신학적 입장들이 극단적으로 개진되기도 했지만 한국교회는 기본적으로 장로교 사상이라는 대하(大河)에 편승하였다.

장로교 신학은 역사적으로 추구되어야 하지만 그 본질은 성경의 가르침 자체와 일치한다. 그것은 초대 교회 이후 정통신학적 입장을 대변한다. 칼빈은 장로교 신학을 수립하였으며 녹스는 이를 적용하였다. 스코틀랜드 장로교의 신앙고백서와 치리서 그리고 웨스트민스터 표준문서는 이를 천명하였다. 이러한 장로교의 입장에 서서 교회는 서구를 주도하였으며 미국에 뿌리를 내리고 우리나라에서 충실하게 전수되었다.

한국 장로교는 성도의 그리스도와의 연합과 함께 성도 서로 간의 연합을 강조하였다. 선택받은 백성들의 확신이 강조되었으며 그 가운데 성결한 삶을 살아가는 청교도적 가치가 강조되었다. 무엇보다도 장로교의 정체가 유일한 성경적 정치 구조라는 인식을 가지고 말씀의 영감과 무오성에 대한 변증에 열심을 다하였다.

스코틀랜드 종교개혁의 문건들을 통하여서 보듯이 장로교는 그저 추상적이거나 관념적인 신학적 입장을 주도면밀하게 개진함으로 형성된 것이 아니라 성도의 삶을 그리스도 안에서의 교회의 삶으로 구현하기 위한 성경적 제도 혹은 정치로 세워졌다. 그리하여 장로교 전통은 가장 지적이면서도 가장 현실적인 모습을 보였다. 그것은 청교도적 삶을 강조하였으며 또한 철저한 진리에의 변증을 추구하였다.

길레스피는 『꽃이 만발한 아론의 막대기: 교회정치 회복에 관한 하나님의 명령』이라는 글에서 예수 그리스도의 두 왕국을 논하면서 그의 통치는 영원한 하나님의 아들로서의 다스림과 이 땅에 오신 하나님의 사자로서의 다스림을 포함한다는 점을 강조하였다. 그리스도가 교회의 머리 이심은 이 두 가지 권세를 함의한다고 보았다. 그리스도는 교회의 구주이시다. 성도는 그의 지체로서 그 안에서 그를 향하여 자란다. 그리스도는 또한 만유의 주시다. 모든 만물은 그에게 복종한다. 그 다스림은 교회와 국가에 미친다. 즉 그리스도는 성도의 교회 안과 밖의 삶을 모두 다스리신다.[252]

장로교 정치의 이러한 특징은 말씀의 언약과 성령의 감화에 따라서 그리스도의 의의 전가 교리를 핵심으로 가르치는 언약신학의 맥락에 있다. 한국 장로교 신학은 이러한 이해 가운데서만 올바르게 논의될 수 있다.

한국 장로교 신학이 한국교회에 미친 영향은 단지 신학 자체에 머물지 않는다. 그것은 신앙과 삶의 조화를 추구하였다. 그리고 일반 문화와의 역동적 관계에 주목하였다. 한국 사회가 겪었던 많은 부침(浮沈) 가운데 장로교가 겪는 영욕(榮辱)도 뚜렷했다. 그러나 다시금 일어나야 하는 당위성은 "개혁된(*reformata*) 교회는" "항상 개혁되어지고 있어야 한다(*semper est reformanda*)"는 명제의 자명함에 있다.

---

[252] George Gillespie, *Aaron's Rod Blossoming, Or, The Divine Ordinance of Church Government Vindicated* (Edinburgh: Robert, and Oliver & Boyd, 1844), 90-96. 본서는 *Presbyterian's Armoury*의 3부작 중 제2권으로 출판되었다.

# 제4장 한국 장로교의 신학적 맥락:
## 칼빈, 녹스, "웨스트민스터 신앙고백서," 박형룡

## 1. 서론

장로교는 성경의 교회 정체(政體)를 총괄하는 개념이다. 그 연원은 구약의 모세 시대까지 거슬러 올라간다. 신약은 교회의 체제와 직제에 대해서 다루면서 성도들이 서로 한 몸을 이루어 머리이신 주님께로 자라가야 한다는 유기적 일치와 조화에 특히 주목했는데, 이는 장로교의 본질 혹은 추구하는 목적과 일맥상통한다.[253]

장로교는 분명 역사적 교회 형태를 지시하나 그것은 무엇보다도 성경-역사적 교회의 역사상 구현으로서의 당위성을 갖는다. 아래에서 보듯이 "장로교"라는 이름이 가장 넓게 사용될 때에는 초대교회 이후부터 종교개혁과 근대에 이르는 시기의 세계교회를 지칭하는 포괄성을 지닌다.

장로교가 믿고 가르치는 교리들이 무엇이냐고 사람들이 묻는다면 그 교사들이 마련한 답은 다음과 같다. 즉 우리는 성경이 가장 열렬하게 주장하는

---

[253] Cf. Heppe, *Reformed Dogmatics*, 657-662; Bavinck, *Reformed Dogmatics*, 4.277-284.

교리들을 가장 현저하게 부각시키면서 그것 자체가 가르치는 것들을 믿고 가르친다. 구약 시대 이후 사도 바울의 족적을 따르는 가장 위대한 교리적 권위는 354년에 태어나 430년에 사망한 아프리카 히포의 장로 혹은 목사 어거스틴 그리고 1509년에 태어나 1564년에 사망한 칼빈에게 돌려진다.[254]

여기에서 보듯이 장로교는 어떤 특정한 것을 지시하는 고유 명사로서가 아니라 "성경적인" 모든 것을 함의하는 일종의 포괄적 지시 개념으로서 사용되고 있다. 인용된 글에서 어거스틴과 존 칼빈이 장로교 전통의 대표로 거론된 것은 그들의 입장이 가장 순수하게 성경적이라는 데 연유한다.

이렇듯 장로교는 본질상 역사적 혹은 정치적이라기보다 "성경적"이라는 데 우리는 주목하는 것이다. 장로교는 분명 역사적 교회이나 그것은 우선 성경-역사적 교회이다. 그것은 성경-역사적 교회로 역사상 존재했다. 그리고 그러한 역사적 교회의 성경적 당위성으로 말미암아 역사적 당위성을 가지게 되었다.

이러한 성경-역사적 교회를 가장 심오하게 신학적으로 개진한 사람은 제네바의 종교개혁자 칼빈이었다. 그리고 그 역사적 당위성을 처음으로 역사상 구현한 사람은 존 녹스였다. 녹스가 개혁의 나팔수를 자처하기 전에 이미 스코틀랜드에는 순교자의 피가 뿌려졌다. 그리고 그곳에는 틴데일이 번역한 영어 성경이 마틴 루터의 가르침에 비추어 읽혀지고 있었다. 녹스는 그러한 시대적 격랑을 칼빈의 신학을 빌어서 교회라는 이름으로 추스른 것이다.

루터가 이신칭의의 복음 자체를 강조했다면, 칼빈은 그 복음의 구속사적 성취와 구원론적 적용의 은총이 그리스도의 중보로 말미암아 성도

---

[254] G. S. Plumley, ed., *The Presbyterian Church throughout the World from Earliest to the Present Times* (New York: John F. Trow & Son, 1874), 7.

의 삶 가운데 계속 부어진다는 사실을 주목했다. 녹스는 이러한 칼빈의 언약신학이 교회 가운데 구현됨을 보여 주었다. 이런 측면에서 장로교의 수립은 종교개혁의 제3기적 특성을 갖는다.

그 특성이 무엇인가?

그것은 곧 성경적 혹은 참-신학적 교회의 구현에서 우선적으로 찾을 수 있다.

죽산 박형룡 박사는 간혹 장로교에 대하여 몇몇 소고들을 통하여 논의한 적은 있지만 자신의 신학이 장로교의 신학으로서 어떤 고유한 점이 있다고 부각시킨 적은 없다. 죽산의 신학은 역사상 개혁주의의 정통에 분명히 서 있었기에, 그는 성경의 무오와 기독교의 근본 진리들에 있어서 철저한 변증적 입장을 개진한 보수주의자였고, 20세가 초반 이후 장로교를 중심으로 미국교회를 요동치게 했던 근본주의 논쟁의 핵심 교리들을 철저히 개진한 근본주의자였다.

죽산은 한국 최초로 조직신학 전부를 완간했다. 그의 신학은 성경적 신학이었다. 장로교의 정체를 "성경적 교회"라는 광의적 정의로 수용한다면, 죽산의 신학 전부가 장로교적 특징을 지닌다고 말해도 과언이 아닐 것이다. 그러므로 죽산의 신학에서 장로교적 특징을 논하기 위해서는 먼저 장로교 자체의 고유한 특성을 논구할 필요가 있다. 그리고 그 특성에 대한 죽산의 입장, 혹은 그것으로부터 죽산이 받은 영향, 혹은 그것에 미친 죽산의 영향을 고찰해 보아야 할 것이다.

필자는 장로교의 가장 고유한 특성을 기독론적 교회론에서 찾고자 한다. 장로교는 역사상 그리스도가 유일하신 중보자라는 사실과 그가 교회의 머리시라는 사실에 뚜렷이 기초한다. 전자는 교회를 구성하는 성도들의 구원과 더욱 관련되며 후자는 교회를 통한 성도의 다스림과 더욱 관련된다. 특히 장로교의 본산인 스코틀랜드에서 이 양자가 역사상 처음으로 조화를 이루었다는 점을 우리는 주목해야 한다.

사실 스코틀랜드의 종교개혁이 갖는 이러한 특징은 그것이 칼빈의 신학을 역사적으로 구현했다는 측면에서 논의되어야 한다. 한국 장로교의 근간이 되는 웨스트민스터 표본이 되는 표준문서들은 스코틀랜드 교회신학의 영향을 지대하게 받았다. 한국 장로교는 여러 교단이 존재함에도 불구하고 공히 칼빈과 웨스트민스터 표준문서의 전통에 서 있다.

그러므로 본 장은 먼저 칼빈의 기독론적 교회론을 그의 『기독교 강요』를 통하여서 일별하고, 스코틀랜드 장로교회가 이를 어떻게 계승하고 역사상 구현했는지를 "스코틀랜드 신앙고백서"를 중심으로 살핀다. 그리고 이러한 배경하에 "웨스트민스터 신앙고백서"에 나타난 기독론적 교회론을 고찰한다. 이러한 고찰을 통하여서 장로교적 특성을 구체적으로 적시한 후 이를 박형룡 박사의 신학과 비교해서 고찰한다.

## 2. 칼빈의 기독론적 교회론

한국 장로교 신학의 정체성은 그 기원이 대체로 초대 선교사들의 보수적이고 개혁적인 신앙에서 다루어진다.[255] 그리고 한국교회 특히 장로교에서 일어난 신학 논쟁을 "20세기 초의 미국 근본주의와 현대주의 논쟁의 재판"이라고 보기도 한다.[256] 죽산은 이러한 논쟁의 중심에 있었다.

그렇다면 과연 이러한 논쟁이 어떤 측면에서 장로교적 특성을 드러내었는가?

이를 고찰하기 위해서 우리는 먼저 칼빈신학의 장로교적 특성을 주목해야 한다.

---

[255] 간하배, 『한국 장로교 신학사상』, 1-6; 박용규, 『한국 장로교 사상사』, 62-146.
[256] 박용규, 『한국 장로교 사상사』, 18.

교회정치의 여러 가지 형태를 논함에 있어서 장로정치는 그것이 교인들의 참여와 함께 당회, 노회, 총회의 위계질서를 구비한다는 점에서 특정된다.[257] 참여와 질서는 교회정치의 황금률이라고 할 것이다. 제네바의 칼빈은 이를 극적으로 조화롭게 추구하였다. 그의 대작『기독교 강요』에서는 이를 주도면밀하게 심층적으로 전개하고 있다.[258]

칼빈은 교회론을 전개하면서 위격적 연합을 통한 신인양성의 중보를 강조하였다. 그리스도가 교회의 머리이신 것은 그가 보혜사 성령으로 우리 속에 내주하여 우리 밖에서(*extra nos*) 그리고 우리 안에서(*in nobis*) 중보하시기 때문이다.[259] 성도의 그리스도와의 연합은 그분의 다 이루신 의의 전가로 말미암는다.[260] 그리스도는 우리 자신뿐만 아니라 우리의 행위도 의롭다고 여겨서 받아 주신다.[261] 그러므로 성도는 여전히 불완전하지만, 그리스도의 중보에 의지하여 적극적으로 하나님의 율법을 순종하는 자리에 서게 된다.[262] 이러한 이해가 개혁주의의 언약신학으로 전개되었다.[263]

칼빈의 신학이 칼빈주의 혹은 개혁주의—장로교—로 발전해 가는 과정에서 중보자 그리스도의 구속의 의에 대한 강조와 더불어 선택과 유기에 대한 하나님의 영원한 작정의 교리, 즉 예정론이 부각되었다. 그 요체는 교회는 그리스도를 머리로 하여 선택된 백성들이 그 지체들로서 한 몸을 이룬다는 데 있었다. 이 점에 있어서, 기독론과 예정론, 이는 칼빈이 교회의 본질을 바라보는 시각을 제시하며, 이후 개혁교회의 정체성을

---

[257] 오덕교,『장로교회사』, 19-20.
[258] 칼빈이 당회, 노회, 총회라는 일종의 심급을 실행하였다는 의미는 아니다.
[259] Willem van't Spijker, "'Extra Nos' and 'In Nobis' by Calvin in a Pneumatological Light," in *Calvin and the Holy Spirit*, ed. Peter De Klerk (Grand Rapids: Calvin Studies Society, 1989), 44-46.
[260] *Inst*. 3.11.2; 3.17.8.
[261] *Inst*. 3.17.10.
[262] Cf. Moon, *Christ the Mediator of the Law*, 98-104.
[263] Lillbeck, *The Binding of God*, 126-161.

가장 현격하게 보여 주는 두 교리로 자리매김하게 된다.[264]

그리스도는 구속의 의를 다 이루시고 그 의를 하나님의 자녀들에게 전가해 주심으로 교회의 머리가 되신다. 하나님의 자녀들은 하나의 공동체(coetus) 혹은 연합체(societas)를 이룬다. 오직 한 주 예수 그리스도의 의가 그 공통의 값으로 지불되었기 때문이다. 교회의 본질은 이 값으로부터 연원한다. 이 값의 대리적 무름(satisfactio vicaria), 즉 대속(代贖)이 창세 전에 작정되었다.[265] 하나님의 영원한 선택에 나타난 주권적인 사랑과 그리스도의 다 이루신 공로, 칼빈은 이 두 가지를 들어서 자신의 속죄론을 전개했다. 칼빈은 속죄론을 다루면서 아들의 순종을 통한 아버지의 사랑이라는 개념을 시종 추구하였다. 칼빈에게 있어서 언약신학은 이러한 사랑이 통시적으로 성취되고 공시적으로 적용되는 경륜 혹은 질서에 다르지 않다.[266]

칼빈은 "온전한 교리의 일치와 형제적 사랑"이라는 두 축이 그리스도 안에서 하나의 고리로 연결될 때 교회는 참되다고 보았다.[267] 성도의 교제는 하나님이 머리이신 그리스도를 통하여 거저 주신 은혜와 은사를 서로 나누는 것이다.[268] 성도는 말씀을 바로 듣고 성례에 온전히 참여함으로써 그리스도의 몸의 지체로서 자라간다. 이를 위하여 "건전하고 온전한 교리"가 교회에 보존되어야 한다.[269]

칼빈은 교회의 정치를 그 본질과 연결시켜 다룬다. 그는 교회가 성도들의 참여를 통하여서 하나의 몸(corpus unum), 하나의 연합체(societas una)로서 서게 되는 것은 그들이 성경에 계시된 구원의 도를 함께 믿고 고백하

---

[264] Muller, *Christ and the Decree*, 35-38.
[265] Cf. *Inst.* 3.21.5; 2.22.1-8.
[266] Cf. *Inst.* 2.17.1-6.
[267] *Inst.* 4.2.5.
[268] *Inst.* 4.1.3.
[269] *Inst.* 4.1.9-12.

기 때문이라고 특히 강조한다. 교회가 성도들의 몸으로서 유기적으로 하나가 되는 것은 그들이 다음 "근본조항들(*articuli fundamentales*)"에 대한 고백을 공유하기 때문이다.

> 하나님은 한 분이시다. 그리스도는 하나님이시며 하나님의 아들이시다. 우리의 구원은 하나님의 자비에 있다. 그리고 이것들에 버금가는 교리들.[270]

이러한 교리적 규범은 단지 교회의 일치와 연합을 제한하는 경계선으로만 작용하는 것이 아니다. 왜냐하면 그것은 동시에 종교적 관용과 형제적 화합의 넓은 폭을 제시하기 때문이다. 나아가서 이러한 고백은 단지 명문(明文)적이거나 형식적인 것에 그치는 것도 아니다.[271] 왜냐하면 장로교가 추구하는 성도들의 교회정치에의 참여는 그들이 진정한 교리적 일치 가운데 한 몸이 되어서 함께 움직이고 자라 가고 있다는 사실을 전제하기 때문이다.

그리스도가 교회의 "유일한 감독"이 되신다. 친히 목자로서 양이 되심으로 우리를 위하여 자신을 주셨기 때문에 사죄권은 오직 주님께만 있다.[272] 교회에 부여된 "열쇠의 권한(*clavium potestas*)"은 복음의 능력과 관계되는 것이지 직분을 맡은 자가 그리스도를 대신하는 중보자의 자리에 서라는 것이 아니다.[273]

하나님은 사람을 도구로 교회를 보존, 통치하신다. 사람을 세우는 것은 자신의 "사신(使臣)"을 통하여서 뜻을 전하고 그것을 듣게 함으로

---

[270] *Inst.* 4.1.12(*CO* 2.756): "unum esse Deum; Christum deum esse, ac Dei filium; in Dei misericordia salutem nobis consistere, et similia."
[271] 오늘날 WCC의 모습이 이러한 경향을 보인다. Cf. 문병호, "비(非)성경적, 반(反)교리적: WCC의 가시적 교회일치론 비판," 40-61.
[272] *Inst.* 4.2.6.
[273] *Inst.* 4.1.22.

"겸손에 이르는 훈련"을 받고 교회의 지체들이 서로 사랑하도록 하는 데 있다. 교회의 사역은 마치 "힘줄"과 같아서 그 "직제(職制)와 직분(職分)"은 교회정치에 있어서 필수적이다.[274] 칼빈은 성도의 교회 참여를 단지 부수적으로 보는 것이 아니라 성도가 그리스도와 연합하여 한 몸을 이루고 함께 자라 가는 필수적인 의무와 함께 바라본다.[275]

교회의 다양한 직분은 하나님의 소명에 부합해야 하므로 모두 예수 그리스도 안에서 조화를 이루어야 한다. 그리스도가 유일한 감독이다. 그는 감독자이기 전에 교회의 법을 제정하신 분이다. 교회의 구조는 그분의 중보 양식을 드러낸다. 그러므로 보편교회(ecclesia catholica 혹은 universalis)는 있으나 "보편적 감독(episcopus universalis)"은 있을 수 없다.[276]

칼빈은 교회의 본질을 성도의 그리스도와의 신비한 연합(unio mystica cum Christo)에서 찾는다. 그것은 비가시적 교회를 뜻하지만 또한 가시적 교회에도 해당한다. 왜냐하면 가시적 교회의 성도들을 묶는 끈 역시 보이지 않는 하나님의 은혜, 즉 영원한 선택의 은총이기 때문이다. 성도는 그리스도와 연합해 있으므로 그분의 인격 가운데 친히 말씀하시는 말씀을 듣게 된다. 이러한 말씀의 조명(illuminatio)과 감화(persuasio)가 교회의 연합에 가장 중요한 요소가 된다.[277]

칼빈은 교회의 권위가 성경의 권위(auctoritas)로부터 말미암는다는 사실을 누차 강조한다. 그런데 성경의 권위는 오직 그 저자(auctor)인 하나님으로부터 나온다.[278] 성도의 교회의 삶이 역동적인 것은 구속하신 주님이 여전히 "내적 교사(interior magister)"로서 아버지께 받은 것을 말씀하시

---

[274] Inst. 4.3.1-2.
[275] Cf. Geddes MacGregor, *Corpus Christi: The Nature of the Church according to the Reformed Tradition* (Philadelphia: Westminster Press, 1958).
[276] Inst. 4.7.4, 21-22.
[277] Inst. 1.7.1-5.
[278] Inst. 1.7.1; 4.8.2-5.

기 때문이다.²⁷⁹ 그리스도의 중보로 말미암아 성도는 성령의 감화에 따라서 말씀이 객관적으로 확실한 진리라는 사실과 그것이 우리 안에 구원의 역사를 일으킨다는 사실을 모두 인정하고 확신하게 된다.²⁸⁰ 칼빈의 교회론은 이렇듯 기독론적 기원을 가지며 이는 성경이 하나님의 무오한 말씀으로 신앙과 삶의 규율이 된다는 "오직 성경으로(sola Scriptura)"의 원리로 개진된다.²⁸¹

우리는 지금까지 칼빈의 "오직 성경으로"의 원리에 정초한 기독론적 교회 이해가 장로교적 특성을 여실히 드러낸다는 점을 파악하였다. 칼빈은 하나님을 아버지로 섬기는 자는 교회를 어머니로 여긴다는 키프리안(Cyprian)의 말에 동의한다. 그러나 어머니로서의 교회보다 앞서는 것이 몸으로서의 교회이다. 로마 가톨릭은 어머니로서의 교회(ecclesia mater)를 본질로 여겨서 교회의 통치를 강조하지만, 칼빈은 몸으로서의 교회(ecclesia corpus)를 강조하여 그리스도의 의를 나누고 함께 자라 가는 성도의 삶을 더욱 전면에 내세운다. 즉 교회가 주님의 몸이기 때문에 그곳에는 부성적 다스림과 함께 모성적 돌봄이 역사한다는 것이다. 여하튼 교회의 사역은 그것이 부성적이든 모성적이든 그리스도의 중보를 통한 하나님의 일이다.

---

**279** *Inst.* 3.1.4.
**280** *Inst.* 1.9.3. Cf. Murray, *Calvin on Scripture and Divine Sovereignty*, 35-51; A. N. S. Lane, "John Calvin: The Witness of the Holy Spirit," in *Faith and Ferment* (London: The Westminster Conference, 1982), 1-17. 칼빈은 말씀과 성령의 역동적인 이해를 통하여서 진리의 성령이 우리 안에 역사하면 말씀의 객관적 확실성(*certitudo*)에 대한 주관적 확신(*fiducia*)이 생긴다고 강조한다. 이에 대해서는 다음 책을 보라. H. Jackson Forstman, *Word and Spirit: Calvin's Doctrine of Biblical Authority* (Stanford, CA: Stanford University Press, 1962).
**281** Cf. Abraham Kuyper, *Principles of Sacred Theology*, 280-289; Cornelius Van Til, *The Protestant Doctrine of Scripture*, *In Defense of the Faith*, vol. 1 (Ripon, CA: Den Dulk Christian Foundation, 1967), 29-30.

## 3. 장로교의 형성: 녹스의 신학과 장로교 신조들

### 1) 녹스의 예정론

녹스를 전문 신학자라고 보기에는 난점이 있다.[282] 그러나 그가 남긴 예정론에 관한 책은 그의 신학적 입장 전체를 조망할 수 있는 수작이다. 이 책은 세바스챤 카스텔리옹(Sebastian Castellion)을 추종하는 무리에 의해서 저술된 어느 글에 대한 반박의 형식으로 작성되었는데, 카스텔리옹은 칼빈의 예정론을 반대하고 펠라기우스적인 입장에서 종교적 관용을 주장했었다. 여기에서 우리는 녹스의 장로교가 기반하고 있는 신학적 입장을 엿볼 수 있다.[283]

녹스는 예정론이 하나님의 교회에 필수적이며 이것이 없다면 참 신앙이 교육될 수 없고, 자기 자신을 아는 지식으로부터 나오는 겸손도 없으며, 하나님의 영원한 선하심을 찬미하고 영광을 올리는 데 이를 수도 없다고 보았다.[284]

녹스는 예정론이 신앙을 가르치는 데 필수적인 이유는 오직 그것을 통하여서만 그리스도 안에서의 하나님의 무조건적 사랑을 배울 수 있기 때문이라고 하였다. 성도가 구원을 확신하는 것은 구원이 자신의 공로가 아니라 "하나님의 가슴과 경륜"에 있기 때문이다. 하나님은 "가슴" 속에 품은 기뻐하신 뜻을 아들을 통하여 이루시는 "경륜" 가운데서 성도들을 택했다. 녹스는 여기에서 "그리스도 안에서"라는 어구를 숱하게 반복한다. 구원이 "그리스도 안에서" 이루어졌다는 사실이야말로 우리에게

---

[282] 녹스의 생애에 관해서는 다음 책을 보라. Eustace Percy, *John Knox* (Richmond: John Knox Press, 1966).

[283] Knox, "An Answer to the Cavillations of an Adversary Respecting the Doctrine of Predestination," 21-468. 이하 "The Doctrine of Predestination"으로 표기.

[284] Knox, "The Doctrine of Predestination," 25.

주어진 확실한 지식이며, 이 지식으로 말미암아 성도는 신앙의 "확신"에 이르고 오직 그때 진실한 겸손을 보인다.[285]

"그리스도 안에서" "가슴" 속에 품은 뜻을 이루는 "경륜"은 하나님의 영원한 "예지(prescience)"와 "섭리(providence)"라는 두 요소로 설명된다. 하나님은 뜻하신 바를 이루신다. 그러나 "그리스도 안에서" 그러하신다. 그러므로 하나님의 뜻은 단지 자의적인 혹은 변덕스러운 그 무엇이 아니다. 그리스도 안에는 약속의 "진리"와 성취의 "은혜"가 충만하다(요 1:14, 17). 그리스도는 우리에게 조건을 찾으시며 약속하시나 우리의 자리에서 성취하시고, 우리에게 조건을 찾기 위하여 명령하시나 우리의 자리에서 이루신다. "그리스도 안에서" 하나님의 영원한 예지는 영원한 성취와 다를 바 없다. 이런 의미에서 예정론의 실체는 "운명(fatum)"이 될 수 없다.[286]

예정론은 운명에 관한 논설이 아니라 영원한 하나님의 뜻을 다루는 교리이다. 하나님의 뜻은 그분의 속성과 배치되지 않는다. 하나님은 지혜와 함께 자비가 풍성하시다. 모든 것을 미리 아시는 하나님은 그 지식에 따라서 모든 것을 미리 정하시고, 정한 바대로 모든 것을 이루신다. 이러한 예지에 따른 섭리는 하나님의 어떠하심, 즉 속성에 정확히 부합한다. 하나님은 영원하시고, 절대적이고, 그 지혜와 권능이 무한하시므로 모든 것을 현재적으로 작정하시고 이루신다. 그러므로 하나님의 뜻은 일정하며 불변하다.[287]

오직 하나님의 뜻이 모든 것들의 완전한 규범이다.[288]

---

[285] Knox, "The Doctrine of Predestination," 26-30.
[286] Knox, "The Doctrine of Predestination," 35-36.
[287] Knox, "The Doctrine of Predestination," 79, 141.
[288] Knox, "The Doctrine of Predestination," 166.

하나님의 뜻은 자비 가운데 무조건 긍휼을 베푸시는 데 있다. 그러나 그 뜻은 그분의 어떠하심과 배치되지 않는다. 그러나 하나님의 정죄는 무조건적이지 않다. 유기된 자들도 만세 전에 분명 그렇게 정해졌다. 그러나 그 파멸은 자신들의 죄로 말미암는다. "그들의 파멸의 정당한 원인과 질료(the just cause and mater[matter] of their perdition)"를 자신들 가운데 품고 있다.[289]

하나님의 뜻은 그분의 어떠하심에 부합한다. 하나님은 진리 가운데서만 사랑하신다. 죄에는 사망의 형벌이 따른다. 스스로 죄의 값을 치르게 되면 그 순간 존재가 멸절하게 된다. 그러므로 오직 대속의 방식으로만 죄인을 구원할 수 있다. 그것은 죄가 없는 사람이 죄인으로서 죄의 값을 치르되 마땅한 무름의 자리에서 그리해야 했다. 즉 대속은 하나님이시자 죄가 없는 사람이신 분이 죄 값을 치르시는 것이어야 했다. 그것은 하나님이 자신을 주시는 방식밖에 없다. 그리하여 아버지가 아들을 주셨다. 아들이 우리의 자리에서 죄의 값인 사망의 형벌을 치르시고 의의 값인 순종을 다 행하셨다. 그러므로 예정은 그리스도 자신이나 우리 자신에 대한 것이라기보다 "그리스도 예수와 그의 지체들 사이의 결합과 연합(the conjunction and union betwixt[between] Christ Jesus and his membres[members])"에 있다.[290]

이러한 의미에서 창세 전의 작정은 곧 교회의 대한 작정이라고 할 수 있다. 그것은 그리스도와 연합한 성도들의 모임에 대한 예정이다. 녹스는 "그리스도 안에서" 택함 받은 자녀들에게는 죄를 묻되 용서하시는 자비를 베푸시기 때문에 하나님의 사랑이 그분의 진노보다 더 크다는 것을 강조한다.[291] 유기는 조건적이지만 선택은 무조건적이다. 유기는 죄에

---

[289] Knox, "The Doctrine of Predestination," 41.
[290] Knox, "The Doctrine of Predestination," 50-54. 특히 51.
[291] Knox, "The Doctrine of Predestination," 87-93.

대한 "마땅한 형벌(poena debita)"이지만, 선택은 죄를 속하고 의를 전가하는 "무조건적 은혜(gratia immerita)"이다.[292]

녹스는 사람들이 믿음과 순종하는 의지를 구원의 "이차적 원인(causa propinqua)"이라고 여기는 것조차 거부한다. 왜냐하면 부르시고 이끄시는 분은 하나님 자신이며 믿음과 순종은 선택에 앞서는 것이 아니라 선택의 열매라고 보기 때문이다.[293]

녹스는 "그리스도 안에서 하나님의 교회가 완전하게 수립되는 것(the perfect building)"이 만세 전의 선택에서 비롯됨을 강조한다.[294] 녹스는 선택과 유기의 이중예정(praedestinatio duplex)을 전개함에 있어서 타락전 예정설에 서 있다. 이는 칼빈과 테오도르 베자의 영향을 반영한다.[295] 하나님은 미리 타락을 예지하셔서 타락한 인류의 일부를 은총으로 선택하시고 일부는 영원한 형벌에 두셨다.[296] 하나님의 능력은 무한하시며 모든 것이 가하나 불의한 것을 용납하실 수는 없다.[297] 그러므로 죄에는 형벌을 정하셨다. 그러나 그 가운데서 아들이 공로로 일부를 구원하시기로 작정하셨다. 그러므로 선택뿐만 아니라 유기도 그 원인을 단순히 인과적 "결정(ordinance)"에서가 아니라 "영원한 경륜(eternal counsell[counsel])"에서 찾아야 한다.[298]

유기는 선택을 하지 않았다는 측면에서 선택과 반대된다. 그러나 유기가 선택과 반대된다고 해서 선택을 무조건적 은혜로 여기듯이 유기를 무조건적 시벌(施罰)로 여겨서는 안 된다. 선택은 적극적으로 "행하시는 것

---

[292] *Inst.* 3.23.8(CO 2.705).
[293] Knox, "The Doctrine of Predestination," 99-102, 156-157.
[294] Knox, "The Doctrine of Predestination," 108.
[295] Knox, "The Doctrine of Predestination," 38-41. 특히 베자의 "*ordo rerum decretarum*(작정된 것들의 순서)"을 다음에서 참조하라. Heppe, *Reformed Dogmatics*, 147-148.
[296] Cf. Heppe, *Reformed Dogmatics*, 157-189.
[297] Knox, "The Doctrine of Predestination," 111.
[298] Knox, "The Doctrine of Predestination," 114, 131, 142.

(*agentem*)"이지만 유기는 마땅한 형벌을 "당하는 것(*patientem*)"이기 때문이다.²⁹⁹ 이러한 이중예정은 구원의 공로를 인간의 선행에서 찾는 펠라기우스(Pelagius)의 입장과는 배치된다.³⁰⁰

녹스의 예정론은 칼빈의 신학에 정초해 있다. 녹스는 선택과 유기에 있어서의 하나님의 경륜은 오직 그분의 어떠하심과 뜻의 비밀에서만 추구될 수 있다고 보았다. 그리하여 칼빈과 같이 오직 하나님의 뜻이 선택뿐만 아니라 유기의 "원인이고 질료(the cause and the mater[matter])"라고 보았다.³⁰¹ "하나님의 뜻의 경륜(the counsell[counsel] of God's will)"은 칼빈의 후계자 베자가 카스텔리옹을 비판하면서 이중예정론을 변증한 가장 핵심적인 요소였다.³⁰²

녹스는 베자가 하나님의 뜻이 "모든 일 가운데 작용하는 효과적인 능력(an effectual and working strength in all things)"이라고 한 점에 주목하였다.³⁰³ 녹스는 특히 이를 그리스도가 하나님의 뜻을 이루신 구속의 역사를 통하여 심오하게 전개한다. 그리하여 예수 그리스도의 영원한 신성을 부인하는 유니테리언(Unitarian)의 조상 미카엘 세르베투스(Michael Servetus)의 경우에는 이러한 예정론의 주권 사상이 자리 잡을 여지가 없다고 항변한다. 세르베투스에게 있어서 예수는 하나님도 아니고 사람도 아닌 제3의 어떤 존재였다. 그러므로 우리를 위한 대리적 무릎을 행할 수 없다. 그뿐만 아니라 예수는 참 하나님도 아니기 때문에 마땅한 만세 전 삼위 하나님의 예정 교리가 원천적으로 거부된다.³⁰⁴

---

299 Knox, "The Doctrine of Predestination," 129.
300 Knox, "The Doctrine of Predestination," 163-165.
301 Knox, "The Doctrine of Predestination," 168.
302 Knox, "The Doctrine of Predestination," 184-190.
303 Knox, "The Doctrine of Predestination," 184.
304 Knox, "The Doctrine of Predestination," 226-232.

이를 통하여 우리는 녹스의 예정론의 핵심이 그리스도 안에서 택함 받은 하나님의 백성이 교회를 이루고 오직 그분 안에서 영원하다는 사실에 있음을 알 수 있다. 하나님 앞에서의 의는 그분의 뜻에 순종하는 것이다. 그리스도는 이 땅에서 오셔서 죽음으로 그 의를 다 이루셨다.[305] 그리스도를 통하여 하나님의 뜻이 그분의 영원한 지혜라는 사실이 역사상 계시되었다. 하나님은 오직 한 뜻을 가지고 계신다.[306] 그 뜻은 죄를 지은 아담에게도 계시되었다(창 3:15). 그리고 이후에는 다윗의 언약을 통하여 확인되었다.[307]

녹스는 예정론으로부터 교회의 본질로 나아간다. 그는 그리스도 안에서 부름을 받은 교회를 "여인의 후손(the seede[seed] of the woman) 아래에 있는 선택된 자들"이라고 부른다. 반면에 유기된 자들을 뱀의 후손이라는 이름으로 불리는 "사악한 교회"라고 하였다.[308] 녹스는 그리스도 안에서의 영원한 선택과 관련하여 세 가지를 결론적으로 강조한다.

> 첫째, 하나님 아버지가 그의 아들에게 주신 동일한 영광이 아들을 믿는 자들에게는 주어진다. …
> 둘째, 그리스도 예수와 그의 지체들의 결합과 연합은 너무나 견고하고 친밀해서 그들은 하나이며 결코 분리될 수 없다. …
> 셋째, 우리가 주목해야 할 것은 그리스도에게 주어진 택함 받은 백성들에 대한 하나님의 사랑은 변하지 않는다.[309]

---

[305] Knox, "The Doctrine of Predestination," 341.
[306] Knox, "The Doctrine of Predestination," 312-319.
[307] Knox, "The Doctrine of Predestination," 235.
[308] Knox, "The Doctrine of Predestination," 62. 녹스가 심지어 유기된 자들에게도 교회라는 표현을 쓴 것은 교회(ecclesia)가 부름을 받은 사람들의 모임이라는 측면에서 유기의 예정을 부각시키기 위함이었을 것이다.
[309] Knox, "The Doctrine of Predestination," 51-52.

## 2) 녹스의 칼빈주의 그리고 "스코틀랜드 신앙고백서"

녹스는 스코틀랜드가 "언약 국가(covenanted nation)"가 되기를 원했다. 우리가 그의 예정론을 통하여서 보았듯이 녹스의 사상에는 분명 성경적 교회 정체를 한 국가에 수립하는 역동성이 배태되어 있었다. 그것은 단지 교회정치나 행정의 측면에 그치지 않고 오히려 신학적으로 그리하였다.[310]

녹스의 예정론에 전개된 사상은 그 자신이 기초한 "스코틀랜드 신앙고백서"에 분명히 표명되었다. 교회는 "보편적(catholike[catholic])"이다. 왜냐하면 교회는 그리스도의 몸이자 신부이며, 그리스도는 동일한 교회의 유일한 머리시기 때문이다. 그러므로 교회 밖에는 생명도 없고 영원한 복락도 없다는 점이 천명되었다. 이러한 교회의 본질은 비가시적이며 그것은 오직 하나님께만 알려지며 택함 받은 사람들로 구성된다는 점이 지적되었다.[311]

녹스의 예정론에서와 같이 "스코틀랜드 신앙고백서"는 교회가 아담으로부터 육체로 오신 그리스도에 이르기까지 연속된다는 점을 강조하였다.[312] 특히 성도의 선택에 대해서 논하면서 그리스도가 신성으로만은 죽음을 당할 수 없고 인성으로만은 그 죽음을 이길 수 없다는 점을 들어서 신인양성의 중보를 강조한다. 그리하여 그리스도는 우리의 머리, 형제, 목자, 그리고 영혼의 감독자가 되신다고 하였다.[313] 이는 칼빈을 그대로

---

[310] Cf. W. Stanford Reid, *Trumpeter of God: A Biography of John Knox*, 290.
[311] "The Scotch Confession of Faith," in *The Creeds of Christendom with a History and Critical Notes*, vol. 3, ed. Philip Schaff, 458(16조).
[312] "The Scotch Confession of Faith," in *The Creeds of Christendom with a History and Critical Notes*, vol. 3, ed. Philip Schaff, 442-443(5조).
[313] "The Scotch Confession of Faith," in *The Creeds of Christendom with a History and Critical Notes*, vol. 3, ed. Philip Schaff, 444-446(8조).

인용한 것에 다름없다.³¹⁴

"스코틀랜드 신앙고백서"는 이방의 무리가 "사악한 모임(pestilent Synagoge)"으로서, "하나님의 교회(the Kirk[Church] of God)"라는 이름으로 불린다는 것을 성경의 많은 예를 통하여 말하는데³¹⁵ 이 역시 녹스의 예정론에서 분명히 개진된 부분이다.

1960년 에든버러대학교 뉴칼리지에서 행한 제임스 매큐엔(James S. McEwen) 교수의 코로알 강좌(Croall Lectures)는 녹스의 종교개혁이 갖는 신학적 의미를 밝힌 드문 글 중에 하나이다. 이를 통하여서 우리는 녹스의 신학을 몇 가지로 정리할 수 있다.

녹스는 성경은 스스로 말하고 자증하나 성령의 역사로 사람의 경험 가운데 말씀하는 말씀이라는 점을 강조한다. 녹스는 성경의 "명료성(perspicuitas)"을 "성령의 내적 증거(testimonium internum Spiritus Sancti)"에서 찾는다. 말씀을 말씀 자체에서 배워야 하는 것은 성령의 역사로 말미암아 하나님이 친히 말씀하시기 때문이라고 강조한다. 녹스는 이러한 말씀을 들은 사람들이 신학자, 설교자, 주석자, 전파자 등의 이름으로 그 경험을 나누는 일을 종교개혁의 핵심적인 요소로 보았다.³¹⁶

녹스의 예정론은 이러한 성경관에 정초해 있다. 녹스는 칼빈의 예정론을 그 논리와 방법에 있어서 추종하였다. 녹스는 예정론의 핵심이 하나님의 그리스도 안에서의 주권적인 작정이라는 사실과 함께 그것이 그리스도와 연합한 성도의 신앙과 삶에 직접적으로 작용하는 교리라는 측면

---

**314** *Inst.* 2.12.3(*CO* 2.342): "요약하면, 하나님으로서 홀로 죽음을 느낄 수 없고, 사람으로서 홀로 그것을 이길 수 없기 때문에, 인간의 본성에 하나님의 본성을 연합하사 죄를 대속하기 위해서 인성의 약함을 죽음에 내어 주고자 했으며, 신성의 능력으로 우리를 위해서 죽음과 씨름하면서 승리를 얻고자 하셨다."

**315** "The Scotch Confession of Faith," in *The Creeds of Christendom with a History and Critical Notes*, vol. 3, ed. Philip Schaff, 460-464(18조).

**316** McEwen, *The Faith of John Knox*, 34-39.

을 줄곧 강조하였다. 성경 전체가 예정에 관한 가르침을 주는데, 그 감화는 성령의 역사로 말미암아 주관적 확신으로 나타난다는 것이다. 이러한 감화가 교회를 형성하는 성도의 고백이 됨은 물론이다. 이는 칼빈이 말씀의 "객관적 확실성"과 더불어 성령의 "주관적 확신"을 강조한 것과 일맥상통한다.[317]

성도의 확신은 하나님의 선택이 그리스도 안에서 무조건적이라는 믿음으로부터 기인한다. 선택은 그리스도 안에서의 선택이다. 오직 이중예정이 하나님의 속성을 드러내는 섭리로 이해되는 이유가 여기에 있다. 하나님의 섭리와 그리스도의 공로가 교회론의 본질적 담론을 구성한다는 측면에서 이 부분 역시 칼빈의 영향을 확연하게 드러낸다.[318]

녹스는 예정론에 대한 논의를 통하여서 구속사와 구원론 전반을 하나님의 주권이라는 관점에서 파악하고자 했던 것이다.[319] 녹스는 이러한 예정론을 어느 나라와 민족을 이끄는 하나님의 일반적이며 우주적인 섭리로 확장해서 보았다.[320] 우리가 주목할 것은 녹스가 교회를 향한 자신의 시대적 사명을 인식한 것은 이러한 하나님의 예정과 섭리에 대한 성경적 깨달음으로부터 비롯되었다는 사실이다.[321]

당대 가장 첨예한 논쟁점이 되었던 성찬에 있어서의 그리스도의 임재에 대한 녹스의 입장도 이러한 맥락에서 이해된다. 그는 성찬이 단지

---

[317] Cf. 문병호, 『30주제로 풀어 쓴 기독교 강요』, 52-55. 매큐엔은 이 부분은 루터의 영향이라고 했는데 단지 그렇게 볼 바는 아니다. McEwen, *The Faith of John Knox*, 70.
[318] Cf. 문병호, 『30주제로 풀어 쓴 기독교 강요』, 252-254. 매큐엔은 녹스에 있어서 성도의 선택은 보다 그리스도의 선택에 가깝게 전개된다고 하고 이것이 이후 토마스 보스톤(Thomas Boston)을 위시한 언약신학자들이 주장한 핵심이라고 본다. 그러나 그리스도의 선택이 성도의 선택을 대신하는 개념일 수는 없다. McEwen, *The Faith of John Knox*, 78-79.
[319] Cf. McEwen, *The Faith of John Knox*, 66-79.
[320] Cf. McEwen, *The Faith of John Knox*, 95-96.
[321] Cf. McEwen, *The Faith of John Knox*, 101-114. 저자는 녹스의 "심정의 신앙(the faith of the heart)"이라는 제목으로 이러한 부분을 다룬다.

상징에 불과하다는 울리히 츠빙글리의 입장이나 루터란의 공재설도 부정하였다. 녹스는 성찬의 신비를 그리스도의 신성과 인성의 연합 가운데서 찾았다. 그리고 성찬에 있어서 주님의 임재의 영적인 권능이 언약의 말씀으로부터 비롯됨을 강조하였다. 그리고 성찬에 있어서의 성도의 그리스도와의 연합뿐만 아니라 성도 서로 간의 연합도 강조하였다. 이러한 점에서 녹스의 성찬론은 칼빈의 그것과 일치한다.[322]

이러한 녹스의 신학적 입장은 장로교의 정체성을 분명히 부각시켜 준다. "스코틀랜드 신앙고백서"는 교회가 듣는 말씀은 신랑이며 목자이신 그리스도의 음성이라는 사실을 분명히 선포한다.[323] 이 교회는 그 본질이 비가시적인 하나님의 선택에 있으나 가시적인 유형적 연합을 추구한다. 특히 그것은 교회의 총회 가운데 구현된다.[324] 이렇듯 비가시적 교회와 가시적 교회에 대한 역동적 이해가 녹스와 "스코틀랜드 신앙고백서"에 나타나는 뚜렷한 장로교적 특성이다.

### 3) "웨스트민스터 신앙고백서"

오직 성경(sola Scriptura)의 원리로 신앙을 철저하게 구현한 칼빈의 신앙과 신학이 "웨스트민스터 신앙고백서"에 충실하게 계승되었다. 삼위일체와 기독론 교리가 역동적으로 다루어졌으며 구원론에 있어서 구원서

---

[322] Cf. 문병호, 『30주제로 풀어 쓴 기독교 강요』, 315-325. 매큐엔은 이러한 입장에 기본적으로 서 있으나 칼빈은 성찬을 경시한 반면에 녹스는 이를 교회의 핵심 요소로 여긴 듯이 다루고 있다. McEwen, *The Faith of John Knox*, 55-60. 그러나 이러한 이해는 피상적이다. 일례로 성찬의 횟수를 많을수록 좋다고 본 칼빈의 입장만 보아도 그러하다. 칼빈은 성례를 분명 교회의 표지로 여겼으며 이를 충분히 강조하였다.

[323] "The Scotch Confession of Faith," in *The Creeds of Christendom with a History and Critical Notes*, vol. 3, ed. Philip Schaff, 464(19조).

[324] "The Scotch Confession of Faith," in *The Creeds of Christendom with a History and Critical Notes*, vol. 3, ed. Philip Schaff, 458-459(16조), 465-466(20조).

정과 성도의 삶이 함께 강조되었다. 특히 그리스도의 영의 역사를 통한 중보로 인한 의의 전가와 이로 말미암은 성도의 거룩한 삶이 강조되었다.

"웨스트민스터 신앙고백서"의 근저에는 칼빈의 신학과 이에 바탕을 둔 언약신학이 흐른다. 그리하여서 특별계시와 함께 일반계시가 강조되고, 은혜언약이 구속사의 맥으로 제시되고, 율법의 규범적 용법이 부각되며, 하나님의 주권과 성도의 책임이 함께 논의된다. 이는 가히 성경의 진리에 대한 최고의 고백서라 할 것이다.[325]

"웨스트민스터 신앙고백서"에서는 교회의 머리이신 예수 그리스도의 중보의 특성으로부터 가시적 교회와 비가시적 교회의 유기적 구조를 천명한다. "보편적 혹은 우주적 교회"는 그 본질에 있어서 비가시적이나, 지상의 가시적 교회도 그리스도의 은혜를 함께 받고 한 몸이라는 측면에서 보편적이라고 보았다. 그리하여 보편교회는 비가시적이거나 가시적이라고 하였다(25.1-4).[326]

교회는 그리스도의 은혜 가운데 성령의 역사로 말미암아 말씀의 감화를 받는 성도들의 모임이라는 측면에서 거룩함이 있으나 여전히 완전하지는 않다(25.5). 오직 그리스도만이 교회의 머리시며(25.6), 성도는 그분 안에서 성령의 감동에 따라서 말씀의 교제를 나눈다. 교회의 직분의 본질은 이러한 교제와 연합에 있다(26.1-2). 성도의 이러한 교제는 그리스도가 구원의 의를 다 이루심으로 부여하신 복음의 은혜를 나누는 것으로서, 그의 의의 전가에 따른 것이지 각자가 그리스도와 같이 신격을 취하

---

[325] Cf. Warfield, *The Westminster Confession and Its Work*; Homes Rolston III, *John Calvin versus the Westminster Confession*.

[326] "The Westminster Confession of Faith," in *The Creeds of Christendom with a History and Critical Notes*, vol. 3, ed. Philip Schaff, 600-673. "웨스트민스터 신앙고백서"가 그리스도 안에서 교회의 가시적 특징과 비가시적 특징을 함께 논하는 것은 교회의 본질을 그리스도 안에서의 한 몸(*societas*)이 되는 것으로 볼 뿐만 아니라 그의 의를 전가 받아서 그분과 함께 교제하고 교통하는 것으로도 보는 칼빈의 입장을 여실히 반영하고 있다. Cf. 문병호, 『30주제로 풀어 쓴 기독교 강요』, 269-273.

는 신화(神化)를 말하는 것이 아니다(26.3).³²⁷

"웨스트민스터 신앙고백서"의 이러한 이해는 칼빈의 신학과 스코틀랜드 장로교 사상과 부합한다. 그 기초에는 오직 예수 그리스도가 모든 구속의 의를 이루시고 그 의를 전가해 주심으로 성도를 구원하시고 그들의 거룩한 삶을 주장하신다는 언약신학이 자리 잡고 있다. 그리스도가 우리를 위하여 온갖 고난을 당하시고 율법에 전적으로 순종하셨다. 그리하여 죄의 값을 다 치르시고, 그 의로 성도들을 의롭다 하시며, 거룩하게 하시고, 영화롭게 하신다(8.1).

성도는 믿음으로 의롭다 여김을 받는데, 그 믿음은 성도의 삶에 열매를 맺는 사랑으로 역사하는 믿음이다(11.1-3). 칭의는 "그리스도의 영"의 내주와 함께 인쳐지며 성화는 그 영으로 성도가 자라 가는 것이다(13.3). 성도는 그리스도에 의해서 완성된 율법을 은혜 가운데 지키는 삶을 산다(19.6-7).³²⁸

"웨스트민스터 신앙고백서"는 그리스도가 모든 의를 다 이루시고 이제 우리 안에 임하여 계속적으로 교제하시는데, 성도가 그분의 은혜를 누리는 것은 "그리스도의 영"(롬 8:9)을 받았기 때문이라고 누차 말한다. 주님은 에덴 동산에서 아담과 맺은 행위언약을 다 이루셨을 뿐만 아니라 그것을 파기한 형벌도 치르셨다. 그리하여 죄 사함과 함께 의를 전가해 주시는 은혜언약의 머리가 되셨다. 새로운 시대에 역사하는 구원의 영을 "그리스도의 영"이라고 부르는 것은 이러한 구속사적-구원론적 은혜를

---

³²⁷ 칼빈 역시 안드레아스 오시안더(Andreas Osiander)의 경우를 들어서 칭의가 신화와 다르다는 점을 역설하고 있다. 그리스도가 교회의 머리 되심은 단지 상징적 대표가 아니라 실제적으로 중보하시는 구주가 되심을 의한다. 그러므로 교회는 신화의 터가 아니라 성화의 장이 된다. Cf. 문병호, 『30주제로 풀어 쓴 기독교 강요』, 201-210.

³²⁸ 칼빈은 하나님이 우리의 인격뿐만 아니라 행위도 의롭게 보신다고 말했다. 성도가 율법을 지키는 삶을 추구하는 것은 이러한 은혜에 기초한다. Cf. 문병호, 『30주제로 풀어 쓴 기독교 강요』, 112-113, 218-221. "웨스트민스터 신앙고백서"는 여기에서 같은 입장을 취하고 있다.

부각시키기 위함이다(7.1-5).

> 그러므로 본질 면에서 차이가 있는 두 종류의 은혜언약이 있는 것이 아니고, 여러 세대에 걸쳐 있기는 하지만 하나의 동일한 언약이 있을 뿐이다(7.6).[329]

"웨스트민스터 신앙고백서"는 성도의 구원을 다루면서 "그리스도의 영"의 임재를 강조한다. "그리스도의 영"은 곧 진리의 영이다. 칼빈이 말했듯이, 그리스도의 영의 고리로 말씀의 객관적 확실성과 주관적 감화가 연결된다.[330] 사실 "웨스트민스터 신앙고백서"의 서장에 할애된 성경론은 이러한 "그리스도의 영"의 감화를 전제하는 개념이라고 보아도 무방하다. 성경이 자증하고 신적 권위가 있는 것은(1.5) 그것이 하나님의 말씀으로서(1.4) 성령의 내적인 조명으로 계시되기 때문이다(1.6).[331]

이러한 성경론의 근저에는 성도가 구원을 다 이루신 그리스도의 의의 전가로 말미암아 하나님을 아는 지식과 지혜의 부요함에 이른다는 칼빈의 이해가 뚜렷하게 반영되어 있다. 교회의 사역은 이러한 부요함을 나눔으로 서로 함께 자라 가는 기회를 제공한다. 여기에서 우리는 예정은 그리스도 자신이나 우리 자신에 대한 것이라기보다 "그리스도 예수와 그의 지체들 사이의 결합과 연합," 즉 교회에 관한 것이라고 역설한 녹스를 다시 상기할 필요가 있다. "웨스트민스터 신앙고백서"에서 전개된 이중 예정론(3.3)은 단지 개인적 차원에 머물지 않고 교회적 차원으로 승화된다. 이러한 측면이 교회를 향한 하나님의 특별한 섭리를 강조한 장로교 신학의 본질을 제시한다.[332]

---

[329] Cf. Letham, *The Westminster Assembly*, 224-241.
[330] Cf. 문병호, 『30주제로 풀어 쓴 기독교 강요』, 60-62.
[331] Warfield, *The Westminster Confession and Its Work*, 155-257.
[332] Letham, *The Westminster Assembly*, 84-98. 358-359.

## 4. 박형룡의 기독론적 교회 이해

죽산은 "한국 장로교회의 신학적 전통"이라는 제목의 한 논문에서 "장로교회의 신학이란 구주 대륙의 칼빈 개혁주의에 영미의 청교도 사상을 가미하여 웨스트민스터 표준문서에 구현된 신학이다"라고 정의하였다.[333] 이러한 역사적 정의에 비추어 한국 장로교 신학을 "청교도 개혁주의"라고 부르며 그 특징으로 "성경의 신성한 권위를 믿는 믿음," "하나님 주권에의 확신," "안식일의 성수와 경건생활에 치중," "성실한 실천," "천년기전 재림론"을 들었다.[334]

죽산은 여기서 장로교 신학 자체가 아니라 그것의 수용 자세 혹은 삶의 영향에 치중하고 있을 뿐, 우리의 관심사인 기독론적 교회 이해에 대한 언급은 없다.

그렇다면 죽산은 장로교 신학의 본질을 단지 이렇듯 현상적으로만 파악했던 것인가?

죽산과 함께 한국 개혁신학의 두 축으로 회자되는 정암(正岩) 박윤선 박사의 교회론이 "교회의 머리 되신 그리스도와 하나인 교회," "교회의 머리이신 그리스도를 수종드는 회중"을 중심으로 개혁주의 교회론을 전개했다면[335] 죽산은 어떠했는가?

죽산은 장로교를 "청교도 개혁주의"라고 정의하며 청교도적 삶과 개혁주의 신앙을 아울렀는데, 그는 이러한 특성을 함의하는 교리가 예정론이라고 여겼다. 죽산은 우리가 칼빈주의의 5대 강령이라고 부르는 "도르트 신경"의 가르침은 모두 예정론에 정초하고 있다고 보았다.[336] 그리하

---

[333] 박형룡, "한국 장로교회의 신학적 전통," 389.
[334] 박형룡, "한국 장로교회의 신학적 전통," 394-397.
[335] 이러한 고찰에 대해서, 이승구, "정암의 개혁파적 교회론에 대한 한 고찰," 127-132.
[336] 박형룡, "칼빈의 예정론," 『박형룡박사 저작전집 XIII, 신학논문 상권』 (서울: 한국기독교교육연구원, 1977), 339.

여 "웨스트민스터 소요리문답" 7문과 "웨스트민스터 신앙고백서" 3장을 인용하면서 하나님의 선택에는 조건도 제한도 없으며 오직 그분의 주권적 작정만이 있을 뿐이라고 강조하였다.[337]

하나님의 선택이 "보편적 무형교회"로서의 교회의 본질을 제시한다. 하나님의 선택은 그리스도 안에서의 무조건적 대속을 전제한다. 선택은 그리스도의 의를 전가 받을 백성을 정하심이다. 그 백성이 "주의 교회," "그리스도의 신체," "그리스도의 신부"라고 불리는 까닭이 여기에 있다. 이는 "웨스트민스터 신앙고백서" 25장 1조를 정확히 반영하는 입장이다.

> 무형한 공동 즉 보편의 교회는 과거, 현재, 미래의 교회의 머리이신 그리스도 아래 하나로 모이는 피택자들의 총수로 구성되는데, 만물 안에서 만물을 충만케 하시는 자의 아내요, 몸이며 충만이다.

교회가 본질상 "신도의 교통 혹은 성도의 교통(*communio fidelium* 혹은 *sanctorum*)"으로 여겨지는 것은 그것이 한 분 그리스도의 동일한 의를 공유하는 성도들의 모임이기 때문에 그러하다. 교회는 본질상 "신도의 교통"으로서 "신도의 모(母)체(*mater fidelium*)"가 된다. 로마 가톨릭은 이를 역으로 다루는 오류를 범하고 있다.[338]

죽산의 이러한 입장은 그가 교회를 "피택자들의 집단(*coetus electorum*)"으로 보는 시각에서 뚜렷해진다.[339] 성도들의 연결 고리는 그리스도 안에서의 구원의 은총에 있다. 교회의 근간은 성도의 회개에 앞서 소명이며 믿음에 앞서 중생에 있다. 성도들은 공동의 노력체가 아니라 공동으로 부름 받은 소명체이다. 이러한 관점에서 무형교회가 교회의 본질을 말함

---

[337] 박형룡, "칼빈의 예정론," 340-342.
[338] 박형룡, 『박형룡박사 저작전집 VI, 교의신학 교회론』, 15, 19-21.
[339] 박형룡, 『박형룡박사 저작전집 VI, 교의신학 교회론』, 30.

은 분명하다.[340]

그러나 이러한 사실이 유형교회의 보편성을 차치하는 것은 아니다. 죽산은 유형교회의 필연성을 하나님의 뜻에서 찾는다. 그리하여 무교회주의자들을 이단시한다.[341] 죽산은 유형교회가 "조직체"이자 그리스도의 몸인 "유기체"라는 측면을 강조한다. 지상의 교회는 먼저 주의 교회이기 때문에 그분의 의로 말미암아 어머니의 역할을 감당하게 된다. 이러한 측면에서만 지상의 교회를 하나님의 나라라고 부를 수 있다.[342]

죽산은 유형교회과 무형교회를 분리해서 보지 않고 함께 역동적으로 이해하는 것이 개혁주의의 입장이라고 보았다. 칼빈은 "지상에 존재하는 대로의 교회가 유형적이며 무형적이라는 사실"을 강조했다고 죽산은 말한다. 그리고 "웨스트민스터 신앙고백서" 25장에서도 전자는 택자들의 총수이고 후자는 "참 종교를 고백하는 모든 자들과 그들의 자녀로 구성된다"고 했으니 이는 한 교회의 양 측면을 보여 준다고 말한다.[343]

이러한 입장은 교회의 본질이 신자들의 그리스도와의 신비한 연합에 있다는 죽산의 사상으로부터 기인한다.[344] 죽산은 WCC를 비판하면서 그들이 로마 가톨릭과 같이 가시적 교회에만 치중하고 이를 비가시적인 무형교회로부터 분리하려는 경향을 가졌다는 점을 지적하였다.[345]

죽산은 교회의 신적인 기원은 오직 아들의 대속적 공로 위에 기초한다고 보았다. 그리스도께서 자신의 교회를 고백 위에 세우겠다고 하신 것은(마 16:18) 교회의 본질이 그분의 의를 인정하는 성도의 신앙과 연결되

---

[340] 박형룡, 『박형룡박사 저작전집 VI, 교의신학 교회론』, 31, 35.
[341] 박형룡, "유형교회의 합리성," 『박형룡박사 저작전집 XIV, 신학논문 하권』, 93-112.
[342] 박형룡, 『박형룡박사 저작전집 VI, 교의신학 교회론』, 46-52.
[343] 박형룡, 『박형룡박사 저작전집 VI, 교의신학 교회론』, 42-43.
[344] 박형룡, 『박형룡박사 저작전집 VI, 교의신학 교회론』, 44.
[345] 박형룡, "에큐메니칼 운동의 교리와 목적," 112-126.

어 있음을 지시하는 것이다.[346]

그리스도는 교회의 "언약적 머리"시다. 그는 영원한 작정에 따라서 역사적 언약을 역사상 성취하셨다. 그분은 이제 다 이루신 자신의 의를 우리에게 전가해 주심으로 우리의 머리가 되신다. 그리고 자신에게로 우리가 자라 가게 하신다. 그러므로 그리스도는 "유기적 머리"가 되신다. 그런데 이러한 성도의 삶은 그리스도 자신이 영으로 우리 안에 들어오셔서 다스리심으로 온전해진다. 그리스도가 자신을 주심은 "통치하시는 머리"로 중보하심에 있다.[347]

그리스도가 교회의 머리가 되시기 때문에 성도들이 그분과 연합함이 곧 교회와 연합함이 된다. 성도들은 무형교회의 일원이지만 유형교회의 일원으로서 주어진 사역을 감당하여야 한다. 교회의 직분은 권리이지 의무이다. 그리고 성도들은 말씀의 묵상과 성례의 은혜에 함께 동참하여야 한다. 그리고 함께 그리스도의 이름으로 기도해야 한다. 즉 은혜의 방편들을 서로 나누어야 한다.[348]

죽산은 장로교의 역사적 기원이 칼빈의 『기독교 강요』 제4권 교회론에 있음을 분명히 말한다.[349] 죽산의 입장은 우리가 살펴 본 칼빈, 녹스, "웨스트민스터 신앙고백서"를 잇는 신학의 맥과 닿아 있다. 그것은 기독론적 교회 이해라는 이름으로 포괄적으로 규정된다.

죽산이 청교도적 삶의 측면을 통하여 장로교의 정통성을 강조한 것은 무조건적 선택에 대한 성도의 확신이 경건의 출발이라는 것에 주목하였기 때문이다.[350] 이러한 은혜는 구속사적으로 구원을 다 이루시고 지금

---

346 박형룡, 『박형룡박사 저작전집 VI, 교의신학 교회론』, 81.
347 박형룡, 『박형룡박사 저작전집 VI, 교의신학 교회론』, 82-86.
348 박형룡, 『박형룡박사 저작전집 VI, 교의신학 교회론』, 96-97, 212-214, 246-249, 367.
349 박형룡, 『박형룡박사 저작전집 VI, 교의신학 교회론』, 125.
350 칼빈은 예정론을 성도의 감사 부분에서 다루었다. 이는 예정론이 선택의 확신으로 말미암아 성도의 삶에 유익을 주는 교리라고 보았기 때문이다. 청교도 신학자들은 특히

그 의를 우리를 위해서 전가해 주시는 한 분 주 중보자 그리스도로 말미암는다. 죽산의 장로교적 교회 이해는 그리스도가 교회의 주가 되시고 그분 안에서 성도를 택했을 뿐만 아니라 그분 안에서 지금 살게 하신다는 교회와 성도의 삶에 대한 역동성에 대한 인식으로부터 비롯된다.

## 5. 결론: 장로교회 신학의 적실성

지금까지 우리는 칼빈과 녹스와 박형룡 박사를 중심으로 장로교 신학의 형성과 한국교회에서의 수용과 발전에 대해서 고찰했다. 이를 통하여 몇몇 논점이 부각되었다.

첫째, 장로교는 성경적 정치 구조를 지향한다. 장로교는 이미 성경-역사적 교회 형태였다. 장로교의 정체가 이러하므로 그 본질과 구조 그리고 작용은 오직 성경의 진리 가운데 추구된다.

둘째, 장로교는 교회의 머리이신 그리스도 안에서의 성도의 연합을 교회의 본질로 여긴다. 이는 두 가지를 함의한다. 즉 성도는 그리스도 안에서 택함 받은 성도의 모임이라는 의미와 성도는 그리스도의 의를 함께 공유하는 한 몸이라는 의미이다.

셋째, 교회의 이러한 본질이 삼위일체 하나님의 만세 전의 주권적인 작정에 따른 선택의 예정에 있다. 예정론은 개인의 구원에 대한 작정을 다룬다. 그런데 그 작정은 이미 교회로서 하나가 되는 몸의 지체로 정하심이다. 몸의 지체로서 성도는 무형교회와 유형교회의 일원으로 자신을 인식한다.

---

이러한 성도의 확신에 주목하였다. Cf. Letham, "Faith and Assurance in Early Calvinism: A Model of Continuity and Diversity," 355-384.

넷째, 성도는 그리스도 안에서 한 몸의 지체로서 연합된다. 교회의 연합은 단지 조직체로서만이 아니라 유기체로서 그리하다. 성도는 유기적 몸의 구성자로서 서로 영향을 미치며 함께 자라간다. 교회의 정치 구조는 이를 세우는 것이며, 직분은 그것을 성취하는 수단으로서 성도에게만 고유한 권한이자 의무이다.

다섯째, 장로교는 그리스도 안에서의 무형과 유형의 교회의 긴밀성과 역동성을 강조한다. 죽산이 강조했듯이 "보편적 유형교회"와 "보편적 무형교회"가 함께 다루어진다.

장로교회의 본질은 만세 전의 예정에 따른 성도의 그리스도와의 연합에 있다. 장로교회의 역동성은 이러한 연합이 가진 비밀에 기초한다.

칼빈은 보혜사 성령의 역사는 다 이루신 그리스도의 공로를 우리에게 적용하여 열매를 맺게 하는 데 있다고 보았다. 그리고 구원 과정에서 나타나는 그 열매의 모든 맛은 성도가 그리스도와 연합함으로 말미암는다고 하였다. 교회는 이러한 맛을 내는 몸이다. 지체의 각 부분이 그 자체로 죽어 있으나 한 몸을 이룸으로 살아 있듯이 교회도 그러하다.

녹스는 교회의 이러한 성격을 지상의 성도의 삶 가운데 구현하려고 노력하였다. 그는 이러한 비밀이 이미 만세 전의 선택에 담겨 있다고 여겼다. 하나님이 성도를 선택하실 때 교회의 일원으로 선택하셨다는 사실에 주목하였다. 그리하여 성도를 여호와의 임재가 있는 장막이라고 여겼다. 그 장막은 단지 격리된 영적인 것에 그치는 것이 아니라 세상 속에 머무는 처소이다.[351] 그러므로 이러한 교회의 선택은 지상 국가와의 관계에서도 그 고유한 뜻이 추구되어야 할 비밀을 가지고 있다고 보았다.

---

[351] 녹스는 제네바에서 스코틀랜드 성도들에게 보낸 편지에서 하나님이 우리를 그리스도 안에서 영적인 장막을 삼고 말씀의 진정한 선포와 성례의 올바른 거행을 통하여 임마누엘 하나님의 임재를 고백하도록 했다는 사실을 강조하며 일종의 만인 제사장주의를 개진하였다. Cf. John Knox, *On Rebellion*, ed. Roger A. Mason (Cambridge: Cambridge University Press, 1994), 121.

죽산은 교회의 비밀이 성도의 그리스도와의 연합에 있으며 이것이 무형교회와 유형교회를 묶는 끈과 같다고 여겼다. 죽산에게 있어서 교회의 속성과 가치는 신자들이 그리스도와의 연합하여 한 몸을 이루는 비밀의 성격에 따른다고 보았다. 죽산은 이러한 연합이 그리스도를 머리로 하여 자라 가는 "유기적 연합"이며, 영생의 삶을 함께 누리며 하나님의 자녀로서 한 몸을 이루는 "생(生)적 연합"이며, 그리스도의 영으로 말미암아 함께 자녀 된 자로서 함께 상속자가 되는 "영적 연합"이며, 임마누엘 하나님의 은혜로 언제나 하나가 되는 "불가분 연합"이며, 그 효과와 능력이 우리의 사유를 뛰어 넘어 무한히 신비한 "불가사의 연합"이라고 하였다.[352]

성도의 그리스도와의 연합은 필히 성도의 교회와의 연합에 이른다. 왜냐하면 성도는 교회의 지체로 선택되었기 때문이다. 그리스도와 연합한 성도는 영생의 자녀로서 그 신분에 마땅한 삶을 살아야 한다. 장로교는 교회의 삶을 넘어서서 성도의 세상 속에서의 삶 까지 나아간다. 녹스가 말했듯이 교회와 국가는 고유한 영역이 있지만, 교회는 성도의 국가의 삶까지도 영적으로 돌보아야 한다.

흔히 화란 개혁교회의 5대 원리를 "그리스도는 교회의 머리와 권위의 원천," "말씀은 권위행사의 방편," "교회에게 권세의 부여," "대표적 기관들에 권세의 행사," "지교회 치리회로부터 권세의 확장"으로 든다. 이는 교회의 본질과 권위 그리고 직분의 의의를 기독론적으로 논한 것이다. 한편 "웨스트민스터 표준문서"의 "교회정치"는 정치의 8대 원리를 "양심의 자유," "교회의 자유," "교회의 직원," "진리와 행위," "상호관인(寬忍)," "직원의 선거," "치리권," "권징"으로 논한다. 이러한 여덟 가지는 장로교회가 고유한 특성을 지니고 있는 영역을 보여 준다. 이는 좀 더 교회론 자체에 대한 논의를 담고 있다.[353]

---

[352] 박형룡, "신비적 속죄론,"『박형룡박사 저작전집 XIV, 신학논문 하권』, 73-74.
[353] 박형룡,『박형룡박사 저작전집 VI, 교의신학 교회론』, 126-131.

칼빈에 의해서 신학적으로 수립되고 녹스에 의해서 실제적으로 구현되었으며 스코틀랜드와 "웨스트민스터 신앙고백서"를 통하여 고백된 역사적 장로교가 오늘날 우리에게 적실성을 갖는 것은 죽산이 추구했듯이 화란 개혁주의의 5대 원리와 영미 청교도 전통의 8대 원리를 함께 아우르는 본연의 기독론적 교회로서 남을 때에만 그리할 것이다. 그리고 단지 교회 안에 머무는 것이 아니라 교회 밖으로 나아가는 장로교로서 본연의 임무를 다할 때 그리할 것이다.

장로교 신학은 구원과 교회의 신학뿐만이 그리스도인의 삶의 교리 (the doctrine of the Christian life)를 강조한다. 이는 "웨스트민스터 신앙고백서"가 교회의 본질과 함께 성도의 교제를 다루면서 그리스도 안에서의 가시적이며 비가시적인 보편교회를 강조하는 소이이다.[354] 개혁주의 언약신학에 기초한 장로교회 정체가 이 시대에 여전히 적실한 이유 또한 여기에 있다.

---

[354] Cf. A. A. Hodge, *The Westminster Confession*, 310-337.

# 제2부 한국 장로교 보수신학

제5장 박형룡의 언약신학: '언약적 전가' 개념을 중심으로
제6장 박형룡의 기독론: 구속사적-구원론적 관점에서
제7장 박윤선의 언약신학: 개혁신학의 성경신학적 적용
제8장 정규오의 자유주의 신학 비평
제9장 WCC와 한국교회: 죽산 박형룡과 해원 정규오 중심으로
제10장 서철원의 그리스도의 중보론
제11장 김길성의 교회론

# 제5장 박형룡의 언약신학:
## '언약적 전가' 개념을 중심으로

## 1. 주제의 적실성

언약신학은 구원에 대한 구속사적-구원론적 이해로부터 비롯된다. 구속사적 사건은 단번에, 영원히 일어났다. 그것은 작정과 성취와 작용을 의미한다. 이 사건은 이 땅에 오신 하나님의 아들 예수 그리스도의 구속 사역에만 관련된다. 구속사적 성취는 "다 이루었다"(요 19:30)라는 주님의 가상(架上) 말씀으로 선포되었다. 구속사적으로 성취된 의가 성도들에게 개인적으로 작용하는 정서(affectus)가 구원론적 적용이다.

구속사적 성취는 구원론적 적용을 위한 것이며, 구원론적 적용은 오직 구속사적 성취에 터 잡고 있다. 구속사와 구원론은 구별되나 분리되지 않으니, 확연히, 오순절 성령 강림은 구속사적 사건이나—그리하여 단회적이나—이로 말미암아 그리스도의 의의 전가가 일어나는 구원론적 적용이 있다.

구속사적 성취와 구원론적 적용은 중보자 그리스도 안에서 하나로 묶인다. 그 연결 개념이 언약이다. 언약은 적용을 바라보는 성취이며, 성취를 드러내는 적용이다. 언약의 열매는 영생이며, 영생을 주는 방식은 영생을 얻는 공로, 즉 의의 전가이다. 그리스도는 구속사와 구원론의 연결점일 뿐만 아니라 양자의 실체 자체이다. 그러므로 그리스도가 언약의 실체, 나아가 언약 자체라고 해도 무방하다. 왜냐하면 언약은 '그리스도 안에서,' '그리스도를 통하여' 뿐만 아니라 '그리스도로 말미암아' 존재하고 작용하기 때문이다. 이러한 언약 이해는 성경 전체의 계시를 아우르게 되는데, "오직 성경으로(sola Scriptura)"의 모토에 서 있는 개혁신학이 언약신학이라고 불리는 소이가 여기에 있다.[355]

그리스도는 언약의 머리로서 중보를 다 이루시고 여전히 중보하신다. 그는 친히 자신을 제물로 드리신 제사장으로서 왕이시다. 왜냐하면 그리스도의 통치 방식은 자신을 주심에 있기 때문이다. 이러한 통치의 정점(culmen)이 '주 내 안에 오심,' 곧 성령의 임재이다(요 14:16-17; 갈 2:20). 그리스도는 왕으로서 제사장(왕-제사장), 혹은 제사장으로서 왕(제사장-왕)이시다.

그리스도는 오직 언약의 머리로서 왕-제사장 혹은 제사장-왕이 되신다. 왜냐하면 언약이 없다면 의의 전가가 있을 수 없기 때문이다. 언약이 없다면 언약에 대한 창세 전의 작정도 없다. 하나님은 언약을 바라보시고 창조하시기 전에 구속자를 그리스도로, 구속방식을 대속으로, 구속백성을 택함 받은 자들로 작정하셨다. 이는 역사적 언약을 바라보았기 때문이다.

언약은 성취와 적용을 아우르는 구속사적-구원론적 개념이다. 그것은 영원한 삼위일체 하나님의 구원협약에 기초하고, 그것을 성취하고 적용하는 아들의 경륜에 의해서 작용한다. 그러므로 또한 삼위일체론적-기독론적 개념이 된다. 필자는 개혁주의 언약신학이 지닌 고유함을 이러한

---

[355] 개혁주의 언약신학 전반에 대한 이해를 위하여, Lillback, *The Binding of God*; van Asselt, *Introduction to Reformed Scholasticism*; Chul-won Suh, "A New Thought on Covenant Doctrine," *Chongshin Theological Journal* (1997), 98-127.

관점에서부터 찾는다.³⁵⁶

본 장은 무엇보다 죽산 박형룡 박사가 이러한 관점을 어떻게 자신의 신학에 용해·심화시켰는지 살펴본다. 그리고 그의 관점적 접근이 주요한 논제에 어떻게 전개되어 있는지 주목한다. 이하 먼저 우리는 죽산의 언약신학을 정리하고, 죽산이 이해한 의의 전가의 성격에 관해서 그의 속죄론을 일별한 후, 이러한 의의 전가의 대상이 되는 영원한 선택의 은혜와 그렇지 못한 영원한 유기의 저주에 대해서 고찰한다.

## 2. 죽산의 언약신학: 머리와 전가

죽산은 언약을 행위언약과 은혜언약으로 나누고 그 전체를 그가 인죄론이라고 칭한 인간론에서 다루고 있다. 이러한 신학의 순서(*ordo docendi*)는 여느 개혁신학자들에게서는 찾아보기 어렵다. 대체로 그들은 에덴 동산에서 하나님이 아담과 맺은 최초의 언약인 행위언약만을 인간론에 포함시킬 뿐이고, 은혜언약은 그리스도의 인격과 사역을 논하는 기독론에서 다루고 있다.³⁵⁷

죽산은 광의의 은혜언약을 협의의 은혜언약(*foedus gratiae*)과 구속언약(*pactum salutis*)으로 나눈다.³⁵⁸ 전자는 하나님이 타락한 인류의 대표들과 맺은 역사상 언약들을 통칭하는 반면 후자는 창세 전에 삼위 하나님 간에

---

356 문병호, "언약의 실체 그리스도(Christus Substantia Foederis): 프란시스 뚤레틴의 은혜언약의 일체성 연구," 「개혁논총」 9 (2008), 119-144.

357 예컨대 본 장에서 거론되는 존 칼빈, 프란시스 뚤레틴, 하인리히 헤페(Heinrich Heppe), 헤르만 바빙크, 찰스 핫지, 루이스 벌코프(Louis Berkhof) 등은 모두 이러한 순서를 취하고 있다.

358 언약에 해당하는 라틴어는 "*foedus*," "*pactum*," "*testamentum*"이 사용된다. 엄밀하게 다루면 어의의 차이를 말할 수 있으나, 이 셋은 함께 사용된다고 보면 무방하다.

있었던 구원의 작정을 뜻한다. 죽산이 후자를 또 다른 하나의 언약으로 여기고 있는지에 대해서는 면밀한 고찰이 필요하다. 이는 성경에 말씀된 새 언약(*foedus novum*)의 성격과 관련해서 중요한 논제가 된다.

### 1) 행위언약

행위언약은 하나님이 최초의 인류인 아담과 맺은 첫 언약(*foedus primum*)이다. 하나님은 인류를 다스리는 통치 방식으로서 언약을 제정하셨다. 하나님은 자신의 형상을 한 인류가 영생을 갖기를 원하셨다. 영생은 영원히 죽지 않는 불사(不死)의 상태를 유지하는 것이 아니라, 영원하신 하나님의 아들의 형상, 곧 그리스도의 형상 가운데 영원히 사는 것을 의미한다(고전 15:47-48; 롬 8:29). 영생은 영원하신 하나님의 아들이 영원히 아버지와 함께 계시듯이, 우리도 영원히, 하나님의 자녀로서, 하나님과 함께 사는 것을 의미한다.[359]

하나님이 인류와 맺은 첫 언약은 행위를 조건으로 하니 "행위언약," 타락 전 자연 상태에서 체결된 것이니 "자연언약," 그것이 신분에 관한 법정(法定)과 관계되니 "법정적 언약"이라고도 일컫는다.[360]

행위언약을 통한 하나님의 "언약적 통치"는 그 본질상 "신적 은총의 선물"로서 주어진 것이다.[361] 피조물은 창조주의 뜻을 따르는 것이 마땅하다. 인류는 하나님의 "이성적인 도덕적 피조물"로서 "하나님을 전심으로 사랑하여 전력으로 섬길 본무(本務)의 율법 아래 자연적으로 속박되어 있다." 그러므로 순종을 "공로"로 여기고 그것에 대한 "상급"으로

---

[359] 박형룡, 『박형룡박사 저작전집 III, 교의신학 인죄론』 (서울: 한국기독교교육연구원, 1977), 116.
[360] 박형룡, 『박형룡박사 저작전집 III, 교의신학 인죄론』, 119.
[361] 박형룡, 『박형룡박사 저작전집 III, 교의신학 인죄론』, 116.

"영생"을 부여하시겠다는 하나님의 약속은 그 자체로 절대적인 은총을 드러낸다.[362]

> 그때에 하나님은 은혜롭게도 자기를 낮추시고 사람으로 더불어 특별한 언약을 세워 일시적 순종을 조건으로 하여 그의 거룩을 고정시키시고 영생을 확실하게 하시는 조치를 취하셨다. 이것은 사람이 자연적 통상적 상태에서는 도저히 바라볼 수 없는 영원한 행복을 일시적인 순종에 의하여 받아 누릴 수 있게 하신 하나님의 은혜로운 특별조치였다.[363]

주목할 것은 죽산이 이러한 행위언약의 근저에 흐르는 하나님의 은혜를 마음에 두면서 은혜언약과의 연속성을 추구하고 있다는 점이다. 죽산은 행위언약의 존재에 대한 부정적인 견해를 불식시키며, 은혜언약의 두 경륜인 구약과 신약의 계시가 행위언약의 적실성을 추론할 수 있게 한다고 단호히 주장한다. 심지어 죽산은 행위언약을 은혜언약의 "기본"이라고 말하기까지 한다.[364]

> 은혜언약은 하나님의 아담에 대한 원시적 협정이 그리스도에 의해 이행된 것뿐이니 후자는 전자의 기본이다. 그러면 은혜언약이 만일 언약적 성질을 가졌다면 그것의 기본인 원시적 협정 역시 언약의 성질을 폈을 것은 필연적인 일이다. 성경은 영생 얻는 두 방법을 아는데 그 하나는 완전한 순종을 요구하는 것(원시적 협정)이요, 그 다른 것은 신앙을 요구하는 것(은혜언약)이다. 그러므로 만일 후자를 언약이라 칭한다면 전자도 그렇게 불러야 할

---

[362] 박형룡, 『박형룡박사 저작전집 III, 교의신학 인죄론』, 117.
[363] 박형룡, 『박형룡박사 저작전집 III, 교의신학 인죄론』, 118.
[364] 행위언약을 통하여 "자연인"이 "언약인"으로 승격된 은혜에 관하여는 다음을 보라. Bavinck, *Reformed Dogmatics*, 3.225, 572-579.

것이다.³⁶⁵

은혜언약은 그리스도가 하나님의 법에 순종하여 다 이루신 의를 값없이 전가해 주시는 약속을 담고 있다. 그리스도가 다 이루신 의는 곧 아담에게 요구되었던 순종이었다. 그것은 자연적 순종 이외에 부가된 언약적 순종이었다. 하나님은 아담을 머리로 삼아 한 명령을 요구하시고 이를 지키면 영생을 주시겠다는 약속을 일방적으로 수립하셨다. 아담이 "대표적 원수(元首)"가 된다는 사실, 지정된 명령에 대한 일시적 순종을 요구하신다는 사실, 혹은 그 순종에 대한 의를 혹은 그 불순종에 대한 죄를 전가하신다는 사실, 이 세 가지가 행위언약을 이루는 본질적 요소를 구성한다. 그런데 은혜언약은 이러한 본질을 비록 당사자, 방식, 결과는 다르지만 행위언약과 공유한다고 죽산은 믿고 있다.³⁶⁶

아담은 선악을 알게 하는 나무의 열매는 먹지 말라는(창 2:17) "소극적인 명령"을 받았다. 그는 짐승의 이름을 지을 정도로 사물에 대한 지식이 충만했으며 동산 나무의 열매를 충분히 취하여 배고픔이 없었다. 그에게 한 나무의 열매를 먹지 말라는 명령이 떨어진 것은 어떤 사안이나 형편을 넘어선 "하나님의 절대적 의지에 대한 무제한적이고 순전한 순종을 시취(試取)"하기 위한 것이었다.³⁶⁷

아담이 불순종한 것은 지식이 부족해서도 배가 고파서도 아니었다. 그의 불순종은 무조건적인 것이었다. 그것은 하나님 편에 어떤 변명의 소지도 남겨 두지 않는 일이었다. 그것은 무조건 하나님을 떠나는 일이었다. 곧 죽음을 의미했다. "반드시 죽으리라"는 말씀(창 2:17)은 세 가지, 곧 신체와 영혼의 분리를 가져오는 육체적 사망, 하나님으로부터의 격리

---

365 박형룡, 『박형룡박사 저작전집 III, 교의신학 인죄론』, 120.
366 박형룡, 『박형룡박사 저작전집 III, 교의신학 인죄론』, 118, 125-127.
367 박형룡, 『박형룡박사 저작전집 III, 교의신학 인죄론』, 130.

(隔離)인 영적 사망, 그리고 심판의 형벌로 영원한 고초를 겪는 영원한 사망(永死)을 함의한다.

이러한 사망의 세 양상은 그리스도의 다 이루신 공로로 주어지는 선물인 영생의 어떠함을 역으로 비추어 준다. 이 영생이 아담의 순종에 대하여 약속된 바라고 이해된다. 이렇듯 첫 언약의 열매인 영생은 은혜언약의 기초가 되고, 은혜언약은 영생을 뚜렷이 계시하게 된다.[368]

행위언약과 은혜언약에 대한 이러한 역동적 이해 가운데 죽산은, "행위언약이 영생을 얻는 실제적 방법으로는 해소되었으나 그 방법의 기본 원리로서는 남아 있으니 즉 율법을 지켜 삶을 얻는다는 것이다"라는[369] 결론에 이른다. 언약의 조건으로 부과된 율법에의 순종은 여전히 유효하다. 다만 타락 후 인류는 그 누구도 스스로 순종할 수 없으니 또 다른 방면의 언약이 필요하다. 그것은 조건을 성취하되 그 공로를 인류에게 돌리는 것이어야 한다. 즉 공로 없이 상급을 받게 되어야 한다. 그리하여 행위언약을 통한 "언약적 통치"는 계속된다. 다만 그것이 이제 전적인 은혜로 이루어진다.[370]

혹자는 행위언약을 부정하고 은혜언약만 인정한다. 그 경우 은혜언약은 언약의 기반을 잃게 된다. 분명 죽산은 이를 통찰하고 있다.

### 2) 구속언약

언약을 "신적 계시의 진보"라고 이해하는 경우 마땅히 그것은 "구속적 계시"와 관련된다.[371] 구속언약은 타락에 후속하는 하나님의 뜻으로서

---

[368] 박형룡, 『박형룡박사 저작전집 III, 교의신학 인죄론』, 127-129, 131-133.
[369] 박형룡, 『박형룡박사 저작전집 III, 교의신학 인죄론』, 138.
[370] Cf. Berkhof, *Systematic Theology*, "Systematic Theology," 218.
[371] 박형룡, 『박형룡박사 저작전집 III, 교의신학 인죄론』, 329-330.

창세 이후 역사상 수립되는 것이 아니라 창세 전 삼위일체 하나님의 협약이기 때문이다. 타락과 구속도 창조와 마찬가지로 하나님이 영원 전부터 예지하신 것이다. 다만 하나님은 타락을 적극적으로 작정하지는 아니하셨다. 그 섭리는 비밀이라고 할 수밖에 없다.[372]

죽산은 화란 언약신학의 문을 연—비록 여러 방면에서 과도한 오류를 노정하지만—요한네스 콕체우스(Johannes Cocceius)의 예에 따라 구속언약과 은혜언약을 구별한다. 전자는 성부와 성자 사이의 영원한 구원의 협약을 뜻한다.[373] 이 경우 그리스도는 언약의 당사자로서 보증이 되신다. 반면 후자는 전자에 기초하여 역사상 체결된 하나님과 사람 사이의 언약이다. 이 경우 그리스도는 언약의 중보로서 보증이 되신다. 전자는 유일하나 후자는 복수로 존재한다.[374]

구속언약은 타락과 구원을 바라보고 정하신 삼위일체 하나님의 내적 협약이기 때문에 타락 후 믿음의 조상들과 체결된 다양한 은혜언약뿐만 아니라 타락 전 아담과 맺은 첫 언약, 즉 행위언약도 이에 후속하는 것이라고 죽산은 단언한다.[375] 결국 구속언약은 구원의 계획이 언약의 방식으로 수립되었다는 것을 말할 뿐이다.[376] 구속언약은 하나님의 아들이 사람으로 오셔서 구원을 다 이루심으로 은혜언약의 약속을 성취하실 영원한

---

[372] 이는 주로 타락전예정설(전택설, supralapsarianism)과 타락후예정설(후택설, infralapsarianism)로 학자들 간에 논의된다. Cf. 박형룡, 『박형룡박사 저작전집 II, 교의신학 신론』(서울: 한국기독교교육연구원, 1977), 306-316.
[373] 개혁신학자들은 구속언약을 대체로 또 다른 언약이 아니라 삼위 하나님의 구원의 협약으로 이해한다. Cf. Heppe, *Reformed Dogmatics*, 375-383; Bavinck, *Reformed Dogmatics*, 3.213-214.
[374] 박형룡, 『박형룡박사 저작전집 III, 교의신학 인죄론』, 340-341.
[375] 박형룡, 『박형룡박사 저작전집 III, 교의신학 인죄론』, 334.
[376] 달리 표현하면 구원의 계획은 구속언약이 은혜언약으로 역사상 수립되어 성취되어 가는 경륜이라고 정의할 수 있다. Benjamin B. Warfield, *The Plan of Salvation* (Grand Rapids: Eerdmans, 1977); Hodge, *Systematic Theology*, 2.313-324; Berkhof, *Systematic Theology*, "Systematic Theology," 118-125.

작정이라는 측면에서만 모종의 언약적 성격을 지닌다. "웨스트민스터 대요리문답" 31문에서 은혜언약이 "그리스도와 더불어 또는 그 안에서 그의 후손인 모든 피택자들과 더불어" 수립되었다고 한 것을 죽산이 인용한 취지가 여기에 있다.[377]

구속언약을 또 하나의 언약으로 볼 수 있는가?

물론 구속언약에도 당사자, 약속, 조건이라는 언약적 요소가 있다. 그러나 그것은 성경에서 통상 사용하는 "언약"(בְּרִית, διαθήκη)이라는 말이 담고 있는 역사성(historicity)과 상호성(mutuality)을 결여하고 있다. 왜냐하면 그것은 역사상 하나님과 사람 사이에 체결된 것이 아니라, 영원히 성부 하나님과 성자 하나님 사이에서—삼위일체 내적으로—체결된 것이기 때문이다.[378] 구속언약은 또 다른 은혜언약이라기보다는 '은혜언약에 관한' 하나님의 내적 협약이라고 보아야 할 것이다.

죽산도 이 입장을 분명히 견지하고 있다. 다만 그는 영원한 구속언약에 기초하지 않고는 역사적 은혜언약이 존재할 수 없다는 점을 강조하기 위하여 구속언약의 "언약성"을 부각시킴으로써 독자들에게 은혜언약의 일방적 약정(διαθήκη)이 삼위 하나님의 협정(συνθήκη)에 따른 것이라는 사실을 일깨우고 있다.[379] 죽산은 구속언약이라는 개념으로 영원한 구원협약과 역사상 새 언약을 모두 아우르고 있다. 그리하여 여느 신학자들과는 달리 새 언약을 별도로 다루지 않는다.[380] 이는 죽산이 그리스도 안에

---

[377] 박형룡, 『박형룡박사 저작전집 III, 교의신학 인죄론』, 332-334. 죽산은 이러한 자신의 입장을 전개함에 있어서 찰스 핫지를 충실히 따르고 있다. Cf. 문병호, "차알스 핫지의 그리스도의 양성의 위격적 연합 교리 I: 영원한 작정과 역사적 언약에 관한 성경적 사실들," 「신학지남」 80/1 (2013), 81-104.
[378] 박형룡, 『박형룡박사 저작전집 III, 교의신학 인죄론』, 334-341.
[379] 박형룡, 『박형룡박사 저작전집 III, 교의신학 인죄론』, 343-346.
[380] 새 언약은 행위언약과 은혜언약의 완성으로 여겨진다. 중보자 그리스도가 친히 새 언약의 당사자가 되어 아버지에 대한 순종을 다하심으로써 행위언약의 조건을 성취하셨으며, 그 의를 하나님의 자녀에게 전가하심으로써 은혜언약을 성취하셨다. Cf. Tur-

서 모든 언약들이 하나라는 사실을 견지하고 있었기 때문이다.[381]

구속언약의 당사자는 성부와 성자시며, 이 경우 성자는 인류 구속의 보증(ἔγγυος)으로서 당사자가 되신다. 그런데 창세 전 구속언약에 있어서 성부와 성자 사이에 협정된 약속이 인류의 불순종을 조건으로 하는지 어떤지가 논란이 된다. 인류의 불순종에 따른 조건적 보증(fideiussor)을 말하는 경우 하나님의 영원한 구원 작정이 결국 부인되고 말 것이다. 왜냐하면 이 경우 하나님은 타락을 예지하지 못하신 것이 되며, 그렇다면 타락 전의 작정 자체가 무의미하기 때문이다. 콕체우스는 이를 과도하게 일반화하여 구약 백성들은 여전히 자신의 행위로 순종해야 했기 때문에 그들을 위하여서는 죄에 대한 간과(πάρεσις)가 있었을 뿐 사죄(ἄφεσις)는 없었다고 주장한다.

그러나 죽산은 그리스도는 성부와 그의 백성들 사이의 중보로서 보증이 되시기 때문에 성부의 간과는 사죄와 별도로 논의될 수 없다고 본다. 즉 사죄 외에는 간과가 있을 수 없기 때문이다. 성자의 무조건적인 은혜는 성부의 무조건적인 사랑과 함께 역사한다. 성자는 이러한 성부의 사랑조차 보증하시므로 무조건적인 보증(expromissor)이 되신다.[382] 이렇듯 죽산은 구원의 계획을 언약적 차원에서 심오하게 고찰하고 있다.

하나님의 영원한 선택이 이러한 구속의 언약에 기초하여 존재하게 되었다. 하나님의 자녀들에 대한 영원한 선택은 그리스도 안에서의 언약적 선택이었다. 그것은 그리스도의 순종을 의로 삼는 선택이었다.

---

retin, *Institutes of Elenctic Theology*, 2.224-227, 263-269. 이에 대한 라틴어 원본 인용은 다음에 의한다. *Institutio Theologiae Elencticae* (New York: University Press, 1847), 12.7.24-30, 12.5-25. 이하 다음과 같이 표기한다. Turretin, *Institutes of Elenctic Theology*, 2.224-227(12.7.24-30), 263-269(12.5-25); Heppe, *Reformed Dogmatics*, 398-402.

[381] 그리스도 안에서의 언약의 일체성에 관해서, Herman Witsius, *The Economy of the Covenants between God and Man: Comprehending A Complete Body of Divinity*, 2 vols., tr. William Crookshank (London: R. Baynes, 1990), 3.2.1-2.

[382] 박형룡, 『박형룡박사 저작전집 III, 교의신학 인죄론』, 346-349.

첫 언약의 조건인 순종이 이미 타락 전에 그리스도에게로 돌려졌다. 그러므로 구속언약은 은혜언약의 "영원한 기초요 원형"일 뿐만 아니라 행위언약에 선행한다. 그리스도의 "대리적 수법(守法)과 수벌(受罰)"이 영원 전에 이미 작정되었다.[383]

주목할 만하게도 죽산은 구속언약의 협약이 단지 그리스도의 구원의 완성에 그치지 않고 영화롭게 되셔서 보혜사 성령으로 우리 안에 거하게 되시는 것에 대한 작정에까지 미친다고 믿는다. 이는 죽산이 그리스도의 의의 가치를 다루는 속죄론의 본질을 언약적으로 파악하고 있음을 뚜렷이 각인시키고 있다.[384]

### 3) 은혜언약

죽산은 "은혜언약은 언약의 형식으로 주어진 구원의 계획에 불과하다"라고 단언한다.[385] 은혜언약은 삼위 하나님과 사람 사이의 언약으로서, 구속언약과는 달리 그리스도가 언약의 당사자가 아니라 중보로서 그 성취를 보증하신다.[386] 또한 은혜언약은 그리스도의 절대적이며 확실한 순종에 대한 신앙을 조건으로—도구인(道具因, *causa instrumentalis*)으로—삼아 세워진다는 점에서 가변적이고 불확실한 순종에 내맡겨졌던 행위언약과는 판이하게 다른 특성을 지닌다.[387]

은혜언약에 속한 하나님의 자녀들은 모두 그리스도를 머리로 삼은 지체들로서 한 몸을 이룬다. 그리스도의 은혜 가운데 성부의 사랑과 성령의 역사가 일어난다. 이러한 언약의 삼위일체적 경륜은 영원히 파기되지

---

[383] 박형룡, 『박형룡박사 저작전집 III, 교의신학 인죄론』, 352-355.
[384] 박형룡, 『박형룡박사 저작전집 III, 교의신학 인죄론』, 350-352.
[385] 박형룡, 『박형룡박사 저작전집 III, 교의신학 인죄론』, 357.
[386] 박형룡, 『박형룡박사 저작전집 III, 교의신학 인죄론』, 358.
[387] 박형룡, 『박형룡박사 저작전집 III, 교의신학 인죄론』, 357.

않는다.[388]

죽산은 은혜언약에 있어서 믿음은 단지 도구적 조건일 뿐이고 진정한 조건, 즉 질료인(質料因, causa materialis)은 그리스도의 사역이라는, 존 칼빈 이후 개혁신학자들의 입장을 견지한다.[389] 신앙은 필요불가결한 조건(conditio sine qua non)이지만 선행물(先行物)이라고 말하는 이유가 여기에 있다.[390] 구속언약에 있어서 그리스도의 중보가 무조건적인 보증이 된다고 보는 관점에서 죽산은 은혜언약에 있어서 공로적 조건은 오직 그리스도의 순종밖에 없으며 신앙은 "비공로적(非功勞的)"이라고 여긴다.[391]

은혜언약은 하나님이 노아, 아브라함, 모세 등 역사상 특정한 인물을 대표로 삼아 체결하셨다.[392] 이러한 제 언약들은 창세기 3:15에 계시된 원시복음을 구현하며 십자가에서 다 이루신 그리스도의 의가 전가되는 새 언약의 중보(눅 23:20; 고전 11:25; 히 10:4)에 의해서 완성된다.[393] 모세와 맺은 시내산 언약도 언약의 본질적 조건이 되는 율법에의 순종을 상기시키지만 그리스도의 은혜를 질료인으로 삼는 언약임에는 재론의 여지가 없다. 이를 새로운 행위언약으로 볼 수는 없다.[394]

죽산은 은혜언약이 구속언약의 역사적 구현이라는 점을 시종 강조한다. 그는 중보(μεσίτης)라는 말이 이중적 의미를 지니고 있음을 주목한다.

---

[388] 박형룡, 『박형룡박사 저작전집 III, 교의신학 인죄론』, 359-360.
[389] Cf. *Inst*. 3.14.17, 20-21(*CO* 2.575-576, 577-579); James B. Torrance, "The Concept of Federal Theology—Was Calvin a Federal Theologian?," 15-40; Anthony A. Hoekema, "The Covenant of Grace in Calvin's Teaching," 133-161.
[390] 박형룡, 『박형룡박사 저작전집 III, 교의신학 인죄론』, 370-371.
[391] 박형룡, 『박형룡박사 저작전집 III, 교의신학 인죄론』, 368-369.
[392] 박형룡, 『박형룡박사 저작전집 III, 교의신학 인죄론』, 401-415.
[393] 박형룡, 『박형룡박사 저작전집 III, 교의신학 인죄론』, 396-401, 415-416.
[394] 박형룡, 『박형룡박사 저작전집 III, 교의신학 인죄론』, 408-415. Cf. Turretin, *Institutes of Elenctic Theology*, 2.224-227(12.7.24-30), 263-269(12.12.5-25); Heppe, *Reformed Dogmatics*, 398-402.

첫째, "보증(ἐγγυος)의 중보격(格)"이(히 7:22) 있다. 이로써 그리스도는 죄의 삯인 사망의 형벌을 치름으로 성도의 구원의 의를 획득하신다.

둘째, "접근(προσαγωγή)의 중보격"이(롬 5:2) 있다. 이로써 그리스도는 하나님과 사람 양편을 모두 중보함으로 서로 화목에 이르는 길, 즉 성도의 성화의 길을 여신다.[395]

죽산은 다음과 같이 은혜언약을 정의함에 있어서 이러한 그리스도의 중보의 양상에 의지한다.

> 은혜언약은 하나님과 피택한 죄인 사이의 협정이니 이것에서 하나님은 그리스도를 향한 신앙을 통하여 얻을 구원을 약속하시고 죄인은 그 약속을 신념적으로 수납하며 신앙과 순종을 약속한다.[396]

마치 유·무형의 교회가 모두 그리스도를 머리로 삼아 보편성을 지니듯이 은혜언약은 외관적이며 내면적인 특성을 공유한다.[397] 은혜언약은 다양한 체결을 통하여 다양한 은혜를 드러내지만 그 성취는 오직 그리스도 안에서 일어난다. 그리스도의 대속적 공로가 칭의와 성화의 전 단계에서 작용하듯이, 은혜언약의 질료가 되는 그리스도의 의 역시 단지 법적인 신분에 그치는 것이 아니라 그리스도인의 삶 전체에 미친다.[398]

이는 죽산이 그리스도의 의와 그것의 전가를 언약적 관점에서 이해하고 있음을 보여 주는 일단(一端)이다. 이로부터 우리는 또한 원죄의 언약적 전가를 상정할 수 있다. 죽산의 언약관을 이해하는 데 있어서 '전가' 개념이 필히 논의되어야 할 소이가 여기에 있다.

---

[395] 박형룡, 『박형룡박사 저작전집 III, 교의신학 인죄론』, 364-366.
[396] 박형룡, 『박형룡박사 저작전집 III, 교의신학 인죄론』, 371.
[397] 박형룡, 『박형룡박사 저작전집 III, 교의신학 인죄론』, 372-374.
[398] 박형룡, 『박형룡박사 저작전집 III, 교의신학 인죄론』, 374-377.

## 3. 죄와 의의 언약적 전가

'전가(חשב, λογίζομαι)' 개념은 오직 언약적으로 추구되어야 한다. 하나님은 대표를 지목하여 언약을 체결하셨다. 아담은 모든 인류의 대표로 지목되어 첫 언약의 당사자가 되었다. 아담의 타락 후 하나님은 은혜의 경륜을 베푸시기 위하여 사람들 중 몇을 머리로 세워 언약을 체결하셨다. 언약에는 대표가 행한 행위의 결과를 그 대표가 대리한 구성원들의 것으로 삼는 전가가 따른다. 전가의 목적물은 행위 자체가 아니라 행위의 결과이다. 첫 사람 아담은 첫 언약의 머리로서 불순종의 죄를 지었다. 그리하여 그 죄에 대한 죄책과 오염이 모든 인류에게 전가되었다. 반면 둘째 아담 그리스도는 새 언약의 머리로서 모든 순종을 다하셨다. 그리하여 그의 의가 그에 속한 모든 백성에게 전가되었다.[399]

원죄는 아담이 인류의 육체적 조상이었기 때문에 자연적으로 그의 후손들에게 유전되는 것이 아니며, 그와 후손들이 종(種)적, 수(數)적으로 하나가 되어서 동일한 범죄를 범한 것으로 간주되기 때문도 아니다.[400] 언약적 전가는 생리적이거나 관념적이지 않다. 그것은 오직 언약을 일방적으로 수립하신 하나님의 명령하심, 즉 "정명(定命)"에 있다.[401]

아담의 불순종으로 말미암아 인류에게 전가된 죄는 단지 도덕적 부패에 국한되지 않는다. 아담 이후 모든 인류는 그 성정이나 성향이 부패하고 오염되었기 때문에 죄를 지을 수밖에 없다. 그러나 그 각자의 죄로 말미암아 죽을 수밖에 없다는 입장은 인정할 수 없다. 이 경우 아담의 죄에 대한 책임—죄책, 즉 사망의 형벌—은 전가가 되지 않는 것으로 여겨지

---

[399] 언약적 전가는 언약의 조건과 관련된 언약신학의 핵심 논제이다. Cf. Lillback, *The Binding of God*, 13-28.
[400] 박형룡, 『박형룡박사 저작전집 III, 교의신학 인죄론』, 204-205, 208-210.
[401] 박형룡, 『박형룡박사 저작전집 III, 교의신학 인죄론』, 205-206.

기 때문이다. 이러한 간접적 전가설에 따르면 원죄는 선천적 사망과 부패가 아니라 단지 모방의 결과물에 그칠 뿐이다.[402]

죽산은 아담의 죄가 직접적으로 후손들에게 전가되었다는 사실을 분명히 말하고 있다. 그는 로마서 5:12 이하에 주목하면서 그리스도의 의가 영생을 부여하듯이 아담의 원죄는 사망의 형벌을 포함한다고 주장한다. 성경이 죄인들에 대한 심판을 말하면서 전가의 관념을 사용하는 것도(레 17:4; 시 32:2; 롬 4:8; 고후 5:19) 이를 지지한다고 본다.[403] 죽산에 의하면, 죄의 전가의 본질은 죄책에 있다. 죄책은 "공의를 만족시킬 법정적 책무"를 뜻한다.[404] 죄책의 전가로부터 오염이 따른다. 그 반대의 순서를 말하는 간접 전가론은 그릇되다.[405]

죽산은 원죄가 죄책(reatus)과 오염(corruptio)을 포함한다는 사실을 누차 강조한다. 오염은 전적인 무능과 전적인 부패로 이루어진다.[406] 그리고 죄책에는 "책치적 죄상(責値的 罪狀, reatus culpae)"과 "벌치적 죄상(罰値的 罪狀, reatus poenae)"이 있다. 전자는 죄에 대한 도덕적 가책을 뜻한다. 이는 내적이며 지속성을 지닌다. 후자는 범법에 대한 치러야 할 보상을 뜻한다. 이는 법정적으로 다루어진다.[407]

이러한 죄책과 오염 전체가 그리스도의 의로 말미암아 속량된다. 성경은 그리스도의 의의 전가에 대한 말씀을 숱하게 담고 있다. 이로써 우리는 죄의 전가의 양상을 헤아릴 수 있다. 이는 마치 은혜언약으로 행위언약을 역조명하는 것과 같다. 그리스도가 우리의 죄를 담당하셨다(사 53:6, 12; 요 1:29; 고후 5:21; 갈 3:13; 히 9:28; 벧전 2:24). 그는 죄가 없으신 분으로서

---

[402] 박형룡, 『박형룡박사 저작전집 III, 교의신학 인죄론』, 210-213.
[403] 박형룡, 『박형룡박사 저작전집 III, 교의신학 인죄론』, 213-215.
[404] 박형룡, 『박형룡박사 저작전집 III, 교의신학 인죄론』, 190.
[405] 박형룡, 『박형룡박사 저작전집 III, 교의신학 인죄론』, 216-217.
[406] 박형룡, 『박형룡박사 저작전집 III, 교의신학 인죄론』, 262-269.
[407] 박형룡, 『박형룡박사 저작전집 III, 교의신학 인죄론』, 261-262.

우리의 죄책을 안으셨다.

> 우리는 성경을 기초로 하여 우리의 죄가 그리스도에게 전가된다는 것을 말할 수 있다. 그러나 이것은 우리의 죄악성이 그리스도에게 이전된다는 것을 의미하지는 않나니 죄악성의 이전은 그 자체에서 불가능한 일이다. 오직 우리의 죄책이 그에게 전가된 것이었다.[408]

주께서 우리의 죄책을 안으시고 사망의 형벌을 받으셨다. 그리하여 주님은 죄책에 따른 오염도 우리를 위하여 감당하셨다. 타락 전 아담이 죄가 없는 가운데 죄를 지어 사망에 이르렀듯이, 우리 주님은 무죄한 가운데 죄의 값인 사망의 형벌을 치르셨다. 그리하여 사망의 형벌뿐만 아니라 인류의 타락상, 즉 부패와 무능조차 가져가셨다. 속죄의 동기는 오직 하나님의 기뻐하시는 뜻, 그의 주권에 있다. 속죄에 어떤 필연성도 없다. 다만 속죄의 방식은 필연적으로 대리적 무름(satisfactio vicaria), 즉 대속이어야 한다.[409] 이러한 무름의 값(pretium satisfactionis)은 단지 형을 치르는 배상이나 보상에 머물지 않고 용서와 화목을 포괄하는 전체적인 회복에 갈음해야 했다.

그리하여 그리스도의 대리적 속죄는 피동적 순종뿐만 아니라 능동적 순종에 미친다.[410] 피동적 순종은 수난을 통하여 죽음의 채무를 지는 것이다. 이로써 주님의 대속은 죄 사함의 공로가 있다. 능동적 순종은 율법에 대한 순종을 뜻한다. 이로써 주님의 의는 성도의 거룩한 삶에까지

---

[408] 박형룡, 『박형룡박사 저작전집 IV, 교의신학 기독론』(서울: 한국기독교교육연구원, 1977), 348.
[409] 박형룡, 『박형룡박사 저작전집 IV, 교의신학 기독론』, 314-315, 319.
[410] 개혁신학자들이 말하는 "*obedientia passiva*," "*obedientia activa*"를 대체로 수동적 혹은 피동적 순종, 능동적 순종으로 번역하는데, 더욱 어의에 부합하게 번역하면 "당하신 순종," "행하신 순종"이 맞다. 여기서는 죽산의 용례에 따라 인용한다.

미치게 된다.⁴¹¹ 죽산은 그리스도의 속죄가 율법의 총체적인 요구를 모두 만족시킨다고 본다. 하나님이 모든 인류에게 본연적으로 부과하신 자연적 요구, 선택된 백성에게 특별히 명령하신 언약적 요구, 그리고 타락한 인류에게 예외 없이 부착된 형벌적 요구가 주님의 대리적 속죄로 모두 충족된다.⁴¹²

이러한 그리스도의 의는 구원의 전 영역에 미친다. 주님의 속죄는 성도의 신분뿐만 아니라 삶과 관계된다. 그러므로 그리스도의 속죄는 단지 생명의 구원에만 관계된다고 보는 편협한 객관적 속죄설과⁴¹³ 그것이 단지 생활의 모범을 제시할 뿐이라는 주관적 속죄설은 죽산에 의해서 단호히 거부된다. 그리스도는 삶의 영역에 있어서조차 하나의 모범에 불과한 것이 아니다.⁴¹⁴ 그리스도의 의는 생(*vita*)의 전체 양상에 미친다. 그것은 생명과 생활을 총체적으로 아우른다.⁴¹⁵ 주님의 속죄는 주관적 동의나 신비적 체험을 요소로 하지 않는다.⁴¹⁶ 그것은 불가항력적이며 객관적이다.

---

411 박형룡, 『박형룡박사 저작전집 IV, 교의신학 기독론』, 351-353.
412 박형룡, 『박형룡박사 저작전집 IV, 교의신학 기독론』, 350-351.
413 박형룡, 『박형룡박사 저작전집 IV, 교의신학 기독론』, 389-392. *Cur Deus Homo*에 전개된 안셈(Anselm)의 이론은 이러한 한계를 지니고 있다. 그는 무름(*satisfactio*)의 객관성을 통찰한 점에 있어서는 정당했으나 그 폭을 "*obedientia passiva*"에 국한하는 오류를 범했다. 대체로 "만족"이라고 번역하는 "*satisfactio*"는 배상, 보상, 속상, 변상 등의 뜻을 함의하고 있는데, 필자는 이를 성경적 개념인 "무름"으로 번역한다. 문병호, "그리스도의 무름(satisfactio Christi) I: 개혁주의 속죄론의 형성," 「신학지남」 73/4 (2006), 326-350.
414 박형룡, 『박형룡박사 저작전집 IV, 교의신학 기독론』, 378-381.
415 문병호, "개혁주의 생명신학의 영생관: 칼빈의 요한문헌 주석을 중심으로," 「생명과 말씀」 3 (2011), 9-50.
416 박형룡, 『박형룡박사 저작전집 IV, 교의신학 기독론』, 373-378, 382-385.

## 4. 영원한 선택과 유기

그리스도의 의의 불가항력적인 전가는 그것을 누리는 편인 사람의 공로나 의향에 좌우되지 않는다. 하나님은 고유한 방식으로 고유한 것을 베푸신다. 그것은 오직 저울 위에 자신의 뜻만을 올리시는 하나님의 주권에 있다. 죽산은 창세 전에 있었던 하나님의 구원언약은 구속자와 구속방식과 구속백성을 함께 작정하시는 경륜에 있음을 직시하고 있다. 다만 논리상 무엇보다도 언약백성에 대한 선택이 앞선다는 사실을 주목하고 있다.

> 다른 말로 표현하면 중보로서의 그리스도는(어떤 사람들이 제언한 바와 같이) 선택의 강박적(强迫的), 추동적(推動的), 혹 공로적(功勞的) 원인은 아니시었다. 그리스도는 선택의 실현의 매개적 원인 또는 선택의 목적인 구원의 공로적 원인이라 칭할 수 있으나 … 그 자신이 예정과 선택의 대상이신 때문이며 구속의 의론(議論)에서 그가 중보적 사역을 담임하실 때에 그에게 주어진 일정수의 백성이 이미 있었던 때문이다. 선택은 논리적으로 평화의 의론보다 앞섰다. 하나님의 선택애(選擇愛)는 성자의 파송보다 먼저였다 (요 3:15; 롬 5:8; 딤후 1:9; 요일 4:9).[417]

죽산은 에베소서 1:4의 "그리스도 안에서의 선택"을 제시하면서, 하나님의 언약이 영원한 구원의 작정을 성취한 역사적 경륜이라는 사실을 다시금 확인한다.[418] 선택은 무조건적이다. 칼빈의 말을 빌리면, 그것은

---

[417] 박형룡, 『박형룡박사 저작전집 II, 교의신학 신론』, 289.
[418] 칼빈과 개혁신학자들의 핵심 논제인 예정론이 그리스도의 의의 전가 교리에 기초하고 있으므로 언약적 지평을 갖는다고 보는 점에 관해서, Muller, *Christ and the Decree*, 1-38.

"하나님의 자유로운 자비의 샘물에서 흘러나온다."⁴¹⁹ 하나님의 주권적 선택은 선견된 신앙이나 선행을 전제하지 않는다. 그것은 무조건적이다.⁴²⁰ 죽산이 선택의 불가항력적인 은혜를 말할 때, 그는 이 교리가 객관적 죄의 전가와 객관적 의의 전가 교리와 궤를 같이 하고 있음을 분명히 인식하고 있다.⁴²¹

선택(*electio*)이 이렇듯 무조건적인 은혜라면 유기(*reprobatio*)는 무조건적인 저주를 뜻하는가?

이 질문은 타락전예정설과 타락후예정설에 관한 논의와 결부된다.⁴²² 타락전예정설은 선택과 유기의 작정이 구원협약 이전에 있다고 보게 되므로 언약의 은혜를 설명하는데 난점이 있다는 비난을 받는다. 그러나 죽산은 비록 자신이 타락후예정설을 기본적으로 지지하지만 타락전예정설에 대한 이러한 비난은 근거가 없다고 본다. 왜냐하면 구속에 관한 아버지의 뜻은 아들의 은혜와 별도로 논의될 수 없다고 보기 때문이다. 그리하여 타락전예정설의 장점도 포용하고자 한다.⁴²³

유기에 있어서 하나님의 작정은 간과(看過, preterition)와 정죄(定罪, condemnation 혹은 precondemnation)에 모두 미친다. 간과는 단지 방임에 그치지 않는다. 그것은 분명 하나님의 기뻐하신 뜻에 따른 것이다.⁴²⁴ 죽산의 이러한 입장은 그가 타락전예정설의 핵심적 가치를 공유하고 있다는 점을 제시한다. 그럼에도 불구하고 죽산은 유기가 단지 무조건적이지 않으며 인류의 죄에 대한 마땅한 형벌이라고 보는 데 있어서 분명 타락후예정설

---

**419** 박형룡, 『박형룡박사 저작전집 II, 교의신학 신론』, 286. Cf. *Inst*. 3.21.1(*CO* 2.679).
**420** 박형룡, 『박형룡박사 저작전집 II, 교의신학 신론』, 287-288.
**421** 박형룡, 『박형룡박사 저작전집 II, 교의신학 신론』, 290-291.
**422** 박형룡, 『박형룡박사 저작전집 II, 교의신학 신론』, 309-316.
**423** 박형룡, 『박형룡박사 저작전집 II, 교의신학 신론』, 312, 316.
**424** 박형룡, 『박형룡박사 저작전집 II, 교의신학 신론』, 299-303.

을 지지하고 있다.⁴²⁵ 죽산이 이러한 입장을 가진 것은 그가 용의주도하지 않거나 학문적 결단력이 부족해서가 아니라 하나님의 작정과 섭리를 그분의 속성 가운데 올바르게 파악하고 있기 때문이다. 죽산이 인용한 헤르만 바빙크의 말에 주목하자.

> 비록 하나님이 어찌하여 한 일을 의지하시고 다른 일을 의지하지 않으셨는지, 한 사람을 선택하시고 다른 사람을 기각하셨는지 그 이유가 우리에게 전혀 알려지지 않을지라도 오히려 그의 의지는 항상 지혜롭고 거룩하고 선하여 하나님은 그가 하시는 바 무엇을 위해서든지 공의한 이유를 가지신다. 그의 권세와 공의는 나누일 수 없는 것이다.⁴²⁶

## 5. 결론: 의의 전가가 언약의 본질이자 핵심

죽산의 언약신학은 신구약 성경의 가르침을 그 실체와 계시와 완성이 되시는 중보자 그리스도의 대리적 속죄의 관점에서, 특히 의의 전가를 요체로 삼아, 파악하고 있다는 점에서 정통 개혁신학의 맥락에 서 있다. 이러한 입장은 칼빈과 그의 후예들인 개혁신학자들이 견지한 구속사적-구원론적 관점에 분명히 상응한다. 죽산이 이중예정론을 다루면서 선택은 무조건적인 은혜로 말미암은 것이나 유기는 단지 무조건적이지 않으며, 타락 이후 모든 인류에게 전가된 죄에 대한 마땅한 형벌을 받는 것이라고 주장하는 것도 이와 동일한 맥락에서 이해된다.

---

425 박형룡, 『박형룡박사 저작전집 II, 교의신학 신론』, 294. 이러한 입장은 선택은 "무조건적인 은혜(*gratia immerita*)"에 따르나 유기는 "마땅한 형벌(*poena debita*)"로 인한 것이라는 칼빈의 입장과 일맥상통한다. Calvin, *Inst.* 3.23.8(*CO* 2.705).
426 박형룡, 『박형룡박사 저작전집 II, 교의신학 신론』, 300.

십자가에서 다 이루신 그리스도의 의는 당하신 순종과 행하신 순종을 모두 아우르는 것으로서 생명을 살리는 값이 될 뿐만 아니라 생활을 거룩하게 하는 값도 된다. 이러한 의의 값없는 전가로 말미암아 성도는 칭의와 성화의 이중적 은혜를 누리게 된다. 즉 새 생명과 새 생활, 살아남과 살아감이 모두 은혜인 삶을 살게 된다. 이러한 은혜를 누리는 성도들의 연합체, 곧 의의 전가 공동체가 교회이다. 종말에 있을 성도의 부활과 심판에서는 이미 법정적으로 전가된 그 의가 그 효력 혹은 효과에 있어서 완전한 작용을 하게 된다.

　이렇듯 죽산은 중보자 그리스도의 의의 전가에 기초해서 전체 신학의 체계를 수립하고 있는바, 우리는 이를 죽산의 언약신학이라고 부를 수 있을 것이다.

# 제6장 박형룡의 기독론:
## 구속사적-구원론적 관점에서

## 1. 들어가는 말: 새 언약과 신인양성의 위격의 필연성

언약은 창세 전의 영원한 하나님의 구원협약(*pactum salutis*)이 역사적으로 성취되는 경륜을 다룬다. 삼위 하나님은 천지와 인류를 지으시기 전에 구속자를 그리스도로, 구속방식을 대속으로, 구속백성을 선택과 유기의 이중적인 예정을 통해 미리 정하셨다. 그리하여 자신의 아들을 때가 차매 사람으로 보내셔서 구속의 의를 다 이루시게 하시고 그것을 거저 자신의 백성의 것으로 삼아 주셨다.[427] 삼위의 구원협약에 따라서 신인양성의 중보자 그리스도가 구속의 의를 역사적·단회적으로 다 이루셨고 그 다 이루신 의를 성도 각자에게 베풀어 주신다. 구속사적 성취와 구원론적 적용이 모두 동일하신 그분께 돌려진다.

죽산 박형룡 박사는 자신의 언약신학을 전개하면서 이러한 측면을 부각시켰는데, 그리스도가 친히 새 언약(*foedus novum*)의 당사자로서 하나님과의 관계에서는 당하신 순종(*obedientia passiva*)과 행하신 순종(*obedientia*

---

[427] Heppe, *Reformed Dogmatics*, 375-383; Bavinck, *Reformed Dogmatics*, 3.213-214.

*activa*)을 포함하는 모든 의를 다 이루심으로써 행위언약을 성취하시고, 하나님의 택하신 백성과의 관계에서는 구약에서 노아, 아브라함, 다윗, 모세 등을 통하여 누누이 갱신되었던 모든 은혜언약을 성취하신 것으로 여겼다.[428] 죽산은 새 언약을 위로는 행위언약의 성취요 아래로는 은혜언약의 성취라고 여기는 이러한 입장에 서서 중보자 그리스도의 신인양성의 위격적 연합의 필연성과 그 가치와 의의에 특별히 주목한다. 그리하여 그가 언약의 이해에 있어서 정통 개혁주의 입장을 견지하고 있음을 확연히 보여 준다.[429]

중보자가 신인양성의 한 위격이어야 할 필연성은 영원한 구원협약에 따른 것으로서 단지 구속의 성취에서뿐만 아니라 구속의 적용에도 미친다. 즉 의의 성취와 함께 의의 전가에 있어서도 중보자의 양성적 연합이 필연적으로 요구된다. 물론 이러한 필연성은 우리의 논리가 아니라 하나님의 영원한 구원의 경륜에 따른 것이다.

본 장에서는 죽산이 중보자 그리스도의 신인양성의 위격적 연합을 다룸에 있어서 그 본질과 사역과 적용을 어떻게 다루고 있는지를 논구한다. 다만 하나님의 아들이 영원한 구원협약에 따른 언약의 주로서, 사람의 아들이 되어야 하실 필연성 자체에 대해서는 논하지 않는다. 이는 오히려 신론 혹은 삼위일체론 자체의 주제가 될 것이다.[430]

여기에서는 죽산이 이해한 중보자 그리스도의 위격적 연합과 그 가운데서의 양성의 교통 그리고 그것이 구속사적 성취와 구원론적 적용에 어떤 의의와 가치를 지니고 있는지를 다룬다. 그 의의는 그리스도의 비하와 승귀에, 그 가치는 속죄론에 치중하여 다루어질 것이다. 이러한 논제

---

[428] 박형룡, 『박형룡박사 저작선집 III. 교의신학 인죄론』, 329-419, 특히 415-419.
[429] Heppe, *Reformed Dogmatics*, 398-402.
[430] 이러한 주제는 그리스도 안에서의 선택이라는 개념과 타락전예정설과 타락후예정설과 관련해서 논의된다. 박형룡, 『박형룡박사 저작선집 II. 교의신학 신론』, 288-291, 306-316.

를 다룸에 있어서 필자는 죽산이 '구속사적-구원론적 관점'을 견지하고 있다는 점에 주목한다. 이러한 특징은 그의 언약신학에 있어서 뚜렷이 노정되는 바이다.[431]

## 2. 위격적 연합: 한 위격 양성[432]

### 1) 위격과 본성

죽산은 찰스 핫지의 글을 인용하면서 자신이 중보자 그리스도의 인격과 관련하여 아리우스주의, 에비온주의, 영지주의, 아폴리나리우스주의, 네스토리우스주의, 유티케스주의, 일의설을 배격하고 최초 여섯 차례 공의회(325년 니케아, 381년 제1차 콘스탄티노플, 431년 에베소, 553년 제2차 콘스탄티노플, 680-681년 제3차 콘스탄티노플)의 가르침에 충실히 서 있음을 공언한다.[433] 무엇보다 그는 "칼케돈 신경"의 다음 부분을 논지의 핵심으로 거론한다.

> 한 동일하신 그리스도, 아들, 주, 독생하신 분이 양성 가운데 혼합 없이, 변화 없이, 분할 없이, 분리 없이(ἐν δύο φύσεσιν ἀσυγχύτως ἀτρέπτως ἀδιαιρέτως ἀχωρίστως) 계심이 인정되어야 하며, 연합으로 인하여(διὰ

---

[431] 이와 관련해서 필자의 글을 참조하라. 문병호, "죽산 박형룡의 언약신학: '언약적 전가' 개념을 중심으로 한 '차별금지법'에 대한 단상과 더불어," 「신학지남」 80/2 (2013), 83-102.

[432] 본제에 관계된 죽산의 논의는 많은 부분 루이스 벌코프의 다음 책의 편별과 내용을 그대로 따르고 있다. 그러므로 그 인용과 적용 등에 대한 언급이나 각주 표기는 별도로 하지 않는다. Berkhof, *Systematic Theology*.

[433] 박형룡, 『박형룡박사 저작선집 IV. 교의신학 기독론』, 39. Hodge, *Systematic Theology*, 2.393에서 인용.

τὴν ἕνωσιν) 양성의 구별이 없어진 것이 아니라 오히려 각 성의 특성이(τῆς ἰδιότητος ἑκατέρας φύσεως) 온전히 보존되어 한 인격과 한 위격으로(εἰς ἕν πρόσωπον καὶ μίαν ὑπόστασιν) 함께 작용하며 두 인격으로 나눠지거나 분할되지 않는다.[434]

죽산은 인격(πρόσωρπον) 혹은 위격(ὑπόστασις)을 "위(位)"라고 통칭하면서 이를 "이성(理性)의 부여를 받고 따라서 그 행동들의 책임있는 주체가 되는 완전한 실체(substance)"라고 정의하며, 그것은 "비물질적 실체적 존재(substantive entity)"로서 "독립적 실존(subsistence)"을 지칭한다고 말한다.

이러한 "위"는 죽산이 "성(性)"이라고 부르는 본성(natura)과 구별된다. "성"은 "어떤 물건의 그 물건되게 하는 모든 근본적 품질들의 총화(總和)," "속성들(attributes)의 복합(complex)," "여러 부분에 공통한 실체(substance)의 모든 근본적 품질들" 등으로 지칭된다. 신성(divinitas)은 "신격에 본질적인 속성들의 완전하고 조응적인 복합"이며, 인성(humanitas)은 "본질적 인적 속성들의 완전한 복합"을 뜻한다.[435] 여기에서 우리는 죽산이 "성"은 어느 실체의 속성적 실체성을, "위"는 어느 실체의 주체적 실체성을 뜻한다는 것을 알 수 있다.

초대교회 터툴리안(Tertullian) 이후 본성(φύσις)과 실체(οὐσία)를 함께 사용하는 경향이 있어 왔다. 그렇다고 해서 그 경우 실체를 독자적 실재(ἕνας) 혹은 기체(suppositum)로 보지는 않는다.[436] 이러한 경향은 핫지에게

---

[434] Philip Schaff, ed., *The Creeds of Christendom with a History and Critical Notes*, vol. 2, *The Greek and Latin Creeds* (Grand Rapids: Baker, 1996, rep.), 62-63: "unum eundemque Christum, Filium, Dominum, unigenitum, in duabus naturis inconfuse, immutabiliter, indivise, inseperabiliter agnoscendum; nusquam sublata differentia naturarum propter unitionem, magisque salva proprietate utriusque naturae, et in unam personam atque subsistentiam concurrente: non in duas personas partitum aut divisum."
[435] 박형룡, 『박형룡박사 저작전집 IV, 교의신학 기독론』, 71-72.
[436] Cf. Jean Daniélou, *The Origins of Latin Christianity. A History of Early Christian Doctrine*

서 뚜렷이 나타난다.⁴³⁷ 죽산도 대체로 이를 지지한다. 그럼에도 불구하고 "οὐσία"와 "φύσις"를 동일시하지는 않는다. "οὐσία"는 사물의 개체성을 지적하는 말이므로 품성을 나타낼 때는 적합하지 않다는 올리버 부스웰(J. Oliver Buswell, Jr.)의 지적을⁴³⁸ 죽산이 염두에 두고 되새기는 소이가 여기에 있다.⁴³⁹

영원하신 하나님의 아들이 취하신 인성은 인격이 아니다. 인성은 독자적으로는 "비인격적"이다. 그러나 그것은 언제나 인격 가운데 있기 때문에 신성과 연합하여 인격적 실존을 이룬다. 그러므로 인성의 "불완성"이나 "불완전"을 말해서는 안 된다.

> 그리스도의 인성을 비인격적이라고 말하는 것은 그것이 독자적 실존(獨自的 實存)을 가지지 않는다는 의미뿐이다. 엄밀히 말하면, 그리스도의 인성은 일순간이라도 비인격적이 아니었다. 로고스가 인성을 취하시어 자기와 함께 인격적 실존으로 되게 하셨다. 인성은 그것의 위(位)적 존재를 로고스의 위 안에 갖고 있다.⁴⁴⁰

그러므로 인성은 "위격적이지 않다(ἀνυπόστασις)"고 해서는 안 되며 "위격 안에 있다(ἐνυπόστασις)"고 해야 한다. 이러한 입장은 제2차 콘스탄티노플 신경(553년)에 지대한 영향을 미쳤다고 알려진 비잔티움의 레온

---

*before the Council of Nicaea*, vol. 3, tr. David Smith and John Austin Baker (London: Darton, Longan & Todd, 1977), 345–348.
⁴³⁷ Hodge, *Systematic Theology*, 2.387. 핫지는 이 경우 "οὐσία"와 "φύσις"가 서로 호환된다고 본다.
⁴³⁸ James Oliver Buswell, Jr., *A Systematic Theology of the Christian Religion*, vol. 2 (Grand Rapids: Zondervan, 1962), 55.
⁴³⁹ 박형룡, 『박형룡박사 저작전집 IV, 교의신학 기독론』, 72.
⁴⁴⁰ 박형룡, 『박형룡박사 저작전집 IV, 교의신학 기독론』, 73.

티우스(Leontius of Byzantium)에 의해서 주장되었으며[441] 이후 다메섹의 요한(John of Damascus)에 의해서 페리코레시스(περιχώρησις, circumincessio)를 지지하는 개념으로 발전한다.[442] 죽산은 이에 대해서 교리사적인 언급은 하지만[443] 위격적 연합을 다루면서는 구체적으로 논의하지 않고 있다. 다만 죽산은 이러한 이해 가운데 정통교회가 그리스도의 인성이 독자적인 위(位)적 실존을 가지고 있지는 않지만 의식과 자유의지는 가지고 있었다고 천명했다는 점을 지적할 뿐이다.[444]

인성이 로고스의 위(位) 안에 있다는 것은 단지 하나님의 영이 백성에게 임하는 것과는 다르다. 죽산은 신성과 인성이 위격 안에서 "유기적 본질적으로 연합"되어 있다는 사실을 분명히 하며, 그것은 단순한 "내주"가 아니라고 못 박는다.[445]

역사적으로 안디옥 학파에 속한 몹수에티아의 테오도레(Theodore of Mopsuetia)는 위격 안에서의 인성의 "내주(ἐνοίκησις)"를 말하면서 이는 실체적이지(κατ' οὐσίαν) 않으며, 효과적이지(κατ' ἐνέργειαν) 않으며, 도덕적(κατ' εὐδοκίαν)이라고 본다.[446] 네스토리우스(Nestorius)는 이러한 입장을 극단화하여 양성의 분리와 분할을 말하는 데 이르게 되었다.[447]

---

[441] Cf. Herbert M. Relton, *A Study in Christology: The Problem of the Relation of the Two Natures in the Person of Christ* (London: Society for Promoting Christian Knowledge, 1917), 70-83. 비잔티움의 레온티우스의 입장은 그의 다음 글에 잘 나타남. "Extracts from Leontius of Byzantium," in *Christology of the Later Fathers*, ed. Edward Rochie Hardy (Philadelphia: Westminster Press, 1954), 377.

[442] 다메섹의 요한의 이러한 입장은 그의 작품 *On the Orthodox Faith*, 3.3, 9, 11에 잘 전개되어 있다. Cf. Relton, *A Study in Christology*, 84-85.

[443] 박형룡, 『박형룡박사 저작전집 IV, 교의신학 기독론』, 35-36.

[444] 박형룡, 『박형룡박사 저작전집 IV, 교의신학 기독론』, 73-74.

[445] 박형룡, 『박형룡박사 저작전집 IV, 교의신학 기독론』, 72, 78.

[446] Cf. Donald Fairbairn, *Grace and Christology in the Early Church* (Oxford: Oxford University Press, 2003), 36-38.

[447] 박형룡, 『박형룡박사 저작전집 IV, 교의신학 기독론』, 33: "몹수에티아의 테오도레와 네스토리우스는 그리스도의 완전한 인성을 강조하고 그 안에 로고스의 내재는 신자들

죽산은 그리스도가 우리의 생명의 구주가 되시는 것은 그가 단지 큰 분량의 신적인 권능을 지니셨기 때문이 아니라 신인의 인격으로서 "모든 생명의 본래적 원천"이 되시기 때문이라고 말한다.[448] 그러므로 그 비밀은 오직 영원하신 하나님의 아들의 위격, 즉 로고스의 인격 자체에 있다.[449]

### 2) 위격적 연합의 주체

위격적 연합은 하나님이 사람이 되신 일, 즉 성육신에 대한 증언이지 사람 예수가 신성을 획득하신 사건에 대한 진술이 아니다.[450] 성육신은 "신화(神化, θέωσις, deificatio)"가 아니다.

죽산은 "신화" 사상이 초대교회의 이레네우스(Irenaeus)와 아타나시우스(Athanasius) 등에 의해서 전개되었으며 근세에 프리드리히 슐라이어마허, 빌헬름 호프만(Wilhelm Hoffmann) 등에 의해서 범신론적 색채를 띠게 되었다는 점을 지적한다.[451] "그가 사람이 되신 것은 우리가 하나님이 되게 하시기 위해서였다(αὐτὸς γὰρ ἐνηνθρώπησεν ἵνα ἡμεῖς θεοποιηθῶμεν)"[452]라는 아타나시우스의 말로 전형적으로 대변되는 초대교회의 신화 개념은 그리스도의 인격 안에서 신성과 연합한 인성의 어떠함을 표현하기 위하여 전개된 것으로서 문자 그대로 이해할 바는 아니다.[453] 죽산이 이러한 점에

---

도 누리는 바와 같은 (정도에서는 다르지만) 도덕적 내주(道德的 內住)뿐인 것으로 생각하였다."
[448] 박형룡, 『박형룡박사 저작전집 IV, 교의신학 기독론』, 78.
[449] 박형룡, 『박형룡박사 저작전집 IV, 교의신학 기독론』, 72.
[450] 박형룡, 『박형룡박사 저작전집 IV, 교의신학 기독론』, 70.
[451] 박형룡, 『박형룡박사 저작전집 IV, 교의신학 기독론』, 140-141.
[452] Athanasius, *On the Incarnation of the Word*, 54, in *Christology of the Later Fathers*, ed. Edward Rochie Hardy, 107.
[453] Cf. Norman Russell, *The Doctrine of Deification in the Greek Patristic Tradition* (Oxford: Oxford University Press, 2004), 1-3, 164 ff.

대한 교리사적 식견을 바로 가지고 있었는지는 알 수 없지만, 우리가 알 수 있는 것은 그가 용어 사용이나 유비 등에 민감했다는 사실이다.

죽산의 신학은 꼿꼿이 신학 혹은 꽃밭(庭園) 신학으로 칭해진다. 그러나 이는 그가 유수한 당대의 신학을 단지 목차별로 정리하는 데 머물렀다는 것을 의미하지는 않는다. 영미와 화란의 개혁신학이 죽산에게 미친 영향은 지대하다.[454] 그럼에도 불구하고 죽산은 자신만의 논지를 유지하면서 신학을 전개하고 있음을 알 수 있는데, 이는 그가 다룬 그리스도의 위격적 연합 교리에서 확연하게 드러난다. 본 교리를 다루면서 죽산은 핫지의 글을 자주 인용한다. 그러나 핫지가 중보자 그리스도의 신인양성의 연합을 사람의 구조에 있어서 영혼과 육체의 연합과 유비된다고 주장한 점을 들어서 그가 위와 성의 구별을 인식하지 못하였다고 맹공을 퍼붓는다.[455]

핫지는 사람은 영혼과 육체의 두 실체로 구성되는데, 실체(substance)는 "존재하는 것(that which is)"으로서 속성들(properties, attributes, qualities)을 내포하고 있으며 그것들을 드러내는 "실재(實在, entity)"라고 한다.[456] 우리가 위에서 살핀 바와 같이 이러한 정의적 논술에 있어서 죽산은 핫지를 따르고 있다. 그러나 영혼은 영적 실체이고 육체는 물체적 실체로서 양자가 연합하여 사람을 이루는 것이 신인양성의 한 위격을 구성하는 것과 유사(analogue)하다고 보는 핫지의 입장에는 죽산이 전혀 동의하지 않는다. 사실 핫지는 이 두 경우에 있어서 그 신비와 불가해함이 같은 수준이라고 보는 우를 범하고 있는 것이다.[457]

죽산은 성육신은 삼위일체 하나님 각위(各位)의 사역(同事)이나 그 주체는 제2위 성자 하나님이시므로 "하나님이 사람이 되셨다고 말하는 것

---

[454] Cf. 이상웅, 『박형룡 박사와 개혁신학』 (용인: 목양, 2013).
[455] 박형룡, 『박형룡박사 저작전집 IV, 교의신학 기독론』, 72, 76.
[456] Hodge, *Systematic Theology*, 2.378.
[457] Hodge, *Systematic Theology*, 2.380.

보다는 말씀(로고스)이 육신이 되셨다고 말하는 것이 나을 것"이라고 지적한다. 따라서 양성의 연합과 삼위의 관계를 유비할 수는 없다.[458] 성육신의 주체는 선재하시는 로고스시다.

> 성육신의 주체는 유한적 관계와 역사적 사변에 참여하시는 무한초자연신(無限超自然神)의 영원성자시다.[459]

성육신의 주체는 하나님의 아들이신 하나님이시므로 그 신성에 있어서 영원하시며 불변하시다. 그리하여 성육신으로 인성을 취하셨지만 그 신격의 본성은 여전히 동일하다. 그러므로 하나님의 아들이 사람이 되심은 변하심이 아니라 취하심이다.[460] 따라서 양성의 연합을 철과 열의 관계와 유비할 수 없다.[461] 죽산은 성육신은 로고스를 주체로 위격적(*hypostatica*) 혹은 인격적(*personalis*)으로 일어났으므로 인성을 "취함(*assupmtio*)"이 곧 "연합(*unio*)"이라는 개혁신학자들의 궤에 분명히 서 있다.[462]

죽산은 신앙으로만 수납되는 성경의 진리는 언제나 그리스도를 단일인격으로 지칭하고 있다는 사실을 강조한다. 제2위 하나님으로서 성자이신 예수 그리스도는 분명 성부와 성령과 관련하여 독자적인 위격적 존재를 드러내시지만 언제나 그 대명사와 동사가 단수로 나타난다. 성경에는 양성의 속성들을 지칭하는 많은 표현들이 있으며 그것들이 한 문장에 여러 모양으로 나타나기도 하나 언제나 그 주체는 한 인격에 돌려진다.

---

[458] 박형룡, 『박형룡박사 저작전집 IV, 교의신학 기독론』, 76-77.
[459] 박형룡, 『박형룡박사 저작전집 IV, 교의신학 기독론』, 142-143.
[460] 박형룡, 『박형룡박사 저작전집 IV, 교의신학 기독론』, 143-144.
[461] 박형룡, 『박형룡박사 저작전집 IV, 교의신학 기독론』, 76. 신인양성에 대한 철과 열의 비유는 오리겐(Origen)의 작품에서부터 나타나며 이후 교부들에 의해서 자주 사용된다. Cf. Origen, *On First Principles*, 2.4, 6, in *The Christological Controversy*, ed. Richard A. Norris, Jr. (Philadelphia: Fortress, 1980), 77-79.
[462] Cf. Heppe, *Reformed Dogmatics*, 429-431.

성경은 아무 곳에서도 추상적인 신성 혹은 어떤 신적 능력이 인성에 연합되거나 나타났다고 가르치지 않고 다만 구체적인 신성 즉 하나님의 아들의 신적 인격(위)이 인성과 연합되셨다고 가르친다. 성육신은 항상 그 위(位)에게 돌려지고 도무지 성(性) 가운데 하나에 돌려지지 아니하였다. 그 위가 인성을 취하였다는 것을 표시한다.[463]

죽산은 여기에서 성육신이 두 위격(ἄλλος καὶ ἄλλος)이 아니라 양성(ἄλλο καὶ ἄλλο)의 연합을 뜻한다는 사실을 적시하고 있다.[464] 비록 죽산은 위의 문단을 통하여 신성과 인성은 추상적인 실체(abstractum)로서 고유한 속성들을 담지하고 있으나 오직 그것들의 주체는 구체적인 실체(concretum)인 위격에 돌려진다는 사실을[465] 부각시켜서 다루고 있지는 않지만 드러내고 있다. 하인리히 헤페(Heinrich Heppe)는 개혁신학자들이 이러한 입장에 서 있다는 사실을 다룬 후 이를 다음과 같이 정리한다.

> 추상(抽象, abstractum)은 신성과 인성과 같이 본질적으로나 우유(偶有)적으로 또 다른 것에 포함되어 있는 어느 것의 본성이나 형태를 칭하는 이름이다. 구체(具體, concretum)는 그러한 형태나 본성을 지니고 있는 인격 혹은 주체를 칭하는 바, 하나님과 사람이라는 구체적인 이름들에 의해서 표현된다. 그리스도의 본성들이라는 추상들(abstracta)은 서로 간에 교차적으로 서술될 수 없다. '신성이 그리스도의 인성이다'라고 말해서는 안 된다. 또한 한 본성의 추상(abstractum)은 다른 본성의 구체(concretum)에 돌려질 수 없으며 그 역도 마찬가지다. 예컨대 '신성이 사람이다'라거나 '인성이 하나님이다'

---

[463] 박형룡, 『박형룡박사 저작전집 IV, 교의신학 기독론』, 75.
[464] Cf. Hodge, *Systematic Theology*, 2.388-389; Bavinck, *Reformed Dogmatics*, 3.307.
[465] Cf. Turretin, *Institutes of Elenctic Theology*, 2.279(13.6.20-21, 23); Peter Martyr Vermigli, *Dialogue on the Two in Christ*, tr. & ed. John Patrick Donnelly, S. J., *The Peter Martyr Library Series One* (Kirksville, MO: Sixteenth Century Essays & Studies, 1995), 50-51, 74-75.

라고 일컬어질 수 없다. 오직, '인간 예수는 하나님이다'라고 하듯이, 본성들의 구체들(concreta)만이 서로 간에 교차적으로 서술될 수 있다.[466]

이렇듯 위와 성을 뚜렷이 구별하는 가운데 죽산은 신성과 인성에 속한 속성들이 한 위격에 돌려진다는 사실을 다음과 같이 말한다.

> 위가 한 성으로부터 인출된 칭호로 지시되면서 다른 성의 속성들의 귀속을 받았다.

그리하여 신적 칭호들이 인성의 속성들에 의해서 서술되기도 하고, 인적 칭호들이 신적인 속성들에 의해서 서술되기도 한다는 사실이 적시된다.[467] 그러나 헤페의 경우에서와 같이 한 성은 직접 다른 성을 지칭할 수 없으며 오직 구체적으로 위격에 돌려지는 경우에 한하여만 그러하다는 사실을 따로 말하지는 않는다. 그러나 "구체적인 신성" 혹은 "구체적인 인성" 개념을 말함으로써 사실상 이를 논하고 있다고 보아야 할 것이다. 한 위격 가운데 신인양성은 각각 참 하나님과 참 사람으로 계시되시며 역사하시기 때문이다. 이는 "사람이 파악하기 불능한 신비(神秘)"다.[468]

### 3) 취함 받은 인성: 구속사적-구원론적 의미

일찍이 화란의 신학자 G. C. 벌카우어(G. C. Berkouwer)는 그리스도의 인격이 아니라 신성을 주체로 여기고 성육신을 다룬다면 필히 이교적인

---

[466] Heppe, *Reformed Dogmatics*, 444.
[467] 박형룡, 『박형룡박사 저작전집 IV, 교의신학 기독론』, 75.
[468] 박형룡, 『박형룡박사 저작전집 IV, 교의신학 기독론』, 75.

신화 사상으로 나아갈 수밖에 없다는 점을 경고한 바 있다.[469] 인격이 아니라 신성이 인성을 취택하는 것으로 상정한다면 인성은 신성에 혼합되거나 흡수되어 그 고유한 실체를 상실하고 말 것이다. 존 칼빈과 그 이후 개혁신학자들이 원리로 삼듯이, 유한은 무한을 파악할 수 없다(*finitum non capax infiniti*). 그럼에도 불구하고 성육신은 이러한 원리와 배치되지 않을 뿐만 아니라 오히려 그것을 확정한다. 위격적 연합의 비밀은 무한을 담아내는 유한에 있는 것이 아니라 유한과 무한을 유-무한으로 연합시키는 인격에 있기 때문이다.[470]

이러한 입장을 개진하면서 죽산은 인성을 독자적인 인격으로 보는 슐라이어마허적인 견해나 그것이 점진적으로 인격화되어 간다고 보는 점진적 성육신론 그리고 인성을 단지 신격의 술어 정도로 여기는 칼 바르트적인 견해를 모두 거부한다.[471]

죽산은 그리스도의 위격적 연합에 대한 종교개혁 이후부터 근세에 이르는 논쟁점을 부각시키면서 벌카우어의 글에 수시로 문의(問議)한다. 벌카우어는 이러한 비밀에 대하여 마틴 루터는 눈이 닫혀 있었으나 칼빈은 이를 직시했다는 사실을 지적하며,[472] 소위 초 칼빈주의(the so-called *extra Calvinisticum*)가 "ἀνυπόστασις"와 "ἐνυπόστασις"에 절묘하게 가로놓여 있다는 점을 강변한다.[473] 이와 관련하여 벌카우어는 헤르만 바빙크를 인용하면서 신성과 마찬가지로 인성은 위격이 아니나 위격 안에 있으므로 위격이 없지 않다고 말하면서, 인성 역시 신성과 다를 바 없이 개별자는 아

---

[469] G. C. Berkouwer, *The Person of Christ*, tr. John Vriend (Grand Rapids: Eerdmans, 1954), 170.
[470] 박형룡, 『박형룡박사 저작전집 IV, 교의신학 기독론』, 104-115. 이 부분을 다루면서 죽산은 벌카우어를 전체적으로 그대로 인용한다.
[471] 박형룡, 『박형룡박사 저작전집 IV, 교의신학 기독론』, 90-91, 103-104, 114-115.
[472] Berkouwer, *The Person of Christ*, 287-301.
[473] Berkouwer, *The Person of Christ*, 325-326. 이와 관련하여, Willis, *Calvin's Catholic Christology*, 67-73, 124-125, 140-141.

니라 개별적 특성이 있다고 하였다.[474] 그리고 결론적으로 다음과 같이 말한다.

> 비밀은 그리스도가 비록 취택된 사람 나사렛 예수는 아니었지만 여전히 위격적 연합 가운데 여전히 참되고 완전한 사람이 될 수 있었다는 사실에 있다.[475]

바빙크는 이러한 위격적 연합의 비밀의 연원이 삼위 하나님의 영원한 구원협약에 있다고 보고 그 구속사적-구원론적 의의와 가치를 구원협약을 기초로 역사상 체결된 언약에서 찾는다.[476]

인성은 그 자체로가 아니라 인격(person) 안에서 신성과 함께 연합함으로써 인격성(personality)을 가지게 된다는 점이 가지는 언약적 의미는 무엇인가?[477]

언약의 대표성은 그 머리의 순종 여하에 따른 의와 죄의 전가를 말한다. 죽산은 그리스도가 신인양성의 위격 가운데 모든 언약을 성취하셨음에 주목한다. 그리스도의 대속의 의는 단지 소극적인 죄 사함에 그치는 것이 아니라 적극적인 영생의 부여, 즉 자녀 삼으심을 포함하는 것이어야 했다. 인성의 신화로서의 신성이 아니라, 인성과 신성이 한 위격 안에서 각각의 속성들을 지닌 채 연합되어야 할 필연성이 여기에 있다. 인성에 따라서 그리스도는 영혼과 신체의 수난을 받으시고, 죄는 없으시되 "타락한 열상(劣狀)"을 경험하시기 위하여 낮아지시며, 그 가운데 거룩하고 흠이 없는 인생제물이 되셔야 했다.[478]

---

[474] Berkouwer, *The Person of Christ*, 310-311.
[475] Berkouwer, *The Person of Christ*, 318.
[476] Bavinck, *Reformed Dogmatics*, 3.304-305.
[477] Bavinck, *Reformed Dogmatics*, 3.307.
[478] 박형룡, 『박형룡박사 저작전집 IV, 교의신학 기독론』, 67.

이렇듯 인성 가운데 순종함이 신성을 지니신 인격 가운데 일어나야 함은 신적인 능력이 없이는 한 사람의 의로 많은 사람을 대속할 가치를 얻는 것도 용서를 구하는 것도 불능하기 때문이다. 무엇보다 모든 의를 다 이루었다고 하더라도 신성에 따른 부활과 승천이 없었다면 보혜사 성령의 강림이 있을 수 없었을 것이다.[479]

죽산은 중보자 그리스도의 인격을 다루면서 단지 양성의 위격적 연합 자체의 의의와 가치에 머물지 않고 그 구속사적-구원론적 의미를 함께 문제 삼는다. 무엇보다도 그리스도의 무죄성(*impeccabilitas*, sinlessness)을 논의하는 곳에서 이러한 그의 입장이 뚜렷이 노정된다.

죽산은 로마 가톨릭과 개혁신학자들이 위격적 연합에 대한 공통된 인식을 소유하고 있음을 우선적으로 지적한다. 이 두 진영의 신학자들은 인성은 독자적인 실재가 아니므로 죄를 범할 수 있는 가능성은 가지고 있었으나 이를 스스로 구현할 수는 없었다거나, 제2위 성자 하나님은 하나님과 영원히 동일하신 분으로서 계시므로 인성을 취하셨다고 하더라도 이전과 모순될 수 없기에 죄를 지을 가능성은 없었다(*non potuit peccare*)고 주장한다.[480]

죽산 역시 이러한 측면을 본질적으로 중요하다고 여긴다. 그리하여 이러한 사상이 "그리스도의 신성의 추상적 무죄성만 아니라 그의 품위의 무죄성에" 기초하여 전개되고 있음을 주목해야 한다고 강조한다. 문제가 되는 것은 인성의 일반적인 무죄성이 아니라 "성육신하신 성자의 무죄성"이라는 지적도 같은 맥락에서 주어진다.[481]

그러나 죽산은 예수의 인성의 무죄성을 단지 그 인성이 인격 안에서

---

[479] 박형룡, 『박형룡박사 저작전집 IV, 교의신학 기독론』, 67-68.
[480] 박형룡, 『박형룡박사 저작전집 IV, 교의신학 기독론』, 59-60. 그러나 토마스 아퀴나스(Thomas Aquinas)의 경우에서 보듯이 로마 가톨릭은 위격을 주체로 여기되 인성을 중심에 세우는 경향이 있다. 같은 책, 38.
[481] 박형룡, 『박형룡박사 저작전집 IV, 교의신학 기독론』, 65.

신성과 연합하고 있다는 점에서만 추구하게 되면 예수의 인성의 신성화 혹은 신화의 오류에 빠질 수 있음을 간파한다.[482] 그리하여 예수의 인성의 어떠함, 즉 그 고유함을 위격적 연합 자체에서뿐만 아니라 창세 전의 구원협약을 이루기 위하여 그것이 무죄한 대속물로 드려져야 한다는 필연성에서도 찾는다.

그리고 이러한 맥락에서 미국 남장로교를 대표하는 신학자 로버트 댑니(Robert L. Dabney)의 말을 인용하면서 인성은 위격적 연합으로 말미암아 죄에 대하여 불능할 뿐만 아니라 그 품위가 죄를 지을 가능성보다 높지 않으면 대속의 의를 다 이루어 그것을 하나님의 자녀들에게 전가하는 중보를 행할 수 없다는 점을 부각시키면서, 죄에 대하여 연약한 자는 죄인을 구속할 자격이 없다고 힘주어 말한다.[483]

중보자 그리스도의 인성의 무죄성을 다룸에 있어서 이렇듯 그 구속사적-구원론적 의의를 강조하는 가운데도 위격적 연합의 동기가 본질적으로 고려되어야 함을 죽산은 분명히 인식한다. 그렇지 않다면 그가 우리의 죄를 대속하러 오셨으므로 우리와 다름없는 범죄가능성을 지니셨음을 인정할 수밖에 없다는 핫지와 같은[484] 역(逆)오류에 빠질 수 있음을 지적한다.[485] 죽산은 이와 관련된 논의를 마치면서 인성이 범죄에 무능한 것은 "위격의 것"이자 성부의 뜻을 이루고자 하는 "의욕의 것"이었음을 지적한다.[486]

이러한 입장을 견지하는 가운데 죽산은 로마 가톨릭과 구별되는 개혁주의의 고유함을 부각시킬 뿐만 아니라 자신이 정통적인 양의설에 서 있음을 은연히 드러내고 있다.

---

[482] 박형룡, 『박형룡박사 저작전집 IV, 교의신학 기독론』, 61-62.
[483] 박형룡, 『박형룡박사 저작전집 IV, 교의신학 기독론』, 59-61.
[484] Hodge, *Systematic Theology*, 2.457.
[485] 박형룡, 『박형룡박사 저작전집 IV, 교의신학 기독론』, 61.
[486] 박형룡, 『박형룡박사 저작전집 IV, 교의신학 기독론』, 66.

## 3. 신인양성의 위격적 교통과 사역

### 1) 양성의 교통

죽산은 위격적 연합을 통한 신인양성의 교통을 다룸에 있어서 루터란의 속성교통론을 배격하고 칼빈과 개혁주의자들이 전개했던 소위 개혁주의 속성교통론을 지지한다.[487] 그리하여 신인양성의 기이한 협동은 간접적이라고 단언한다.[488] 칼빈은 두 본성이 한 인격 안에서 연합되어 있으므로 각각의 성에 속한 속성들이 서로에게 돌려진다는 측면에서만 교통이 있다고 보았다.[489] 죽산은 여타 개혁신학자들과 다름없이 양성의 교통은 삼중적이니, 즉 속성의 교통(communicatio idiomatum), 사역의 교통(communicatio operationum sive apotelesmatum), 그리고 은사의 교통(communicatio gratiarum)이 있다고 보았다.[490]

첫째, 속성의 교통을 다루면서 죽산은 "인성과 신성의 특성들이 위(位)의 특성으로 되어 위에게 귀속(歸屬)되었다"라고 말한다. 이는 양성이 서로 전이되거나 혼합되어 신성화 혹은 인성화가 일어나는 것을 의미하지 않는다. 이는 신성과 인성이 한 위격 가운데 있는 것으로 성경에 기술되어 있음을 뜻한다.[491] 그리하여 "술어적 교통(communicatio verbalis)" 혹은 "서술(praedicatio)"이라고 불리기도 한다.[492]

칼빈은 『기독교 강요』에서 성경이 다양하게 양성에 속한 속성들을 한

---

[487] 박형룡, 『박형룡박사 저작전집 IV, 교의신학 기독론』, 111-112.
[488] 박형룡, 『박형룡박사 저작전집 IV, 교의신학 기독론』, 83.
[489] *Inst.* 2.14(*CO* 2.353).
[490] Heppe, *Reformed Dogmatics*, 439-447; Turretin, *Institutio Theologiae Elencticae*, 2.283(13.8.1-2); Hodge, *Systematic Theology*, 2.392-397; Bavinck, *Reformed Dogmatics*, 3.307.
[491] 박형룡, 『박형룡박사 저작전집 IV, 교의신학 기독론』, 79.
[492] Heppe, *Reformed Dogmatics*, 441.

위격에 돌리는 방식에 주목하였다.[493] 죽산은 양성의 교통을 다루기 전에 위격과 본성과의 관계를 다루면서 한 위격 가운데 양성에 귀속되는 다양한 성경의 서술 양식을 총론적으로 논한다.[494] 이는 죽산이 이러한 속성의 교통을 양성의 교통의 본질로 여기고 있음을 방증한다.

죽산은 이러한 속성의 교통을 통하여 신성의 그리스도는 한 위격으로서 인적 제한에 참여하게 된다고 말한다. 신성 자체는 시험, 고난, 죽음 등을 받을 수 없으나 위격을 통하여 인성과 연합하여 그것들을 감수하게 되셨다. 이렇듯 신성과 인성의 위격적 연합 자체의 특성과 더불어 중보자 직임의 경륜이 중요하게 거론되는 것이다.[495] 죽산은 또한 이러한 교통을 통하여 비하의 상태에서도 신성의 능력이 나타남을 말하면서, 혹자는 이를 성령의 능력에 돌리나 이는 합당치 않고 위격적 연합의 결과로 여겨야 된다고 지적한다.[496]

둘째, 죽산은 사역의 교통을 다루면서, 구속의 역사를 이루기 위하여 중보자의 행위나 작용 혹은 성과가 "신인적 성격"을 띠어야 한다는 점을 특별히 강조한다. 그리스도의 비하와 승귀는 어느 한 본성의 속성에 특정된 것으로 여겨져서는 안 되며 오직 그가 신성과 인성을 함께 지니신 참 하나님이시며 참 사람이시라는 점에서만 논해져야 함이 뚜렷이 지적된다. 죽산은 사역의 교통을 다음과 같이 정리한다.

---

[493] *Inst.* 2.14.1-3(*CO* 2.353-355). 칼빈은 이를 다음 네 가지 방식으로 분류한다. 첫째, 신성에 고유한 서술. 둘째, 인성에 고유한 서술. 셋째, 주어와 술어로 사용됨에 있어서 각각 서로 다른 본성에 돌리는 서술. 넷째, 양성을 동시에 아우르는 서술.
[494] 박형룡, 『박형룡박사 저작전집 IV, 교의신학 기독론』, 75.
[495] 초대교회 알렉산드리아의 키릴(Cyril of Alexandria)은 이를 "경륜적 귀속"이라고 부른다. 그리하여 귀속(appropriation)을 "ἰδιοποίησις"와 "οἰκείωσις"로 표현된다. Cf. Paul L. Gavrilyuk, *The Suffering of the Impassible God: The Dialectics of Patristic Thought* (Oxford: Oxford University Press, 2004), 161-171; Fairbairn, *Grace and Christology in the Early Church*, 83-132.
[496] 박형룡, 『박형룡박사 저작전집 IV, 교의신학 기독론』, 79-80.

① 그리스도의 구속적 사역의 동력인(動力因)은 그리스도 안에 있는 하나의 분할될 수 없는 인격적 주체라는 것, ② 그 사역은 이성(二性)의 협력에 의해서 수행된다는 것, ③ 각 성이 그 자체의 특별한 정력을 가지고 작업한다는 것, ④ 이러함에도 불구하고 결과가 분할 없는 단일체를 형성함은 그것이 단일 위(位)의 작업이기 때문이라는 것이다.[497]

죽산은 위격적 연합을 통한 양성의 교통이 사역(*opus*, αποτέλεσμα) 자체뿐만 아니라 그가 "정력"이라고 번역한 작용(ἐνέργεια), 그리고 그 결과인 구속(λύτρωσις, λύτρον)에까지 미침을 강조한다.[498] 이와 관련하여 죽산은 성경은 한 위격을 주체로 삼되 양성에 속한 속성들을 지칭하는 명칭들이나 술어들을 거의 불가측(不可測)적으로 번갈아 사용함으로써 오히려 각각의 속성이 속한 본성에의 귀속을 통하여 인류 대속의 의가 성취되고 적용되는 유일한 길이 열림을 보여 준다는 것을 특별히 지적한다.[499]

셋째, 은사의 교통은 우리가 위에서 살펴 본 바 있는 초대교회 교부들이—예컨대 아타나시우스, 갑바도기아 교부들, 그리고 알렉산드리아의 키릴 등—사용하던 신화 개념과 관련된다.[500] 주로 두 가지로 논해진다. 한편으로, 핫지는 이를 위격적 연합으로 말미암은 그리스도의 인성의 고양으로 여긴다. 인성은 여전히 그 속성을 유지하지만 연합으로 인하여 그 능력과 고귀함과 가치가 무한히 고양되며 함께 경배의 대상이 된다.[501] 다른 한편으로, 바빙크는 연합에 따라서 인성이 성령의 모든 뛰어

---

[497] 박형룡, 『박형룡박사 저작전집 IV, 교의신학 기독론』, 80. 이는 다음으로부터의 인용임이 확실해 보인다. Heppe, *Reformed Dogmatics*, 445.
[498] 죽산의 계속되는 논의는 동일한 책의 영향을 반영한다. Heppe, *Reformed Dogmatics*, 445-446.
[499] 박형룡, 『박형룡박사 저작전집 IV, 교의신학 기독론』, 82-84.
[500] Heppe, *Reformed Dogmatics*, 446-447.
[501] Hodge, *Systematic Theology*, 2.396-397.

난 은사들로 장식된다는 점을 든다.[502] 죽산은 이 둘을 각각 "우월적 은혜(gratia eminentia)"와 "지속적 은혜(gratia habitualis)"라고 부르면 은사의 교통이 이 둘을 모두 아우른다고 본다.[503]

이러한 은사의 교통은 오직 양성이 위격 안에서, 위격을 통해서 교통함으로써만 가능하다. 그러므로 양성의 연합(unio) 혹은 섞임(mixtio)을 혼합(confusio)으로 보는 루터란에게는 은사의 교통이 인정될 여지가 없다.[504] 죽산은 이러한 입장에서 오직 신적 인격이 예배의 대상이 되므로 비록 연합으로 인한 인성의 고양은 있지만 "경배의 존영(honor adorationis)"은 인성 자체에 속한 것이 아니라는 점을 분명히 지적한다.[505]

## 2) 비하와 승귀

그리스도의 신분 혹은 인격과 사역은 분리해서 다룰 수 없다. 우리는 위에서 위격적 연합의 실체와 이를 통한 양성의 교통의 여러 양상들을 살펴봄으로써 죽산이 정통적인 한 위격 양성 교리에 서서 그리스도의 중보 사역을 파악하고 있음을 고찰하였다. 성경은 영원하신 하나님의 아들이 인성을 취하여 한 분 인격의 중보자로서 양성에 따라서 대속 사역을 수행하셨음을 가르치고 있다.

오직 영원하신 제2위 로고스 말씀이 전혀 이전의 존영을 감함이 없이 사람이 되셨으므로 루터란이 말하듯이 인성이 그 주체가 될 수 없다.[506] 만약 이를 인정한다면 즉시 슐라이어마허 유파와 같은 범신론적 신화(神化)

---

[502] Bavinck, *Reformed Dogmatics*, 3.308.
[503] 박형룡,『박형룡박사 저작전집 IV, 교의신학 기독론』, 82-84.
[504] Cf. Berkouwer, *The Person of Christ*, 273-275.
[505] 박형룡,『박형룡박사 저작전집 IV, 교의신학 기독론』, 81-82.
[506] 박형룡,『박형룡박사 저작전집 IV, 교의신학 기독론』, 120.

나,[507] 신성이 인성에 따라서 변모 혹은 변형된다고 보는 케노시스주의자들의 인화(人化)로 치달을 수밖에 없을 것이다. 그리하여 참 인성과 참 신성이 모두 부인되는 데 이르게 되고 말 것이다.[508]

죽산은 루터와 그를 잇는 루터란들 그리고 케노시스주의자들이 공통적으로 빠진 오류는 그들이 본성과 속성의 관계를 너무나 이완된 것으로 보며, 위격 안에서의 양성의 연합을 외형적으로나마 주장하는 경우에도 사실상 양성에 속한 속성들의 자체적인 교통을 말함으로써 "칼케돈 신경"에서 수립되었던 정통 교리에 배치된다는 사실에 있음을 분명히 지적한다.[509] 이들은 성육신의 주체를 인성으로 보는 경향이 있으므로 성육신을 인성이 신성과 연합하여 승귀(昇貴)한 것으로 본다. 그리하여 오직 허기(虛己, κένωσις, exinanitio)와 비기(卑己, ταπείνωσις, humiliatio)는 성육신 하신 로고스(λογος incarnatus)에만 관계되는 것으로 여긴다.[510] 이는 그들이 성육신하실 로고스(λογος incarnandus)의 영원하신 인격과 존영을 인정하지 않기 때문이다.[511]

그러나 죽산은 비기와 허기는 오직 신인양성의 위격적 연합 가운데서만 받아들여야 하며 이는 각각이 양성의 연합의 시작과—즉 인성을 취함—양성의 연합의 계속을 보여 준다고 믿는다.[512]

위에서 보았듯이 죽산은 은사의 교통을 두 방면으로 파악하고 있는데,

---

**507** 박형룡, 『박형룡박사 저작전집 IV, 교의신학 기독론』, 120-121.
**508** 박형룡, 『박형룡박사 저작전집 IV, 교의신학 기독론』, 92-101. Cf. H. R. Mackintosh, *The Doctrine of the Person of Jesus Christ* (Edinburgh: T & T Clark, 1912, sec. ed.), 264-272.
**509** 박형룡, 『박형룡박사 저작전집 IV, 교의신학 기독론』, 97, 99.
**510** 박형룡, 『박형룡박사 저작전집 IV, 교의신학 기독론』, 97, 149.
**511** Cf. Heppe, *Reformed Dogmatics*, 452-456.
**512** 박형룡, 『박형룡박사 저작전집 IV, 교의신학 기독론』, 132, 139-140. 위격적 연합 가운데서의 그리스도의 비하와 승귀에 관한 이하 죽산의 논의는 뚤레틴의 글에 전형적으로 나타난다. Cf. 문병호, "프란시스 뚤레틴의 그리스도의 위격적 연합 교리 이해: 칼빈의 계승과 심화라는 측면을 덧붙여," 이상규 편, 『칼빈 이후의 개혁신학자들』 (부산: 고신대학교 개혁주의 학술원, 2013), 222-225.

이는 성육신에서부터 비롯된다고 말한다. 성령의 잉태에 대해서는 신성과 연합하는 인성의 고상한 품격에 맞게 인성이 행위언약의 불이행으로 말미암은 원죄에 속하여서는 안 된다는 당위성과 함께 성령의 성화적 감화가 논의된다.[513]

다만 취택된 인성은 죄는 없지만 타락 전의 상태보다 훨씬 더 저급한 것이었다는 점이 지적된다.[514] 그리고 그 인성에는 은사의 교통에 따른 고귀함이 있었지만 이러한 저급한 상태로부터 자라감 또한 있었으며,[515] 율법에 대한 자원(自願)적이며 대리적인 복종이 있었다.[516] 이러한 비하는 육체와 영혼에 모두 미친다. 그리스도의 고초는 "영혼의 고민"과 "중보적 죄의식"이 따르는 것이었다.[517] 그분의 비하도 이러한 양성의 위격적 연합 가운데서의 비하로 이해된다.[518]

죽산은 비하와 승귀의 주체를 모두 인성으로 보는 루터파와는 달리 이를 신인양성의 인격으로 보는 개혁주의의 입장에 자신이 서 있음을 분명히 천명한다.[519] 부활은 삼위일체 하나님의 사역에 따른 것이나 그 주체는 신적 속성들이 전달된 인성이 아니라 그리스도의 인격이다.[520] 승천도 신인양성의 전(全)위격이 올라가신 것이다.[521] 재위(sessio) 역시 그 주체는 "한 위에 연합하여 계시는 신인(神人)"이시다.[522] 그리스도의 재림 역시 승천

---

513 박형룡, 『박형룡박사 저작전집 IV, 교의신학 기독론』, 146.
514 박형룡, 『박형룡박사 저작전집 IV, 교의신학 기독론』, 149.
515 박형룡, 『박형룡박사 저작전집 IV, 교의신학 기독론』, 150-152.
516 박형룡, 『박형룡박사 저작전집 IV, 교의신학 기독론』, 158-160.
517 박형룡, 『박형룡박사 저작전집 IV, 교의신학 기독론』, 162.
518 박형룡, 『박형룡박사 저작전집 IV, 교의신학 기독론』, 184-185.
519 박형룡, 『박형룡박사 저작전집 IV, 교의신학 기독론』, 186.
520 박형룡, 『박형룡박사 저작전집 IV, 교의신학 기독론』, 194.
521 박형룡, 『박형룡박사 저작전집 IV, 교의신학 기독론』, 209.
522 박형룡, 『박형룡박사 저작전집 IV, 교의신학 기독론』, 222. 그러므로 이러한 이해 가운데 성찬에서의 그리스도의 현존(praesentia)이 논의되어야 한다. 같은 책, 223-224.

과 다를 바 없이 신인양성의 그리스도 "자신"이 주체시다.[523]

## 4. 결론: 개혁주의 위격적 연합 교리의 계승

중보자 그리스도의 신인양성의 위격적 연합 교리는 죽산의 기독론이 정초하고 있는 핵심 가르침이다. 죽산은 이 교리를 통하여 중보자의 인격과 사역을 역동적으로 고찰하고 있다. 그 폭은 종적으로는 영원한 삼위일체 하나님의 창세 전의 구원협약과 이에 따라서 역사적으로 체결된 언약의 성취와 관계되고, 횡적으로는 그 다 이루신 의를 전가하는, 여전한 그리스도의 계속적 중보에 미친다. 죽산은 이러한 가르침을 통하여 중보자 그리스도의 대리적 속죄 사역을 구속사적-구원론적 관점에서 풀어내고 있다. 오직 양성의 위격적 연합에 의해서만 단번에 이루신, 영원한 중보의 구속사적 성취와 지금도 여전한 구원론적 중보가 가능하다.

오직 하나님으로서는 우리의 죄를 대신 전가 받으실 수 없으시며, 오직 사람으로서는 그 전가 받은 죄를 단번에 다 대속하여 모든 사람을 구원에 이르게 하는 권능을 지닐 수가 없다.[524] 그러므로 오직 신인(Θεάνθρωπος)만이 우리의 구속주가 되신다.

본 교리를 다룸에 있어서 죽산은 정통 개혁주의 입장을 굳건히 견지하고 있다. 다만 초대교회의 교부들과 공의회들의 기독론적 논쟁 혹은 담론들, 특히 신화와 페리코레시스 등에 대한 교리사적인 논구가 부족하다는 점과 "ἀνυπόστασις," "ἐνυπόστασις," "*abstratum*," "*concretum*" 등에 대한 심오한 전개도 결여되어 있다는 점은 지적되어야 한다.[525] 그리고

---

[523] 박형룡, 『박형룡박사 저작전집 IV, 교의신학 기독론』, 226.
[524] 박형룡, 『박형룡박사 저작전집 IV, 교의신학 기독론』, 66-69, 346-349.
[525] 이러한 논의들에 대해서, Oliver D. Crisp, *Dinivity and Humanity* (Cambridge: Cambridge University Press, 2007), 1-89.

영원한 나심과 성육신을 함께 파악하는, 삼위일체론과 기독론을 연결시키는 작업과 무엇보다도 오늘날 학계에서 회자되는 "칼케돈 신경"의 정통성에 대해서 좀 더 상세한 언급이 요구된다고 보인다.[526]

그럼에도 불구하고 본 교리를 다룸에 있어서 죽산은 위격적 연합을 단지 신성과 인성의 관계에만 제한시키지 않고 그 구속자적-구원론적 의미를 함께 파악하고자 했다는 점에서 개혁주의 언약신학과 속성교통론을 함께 묶어 낸 현격한 특징을 노정하고 있다. 그리하여 구속의 의를 다 이루신 유일하신 중보자가 지금 나를 위해 중보하고 계시다는 지평을 지니게 되었다. 이는 성도의 그리스도와의 연합의 교리적 단초가 되기도 한다.[527]

이하에서 우리는 우리가 지금까지 다룬 중보자 그리스도의 신인양성의 위격적 연합과 사역 그리고 양성의 교통에 대한 죽산의 이해를 일목요연하게 파악할 수 있다.

> 그리스도의 위는 신적이시므로 그의 사역의 주체는 그의 신위(神位)이시다. 그의 신성과 인성은 그의 신적 위에 연합한 것이다. 영원부터 하나님 안에 한 신적 위이시던 성자께서 인성을 취하시어 이성(二性)의 연합을 이루신 것이다. 그리스도 안에는 오직 한 위, 변치 않으시는 성자 로고스가 계신다. 그러므로 중보적 사역의 수행에 그의 모든 행동들과 수난들은 신적 위(divine person)의 그것들이었다. 영광의 주께서 십자가에 못 박히셨고 하나님의 아들이 '자기의 영혼을 버려 사망에 이르게' 하셨다. 이것이 성경의 교리라는 것이 분명하니,

---

[526] 이에 관한 논의에 관해서, Fred Sanders & Klaus Issler, ed., *Jesus in Trinitarian Perspective* (Nashville: B & H Academic, 2007), 2-153.

[527] 이러한 점은 초대교회의 아타나시우스와 알렉산드리아의 키릴에 있어서 뚜렷이 나타난다. Cf. Thomas F. Torrance, *Theology in Reconciliation: Essays towards Evangelical and Catholic Unity in East and West* (Grand Rapids: Eerdmans, 1975), 156-185, 215-266.

① 성경은 그의 행동들의 효과와 능력, 그의 말씀들의 진실과 지혜, 그의 수난들의 가치를, 그것들이 육신으로 나타나신 하나님의 행동들, 말씀들, 수난들이었다는 사실에 돌린다. 그것들은 태초로부터 하나님과 함께 계셨고, 그 자신이 하나님이셨고, 만물을 창조하셨고 그로 말미암아 만물이 지은 바 된 그 동일하고 같은 위에게 술정(述定)된다.

② 만일 그리스도의 중보자 사역이 그의 인성에 독점적으로 속하면, 다른 말로 하여 그가 사람만으로 우리의 구주시라면 우리는 인생적인 구주를 가진 것이요 복음의 모든 영광, 능력, 충족성은 다 떠나간다.

③ 사역의 성질을 보면, 타락한 사람들의 구속은 신적 위만이 감당할 수 있는 사역이다. 그리스도의 선지직은 그가 지혜와 지식의 모든 보화를 소유하셨다는 것을 추측하며, 그의 제사적 사역은 그의 사역을 유효하게 하기 위하여 하나님의 아들의 존엄을 요하였으며, 신적 위만이 중보로서의 그리스도에게 위임된 주관권(主管權)을 능히 행사하실 수 있었다. 영원한 성자만이 능히 우리를 사단의 속박으로부터, 죄의 멸망으로부터 구출하시고 죽은 자를 살리시고 영생을 주시고 그와 우리의 모든 원수들을 정복하실 수 있었다. 우리가 수요(需要)하는 구주는 다만 거룩하시고 죄 없으시고 순결하시고 죄인들로부터 분리되신 자이실 뿐 아니라 또한 '하늘보다 높으신' 자이다.[528]

---

[528] 박형룡, 『박형룡박사 저작전집 IV, 교의신학 기독론』, 236-237.

# 제7장 박윤선의 언약신학:
## 개혁신학의 성경신학적 적용

## 1. 서론: 주제의 적합성

개혁주의 언약사상을 조직신학적 관점에서 다루는 것은 낯선 작업이 아니다. 언약사상을 개혁주의로 한정하여 개념화하는 자체가 이미 조직신학적이라고 할 수 있기 때문이다.

그러나 정암 박윤선 박사의 작품들에 나타난 개혁주의 언약사상을 조직신학적 관점에서 추구하는 것은 그리 여상치 않다. 우선 정암 자신이 조직신학적 논구를 정치하게 추구했는지에 대한 질문이 놓여 있다. 신약신학을 조직신학에 연결시켜 개혁신학을 한결 심오하고 부요하게 만든 학자들로서 게르할더스 보스(Geerhardus Vos), B. B. 워필드, 존 그레섬 메이천, 존 머레이(John Murray), 오늘날 로버트 레이몬드(Robert L. Reymond) 등을 쉽게 떠올릴 수 있다. 이들이 추구한 것은 성경적 조직신학이라고 불리기도 한다.

과연 정암도 이들과 함께 분류될 수 있는가?

오히려 정암은 조직신학의 체계적·종합적 방법을 빌어 성경신학을 역동적으로 구축했다고 보는 것이 적합하지 않겠는가?

물론 성경 전권을 일생을 통하여 주석한 어느 학자가 있다고 할 때, 그는 항상 성경신학자일 필요는 없다. 어거스틴의 성경주해들이나 마틴 루터와 존 칼빈의 주석들 그리고 찰즈 핫지의 로마서 주석 등은 가장 심오한 교의학자들의 작품들이었다. 정암이 우리 손에 넘겨 준 책들은 대부분 주석들이다. 그러나 여전히 강단에 서 계신―이미 고인이 되셨지만― 그분을 우리는 고매한 조직신학자로 여긴다. 정암에 대한 이러한 시각이 본 장의 관점이라고 할 것이다. 그것은 정암의 주석으로부터 조직신학의 강의를 듣는 것이다.

정암이 전개한 조직신학은 필생의 강의안 『개혁주의 교리학』에 일목요연하게 잘 정리되어 있다. 이 책은 그가 일생 동안 주석한 성경을 교리별로 체계적으로 정리한 유작이다.[529] 그리고 단행본으로 출간된 『성경신학』에도 주요한 몇몇 교리들이 소개되어 있다. 여기에서는 게르할더스 보스, 헤르만 리델보스(Herman N. Ridderbos) 등에 의지하여 "계시사적 연구"를 수행하고 있다.[530] 이 두 권의 책은 정암의 방대한 주석들에 전개된 사상적 골격을 보여 주므로 본 장에서도 길잡이 역할을 한다.

본 장 "2. 개혁주의 언약사상"에서는 개혁주의 언약사상이 무엇인지를 간략하게 고찰한다. 그리하여 본 장의 관점을 수립한다. "3. 정암이 전개한 '계약론'의 체제"에서는 몇몇 글과 주석에 전개된 언약에 대한 정암의 입장을 조직신학적 관점에서 논의한다. "4. 언약의 열매: 그리스도와의 연합으로서의 영생"에서는 이러한 정암의 언약신학이 주석에 어떻게 반영되어 나타나는지를 고찰한다. 마지막으로 결론적인 고찰을 한다.

---

[529] 박윤선, 『개혁주의 교리학』 (서울: 영음사, 2003), "머리말," 7.
[530] 박윤선, 『성경신학』 (서울: 영음사, 1981), "머리말," 3.

## 2. 개혁주의 언약사상

### 1) 구원협약

창세 전에 삼위 하나님은 하나님의 아들을 구원중보자로 정하시고 그의 성육신과 속죄 제사를 통해서 인류를 구원하시기로 서로 간에 협약하셨다. 학자들은 이를 화란 신학자 요한네스 콕체우스의 예에 따라서 "구속언약(救贖言約, pactum salutis)"이라고 일컬었다. 그러나 대체로 그들은 이를 또 다른 언약이 아니라 "은혜언약(pactum gratiae)"의 영원하며 확고한 기초가 되는 "구속협약(救贖協約, consilium salutis)"으로 이해하였다.[531] 왜냐하면 언약은 하나님과 사람 가운데 역사상 체결되는 것으로서 삼위 하나님이 내적으로 영원히 정하신 구원의 협약과는 본질적으로 다르기 때문이다.[532]

성경에는 이러한 구원협약이 성자를 선택받은 자의 머리와 구주로 삼으시는 성부와, 성부께서 자기에게 주신 자들을 자원하여 대신하시는 성자 사이에 맺어진 영원한 협정으로 자주 나타난다(엡 1:3-14; 3:11; 살후 2:13; 딤후 1:9; 약 2:5; 벧전 1:2).

하나님은 사람을 지으시기 전에 구원을 계획하셨다. 그리하여 제2위 하나님을 구원자로, 그분의 대속을 구원방식으로, 무조건적인 선택으로 선택된 사람들을 구속백성으로 정하셨다. 삼위일체 하나님은 창세 전에 창조의 협약을 하셨듯이(창 1:26), 구원의 협약도 그리하셨다. 그것은 역사상 인류와 은혜언약을 체결하시고 아들을 통한 전적인 은혜로 그들을

---

[531] 프란시스 뚤레틴, 하인리히 헤페, 찰스 핫지, A. A. 핫지(A. A. Hodge), 윌리엄 쉐드(William G. T. Shedd), 게르할더스 보스, 헤르만 바빙크, 루이스 벌코프 등의 입장이 이러하였다.

[532] Heppe, *Reformed Dogmatics*, 375-383; Bavinck, *Reformed Dogmatics*, 3.213-214.

구원하시기 위한 삼위일체 하나님의 영원한 작정이었다.[533]

구원협약은 타락이 전제되지만 영원한 협약이다.[534] 이에 대하여 칼빈은 다음과 같이 단언한다.

> 확실히 마치 시간상 아담의 타락이 하나님의 작정보다 앞서듯이 전제되지는 않는다. 오히려 나타난 것은 하나님이 인류의 비참을 치료하고자 원하셔서 만세 전에 결정하신 것이었다.[535]

이러한 삼위 하나님의 협약에 따른 계획이 역사상 계시되고 성취된다.[536] 언약은 하나님이 이러한 경륜에 대해 사람의 대표와 맺은 약속이다.

---

[533] Bavinck, *Reformed Dogmatics*, 3.214-215.
[534] 대체로 학자들은 타락전예정설이 칼빈에 의해서 주창되었으며 테오도르 베자(Theodore Beza)에 의해서 체계화된 것으로 받아들인다. Cf. Heppe, *Reformed Dogmatics*, 147-148; Joel R. Beeke, "Did Beza's Supralapsarianism Spoil Calvin's Theology?" *Reformed Theological Journal* 13 (1997), 58-60.
[535] *Inst.* 2.12.5(*CO* 2.344): "[Hic] certe non praesupponitur Adae lapsus quasi tempore superior; sed quid ante saecula statuerit Deus ostenditur, quum mederi vellet humani generis miseriae." 그러나 찰스 핫지는 이 부분에 있어서 칼빈의 입장이 모호하다고 말한다. Hodge, *Systematic Theology*, 2.316. 이러한 주장은 칼빈이 선택에 있어서는 "무조건적인 은혜(*gratia immerita*)"를 말하지만 유기는 "마땅한 형벌(*poena debita*)"에 따른 것이라고 말하고 있는 점(*Inst.* 3.23.8, *CO* 2.705) 때문에 종종 제기된다. 그러나 칼빈은 선택이 무조건적이라면 유기도 무조건적이라는 점을 누차 강조한다. 다만 유기에 따른 보응은 사람이 자초한 형벌로서 마땅하고 사람들은 이를 불평할 수 없다고 보는 것이다.
[536] 구원협약이 삼위 하나님 사이의 구원의 작정이라면, 구원의 계획(the plan of salvation)은 하나님의 구속경륜(an economy of redemption)이라고 불린다. 이를 성경은 "때가 찬 경륜(οἰκονομια τοῦ πληρώματος τῶν καιρῶν)"(엡 1:9) 혹은 "비밀의 경륜(οἰκονομια τοῦ μυστηρίου)"(엡 3:9)이라고 하며 하늘에 있는 것이나 땅에 있는 것이나 그리스도 안에서 다 통일하게 하려는 계획(엡 1:10)으로 설명된다. "구원의 계획"에 관하여, Warfield, *The Plan of Salvation*; Hodge, *Systematic Theology*, 2.313-324; Berkhof, *Systematic Theology*, "Systematic Theology," 118-125.

## 2) 행위언약

행위언약은 아담을 머리로 하나님이 인류와 맺은 첫 번째 언약이다. 여기에서 하나님은 아담의 순종을 조건으로 영생을 약속하셨다. 콕체우스는 "행위언약(*foedus operum*)"이 자연 상태의 인간에게 자연법의 형태로 주어졌기 때문에 "자연언약(*foedus naturae*)"이라고 부를 수도 있다고 보았다.[537] 그러나 행위언약은 자연법의 연장이 아니라 하나님이 말씀으로 특별히 세우신 것이다(창 2:16-17).

개혁신학자들은 대체로 행위언약을 인정한다.[538] 아담의 죄로 인하여 모든 사람이 사망의 형벌을 받고 전적으로 무능하고 전적으로 부패한 상태로 태어난다는 원죄에 대한 이해가 결여되어 있다면 행위언약의 교리는 무익하다. 하나님은 자연적인 관계를 넘어서서 언약적인 관계를 수립하시고 아담을 인류의 대표로 여겨 특별한 명령을 하셨다. 아담이 순종할 경우에 그의 모든 후손은 영생을 누리는 약속을 보장받았다. 비록 행위가 요구되었으나 그것은 창조주의 계속적인 은혜를 드러내었다.[539]

---

[537] Heppe, *Reformed Dogmatics*, 281, 284: "Man who comes upon the stage of the world with the image of God, exists under a law and a covenant, and that a covenant of works(Homo, qui in mundi proscenium prodiit cum imagine Dei, sub lege et foedere et quidem foedere operum exstitit)."; "So far as the covenant of works rests upon the law of nature, it may be called the covenant of nature(Foedus operum, quatenus lege naturae nititur, foedus naturae appellari potest)." 라틴어 원문 출처는 다음과 같다. Heinrich Heppe, *Schriften für reformirten Theologie*, vol. 2, *Die Dogmatik der evangelisch-reformirten Kirche* (Elberfeld: Verlag von R. L. Friderichs, 1861), 207, 208.

[538] Heppe, *Reformed Dogmatics*, 281-300; Bavinck, *Reformed Dogmatics*, 2.564-571, 3.224-228; Turretin, *Institutes of Elenctic Theology*, 2.575-580(15.12.1-5, 20); Berkhof, *Systematic Theology*, "Systematic Theology," 211-218.

[539] Cf. Bavinck, *Reformed Dogmatics*, 3.225: "It[the covenant of works] was his condescending goodness, and thus also grace in a general sense, that prompted him to grant this covenant to human beings." 헤르만 바빙크는 행위언약을 통하여 하나님이 사람을 "자연인"에서 "언약인"으로 고양시키고 그 본연의 소명을 이룰 기회를 주신 것으로 적극적으로 파악한다. Idid., 572-579.

행위언약에 관해서 율법의 요구가 있고 조건적인 약속이 있는 한 그것은 여전히 유효하다는 입장이 있다(레 18:5; 롬 10:5; 갈 3:12).[540] 반면에 타락한 이후에는 영생을 얻는 수단으로서 그 효력을 상실했다거나 중보자 그리스도가 첫 언약의 요구 조건을 충족시켰기 때문에 이제는 더 이상 효력이 없다는 견해가 있다.[541]

아담과 맺은 행위언약은 그 불순종으로 폐기되었지만, 언약을 성취하기 위해서는 순종의 행위가 필요하다는 하나님의 의는 여전히 유효하다. 왜냐하면 은혜언약은 행위언약을 은혜로 이루시겠다는 약속이며, 주님이 언약의 당사자가 되시는 새 언약은 은혜언약의 약속의 수행으로서 행위언약의 성취이기 때문이다. 성도는 최후의 심판 때에 행위언약의 "정죄"를 면하게 되나 "행위계약의 대상자의 관계"가 도말되는 것은 아니다.[542]

### 3) 은혜언약

아담의 타락 후 하나님이 인류와 맺은 모든 언약은 은혜언약이다. 은혜언약은 주님의 새 언약을 바라볼 뿐, 그 자체로 종결적인 성취는 없다. 타락한 인류는 아무도 스스로 언약의 실체적 조건을 만족시킬 수 없게 되었기 때문이다.

신·구약을 통하여 "언약을 맺다(כָּרַת בְּרִית, ὅρκια τεμνειν, *foedus ferire*)"라는 표현은 언약이 피로 세운 생명의 약정(레 17:11; 히 9:22)임을 특징적으로 보여 주고 있다.[543] 언약(בְּרִית, διαθήκη)은 상호 합의에 기초하나 약자를 향한 은혜로운 수여의 경우에는 베푸는 자의 일방적인 규율(חֹק)을 의미

---

[540] Cf. Berkhof, *Systematic Theology*, "Systematic Theology," 218.
[541] Cf. Chul-won Suh, "A New Thought on Covenant Doctrine," 98-127.
[542] 박윤선, 『성경주석 고린도 전후서』 (서울: 영음사, 1962), 332.
[543] Cf. Bavinck, *Reformed Dogmatics*, 3.203.

한다. 언약의 시행에 신실하신 분이 전능하신 하나님이시므로 그 약속은 변개되지 않을 뿐 아니라 항상 이루어진다.

은혜언약에 있어서 쌍방적(bilateral) 약속은 일방적(unilateral) 은혜에 기초한다. 그것은 하나님과 사람이 함께(עִם) 맺거나 하나님과 사람 사이에 (בֵּין) 맺어진 것일 뿐 아니라 하나님이 사람을 위하여(לְ) 맺으신 것이다. 은혜언약의 인간 당사자는 그 약속의 수혜자로 선다. 그는 조건을 성취함으로써 은혜의 자리에 이르는 것이 아니라 은혜 가운데 조건의 성취를 맛본다. 은혜언약이 닻을 내리는 곳은 오직 하나님의 긍휼이다.[544] 은혜언약은 진노하신 하나님과, 죄를 범했으나 택함을 받은 죄인 사이에 (갈 3:15-18) 맺어진 은혜로운 협정이다.

행위 자체의 공로를 구원의 조건으로 삼는 펠라기우스주의자들, 믿음을 행위에 이르는 공로로 여기는 알미니우스주의자들이나 로마 가톨릭주의자들, 믿음 자체의 공로를 운위하는 루터의 신학을 따르는 사람들에게는 영원한 구원협약에 따른 역사적 은혜언약의 경륜이 올바르게 추구되지 않는다.

반면에 어거스틴과 칼빈의 맥을 잇는 개혁주의자들은 예수 그리스도에 대한 믿음을 언약의 조건(*conditio*)으로 여기기는 하지만 그것에 등가성—혹은 이러한 뜻으로서 조건성—이 있다고 말하지는 않는다.[545] 이는 믿음이 구원의 질료인(*causa materialis*)이 아니라 형상인(*causa formalis*) 혹은 도구인(*causa instrumentalis*)이라고 여기기 때문이다.[546] 믿음은 언약의 조건이 되나, 믿음은 오직 하나님이 택한 백성에게 주시는 은혜의 선물이므

---

[544] Bavinck, *Reformed Dogmatics*, 3.203-204.
[545] Cf. Lillback, *The Binding of God*; James B. Torrance, "The Concept of Federal Theology—Was Calvin a Federal Theologian?," 15-40; Hoekema, "The Covenant of Grace in Calvin's Teaching," 133-161.
[546] *Inst.* 3.14.17, 20-21(*CO* 2.575-576, 577-579).

로 언약을 쌍무계약으로 만드는 것은 아니라고 본다.[547] 은혜언약은 무조건적이다. 다만 믿음이 그리스도와 생명의 교제를 나눔에 있어서 필요불가결한 조건이다(*conditio sine qua non*).

칼빈이 강조했듯이, 신·구약에 있어서 은혜언약의 실체(*substantia*)는 그리스도로서 동일하다. 다만 그 역사하는 경륜(*oeconomia, dispensatio, administratio*)이 다를 뿐이다.[548] 신·구약 백성 모두는 자신들의 공로가 아니라 오직 그들을 부르신 하나님의 자비에 의한 언약을 믿었으며, 그 경륜의 성취자로서 중보자 그리스도를 믿었다.[549]

칼빈은 아담에게 주어진 "구원의 첫 약속(*prima salutis promissio*)"은 연약한 불꽃같이 희미했지만, "자비의 언약(*misericordiae foedus*)"은 아브라함, 이삭, 야곱 등과 맺은 언약들과 선지자들의 예언을 통하여서, 즉 그리스도에 의한 은혜의 충만한 계시의 때가 다가옴에 따라서 점점 더 명료하게 드러났다는 점을 지적한다.[550] 신·구약 백성들에게 그리스도는 "그들 자신의 언약의 보증(*foederis sui pignus*)"이었다.[551] 이러한 더 좋은 언약의 보증이신(히 7:22) 주님이 친히 그 언약의 머리가 되셔서(롬 5:12-21; 고전 15:22) 새 언약을 체결하셨다.

### 4) 새 언약

구원협약은 모든 일을 함께하시는(同事) 삼위일체 하나님의 경륜을 이루는 영원한 작정이다. 구원협약에 의해서 성자는 "새 언약(*foedus novum*)"

---

[547] Cf. Hodge, *Systematic Theology*, 2.354-357.
[548] *Inst.* 2.11.1(*CO* 2.329); Turretin, *Institutes of Elenctic Theology*, 2.237-244(12.8.18-9.10); Bavinck, *Reformed Dogmatics*, 3.223.
[549] *Inst.* 2.10.2, 4(*CO* 2.314, 315).
[550] *Inst.* 2.10.7-22(*CO* 317-328). 인용 2.10.20(*CO* 2.326).
[551] *Inst.* 2.10.23(*CO* 2.328).

을 세우시고 구원중보자가 되셨다. 새 언약(렘 31:31-33)은 행위언약과 은혜언약의 성취로서 예수 그리스도가 제자들과 자신의 피로 세우신 언약이다(마 26:26-28; 막 14:22-24; 눅 22:15-20; 히 7:21; 8:6-13; 9:11-15; 12:24). 그것은 제사장이 스스로 제물이 되셔서 자신을 드림으로써 조건을 성취하는 언약—아버지와 우리 사이에서 중보하시는 중보자의 언약이었다(히 8:6-13; 9:15; 12:24; 13:20).

새 언약의 피로 주님은 구약의 모든 은혜언약의 약속들을 성취하셨다. 노아와 맺은 피조물에 관한 언약(창 9:8-11), 아브라함과 맺은, 믿음으로 자녀가 되며 또한 그 가운데 누리는 복에 관한 언약(창 12:1-3; 17:2, 4-8), 모세와 맺은 율법의 언약, 즉 하나님의 백성으로서 거룩해지는 삶의 언약(출 19:5-6; 레 26:9) 등 구약에 계시된 200번이 넘는 언약의 약속들이 주님의 새 언약으로 십자가에서 다 이루어졌다(요 19:30). 모세와 맺은 언약은 율법에 대한 순종을 조건으로 하지만 그 성취는 그리스도의 은혜에 놓여 있다. 그러므로 그것은 행위언약의 조건을 확인하는 은혜언약이다.[552]

새 언약을 성취하신 주님의 의가 우리에게 전가되었다. 주께서 친히 성령을 부어 주시고(행 2:33) 이제 우리 안에 들어와 사신다(요 14:17; 갈 2:20). 그리하여 그리스도의 영을 받은 자마다 그와 함께 하나님의 자녀가 되고 또한 상속자가 된다(롬 8:9, 17). 그리고 그리스도의 이름으로 무엇이든지 구하여 얻게 되는 특권을 누린다(요 14:13-14; 15:7). 새 언약의 성취로 말미암아 주님은 또 다른 보혜사로 우리 안에 들어오셔서 영원한 임마누엘이 되셨다(요 14:16; 마 1:23).[553] 주님은 모든 언약을 다 이루심으로 아담의 인성에 속한 우리를 자신이 취한 인성으로 이끌고자 하셨다.[554]

---

[552] Cf. Turretin, *Institutes of Elenctic Theology*, 2.224-227(12.7.24-30), 263-269(12.12.5-25); Heppe, *Reformed Dogmatics*, 398-402.
[553] Bavinck, *Reformed Dogmatics*, 3.223-224.
[554] Bavinck, *Reformed Dogmatics*, 3.226-227.

칼빈과 그를 잇는 개혁신학자들은 새 언약을 다룸에 있어서 두 가지 측면을 함께 고려한다. 중보자 그리스도는 아버지를 향해서는 모든 것을 순종해야 하는 행위언약의 당사자였다. 그리고 우리를 향해서는 그 이루신 의를 거저 전가해 주시는 은혜언약의 당사자였다. 그리하여 가장 값진 것을 거저 주신 그리스도의 은혜가 부각된다. 우리에게 전가되는 주님의 공로는 모태에서 조성되시는 성육신의 비하에서부터, 다 이루었다고 선포하시는 죽음까지의 모든 행하신 순종(*obedientia activa*)과 당하신 순종(*obedientia passiva*)을 포함한다.

그러므로 칼빈이 언약의 조건으로서 요구되는 순종에 대해서 등한시한 반면 오직 울리히 츠빙글리와 하인리히 불링거로 이어지는 취리히 신학자들은 강조했다고 주장하는 것은 바람직하지 않다.[555] "두 가지 개혁주의 전통(two Reformed traditions)"이 별도로 존재하지 않는다.[556] 칼빈은 행위언약의 조건이 이제는 그 불순종에 대한 형벌과 함께 주님께 전가되었다는 사실과 주께서 그 모든 의를 다 이루심으로 우리가 죄 사함과 의의 전가를 동시에 받게 된다는 것을 누차 강조하였다.[557]

우리는 새 언약이 행위언약의 수행이며 은혜언약의 성취라는 측면을 함께 강조함으로써, 신·구약이 실체에 있어서는 동일하나 경륜에 있어서는 다양하다는 사실과 함께 언약의 실체인 그리스도의 대속의 속죄론적

---

[555] Cf. Baker, *Heinrich Bullinger and the Covenant*, 34-39, 193-215; "Heinrich Bullinger, the Covenant, and the Reformed Tradition in Retrospect," 359-376; Letham, "Faith and Assurance in Early Calvinism: A Model of Continuity and Diversity," 355-384.

[556] Cf. Bierma, "Federal Theology in the Sixteenth Century: Two Traditions?," 304-321; Muller, *The Unaccommodated Calvin*, 155.

[557] Cf. Lyle D. Bierma, *German Calvinism in the Confessional Age: The Covenant Theology of Caspar Olevianus* (Grand Rapids: Baker, 1996), 150-153; Richard A. Muller, "The Covenant of Works and the Stability of Divine Law in Seventeenth-Century Reformed Orthodoxy: A Study in the Theology of Herman Witsius and Wilhelmus à Brakel," *Calvin Theological Journal* 29 (1994), 97.

의미를 함께 추구하게 된다. 학자들은 대체로 신·구약의 실체적 동일성과 경륜적 다양성에만 몰두하며 언약을 단지 약속의 계시로만 보는 경향이 농후하였다. 그러나 언약은 약속과 성취, 그리고 성취의 가치를 함의하는 포괄적인 개념이다. 언약의 이러한 측면이 칼빈에 의해서 개진되었다. 그리하여 언약이라는 개념으로 영원한 구속의 경륜과 성취, 그 의의 전가로 말미암은 구원, 그리고 구원받은 성도의 삶이 함께 거론되었다.[558]

## 3. 정암이 전개한 "계약론"의 체제

정암은 언약(*foedus, pactum, testamentum*)을 주로 "계약"이라고 부른다. 성경적 용례를 좇아서 "언약"이라고 할 때도 있으나 대체로 "계약"이라는 말을 쓴다. 이는 라틴어 "*pactum*"에 대한 자구적 번역에 염두를 둔 것이 아닌가 사료된다. 정암은 자기의 책『성경신학』에서 "계약론"이라는 이름으로 언약에 대한 개괄적인 고찰을 하고 있다.[559] 그런데 이 부분은 정암의 이사야 55:3 주석에 부기한 설명과 거의 대동소이하다.[560] 또한 그 대동소이한 내용이『개혁주의 교리학』에 나타난다.[561] 여기에서는 이 세 권의 책을 중심으로 주요한 주석들을 참조하여 정암이 추구한 "계약론"

---

[558] 이러한 개혁주의 언약신학은 그리스도의 중보를 구속사적-구원론적 관점에서 파악하는 가운데서 율법의 약속의 성취로서의 복음을 논하고, 복음의 의로 말미암아 그리스도의 당하신 순종과 행하신 순종의 공로를 모두 자신의 것으로 여김을 받게 된 성도들이 율법에 계시된 하나님의 뜻대로 순종하는 삶을 추구하는 자리에 선다는 고유한 인식에 이르게 된다. Cf. Moon, *Christ the Mediator of the Law*.

[559] 박윤선,『성경신학』, 131-141. 다음 논문은 이 부분을 정리하여 소개하고 있다. 유영기, "계약신학적 입장에서 본 박윤선 신학,"『박윤선의 생애와 사상』(서울: 합동신학교 출판부, 1995), 152-172, 특히 152-165.

[560] 박윤선,『성경주석 이사야서』(서울: 영음사, 1964), 528-536.

[561] 박윤선,『개혁주의 교리학』, 193-195, 224-233.

의 체제를 고찰한다.

### 1) 계약의 의의와 가치

정암은 헤르만 바빙크를 인용하여 종교의 실체를 계약에서 찾는다.

> 진정한 종교는 계약(혹은 약속) 이외의 다른 것이 아니다. 진정한 종교는 하나님께서 자기를 낮추시고 인간에게 찾아오시는 은덕에 근원을 가진다. 진정한 종교의 이 성격은 인조(人祖)의 타락 전후를 물론하고 있어 온 것이다. 인간은 피조물일뿐더러 타락한 죄인인 만큼 하나님 앞에 나아갈 자격과 권리를 가지지 못하였다. 그러나 하나님께서 그 자비의 덕에 의하여 인간을 찾아 오셔서 말씀하실 때에 비로소 진정한 신인교통(神人交通)이 열리며 계약 관계가 성립되는 것이다. 이것이 성경에서 말하는 그대로의 신인 관계이다.[562]

정암은 기독교가 구원의 종교인 것은 "하나님께서 인간에게 맺어 주신 계약"이 있기 때문이라고 말한다.[563] "계약"은 하나님이 인간을 찾아오시는 "신인교통"의 방식이다. 그것은 신인과의 "관계"를 총칭한다. 그러므로 계약은 타락 전과 후를 통하여 지속되었다.

> 하나님의 계약행위(契約行爲)란 것은 사람이 하나님을 찾음이 아니고, 하나님이 사람을 찾음이다.[564]

---

562 박윤선, 『성경주석 이사야서』, 528. Cf. 『성경신학』, 132-133; 『개혁주의 교리학』, 224.
563 박윤선, 『성경신학』, 133-134.
564 박윤선, 『성경주석 사도행전』(서울: 영음사, 1961), 255.

정암은 신인 간의 계약은 그 자체로 다음의 의미를 지닌다고 본다.

첫째, 계약으로 인해서 우리는 하나님이 내리시는 축복에 대한 믿음과 소망을 가지게 된다.

둘째, 계약으로 인해서 우리는 우리를 거룩하게 빚어 가시는 하나님의 말씀을 듣게 된다.

셋째, 계약은 하나님이 친히 자신을 낮추셔서 우리에게 주신 약속이기 때문에 그것은 필히 그분 자신이 이루신다는 위로가 우리에게 주어진다.[565]

넷째, 사람들의 종교 윤리적 성격을 시험해 보는 도구로서 계약이 필요하다. 계약을 통하여 하나님의 명령을 듣고, 이를 수행하며, 그 결과를 참고 기다림으로 궁극적으로 하나님의 품성을 닮아가게 된다.[566]

정암은 이러한 계약을 "행위계약"과 "은혜계약"으로 나눈다. 그리고 구약의 은혜계약과 신약의 은혜계약을 나누어 각각을 "구계약"과 "신계약"이라고 부른다. 신계약은 우리가 말한 새 언약에 해당한다. 그리고 이러한 계약에 대한 하나님의 창세 전의 작정을 "영원한 계약"이라고 부른다.

### 2) 영원한 계약

정암은 우리가 위에서 살펴 본 "구원협약(pactum salutis)"을 "영원한 계약"이라고 부른다.

> 삼위일체(三位一體) 안에서 영원 전에 서로 계약하신 대로 인류를 구속하실 계획이 있었으니, 그것이 곧, 영원한 계약(pactum salutis)이요, 이 영원한

---

[565] 박윤선, 『성경주석 이사야서』, 530; 『성경신학』, 134; 『개혁주의 교리학』, 225-226.
[566] 박윤선, 『성경신학』, 82.

계약에 뒤이어 역사상에 나타난 것은, 행위계약(行爲契約)과 은혜계약(恩惠契約)이다.[567]

우리가 개혁주의 언약사상을 다루면서 보았듯이 학자들은 대체로 구원협약을 은혜언약에만 연관시킨다. 그러나 정암은 여기서 "영원한 계약"이 은혜계약과 함께 행위계약의 원형도 된다고 여기고 있다. 이러한 이해는 우리로 하여금 정암이 계약을 하나님과 인류 사이의 관계 자체로 폭넓게 이해하고 있다는 사실을 상기하게 한다.

이러한 관점에 서게 되면 타락전예정설을 좀 더 용이하게 설명하고 모든 언약을 일괄적으로 구원의 경륜에 포함시키는 데 유익함이 있다. 다만 구속에 관한 작정으로서 구속주, 구속방식, 구속백성을 정한 삼위 서로 간의 영원한 구원의 협약, 즉 "영원한 계약"이 과연 구속과 무관한 "행위계약"과 본질상 연결될 수 있는가에 대한 질문은 여전히 남는다. 이는 정암이 성경신학적 일관성을 추구하는 가운데서 조직신학적 엄밀함을 놓쳐 버린 한 예라고 볼 것이다.

영원한 계약을 이렇게 이해하는 입장에서 정암은 역사적 구속 사역이 창세 전에 미리 결정된 것이 분명하다고 말하며 그 은혜는 신약 성도들뿐만 아니라 구약 성도들에게도 미친다고 말한다. 그리고 그 증거가 되는 구절들을 열거하면서, 하나님의 무조건적인 선택의 은혜가 그리스도의 대리적 속죄의 공로로 창세 전에 작정되었음을 강조한다(시 89:3; 사 42:6; 눅 22:29; 요 5:30, 43; 6:38-40; 17:4-12, 24; 행 13:33; 롬 5:12-21; 고전 15:22; 엡 1:4; 3:11; 살후 2:13; 딤후 1:1; 히 1:5; 5:5; 10:5-7, 18; 약 2:5; 벧전 1:2).[568]

정암은 바빙크를 인용하면서 영원한 계약이 없다면 은혜계약은 단지 허공에 떠 있을 뿐이라고 말함으로써, 노아와 아브라함이나 이스라엘과

---

[567] 박윤선, 『성경주석 이사야서』, 530-531; Cf. 『성경신학』, 138.
[568] 박윤선, 『개혁주의 교리학』, 227.

의 약정에 앞서서 창세 전에 그리스도를 구속자로 정하신 "삼위일체의 의론(議論)"이 있었다는 사실을 강조한다. 정암은 영원하신 하나님의 아들의 존재와 그의 대속의 예언 자체를 들어서 이를 확정한다. 그리하여 그리스도는 중보자로서 아들로 불렸으며(시 2:7), 또한 하나님의 종이라고 여겨진 점(사 53:4-11)이 거론된다. "아들의 중보가 영원 전부터 의정(議定)되신 것이 사실이다"라는 점이 정암이 서 있는 계약론의 기반이 된다. 정암은 아들의 영원한 존재 자체로부터 영원한 구속경륜의 증거를 이끌어 낸다(사 42:1; 43:10; 마 12:18; 눅 24:26; 행 2:23; 4:28; 벧전 1:20; 계 13:8).[569]

### 3) 행위계약

정암은 "행위계약"을 "하나님께서 아담을 인류의 대표자로 상대하시고 세우신 것인데 그가 하나님의 명령을 순종하면 영생을 얻도록 된 것"이라고 말한다.[570]

정암은 바빙크를 인용하면서 창세기 2:16-17에서 하나님이 주신 명령은 그 사건의 본질에 있어서 계약이라고 주장한다. "네가 먹는 날에는 정녕 죽으리라"는 말씀에는 미래의 일을 조건부로 삼아 약속을 성취하고자 하는 계약적 요소가 있다. "정녕"이라는 말이 이러한 "진실성(확실성)"을 확고하게 보여 준다.[571] 호세아 6:7, "그들은 아담처럼 언약을 어기고"라는 말씀은 이를 확정한다. 그들이 어긴 것은 "과연 하나님을 알며 사랑하는 여부(與否)를 알아보시려는 시험의 언약이었다."[572]

정암은 행위계약을 다음과 같이 파악하고 있다.

---

[569] 박윤선, 『성경신학』, 535-536.
[570] 박윤선, 『성경신학』, 138; Cf. 『성경주석 이사야서』, 531; 『개혁주의 교리학』, 228.
[571] 박윤선, 『개혁주의 교리학』, 193-194.
[572] 박윤선, 『성경주석 소선지서』 (서울: 영음사, 1962), 45.

첫째, 행위계약에서 하나님은 아담을 "인류의 대표"로 삼으셨다(롬 5: 12-14).

둘째, "계명에 대한 순종(행위)"를 요구하셨다.

셋째, 계약론의 원리에 따라서 아담의 불순종으로 범죄, 정죄, 사망 등이 들어왔다.[573]

정암은 로마서 8:12-19을 주석하면서 "아담은 오실 자의 모형이라"는 14절의 말씀은 아담과 그리스도가 많은 사람의 "영수(領首)," 즉 머리가 된다는 측면에서 "대표 원리," "대신 원리," "대리 행동의 원리"를 보여준다고 말한다. 본문에서 "한 사람"이라는 말이 자주 사용된 것은 역사상 인물인 아담과 같이 예수도 역사 가운데 우리를 대표하시기 때문이라고 지적한다.[574]

정암에 의하면 행위계약은 비록 실패했지만 폐지되지는 않았고 그 계약을 지킬 자가 이제 대속자인 예수 그리스도가 되었다. 성경의 은혜언약이 있지만 행위계약은 여전히 "고소"를 계속하고 있다.

> 행위계약은 폐지되지 않고 계속 존속한다. 그 이유는 은혜계약은 행위계약의 고발 앞에서만 그 의의를 명백히 하기 때문이다."[575]

정암은 행위계약을 중요하게 여긴다. 왜냐하면 이로 말미암아 그리스도의 속죄의 공로가 분명히 부각되기 때문이다. 행위계약은 아담과 그리스도를 언약의 머리로서 연결시키는 고리라고 정암은 보고 있는 것이다. 그리하여 정암은 다음과 같이 단언한다. "하나님께서 벌써 오래 전에 첫 사람 아담에게서 그리스도의 속죄 원칙을 예표하셨다. 그러므로 대표

---

[573] 박윤선, 『개혁주의 교리학』, 194.
[574] 박윤선, 『성경주석 로마서』 (서울: 영음사, 1991), 162-163, 172.
[575] 박윤선, 『개혁주의 교리학』, 194-195.

원리는 우연한 것이 아니고 구원사적(救援史的)인 진리이다."[576] 정암은 아담의 행위계약에서 이미 구원의 대표 원리를 읽고 있는 것이다.

이러한 계약론의 본질에 따라서 원죄는 "생래적(生來的)"이며 "분배적(分配的)"이라고 정암은 말한다. "생래적"이라 함은 타고난다는 뜻이며, "분배적"이라 함은 전가된다는 뜻이다. 계약의 머리로서의 아담의 죄가 인류 모두에게 전가됨을 뜻한다.[577] 이러한 전가의 원리가 아담과 그리스도의 계약에 동일하게 적용된다. 그리하여 정암은 다음을 다소 고양된 어조로 말한다.

> 대표 원리에 의하여 타락한 인류는, 역시 대표 원리의 방법으로 구원될 수 있다. 그러나 구원을 위한 의의 세력은, 타락을 연출한 죄의 세력보다 훨씬 강한 것이다. 죄의 세력은 인류의 조상 한 사람을 대표로 하고 모든 인류에게 임했으나, 의의 세력은 창조자이시고 하나님이신 예수 그리스도를 대표로 하고 임한 것이다. 죄의 세력이 피조물의 힘이라면, 의의 세력은 창조자의 힘이다. 그러므로 의의 세력은, 죄의 세력을 이기고 무한 분량으로 넘친다. 우리가 보는 대로 죄의 세력은 세상에 편재하여 홍수같이 무서운 것인데, 이것보다 천양지차(天壤之差)로 크게 나타나는 의의 세력은 어떠할 것인가![578]

창세기 2:16-17을 주석하면서 정암은 행위계약을 통하여 "하나님의 계명의 원리"가 나타났다고 말한다. 처음 아담에게는 오직 하나의 계명이 주어졌다. 이는 오직 그리스도의 의의 한 가지 행동으로 많은 사람을

---

[576] 박윤선, 『성경주석 로마서』, 175.
[577] 박윤선, 『성경주석 로마서』, 174.
[578] 박윤선, 『성경주석 로마서』, 172-173.

생명에 이르게 하시려는 뜻에서였다고(롬 5:14하-19) 주장한다.[579] 정암은 이렇듯 첫 언약, 즉 그가 말하는 아담과 맺은 행위계약과 새 언약, 즉 그가 말하는 신계약을 긴밀히 연결시키고 있다.

### 4) 구약의 은혜계약: 구계약

정암은 은혜언약 가운데 "구약과 신약의 모든 계시 운동"이 나타나며 그것은 또한 이에 따른 "하나님의 행동"을 취급한다고 본다. 이러한 계약의 "약속 방면"이 구약이고 "성취 방면"은 신약이라고 한다.[580] 개혁신학자들이 말하는 은혜언약은 정암에게 있어서 구약의 계약, 즉 구계약에 해당한다. 정암이 단순히 은혜계약이라고 말할 때에는 이러한 구계약을 뜻할 때가 많다. 이에 반해서 개혁신학자들이 말하는 새 언약은 정암에게 있어서 신약의 계약, 즉 신계약에 해당한다. 정암은 이를 "성취된 은혜계약"이라고 부르기도 한다.

먼저 구계약에 대한 정암의 이해를 살펴보자.

우리가 원(原)복음 혹은 모(母)복음이라고 부르는 창세기 3:15을 정암은 "조종적(祖宗的)인 은혜계약"이라고 칭한다.[581] 하나님은 아담이 행위계약을 어겼을 때 진노 중에서도 긍휼을 기억하시고(합 3:2) 그리스도를 통하여 은혜를 주시기로 약속하셨다. 그것은 "그리스도 안에 있는 신자들이 죄와 마귀를 이김으로 영생 얻을 것을 의미한다." 여기에서 정암은 죽음을 자연에 속한 것이라고 보는 칼 바르트를 비판하면서, 마귀를 이김이 구원이라는 측면을 강조한다(요 12:31; 롬 16:20). 이러한 구원의 은혜

---

[579] 박윤선, 『성경주석 창세기 출애굽기』 (서울: 영음사, 1968), 97.
[580] 박윤선, 『성경주석 이사야서』, 531; 『성경신학』, 138; 『개혁주의 교리학』, 228.
[581] 박윤선, 『성경주석 이사야서』, 531; 『성경신학』, 126-127, 139.

가 세상 끝까지 이른다(계 17:14).[582] 정암은 이 부분을 주석하면서 구원이 하나님의 "단독역사"로 일어나며 이를 "택한 백성의 대표자 격(代表者格)인 메시야"가 감당한다는 점을 특히 강조한다.[583]

구약의 계약은 모두 창세기 3:15의 약속에 놓여 있다. 노아가 맺은 계약(창 8:21-22; 9:8-18)도 "은혜계약에 부종(附從)한 것이다." 정암은 이를 "자연계약"이라고 부른다. 노아가 번제를 드리고 계약을 체결한 것은 그 약속이 장차 오실 그리스도의 공로로 성립된다는 사실을 보여 준다. 자연계약은 자신의 백성을 보호하시는 신실하신 하나님의 자비를 보장한다. 그것은 궁극적으로 그리스도 안에서 성취된다. 이러한 관점에서 정암은 "자연계약을 은혜계약의 모형"이라고 부른다. 이 부분을 다루면서 우리는 정암이 하나님의 공의와 자비를 함께 주목하고 있음을 고려해야 한다. 그리하여 계약이 단지 은혜가 아니라 하나님이 자신의 백성을 훈육하는 방법이 된다는 점이 부각된다.[584]

정암은 아브라함과 맺은 계약(창 12:15, 22; 15:4-21; 17:5-8; 18:18-19; 22:17-18)을 "그리스도의 복음 운동에 대한 예언"이라고 부른다. 구약의 백성도 그리스도를 바라보고 믿음으로 구원에 이르렀다. 아브라함의 신앙은 하나님 자신을 믿은 "인격상대(人格相對)"의 신앙이었다.[585] 아브라함에게 뭇별과 같은 백성을 약속하신 것은 그의 후손이 그리스도의 은혜로 구원받을 것을 미리 예언한 것이다(갈 2:16; 3:16). 아브라함의 계약은 "육적 이스라엘 나라로 표현될 신정국가(神政國家)"가 "메시야 중심의 영적왕국"이 될 것임을 미리 약속한다. 그리하여 그를 열국의 아비라고 부른 것이다.[586]

---

[582] 박윤선, 『성경신학』, 71-74.
[583] 박윤선, 『성경주석 창세기 출애굽기』, 107.
[584] 박윤선, 『성경주석 창세기 출애굽기』, 148-150; 박윤선, 『성경신학』, 79-82.
[585] 박윤선, 『성경주석 창세기 출애굽기』, 218.
[586] 박윤선, 『성경신학』, 88.

이렇듯 정암은 아브라함의 계약은 하나님의 왕국의 백성이 되는 자격이 믿음이라는 사실과 그들이 여호와의 복으로 살아갈 것을 전하여 이후 신약의 복음 운동까지 연결된다는 점을 강조하고 있다.

정암은 모세의 계약(출 19:5-6; 24:8; 신 29:13)을 다루면서 은혜계약은 아담과 맺은 행위계약의 조건을 취소하는 것이 아니라 그것을 예수 그리스도를 통하여 실현 혹은 완성하는 것이라는 점을 강조한다.[587] 율법은 은혜를 받은 이스라엘 백성이 거룩한 삶을 살도록 주신 것이다.[588] 시내산 계약도 아브라함의 계약의 연속이다. 시내산 계약에서 율법은 메시야 왕국의 질서로 나타나고, 특히 제사를 통하여 속죄의 원리를 미리 보여 주었다.[589] 시내산의 계약은 신계약을 예표한다.[590]

정암은 모세의 계약을 행위계약이 아니라 행위에 대한 은혜계약으로 보고 있다. 모세의 계약은 자력구원이 아니라 율법을 완성하신 그리스도를 믿음으로 구원에 이르는 은혜의 약속을 담고 있다. 그것은 쌍방의 책임을 동등하게 고려하는 "조약"이 아니라 은혜의 "언약"이다.[591]

정암은 이러한 은혜계약의 약속과 질서 가운데 구약의 신정(神政)을 논한다. 오직 정치적 주권은 하나님 한 분께 있으며 신민은 제사장과 거룩한 백성이 된다(출 19:6; 벧전 2:9). 율법에 따른 구약의 통치는 이미 오실 그리스도의 피 구원을 표상한다.[592] 이러한 관점에서 다윗에게 주신 통치계약이 다루어져야 한다(삼하 7:11-17; 시 89:3-4; 사 49:8; 55:3-4).[593]

정암은 구계약을 다루면서 신·구약의 관계에 주목한다. 그는 재세례파

---

[587] 박윤선, 『개혁주의 교리학』, 228.
[588] 박윤선, 『성경주석 이사야서』, 535; 『성경신학』, 141.
[589] 박윤선, 『성경신학』, 89, 95-103.
[590] 박윤선, 『성경신학』, 137.
[591] 박윤선, 『성경주석 바울서신』 (서울: 영음사, 1964), 37-40.
[592] 박윤선, 『성경신학』, 94-95.
[593] 박윤선, 『성경주석 이사야서』, 531; 『성경신학』, 139.

(Anabaptism), 쏘키누스주의(Socianism), 알미니우스주의(Arminianism), 초기의 루터가 구약을 신약으로부터 분리한 것을 비판하면서 칼빈을 위시한 개혁신학자들이 "계약신학"을 전개하여 신·구약을 "본질적으로 동일"하다고 보았다는 점을 강조한다. 구약도 피 없이 성립된 것이 아니며, 그때에 이미 그리스도가 계약의 중보자로 나타났다. 그리스도가 구계약의 머리요 내용이었다. 신약을 단지 구약에서 진화한 것으로 보는 현대주의는 은혜계약의 원리를 모르기 때문에 세대주의에 빠지게 된다고 경종을 울린다. 정암은 그리스도의 중보를 단일하며 연속적인 것으로 본다는 측면에서 "은혜계약의 단일성(單一性)"을 확고하게 지지하고 있는 것이다.[594]

### 5) 신약의 은혜계약: 신계약

신계약은 주님이 죄 값을 다 치르고 그 의를 값없이 베푸는 행위와 그리고 은혜의 계약을 모두 포함한다. 정암은 이를 다음과 같이 표현한다.

> 은혜계약에서도 인간에게 그 불순종의 죄 값 지불과 및 율법 순종을 요구하므로 인간의 부담은 행위계약과 마찬가지이다. 단지 은혜 계약에 있어서 달라진 것은 그 죄 값 지불과 그 율법 순종의 책임자로서 예수 그리스도께서 그의 백성을 대신하여 아담의 자리에 대입(代入)되신 것뿐이다. 구약과 신약의 모든 계시운동은 이 은혜계약을 보여 주며, 또한 그것과 관련된 하나님의 행위를 취급한다.[595]

구계약은 그리스도 안에서 성취된다. 마태복음 1:1, "아브라함과 다윗의 자손 예수 그리스도의 계보라"는 말씀은 아브라함에게 약속한, 천하

---

[594] 박윤선, 『성경주석 이사야서』, 531; 『성경신학』, 532-535.
[595] 박윤선, 『개혁주의 교리학』, 228. Cf. 박윤선, 『성경신학』, 138.

만민이 복을 받게 될 "씨"(창 22:18), 영원한 다윗의 위(삼하 7:16)에서 만국을 다스리실 분(사 55:3하-5)이 예수 그리스도이심을 선포한다.596

그리스도는 인류의 대표로서 아담과 같아야 하며, 아담 이상이어야 한다.597

> 그리스도로 말미암은 생명의 은혜가 아담으로 말미암은 사망보다 더욱 풍성하다.598

신계약은 "계약의 약주(約主)이신 그리스도께서 오시므로 세운 계약"이다.

첫째, 신계약은 그리스도의 피 계약이다. 그리스도의 피가 속죄의 제물이 되어서 죄의 장벽을 소멸시킨다. 주님은 자신의 피를 속죄물(마 26:28; 히 9:14, 22)로 "신계약식(新契約式, 눅 22:14-20)"을 맺으셨다.

둘째, 신계약에 참여한 사람은 이제 죄 사함을 받고 그분의 의로 말미암아 천국을 기업으로 얻게 된다(눅 22:29-30). 여기에서 주님은 친히 "계약의 대표자"가 되어서 홀로 책임을 다 수행하시고 어떤 "조건적인 부담"도 그의 백성들에게 지우지 아니하신다.599

신계약으로 하나님은 창세 전 구원협약에 따라서 역사상 체결된 모든 언약을 다 이루셨다. 신계약은 행위계약과 구계약의 동시적 성취이다. 그것은 행위계약의 성취로서 보혈의 값을 치렀다. 즉 구계약의 성취로서 그 보혈의 값을 값없이 전가하였다. 정암은 "그리스도의 공로" 외에는 새계약의 질료(materia)가 없다고 보고 있는 것이다.600

---

596 박윤선, 『성경신학』, 131-132.
597 박윤선, 『성경주석 로마서』, 172.
598 박윤선, 『성경주석 로마서』, 163.
599 박윤선, 『성경신학』, 136-137; 『개혁주의 교리학』, 228-229.
600 박윤선, 『성경주석 공관복음』 (서울: 영음사, 1964), 750.

신계약은 구계약에 약속된 실체적 조건, 즉 대속의 행위를 그리스도가 친히 자신을 주심으로 이루시는 계약이다. 이는 제사장이 친히 제물이 되시는 계약이다. 목자가 되실 분이 세상 죄를 지고 가는 어린 양으로 죽임을 당하시는 계약이다. 주가 되실 분이 종이 되셔서 자기를 버리시는 계약이다. 만약 행위계약이 폐지되었다면, 만약 그 조건이 무화(無化)되었다면, 역사상 새계약은 존재하지 않았을 것이다. 예수의 행위가 있었기 때문에 우리가 은혜의 담대함을 누린다. 예수의 명령 속에는 이미 능력의 약속이 담겨 있다. 그 헌장이 팔복에 기록되어 있다.[601] 정암의 이러한 입장에서 우리는 그의 계약론이 그리스도인의 삶의 교리와도 밀접한 관련을 맺고 있음을 알게 된다.

신계약에 대한 정암의 이해는 다음과 같이 정리된다.

첫째, 신계약의 당사자는 하나님 아버지와 죄인들을 대신하는 그리스도시다.

둘째, 신계약의 수혜자는 그리스도의 의를 자신의 것으로 삼게 된 신자이다.

셋째, 영원 전의 계약이 삼위 간의 협약에 따른 구속의 작정이라면 신계약은 삼위 하나님이 함께 일하심으로 그 경륜이 성취된다. 즉 성부의 계획에 따른 성자의 성취와 이에 따른 성령의 시행으로 구원의 의가 우리에게 전가된다(벧전 1:2).

넷째, 신계약은 영원불변하다. 언제나 동일하신 주님(히 13:8)의 "영원한 언약의 피"(행 4:12; 히 13:8, 20)의 공로가 오직 그의 이름을 부르는 자에게(행 4:12) 역사한다.

다섯째, 영원한 계약에 따른 삼위 하나님의 협약에 따라서 신계약은 선택된 자들에게만 제한적으로 적용된다.

---

[601] 박윤선, 『성경신학』, 147-148.

여섯째, 신계약에 따라서 보혈의 지극한 값을 거저 누리는 성도는 그 관계에 따른 책임을 실행하게 된다. 그러나 이는 어떤 대가적 공로를 수행하는 것이 아니다. 그것은 성령의 임재에 따른 그리스도인의 삶을 사는 것이다. 그것은 자연인이 아니라 언약인의 삶을 사는 것이다.[602]

신계약으로 창세 전의 영원한 협약이 이루어졌다. 신계약으로 행위언약의 조건을 만족시켰으며 구계약의 모든 약속이 다 이루어졌다. 시간적으로는 구계약이 신계약보다 앞서나, 구속사적인 관점에서 보면 신계약으로부터 구계약으로 나아간다. 신계약에 대한 정암의 다음 정의는 이를 잘 기술하고 있다.

> 예수 그리스도를 계약의 머리로 하여 최종 계약이 설립되어 있다(롬 5:12-21). 이 계약은 구약의 모든 계약들의 바닥에 흐르는 것이요, 모든 약속의 궁극적 성취이다. 그것은 창 3:15의 성취요, 아브라함에게 주신 계약의 실체요, 모세에게 주신 계약의 목표인 것이다. 아담을 비롯하여 모든 택한 백성(신약이나 구약이나)이 그리스도로 말미암아 구원을 얻은 것이다. 이것이 둘째 아담이시요 인류의 대표이신 그리스도와 하나님 사이에 세워진 것이다.[603]

## 4. 언약의 열매: 그리스도와의 연합으로서 영생

위에서 고찰하였듯이, 정암은 창세 전의 영원한 계약이 은혜계약뿐만 아니라 행위계약의 기초가 된다고 보았다. 일견 양립이 불가능해 보이는 행위계약과 은혜계약이 하나님의 한 뜻 가운데 영원 전에 작정되었다고 보는 것이다. 이러한 시각은 행위계약과 은혜계약이 동일한 목적을 추구

---

[602] 박윤선, 『개혁주의 교리학』, 232-233.
[603] 박윤선, 『개혁주의 교리학』, 232.

한다는 점을 전제한다.

그러므로 정암이 행위계약을 다룸에 있어서 불순종했을 때의 형벌만을 강조하고 순종했을 때의 복은 등한시했다고 비판한 차영배 학장의 견해는 과한 점이 있다.604 왜냐하면 정암은 행위계약이 단지 현상을 유지하는 불사(不死)의 계약이 아니라 하나님의 자녀로서 영원히 온전한 삶을 사는 영생(永生)의 계약이라는 것을 분명히 인식하였기 때문이다. 하나님이 인류를 처우하시는 "계약의 원리"는 타락 전후를 통하여 일관적이라고 그가 말하는 것은 이러한 맥락에서이다.605

그렇다면 정암이 계약의 목적이라고 여긴 영생은 무엇인가?

우리는 이를 속죄론과 구원론의 관점에서 접근할 수 있다. 속죄론은 그리스도의 공로의 가치를 다루고 있으며 구원론은 그것의 적용을 논하고 있다. 영생을 말하지 않고는 양자를 거론할 수 없다. 그 역도 진실이다.

먼저 속죄론의 관점에서 영생에 대한 정암의 이해를 살펴보자. 정암이 자신의 입장으로 표방한 "대신구속론(Substitutionary Atonement)"은 그리스도의 의의 전체적이고 직접적인 전가를 주장하는 객관적 전가론에 서 있다. 정암은 속죄의 형벌에 대한 인식을 분명히 하고, 그것은 단지 주관적이거나 정서적인 회복에 머무르지 않는다고 분명히 선을 긋는다. 주관적 감화는 객관적 대속에 따르는 부속물일 뿐 속죄의 본질을 아니라고 보는 것이다.

그렇다면 그리스도의 속죄는 무엇을 함의하는가?

정암은 그것이 고난을 당하신 순종(*obedientia passiva*, passive obedience)과 율법을 행하신 순종(*obedientia activa*, active obedience)을 포함한다고 말한다. 그리하여 그의 죽으심만이 아니라 그의 삶도 우리를 위한 의가 된다고

---

604 차영배, "박윤선 신학에 미친 화란 개혁신학의 영향," 『박윤선 신학과 한국신학』, 기독교학술원 편 (서울: 기독교학술원, 1993), 40-41.
605 박윤선, 『성경신학』, 71.

한다.⁶⁰⁶

정암의 이러한 입장은 정통적인 개혁주의 속죄론과 일치한다. 여기에서 구원의 전체 과정을 그리스도의 은혜에 돌리고 인격뿐만 아니라 행위도 의롭다 여김을 받아서 새로운 생명 가운데 새로운 생활을 하는 그리스도인의 삶의 교리의 초석이 놓여진다. 여기에서 정암은 바빙크에 다시금 문의한다.

> 예수는 행위계약의 대표자이신 공적 신분으로서 율법을 완수하셨다. 그러니만큼 그가 살아 계신 동안에 율법을 지키신 효과는 자기 개인에게만 아니고 그가 대표하신 하나님의 백성 전체에게 의(義)가 되는 것이다. 그의 죽으심만 아니고 그의 생활도 우리를 위한 희생제물이 되신다.⁶⁰⁷

이어서 이러한 그리스도의 대리적 속죄에 따라서 성도에게 선물로 주어지는 영생이 가지는 구원론적인 의의를 논해 보자. 우리가 이와 관련하여 특히 주목할 것은 정암이 영생을 성도와 그리스도의 연합이라는 측면에서 파악하는 경향이 뚜렷하다는 점이다. 정암은 그리스도와의 연합을 구원서정의 한 부분으로 여기지는 않는다.⁶⁰⁸ 그러나 정암은 자신의 계약론을 전개함에 있어서 이를 수시로 강조한다. 정암은 그리스도와의 연합을 영생의 본질로 여기고 있다.

정암은 성취된 "영원한 계약의 효과"를 논하면서 "영생의 생명은 하나님 자신이시다"라고 단언하고, "하나님에게는 모든 사람이 살았느니

---

606 박윤선, 『개혁주의 교리학』, 293-296, 347-348.
607 박윤선, 『개혁주의 교리학』, 296.
608 박윤선, 『개혁주의 교리학』, 314-342. 칼빈은 『기독교 강요』에서 그리스도와의 연합에 대해 독립된 장을 두지 않았지만 그리스도와의 연합을 구원서정의 기초로서 강조한다(특히 *Inst.* 3.1-4). 이러한 입장을 체계적으로 다룬 다음 글을 참조하라. Hoekema, *Saved by Grace*, 54-67; Ferguson, *The Holy Spirit*, 100-113.

라(πάντες γὰρ αὐτῷ ζῶσιν)"(눅 20:38)라는 말씀을 인용한다.[609] 이러한 입장은 아브라함의 계약을 다루면서 뚜렷해진다. 정암은 하나님이 아브라함과 그의 후손의 하나님이 되시리라는 약속 자체가 영생을 담고 있다고 보았다.

> 영생은 하나님 자신이시고(요 14:6), 그 근원이 하나님에게 있다. 하나님을 소유한 자는 영생을 소유한다. 하나님을 소유한 것이 곧 영생이라는 의미에서, 성경은 많이 말씀하고 있다(계 21:6-7). 하나님께서 그 백성으로 더불어 계약하실 때에 이것을 중점적으로 말씀하신다(출 29:45; 레 26:12; 렘 24:7, 33; 32:38; 겔 11:20; 34:24; 37:23, 27; 슥 8:8; 고후 6:16; 히 8:10; 계 21:3).[610]

여기에서 정암은 영생을 하나님의 소유 곧 하나님의 백성이 되는 것으로 보고 있다. 그러나 그것이 단지 하나님과 그의 백성이 연합된 생활을 하는 윤리적 차원 정도에 머물지 않음을 분명히 한다. 그렇게 본다면 그리스도의 죽음의 대리적 속죄의 가치가 무용해지기 때문이다.[611] 정암은 창세기 15:6을 주석하면서 믿음으로 말미암아 전가해 주시는 "의"는 곧 그리스도의 복음에 참여하는 것이며, 그것은 "추상적(抽象的) 상태가 아니고 살아 계신 그리스도와 연합함이니, 곧 살아 있는 의를 얻음이다"라고 단언한다.[612] 곧 그리스도가 우리 안에 사심으로 우리가 그와 함께 영원히 사는 의의 전가가 영생이라는 열매라고 본다.

이러한 관점에서 정암은 하나님의 법을 자신의 백성 안에 두시겠다는 새계약의 약속이 성도가 그 안에 사시는 그리스도를 드러내는 편지가

---

[609] 박윤선, 『성경신학』, 118.
[610] 박윤선, 『성경주석 창세기 출애굽기』, 241.
[611] 박윤선, 『성경신학』, 136-137; 『성경주석 창세기 출애굽기』, 581; 박윤선, 『성경주석 히브리서 공동서신』(서울: 영음사, 1965), 92-93.
[612] 박윤선, 『성경주석 창세기 출애굽기』, 219.

되는 것(고후 3:3)이라고 주석한다. 이와 관련하여 하나님을 아는 지식을 특히 강조한다.[613] 정암은 포도나무와 가지의 비유를 다루면서 성도가 그리스도와 연합하는 것은 영원한 계약에 따른 것임을 강조한다. 바빙크를 인용하면서 이러한 연합이 이미 창세 전에 시작되었다고 말한다. 그리고 핫지의 다음 말에 주목한다.

> 이 연합은 신비로우며 초자연적이고 대신 원리의 것이요 생명 있는 것이다. 이 연합에 의하여 우리는 창세 전에 그의 안에 있었고(엡 1:4), 우리가 아담 안에 있었던 것처럼 그의 안에 있고(롬 5:12, 21; 고전 15:22), 우리와 그와의 관계는 머리와 몸의 관계요(엡 1:23; 4:15; 고전 12:12, 27), 우리가 그에게 관계된 것이, 포도나무에게 대한 가지의 관계와 같다(요 15:1-12). 이 연합에 의하면 그의 죽으심은 우리의 죽음이 되어졌고(갈 2:20), 우리는 그와 함께 살았고, 그와 함께 하늘에 앉았다(엡 2:1-6). 이 연합 때문에, 우리는 우리의 정도에서 그와 같아졌으며 그의 안에서 하나님의 자녀이다. 그의 하신 것이 우리의 것이 되었으니 만큼, 그의 의(義)가 우리의 것이며, 그의 생명이 우리의 것이며, 그의 높아지심이 우리의 높아짐이 된 것이다.[614]

정암에게 있어서 영생은 성도가 그리스도와 연합하는 총체적인 양상을 뜻한다. 그것은 창세 전의 영원한 구원 작정 가운데 그리스도와 연합하는 것,[615] 그리스도의 모든 사역에 있어서 그분과 연합하는 것, 성도의 전체 구원 과정에 있어서 그리하는 것을 포함한다. 그것의 열매는 지상에서 살아가는 성도의 삶과 행실을 포괄한다.[616] 이러한 전인격적 연합은

---

[613] 박윤선, 『성경주석 예레미야서』 (서울: 영음사, 1975), 367-368.
[614] 박윤선, 『성경주석 요한복음』 (서울: 영음사, 1970), 453-454.
[615] 정암은 엡 1:4, "그리스도 안에서" 우리를 택했다는 말씀을 그리스도의 공로로 구원하기로 작정하셨음을 뜻한다고 본다. 박윤선, 『성경주석 바울서신』, 100.
[616] 박윤선, 『성경주석 요한복음』, 441.

성찬의 "구원사적 의의"와 부합한다.[617] 그리스도의 죽음은 선택된 백성에게 구원의 의로 작용할 뿐만 아니라 그들의 심령을 사랑으로 강권하여 그리스도와 함께 살아가는 삶으로 나아가게 한다.[618]

그리스도는 자신을 제물로 드린 "제사장(ἱερεύς)"으로서 우리를 위한 "중보자(μεσίτης)"가 되셨다. 그리하여 우리가 그와 연합하게 하셨다.[619] 우리를 위하여 자신을 제물로 드리신 그분이 우리의 중보자시다. 그분은 구속의 중보를 다 이루시고 여전히 우리를 위하여 중보하신다. 주님의 계속적인 중보로 말미암아 다 이루신 그분의 의가 우리에게 전가된다. 그분의 의가 전가된 삶이 영생이다. 여기에서 우리는 왜 정암이 "저 좋은 언약의 중보자"(히 8:6)라는 말씀을 주석하면서 헬라어 "μεσίτης"가 "계약의 실행을 보증하는 자"라는 의미를 지니고 있다고 특별히 강조하는지를 짐작할 수 있다.[620] 그것은 중보자 그리스도의 중보—구속사적 성취와 구원론적 적용—에 계약의 핵심이 있음을 부각시키기 위해서이다.

## 5. 결론: 정암의 개혁주의 언약사상

지금까지 살펴 본 바와 같이 정암의 "계약론"은 개혁주의 언약사상의 본류에 속한다. 정암은 구원협약(*pactum salutis*)을 "영원한 계약"으로, 행위언약을 "행위계약"으로, 은혜언약을 구약의 언약, 즉 "구계약"으로, 새 언약을 신약의 언약, 즉 "신계약"으로 부른다. 특히 신계약은 "성취된 은혜계약"이라고도 부른다. 이러한 정암의 입장은 "웨스트민스터 신앙

---

[617] 박윤선, 『성경주석 고린도 전후서』, 168.
[618] 박윤선, 『성경주석 고린도 전후서』, 336-341.
[619] 박윤선, 『성경주석 히브리서 공동서신』, 91.
[620] 박윤선, 『성경주석 히브리서 공동서신』, 81.

고백서"에서 하나님의 영원한 작정과 언약을 다룬 제3장과 제7장의 가르침과 일맥상통하다.[621]

정암은 아담의 타락 이후 나타나는 신·구약의 모든 언약을 은혜언약으로 보는 칼빈의 입장에 충실하다. 칼빈은 신·구약은 경륜에 있어서는 다양하나 실체는 같다고 하였는데, 정암은 이를 충실하게 자신의 신학에 반영하고 있다. 다만 구약을 구계약으로 신약을 신계약으로 다루는 과정에서 중보자 예수 그리스도의 피 언약, 즉 새 언약에 대한 별도의 심오한 고찰은 결여되어 있다. 그러나 이는 속죄론이나 기독론 등의 다른 부분에서 간헐적으로 언급되어 있으므로, 내용 자체를 결한 것은 아니다.

정암의 이러한 입장은 죽산 박형룡 박사의 언약 이해와 정확히 맞닿아 있다. 죽산은 조직신학자로서 인죄론을 다루면서 언약 전체를 논한다. 이는 대부분의 조직신학자들이 행위언약은 인간론에서, 은혜언약은 기독론의 서론적 위치에서 다루는 것과는 구별된다. 죽산은 정암이 말한 삼위 하나님의 "영원한 계약"을 "구속언약"이라고 부른다. 그리고 역사상 체결된 언약을 "행위언약"과 "은혜언약"으로 나누고 후자는 다시 구약과 신약으로 나누어 고찰한다.[622]

다만 정암이 이 부분을 다룸에 있어서 자신이 가장 좋아했던 책이었던 바빙크의 『개혁교의학』에 거의 의지하고[623] 게르할더스 보스, 헤르만 리델보스, 찰스 핫지, G. C. 벌카우어 등을 보충해서 다루었다면, 죽산은 찰스 핫지, A. A. 핫지, A. H. 스트롱(A. H. Strong), 로버트 댑니, 게르할더스 보스 등을 주로 인용한다. 죽산의 신학이 바빙크의 신학을 미국에 잘 소개한 루이스 벌코프(Louis Berkhof)의 영향을 가장 많이 받았다는 점도 여기에서 간과해서는 안 된다. 정암의 신학에는 그 자신의 학문의

---

[621] 박윤선, 『웨스트민스터 신앙고백서』 (서울: 영음사, 1989), 27-32, 53-58.
[622] 박형룡, 『박형룡박사 저작전집 III, 교의신학 인죄론』, 329-419.
[623] 서영일, 『박윤선의 개혁신학 연구』, 장동민 역 (서울: 한국기독교역사연구소, 2000), 248.

여정이 고스란히 반영되어 있다. 정암은 후기로 갈수록 화란의 조직신학과 성경신학에 대한 이해의 깊이를 더했으며 그만큼 자신의 글에 그것을 반영하였다.[624]

정암은 바르트의 신학을 비판하는 글을 쓰기도 하고 로마서 주석 등에 이를 반영하기도 하였지만 전문 조직신학적 정치(精緻)함을 보여 주지는 않는다. 그렇다고 해서 정암의 조직신학적 식견을 과소평가해서는 안 된다. 정암의 "계약론"이 보여 주듯이, 그는 조직신학적 진리를 확고하게 견지하는 가운데서 자신의 주석 작업을 수행했다. 그는 성경주석의 말미에 본문에 해당하는 교리를 별도로 논하여 부록과 같이 수록하고는 하였는데, 이는 성경의 가르침이 곧 교리라는 그의 신념을 방증한다.

정암은 자신이 말했듯이 일생 동안 세 가지, 즉 "신학교육, 주석집필, 설교"에 힘썼다.[625] 그의 역동적인 교리 이해는 이러한 토양 가운데서 배태되었다. 정암의 언약사상은 칼빈과 칼빈을 잇는 개혁주의 전통에 정확히 서 있다. 정암은 "칼빈주의는 성경으로 성경을 해석해야 한다는 원칙을 가르쳐 준다"고 확신했다.[626]

정암의 이해는 행위언약의 조건성을 간과하지 않으면서도 은혜의 절대성을 말하는 개혁주의 언약사상을 확고하게 따르고 있다. 정암은 개혁주의의 구속사적—구원론적 이해에 충실하게 자신의 언약신학을 전개하였다. 구속사적으로, 그리스도는 모든 대속의 의를 역사상 다 이루셨고, 구원론적으로, 그 다 이루신 의를 이제 우리를 위하여 전가해 주신다. 이러한 구속사적-구원론적 이해의 근저에는 중보자 그리스도가 한 분이시며 동일하시다는 중보의 유일성(unity)과 계속성(continuity)에 대한 인식이

---

[624] 정성구, "박윤선 목사의 신학과 설교 연구," 『박윤선의 생애와 사상』, 합동신학교출판부 편 (서울: 합동신학교출판부, 1995), 388-398.
[625] 박윤선, "신학교육, 주석사업, 설교에 몸 바쳐온 삶," 「신앙계」 1983년 1월, 39.
[626] 서영일, 『박윤선의 개혁신학 연구』, 247.

가로 놓여 있다. 이러한 가운데 정암은 언약의 목적 혹은 열매인 영생을 성도의 그리스도와의 연합이라는 관점에서 논한다. 정암의 "계약론"의 폭과 깊이는 이러한 연합의 폭과 깊이에 비례한다.[627]

---

[627] 다음 책에서 저자는 정암의 성령론에는 그리스도와의 연합이 결여되어 있으므로 이를 더욱 발전시켜야 할 과제로 여겨야 한다고 말한다. 그러나 정암은 이미 이를 풍부하게 말하고 있음을 간과해서는 안 된다. 황창기, 『그리스도 중심의 성경 이해』 (서울: 이레서원, 2000), 111-113.

# 제8장 정규오의 자유주의 신학 비평

## 1. 성경의 사람: 교훈적, 고백적, 변증적 삶

 필자는 칼빈신학의 특성을 교훈적, 고백적, 변증적이라고 특정한 바 있다.[628] 교훈적(pedagogical)이라 함은 주관적 사변이나 관념에 따라서 말씀의 진위나 경중을 판단하는 것이 아니라, 단지 성경을 충실히 따라가기만 하면 가장 논리적이며, 가장 고상하며, 가장 심오한 진리가 추구된다는 것을 신뢰하는 자세이다. 고백적(confessional)이라 함은 계시의 객관성과 절대성을 인정하되 성령의 역사로 말미암은 그 자체의 내적 감화력을 믿고 신학하는 자세이다. 변증적(apologetical)이라 함은 참 교리를 교회의 서고 넘어짐의 조항으로서 여기고 그것을 변호함으로써 수호하고자 하는 자세이다. 교리란 성경에 기록된 영원한 진리, 곧 계시에 대한 체계적이며 종합적인 진술을 이른다. 이러한 신학의 변증적 기능은 단지 소극적이지만은 않으니, 그것은 마치 가지치기가 나무를 자라게 하는 것과 같다.
 해원(海園) 정규오 목사는 모범적인 목회자였으며, 교정(敎政)의 지혜가 남달랐던, 충실하고 면밀한 신학자였다. 해원은 한국교회의 격랑을

---

[628] 문병호, "신학자로서의 칼빈," 오정호 편, 『칼빈과 한국교회』, 171-208.

의연히 헤쳐 나간 "아름다운 원칙주의자"였다.[629]

해원은 일생 동안 학자의 투혼을 불태웠으며 진리를 내적으로 수납한 바대로 실천하고자 하는 고백적 삶을 살았다. 해원은 또한 참 교리를 온당하게 분별하여 선포함으로써 시대의 미몽(迷夢)으로부터 성도들을 깨우고자 한 변증적인 삶을 살았다. 한국 보수주의의 명맥을 지킨 51인 신앙동지회를 결성하여 주도한 일이나 자유주의 신학의 폐부를 찌르는 신학적인 글들과 설교와 주석을 계속해서 쏟아낸 점이 이러한 면모를 분명히 보여 준다.

해원은 교회정치와 교회와 국가의 관계에 대해서 성경의 가르침에 따른 참 교리를 개진함에 거침이 없었으며[630] WCC가 추구하는 에큐메니즘이 허황된 기구적 교회론에 경도(傾倒)되어 혹세무민하는 반기독교적 발상이라는 점을 분명하게 지적하였다.[631] 해원의 삶이 이러했으므로, 필자는 차제(此際)에 그것을 존 칼빈의 신학적, 고백적, 변증적 삶에 견주어 보는 것이다.

---

[629] 해원의 목양에 관해서는, 김남식, 『아름다운 원칙주의자 해원 정규오 목사』 (해원기념사업회, 2007), 166-210. 해원의 교정에 관해서, 김남식, 『아름다운 원칙주의자 해원 정규오 목사』, 224-242; 정규오, 『정규오박사 저작전집 XII, 교회행정학』 (한국복음문서협회, 1984); 『정규오박사 저작전집 VIII, 소논문』 (한국복음문서협회, 1992). 해원은 "예배론," "목사론," "장로론," "청지기론," "교회재정 관리론," "봉사론," "교회법," "목회자 생활비," "안식일," "사모학" 등에 관해서 열심히 가르쳤으며 많은 글을 남겼다.
[630] 특히 다음 논문들을 참조하라. 정규오, "공산주의의 몰락과 기독교의 사명,"「광신논단」제3집 (1991), 9-52; "낙태에 대한 성경적 고찰,"「광신논단」제4집 (1992), 9-18; 『정규오박사 저작전집 III, 새 사람 운동』 (한국복음문서협회, 1988), 235-237.
[631] Cf. 이상규, "해원 정규오 목사의 교회론," 『해원 정규오 목사의 생애와 사상』 (서울: 쿰란출판사, 2011), 254-289. 이 논문은 2009년 11월 13일 광신대학교에서 열린 제4회 해원(海園) 기념 강좌의 자료집, 『해원 정규오 목사의 교회관』에 수록되었다. WCC에 대한 해원의 이러한 입장은 그 기구적 교회론을 "자유주의 광장"이라고 비판한 박형룡 박사의 영향을 보여 준다. 박형룡, 『박형룡박사 저작전집 IX, 현대신학비평 하권』, 75-76, 81-90.

제8장 정규오의 자유주의 신학 비평   211

신학의 역사는 신학 논쟁의 역사와 궤를 같이 한다. 그런데 신학 논쟁의 역사는 곧 변증의 역사라고 할 수 있다. 교회의 참 교리(*doctrina vera*)는 삼위일체 논쟁에 있어서 아리우스(Arius)와 사벨리우스(Sabellius), 기독론 논쟁에 있어서 아폴리나리우스(Apollinarius)와 유티케스(Eutyches)와 네스토리우스, 구원론과 인간론 논쟁에 있어서 펠라기우스, 교회론 논쟁에 있어서 노바티안(Novatian)과 도나투스주의자들 그리고 중세 로마 가톨릭주의자들에 이르기까지 거짓 교리를 주장하는 자들에 대한 변해(*apologia*) 혹은 변증(*apologetica*)으로부터 수립되었다.[632]

성경에 기록된 영지주의 이단들은 헬라의 이원론에 기초해서 예수의 성육신과 부활을 반대하였으며 그 가운데서 성도의 부활을 부정하기에 이르렀다.[633] 초대교회 이후 종교개혁기를 거쳐 계몽주의 시대에 이르기까지의 기독교 이단들은 대체로 성경 자체의 권위를 부인하거나 그것을 직접적으로 가감(加減)하기보다는 자신들이 지극히 성경적이라고 주장하면서 사실상 비성경적이며 반교리적인 해석을 통하여서 성경의 진리를 부인하는 데 이르는 간교함을 보여 주었다.[634]

---

[632] 변증학의 형성과 발전에 대해서, Avery Dulles, *A History of Apologetics* (London: Hutchinson, 1971).

[633] 성경은 이러한 영지주의자들을 적그리스도에 속한 자들이라고 했다. 요일 2:18-29; 4:2-6; 요이 1:7. 영지주의자들의 기독론 이해에 관하여 다음을 참조하라. Pheme Perkins, "Gnostic Christologies and the New Testament," *Catholic Biblical Quarterly* 43/4 (1981), 590-606; Elaine H. Pagels, "Mystery of the Resurrection: A Gnostic Reading of 1 Corinthians 15," *Journal of Biblical Literature* 93/2 (1974), 276-288.

[634] 물론 말씨온(Marcion)과 같이 성경의 일부만을 정경으로 여기는 소위 "정경 속의 정경"을 주장하는 경우가 없지 않았다. 그러나 우리가 반삼위일체론을 주장한 초대교회 알렉산드리아의 장로 아리우스와 종교개혁기의 세르베투스의 경우에서 보듯이 대체로 자유주의 신학이 흥기하기 전의 이단들은 자신들이 성경을 더욱 충실하게 믿고 있다고 주장하기에 급급하였다. 아리우스의 주장에 관해서 다음을 참조하라. J. N. D. Kelly, *Early Christian Doctrines* (London: Adam & Charles Black, 1958), 226-231. 워필드가 비판했던, 폴 빌헬름 슈미델(Paul W. Schmiedel)이 그리스도의 신성을 부인하며 인용했던 성경 구절들도 아리우스가 인용했던 구절들과 유사하다. Benjamin B. Warfield, "Concerning

그러나 19세기 중반 독일을 중심으로 전개된 소위 역사적 예수 연구로부터[635] 흥기한 자유주의 신학자들은 성경 자체가 하나님의 말씀이라는 사실을 전면으로 부인하는 입장을 취하게 되었다. 그들은 성경을 인본주의적 관점에서 비평함으로써 이성으로 받을 만한 말씀만 진리로서 가치가 있다고 주장하므로 사실상 성경의 계시성을 원초적으로 부정하는데 이르렀다.

프리드리히 슐라이어마허는 계시를 인간의 본유적 종교 의식(意識)의 표현이라고 보아서 성경의 객관적이며 절대적인 계시성을 원초적으로 부인하였다.[636] 알브레히트 리츨과 그를 추종하던 리츨 학파에 속한 학자들은 슐라이어머허의 주관주의를 벗어난 공동체 신학을 강조했지만 그 공동체는 주관의 합으로서의 객관에 불과했다. 그들은 교회를 믿음의 공동체라고 했으나 그 믿음은 계시를 전제하지 않는 단지 주관적 의식을

---

Schmiedel's 'Pillar Passages'," in *The Works of Benjamin B. Warfield*, vol. 3, *Christology and Criticism* (New York: Oxford University Press, 1932), 181-255. 언급한 세르베투스의 작품은 다음과 같다. Michael Servetus, *De Trinitatis Erroribus libri septem*, 1531; *Dialogorum de Trinitate*, 1532.

[635] 소위 역사적 예수 연구를 주장하는 학자들은 역사적 예수와 성경의 그리스도를 구별한다. 그들은 성경의 규범적 가치는 일정 부분 인정하나 역사적 사실성은 기본적으로 부인한다. Cf. David Friedrich Strauss, *The Life of Jesus Critically Examined*, tr. George Eliot (Philadelphia: Fortress Press, 1972), 39-92.

[636] Friedrich Schleiermacher, *On Religion: Speeches to Its Cultured Despisers*, tr. John Oman, Rep. (Louisville: Westminster/John Knox, 1994), 36: "경건한 사람의 관조는 무한자 안에서 그리고 무한자를 통하여 모든 유한한 것들의 우주적인 존재에 대해서 갖게 되며, 영원자 안에서 그리고 영원자를 통하여 모든 일시적인 것들의 우주적 존재에 대하여 갖게 되는 즉각적인 의식(das unmittelbare Bewuβtsein)이다. … 종교는 즉각적인 감정 가운데서 (im unmittelbaren Gefühl), 오직 무한자와 영원자 가운데 있는 존재로서 생명을 갖는 것이며 생명을 아는 것이다. … 종교는 그 자체로 하나의 정서(情緖, Regung), 즉 유한자 안에 있는 무한자에 대한 계시(Offenbarung)이므로, 하나님이 그것 안에서, 그것이 하나님 안에서 보인다."

나누는 믿음에 불과하였다.⁶³⁷ 이후 루돌프 불트만과⁶³⁸ 칼 바르트⁶³⁹ 등으로 대표되는 실존주의 철학에 영향을 받은 신학자들은 자신들의 입장이 슐라이어마허가 추구한 주관주의와 분명히 구별된다고 선을 그었지만 성경을 하나님의 말씀이 아니라 단지 성도의 체험을 통해서 계시적 의미를 갖는 자료 정도로 본 점에 있어서는 이전의 자유주의 신학자들과 다를 바 없었다.

자유주의 신학자들은 오직 성경을 좇아서 신학을 하지 않고 이성의 잣대로 영에 속한 것을 판단하고자 한 상승신학자들이었다. 그들은 자료비평, 문서비평, 역사비평, 문예 혹은 편집비평 등 지향점에 있어서는 다양함을 드러내나 공히 성경이 하나님의 말씀이라는 사실을 부인하는 자리에 섰다.⁶⁴⁰

해원은 이러한 자유주의 신학에 대하여 진리를 변증하는 시대적 사명을 일관적으로 수행했다. 그는 칼빈주의자로서 "성경 절대중심사상," "하나님의 절대주권사상," "예정론"에 나타난 무조건적 은혜 사상을 삶 가운데 초지일관 견지했다.⁶⁴¹

해원은 성경의 진리를 지키고자 51인 신앙동지회를 이끌었으며, 교회 정치의 중심에 섰고, 신학교와 기독교 교육기관을 창설했다. 무엇보다

---

**637** Cf. H. R. Mackintosh, *Types of Modern Theology: Schleiermacher to Barth* (London: Nisbet and Co. Ltd., 1937), 138-180.

**638** Cf. 불트만은 실존에 대한 과학적 지식을 추구하였다. R. Bultmann, *Faith and Understanding* (Philadelphia: Fortress Press, 1969), 324.

**639** Cf. Mackintosh, *Types of Modern Theology*, 272-319.

**640** 성경의 권위와 무오성에 관해서 다음을 참조하라. The Members of the Faculty of Westminster Theological Seminary, *The Infallible Word: A Symposium* (Philadelphia: The Presbyterian Guardian Publishing Corporation, 1946). 특히 John Murray, "The Attestation of Scripture," in *Collected Writings of John Murray*, vol. 2, Selected Lectures in Systematic Theology (Edinburgh: Banner of Truth Trust, 1977). 1-52.

**641** 해원은 이 세 가지를 칼빈주의의 특질로 든다. 정규오, "칼빈주의 경제관,"「광신논단」제1집 (1989), 2-4.

해원의 설교 자체가 그의 변증적 사명 의식을 잘 드러내고 있다. 대체로 해원의 설교는 참 교리에 대한 변증 부분에서 절정에 이른다. 해원의 이러한 면모는 교리 해석에서 더욱 분명히 부각된다. 해원은 "사도신경"을 해설한 책에서 교리 해석의 필요성이 복음진리를 수호하고, 진리와 비진리를 식별하며, 신앙생활의 골격을 세우고, 말씀에 뿌리를 박기 위해서 필요하다고 하였다. 그리하여 기독교 교리를 세우는 주요한 대의가 변증적인 동기에 있음을 분명히 하고 있다.[642]

제33회 총회에 접수한 51인 신앙동지회의 진정서에 표명되었듯이 해원은 "신앙은 보수적이나 신학은 자유"라는 당대 자유주의 신학자들의 말에 동의하지 않았다.[643] 해원의 신학과 기독교 교육을 위한 헌신은 참 신앙에 기초한 신학을 구현하고자 하는 여망에서 비롯되었다.[644]

그동안 해원의 신학과 신앙에 대한 전기적, 역사적 접근은 적지 않게 이루어졌다. 본 장에서는 해원이 당대 자유주의 신학에 대항하여 변증한 교리들을 주제별로 정리하고 이를 조직신학적 관점에서 해설하는 데 중점을 둔다. 해원은 죽산을 "최고의 스승이요, 신학과 신앙의 지도자요, 공사 간 나의 인생에 절대적 영향을 끼친 위대한 인물"로 여기고 따랐다. 특히 죽산의 『기독교 근대신학 난제 선평』을[645] 해원은 거의 암송하다시

---

[642] 정규오, 『정규오박사 저작전집 IX, 사도신경해설』 (한국복음문서협회, 1970), 10-22.
[643] 정규오, 『신학적 입장에서 본 한국장로교교회사 (상)』 (한국복음문서협회, 1991), 43. 51인 신앙동지회의 성경관에 관해서 다음을 참조하라. 소재열, "해원 정규오 목사와 '51인 신앙동지회' 성경관," 『해원 정규오 목사의 생애와 사상』 (서울: 쿰란출판사, 2011), 79-166. 이 논문은 2007년 11월 14일 광신대학교에서 열린 제2회 해원(海園) 기념 강좌의 자료집, 『해원 정규오 목사의 성경관』, 1-22에 수록되었다.
[644] 정규오, 『나의 나된 것은: 정규오목사 회고록』 (한국복음문서협회, 1984), 209-227; 김남식, 『아름다운 원칙주의자 해원 정규오 목사』, 243-266.
[645] 『기독교 근대 신학 난제 선평』의 초판은 1935년에 출판(The Presbyterian Publication Fund) 되었으며 1975년에 개정증보판(은성출판사)으로 출간될 때는 『기독교 현대신학 난제 선평』이라는 이름을 갖게 되었다.

피 했다.⁶⁴⁶ 우리는 해원 사상의 변증적인 성격을 이러한 배경에서 이해할 수 있다. 해원을 죽산 박형룡 박사와 같은 전문적인 신학자로 볼 필요는 없다. 해원의 신학은 교단(敎壇)의 정치(精緻)한 가르침보다 강단(講壇)의 웅장한 선포를 지향했기 때문이다.

본 장은 해원의 이러한 선포를 정리하고 그 신학적 의미를 고찰하는 소고(小考)라고 할 것이다. 특히 본 장은 "자유주의 신학"에 대한 해원의 변증을 중심으로 전개된다. 여기에서 "자유주의 신학"이라는 개념은 위에서 언급하였듯이 성경 자체가 하나님의 말씀으로서 무오한 계시임을 부인하는 근대적이며 현대적인 제 조류를 지칭한다.

## 2. 해원의 자유주의 신학 비평

### 1) 성경론

"사도신경"을 해설하면서 해원은 성경을 "하나님께서 인류의 구원과 천국건설을 위하여 만들어 놓으신 헌법"이라고 하였다.⁶⁴⁷ "사도신경"을 공부하는 것이 전반적인 교리 공부가 되는데, 이는 "사도신경"이 "오로지 성경을 간추려 놓은 것"이기 때문이라고 하였다.⁶⁴⁸ 해원은 "하나님의 말씀인 성경의 교훈대로 마음으로 진실하게 믿는 일" 외에는 하나님

---

**646** 정규오, "나의 신학, 신앙, 인격의 모델," 김남식, 『아름다운 원칙주의자 해원 정규오 목사』, 400-408, 인용 401.
**647** 정규오, 『정규오박사 저작전집 IX, 사도신경해설』, 21.
**648** 정규오, 『정규오박사 저작전집 IX, 사도신경해설』, 22. 칼빈은 "사도신경"이 그리스도의 사역을 보여 주는 "일람표와 같이(vice tabulae)" 성경의 순수한 가르침을 그 속에 다 포함한다고 보았다. Inst. 2.16.18. 이하.

을 인식하는 방법이 없다고 하면서, 그것을 영안(靈眼)이라고 불렀다.⁶⁴⁹ 여기에서 비록 구체적으로 언급하지는 않지만 계시는 스스로 말씀하시는 하나님의 말씀으로서 오직 믿음으로만 수납된다는 신학의 인식 원리를 분명하게 제시하고 있다.⁶⁵⁰ 말씀을 통하지 않고 하나님을 알고자 하는 신비주의와 말씀을 합리적이며 사변적으로 해석하여 진리에 이르고자 하는 이성주의는 분명히 배격된다.⁶⁵¹

> 신·구약 성경은 특별 계시인 하나님의 말씀으로서 개혁신학에 있어서는 신앙과 본분에 대하여 정확무오한 유일의 법칙이요 표준이 되는 기독교의 경전이다.⁶⁵²

이러한 정의에는 다음과 같은 해원의 성경관의 특징이 잘 요약되어 있다.

첫째, 해원은 성경을 언약으로 이해한다. 신·구약의 실체는 그리스도이시다. 구약은 오실 예수에 대한 선지자적 예언을, 신약은 오신 예수에 대한 사도적 증거를 담고 있다.⁶⁵³

둘째, 성경의 권위를 그 저자가 되시는 하나님에게서 찾는다. "하나님은 진리 그 자체이시고 성경의 저자이시다"라고 하였다.⁶⁵⁴ 이러한 해원

---

649 정규오, 『정규오박사 저작전집 IX, 사도신경해설』, 28.
650 신학의 학문성은 개혁신학자들에 의해서 신학 혹은 계시의 원리(principia)라는 개념으로서 전개되었다. 그것은 먼저 존재의 원리(principium essendi)를 논한다. 이는 하나님의 계시는 스스로 존재한다는 하나님의 자기 계시를 의미한다. 그리고 인식의 원리(principium cognoscendi)을 논한다. 이는 다시 인식의 외적 원리로서 성경, 인식의 내적 원리로서 성령과 믿음을 다룬다. Cf. Kuyper, *Principles of Sacred Theology*, 341 ff.; Bavinck, *Reformed Dogmatics*, 1.89, 207 ff.
651 정규오, 『정규오박사 저작전집 IX, 사도신경해설』, 21-22.
652 정규오, 『정규오박사 저작전집 IX, 사도신경해설』, 231.
653 정규오, 『정규오박사 저작전집 IX, 사도신경해설』, 231-232, 234.
654 정규오, 『정규오박사 저작전집 IX, 사도신경해설』, 234.

의 이해는 권위(*auctoritas*)는 저자(*auctor*)로부터 나온다는 사실을 역설한 칼빈의 영향을 뚜렷이 보여 준다.[655]

셋째, 완전축자영감과 유기적 영감을 주장한다. 영감은 전체적이며 언어와 사상에 모두 미친다고 보았다.[656] 그러므로 성경의 교훈만을 인정하며 그 역사성을 부인하는 소위 역사적 예수 연구주의자들의 입장은 지지될 수 없다.

넷째, 성경의 목적을 하나님을 영화롭게 하고, 인간을 구원하며, 인간의 모든 생활 원리를 보여 주시기 위함이라고 하였다.[657] 해원은 성경을 하나님의 말씀으로서 영생에 이르는 길을 제시하는 구원 계시라고 보았다. 그런데 이러한 구원계시는 단지 법정적인 의의 전가에만 머물지 않고 하나님을 영화롭게 하며 언약의 자녀에 걸맞은 거룩한 삶을 사는 것에까지 미친다고 보았다. 구원받은 백성이 하나님의 자녀로서 누리는 총체적, 언약적 삶, 이를 개혁신학자들은 "영생"이라고 보았다.[658] 해원은 성경이 이러한 영생에 대한 완전하고 충족한 최종적 계시를 담고 있음을 분명하게 역설하고 있다. 해원이 주도한 "51명의 진정서"에는 "신구약성경은 하나님의 말씀이니 신앙과 본분에 대하여 정확무오한 유일의 법칙이니라"고 천명되었는데, 여기서 "신앙과 본분"이 의미하는 바가 곧 영생과 다르지 않다고 볼 것이다.[659]

해원은 신학교 시절부터 성경은 살아 계신 하나님의 말씀으로서 신앙의 유일한 기준이 됨을 확신하였다. 그는 자유주의 신신학과 성경의 고등

---

[655] *Inst.* 1.9.2.
[656] 정규오, 『정규오박사 저작전집 IX, 사도신경해설』, 241-243.
[657] 정규오, 『정규오박사 저작전집 IX, 사도신경해설』, 243-246.
[658] Cf. Witsius, *The Economy of the Covenants between God and Man*, vol. 1, 71-82. 본서는 *De Oeconomia Foederum Dei cum hominibus*라는 제하에 1677년에 출판됨.
[659] 정규오, 『신학적 입장에서 본 한국장로교교회사 (상)』, 43.

비평이 교회와 성도의 신앙을 파괴하고 있음을 심각하게 인식했다.[660]

해원은 당시 자유주의 신학을 대변했던 김재준과 송창근이 성경의 정경성과 무오성을 부인하면서도 자신을 칼빈주의 신학에 서 있다고 항변하는 것을 수용할 수 없었다.[661] 죽산은 총회 보고서에서 장공(長空) 김재준의 신학에 대하여 그가 성경의 하나님의 말씀으로서의 권위와 영감을 견지하면서도 고등비평을 수납할 수 있다고 한 점을 들어서 비판하였는데,[662] 해원 역시 죽산의 비판에 충실히 따랐다고 할 것이다.

해원은 성경은 특정한 목적을 위해서 일부만 영감되었다는 "목적영감설"을 부인한다. 그는 성경은 모두 금이지 흙이나 나무 같은 이물질이 없다고 하였다.[663] 이는 총회에서 송창근이 공관복음서에 관한 자료 문제와 관련해서 성경에는 금도 있고 돌도 있는데 우리에게 필요한 것은 단지 금이라고 말한 것을 비판한 것을 연상하게 한다.[664]

### 2) 삼위일체론과 신론

하나님은 영적인 존재이기 때문에 우리의 사상이나 관념으로는 이를 수 없다. 하나님은 스스로 존재하시며, 스스로 자기를 계시하시므로, 하나님을 인식하는 유일한 길은 하나님의 말씀인 성경을 통해서이다. 해원은 비록 직접적으로 언급하지는 않지만 하나님을 아는 지식은 삼위일체 하나님의 존재에 대한 전제가 없이는 불가함을 행간에 드러내고 있다.

---

[660] 해원의 이러한 입장을 "51명의 진정서"에서 간접적으로 살펴볼 수 있다. 정규오, 『신학적 입장에서 본 한국장로교교회사 (상)』, 43-44. 해원과 51인 사건에 관해서, 정규오, 『나의 나된 것은』, 75-88; 김남식, 『아름다운 원칙주의자 해원 정규오 목사』, 145-162.
[661] 정규오, 『신학적 입장에서 본 한국장로교교회사 (상)』, 53.
[662] "박형룡 박사의 김재준교수 진술서 검토," 정규오, 『신학적 입장에서 본 한국장로교교회사 (상)』, 55.
[663] 정규오, "이상적인 성경교육(딤후 3:14-17)," 『정규오박사 저작전집 VIII, 소논문』, 280.
[664] 정규오, 『신학적 입장에서 본 한국장로교교회사 (상)』, 46.

해원은 삼위일체 교리가 성경이 가르쳐 주는 진리로서 오직 "성경 말씀대로 믿고서 알아야" 할 것이라고 했다.[665] 해원은 삼위일체 하나님의 존재가 곧 인격자 되시는 하나님을 가리킨다고 보았다.[666]

하나님은 스스로 계시고, 스스로 모든 것을 지으시고, 보존하시고 운행하신다. 하나님은 자신의 뜻에 따라서 자신의 형상으로 사람을 지으시고 자신의 속성 중 일부를 누리게 하셨다. 하나님이 이러한 속성을 인류에게 주심은 자신의 신성을 분여하심이 아니다. 인류는 하나님의 속성을 피조물의 의존성 가운데 공유할 뿐이기 때문이다. 해원은 하나님의 속성 중에서 인간에게 전달되어지는 속성이 완전무결하지는 않다고 함으로써 이를 분명히 했다.[667]

하나님의 비공유적 속성과 공유적 속성은 모두 그분께만 고유하다. 모든 피조물은 하나님의 일부로서 하나님과 동등한 관계를 맺는 것이 아니다. 피조물은 단지 하나님이 무로부터 지으신 외계의 존재일 뿐이다. 그러므로 하나님의 속성을 피조물의 속성이나 피조물 상호 간의 관계로 유추하는 것은 옳지 않다.

창조와 섭리는 모두 삼위 하나님의 설계와 함께 일하심(同事)으로 말미암는다. 피조물은 피조의 대상일 뿐 창조의 과정에 개입할 수 없다. 즉 진화론 혹은 "창조적 진화론"이 부정된다.[668] 섭리에 있어서도 피조물은 하나님의 사역에 간섭하지 못한다. 하나님이 피조물 특히 인간을 이차적인 원인(secondary causality)으로 사용하시지만, 섭리는 전적으로 하나님께 속한 것이다. 즉 자연신론 혹은 이신론은 부정된다.[669]

하나님은 스스로 존재하시고 스스로 계시하시므로, 계시를 믿음으로

---

[665] 정규오, 『정규오박사 저작전집 IX, 사도신경해설』, 34-35.
[666] 정규오, 『정규오박사 저작전집 IX, 사도신경해설』, 36.
[667] 정규오, 『정규오박사 저작전집 IX, 사도신경해설』, 36-40.
[668] 정규오, 『정규오박사 저작전집 IX, 사도신경해설』, 45-47.
[669] 정규오, 『정규오박사 저작전집 IX, 사도신경해설』, 47-48.

수납하는 길 외에는 하나님을 알거나 증명할 방법이 없다. 해원은 "사도신경"을 해설하며 하나님의 존재를 증명하는 여러 논증을 소개하고 있다. 종교적 논증은 하나님의 존재에 대한 신념이 인간 본성에 보편적으로 내재한다고 본다. 도덕적 논증은 선천적인 자연법이 인성에 내재한다는 근거로 하나님의 존재를 논증하고자 한다. 여기에서 특히 양심의 존재가 거론된다. 우주론적 논증은 자연 현상에서 인과의 관계를 논하여 제일 원인으로서 하나님의 존재를 논증하고자 한다. 이와 관련해서 아리스토텔레스의 사상인(四相因)이 소개된다. 목적론적 논증은 계획과 목적을 논하여 신의 존재성을 증명하고자 한다. 모든 피조물에는 신의 의장(意匠)이 있다는 것이다. 실재론적 논증은 우리 마음속에 완전에 대한 관념이 있는데, 이는 곧 완전한 실체로서의 신의 존재를 필연적으로 가정하게 한다고 본다.

해원은 여기에서 이러한 모든 논증이 영안(靈眼)으로부터 나온 것으로서 유익하다고만 하였지 어떤 비판도 하지 않았다.[670] 그러나 로마서 주석에서는 이러한 내용을 요약하여 다룬 후, 모든 유신논증은 "인학적(人學的) 논증"으로서 어느 정도 유익함은 있으나 각각 결함이 없지 않다고 지적하고 우리는 코넬리우스 반 틸(Cornelius Van Til)이 주장한 전제주의에 서야 함을 천명하고 있다.[671]

삼위일체 하나님의 존재를 인정함은 그분께서 스스로 자신의 존재를 증명하심이 포함된다. 왜냐하면 삼위일체 하나님은 스스로 존재하시고, 스스로 자신의 존재를 계시하시며, 우리로 그 계시를 수납하게 하셔서 자신의 존재를 인정하게 하시는 계시의 전체 과정을 주장하시는 분이시기 때문이다.[672]

---

670 정규오, 『정규오박사 저작전집 IX, 사도신경해설』, 28-34.
671 정규오, 『정규오박사 저작전집 I, 로마서 강해』 (한국복음문서협회, 1988), 53-54.
672 이러한 삼위일체 이해는 칼빈의 신학에서 확정된다. Cf. Warfield, "Calvin's Doctrine

## 3) 인죄론

해원은 인간의 기원에 관한 제 과학적인 견해를 배척하고 창조설에 굳건히 섰다. 진화론은 그 논리 구조가 자체 한계를 지니고 있으며 역사상 인류의 도덕적 폐역은 시간이 흐를수록 더욱 더해 간다고 진단함으로써 오직 은혜 외에는 인간 구원의 길이 없음을 분명히 했다.[673]

해원은 인간의 구조에 있어서 영혼과 육체의 이질설(二質設, 이분설)을 개혁주의 입장이라 하고 이에 동의한다. 그는 이질설이 창세기의 인간 창조기사에 정확하게 부합하고 사후 인간의 중간상태를 다루는 데도 합당하다고 보았다.[674] 해원은 여기에서 삼질설(삼분설)이 영지주의자들과 아폴리나리우스가 범한 기독론적 오류와 궤를 같이한다고 신학적으로 지적하는 데까지 이르지는 않았다. 그러나 이질설에 근거해서 영혼의 부패와 타락으로 말미암아 하나님 앞에 서기에 전혀 불능한 인간의 비참함을 그리스도께서 영혼과 육체 가운데 오셔야 할 대속의 필연성에 마땅하게 연결시키고 있다.

해원의 언약관은 이러한 입장을 잘 조명해 준다. 해원은 언약을 크게 세 가지로 본다. 먼저 행위언약은 하나님의 형상으로 지음 받은 인류의 머리로서 아담과 맺은 언약이기 때문에 창조언약이라고도 부른다.[675] 행위언약은 "순종"에 대한 시험이었다. 아담의 타락 후 인류는 이제 더 이상 행위로써 하나님 앞에 설 수가 없다. 그러므로 하나님은 제2위 하나님이신 예수 그리스도를 자신의 백성의 대표인 언약의 당사자로 삼았다. 이러한 새 언약은 사람의 죄 값을 대신 치르고 그 의를 전가함으로써

---

of the Trinity," in *Calvin and Augustine*, 189-286.
**673** 정규오, 『정규오박사 저작전집 IX, 사도신경해설』, 50-52.
**674** 정규오, 『정규오박사 저작전집 IX, 사도신경해설』, 57-58.
**675** 정규오, 『정규오박사 저작전집 I, 로마서 강해』, 253.

영생을 선물로 부여하는, 첫 언약의 성취로서 주어졌다. 해원은 이러한 새 언약을 영원한 속죄언약(구원협약)의 성취로서 여긴다. 그리고 구약 시대에 체결된 모든 언약은 이러한 새 언약의 약속을 미리 계시하는 은혜언약이라고 하였다. 심지어 모세와 맺은 언약도 행위를 조건으로 하기는 하나 그 본질은 은혜언약이라고 합당하게 파악했다.[676]

해원은 첫 언약과 그 성취로서의 새 언약, 그리고 새 언약의 약속에 대한 언약으로서의 은혜언약을 분명하게 다루었다. 이러한 입장은 개혁주의 언약관에 정확히 부합한다.[677]

해원의 이러한 언약관으로부터 우리는 그의 율법관을 이해할 수 있다. 해원은 우선적으로 이신칭의 교리와 율법이 배치되지 않음을 지적한다.

> 믿음으로 구원얻는다는 교리와 하나님의 율법은 서로 상반되지 않습니다. 오히려 아름답게 조화를 이루게 됩니다.[678]

성도는 그리스도 안에 계신 성령의 능력이 아니고서야 율법을 지킬 수가 없다. 율법은 칭의에도 무력하며 성화에도 무력하다.[679] 율법은 자신의 죄를 발견하게 하고 죄의식을 갖게 하나 스스로 죄를 이길 수는

---

676 정규오, 『정규오박사 저작전집 IX, 사도신경해설』, 66-69.
677 Cf. 서철원, 『인간, 하나님의 형상』 (서울: 총신대학교출판부, 2007), 153-206. 행위언약은 하나님의 백성 됨 혹은 자녀 됨을 뜻하는 영생을 수여하시고자 한 하나님의 역사상 경륜이셨다. 그러므로 이를 부정하면 새 언약의 은혜를 합당하게 가르칠 수 없다. Cf. Berkhof, *Systematic Theology*, 211-218. 존 머레이는 최초의 언약이 영생으로 이르는 ("from *posse peccare* and *posse non peccare* to *non posse peccare*") 경륜(administration)이라고 하면서 이와 관련하여 언약이라는 말을 쓰는 것을 금한다. 그러나 이 경우 전체 언약의 구속사를 체계적으로 이해하기에 어려움이 있다. Cf. John Murray, "The Adamic Administration," in *Collected Writings of John Murray*, vol. 2, 47-59.
678 정규오, 『정규오박사 저작전집 I, 로마서 강해』, 94.
679 정규오, 『정규오박사 저작전집 I, 로마서 강해』, 95, 116, 186-187.

없다.⁶⁸⁰ 그러나 율법 자체가 나쁜 것은 아니다. 율법의 가르침은 선하고 거룩하다.⁶⁸¹ 율법은 하나님의 "거룩한 의지"와 하나님의 "성품"을 드러내기 때문이다.⁶⁸²

해원의 율법관은 칼빈의 율법관과 정확히 일치한다. 칼빈은 율법의 본질을 "경건하고 올바른 삶의 규범(regula vivendi pie et iuste)"이라고 했으며, 율법은 선하고 거룩한 것이나 사람의 죄로 말미암아 그것이 정죄의 도구가 되었음을 강조했다. 이러한 이해는 율법의 본질 자체를 정죄(lex accusans)에서 찾는 루터란과는 구별된다. 칼빈은 『기독교 강요』 초판에서부터 율법은 하나님의 어떠하심과 의지(뜻, voluntas)가 계시되어 있음을 분명하게 지적했다. 해원도 이러한 입장을 견지하고 있다.⁶⁸³

해원은 칼빈이 율법의 제1용법과 제3용법이라고 부른, 칭의와 성화 과정에서의 율법의 용법을 분명히 거론한다. 율법은 자신의 죄를 깨닫고 무력함에 절망한 사람이 그리스도를 찾게 하며, 믿음으로 구원을 얻은 성도가 살아가는 생활 규범으로서 필요하다고 하였다.⁶⁸⁴ 율법은 구원의 과정에서 역사하나 그리스도의 구원의 중보가 없이는 무능한데, 이는 오직 그분 안에서만 율법을 다 이루신 의의 전가가 있기 때문이다.⁶⁸⁵

이렇듯 해원은 율법을 언약의 율법으로서 이해하고 그리스도의 중보가 없는 율법은 의문에 불과함을 확고하게 이해하고 있었다. 율법에 대한 이러한 이해는 개혁주의 언약신학이 생명과 생활의 신학으로서 전세계적으로 확산되는 기저가 되었다. 또한 우리는 말씀을 좇는 삶을 강조

---

**680** 정규오, 『정규오박사 저작전집 I, 로마서 강해』, 139, 275.
**681** 정규오, 『정규오박사 저작전집 I, 로마서 강해』, 255.
**682** 정규오, 『정규오박사 저작전집 I, 로마서 강해』, 175, 179.
**683** 존 칼빈, 『라틴어 직역 기독교 강요』, 문병호 역, 54-61.
**684** 정규오, 『정규오박사 저작전집 I, 로마서 강해』, 94.
**685** 정규오, 『정규오박사 저작전집 I, 로마서 강해』, 279-280.

한 해원의 일생에서 이러한 자취를 뚜렷이 찾을 수 있다.[686]

### 4) 기독론

해원은 초대교회 기독론이 헬라의 이원론적 사고방식을 배척하고 이 땅에 오신 주님은 참 하나님이시며 영혼과 육체의 참 사람이심을 확고하게 변증했음을 지적하면서 복음의 제일 강조점은 이러한 신인양성의 중보에 있다고 하였다.[687] 해원은 "예수 그리스도가 복음"이라고 단언한다.[688] 해원은 예수 그리스도의 중보자 되심을 다음과 같이 설명한다.

첫째, 주님은 은혜의 중보자시다. 왜냐하면 오직 그분께서 우리를 위한 대속의 의의 원천이 되시기 때문이다.[689]

둘째, 주님은 화목의 중보자시다. 왜냐하면 그분의 십자가가 없이는 아무도 아버지께 나아갈 수 없기 때문이다.

셋째, 주님은 감사의 중보자시다. 왜냐하면 그분을 통하지 않고는 어떤 감사의 조건도 있을 수 없기 때문이다.[690]

넷째, 주님은 창조와 섭리와 심판의 중보자시다. 왜냐하면 그분께서 하나님의 말씀이시며 경륜이시며 지혜이시기 때문이다.[691]

해원의 이러한 중보자 이해는 삼위일체론의 존재와 경륜으로부터 도출된다고 할 것이다. 언제든 하나님의 외계와의 교통 방식은 성자의 중보를 통한 것이다. 성자의 중보자로서의 다 이루심과 지금도 그 의를

---

[686] 해원의 이러한 이해는 칼빈의 영향을 반영한다. Cf. Moon, *Christ the Mediator of the Law*, 214-218, 231-243.
[687] 정규오, 『정규오박사 저작전집 I, 로마서 강해』, 29-32.
[688] 정규오, 『정규오박사 저작전집 I, 로마서 강해』, 29.
[689] 정규오, 『정규오박사 저작전집 I, 로마서 강해』, 37-38.
[690] 정규오, 『정규오박사 저작전집 I, 로마서 강해』, 39-40.
[691] 정규오, 『정규오박사 저작전집 I, 로마서 강해』, 67.

전가하시는 계속적 중보를 함께 강조하는 것이 개혁주의의 특징이다. 해원은 이에 충실한 것이다.[692]

해원은 하나님의 절대 주권을 그리스도의 대속적 의를 통하여서 구원을 이루시는 섭리에서 찾는다. 하나님의 절대 주권은 그리스도의 공로 가운데서 자신의 사랑을 베푸시기 때문에 불의가 아니라 의이고 선이다.[693]

그러므로 하나님의 뜻이면 무엇이든지 가능하니 그리스도의 대속 공로가 없이도 구원이 있다고 보는 유명론자들이나 하나님의 뜻은 만인이 하나님의 말씀을 실존적으로 받아들여서 구원에 이르는 데 있다고 한 바르트는 배척된다. 해원은 특히 바르트가 이러한 입장에 서는 것은 그가 성경을 계시로 보지 않고 계시화되는 자료 정도로 여기는 데 기인한다고 합당하게 지적하였다.[694] 왜냐하면 하나님의 말씀이 사람의 실존적 의미 부여에 따라서 비로소 계시가 된다고 하면, 모든 것은 아직 미정이며 사람의 결단을 기다려야 하는 것이 되기 때문이다.

해원은 이 땅에 오신 중보자 그리스도의 성품을 한 위격 양성의 위격적 연합으로 이해하는 가운데 성육신을 낮아지심(비하, 卑下)이라고 말한다.[695] 해원은 그리스도의 비하를 인성의 고난과 신성의 참으심으로 바라본다. 그리스도의 "무죄자로서의 인성과 하나님으로서의 가지신 본질적인 속성에서 오는 수난은 더욱 큰 것이었다"라는 말은 이러한 뜻을 담고 있다.[696] 해원은 십자가에서 율법이 완성되었으며 하나님의 공의와 사랑이 완성되었다고 했는데, 이는 인성 가운데 다 이루시고 신성 가운데 그 의를 내려 주시는, 신인양성의 중보의 권능을 전제하는 것이다.[697]

---

[692] Cf. 문병호, "칼빈의 기독론," 『칼빈신학개요 I』 (서울: 두란노 아카데미, 2009), 69-84.
[693] 정규오, 『정규오박사 저작전집 I, 로마서 강해』, 257-267.
[694] 정규오, 『정규오박사 저작전집 I, 로마서 강해』, 267-274.
[695] 정규오, 『정규오박사 저작전집 IX, 사도신경해설』, 98-99.
[696] 정규오, 『정규오박사 저작전집 IX, 사도신경해설』, 103-104.
[697] 정규오, 『정규오박사 저작전집 IX, 사도신경해설』, 109-111; 『정규오박사 저작전집 IV, 골고다의 세 십자가』 (한국복음문서협회, 1988), 349-352.

해원은 신인양성의 중보를 부인하게 되면 그리스도의 삼중직을 말할 수 없게 됨을 분명히 한다. 왜냐하면 참 하나님과 참 사람으로서 자신을 제물로 드리신 그분께서 친히 멜기세덱의 반차를 좇는 제사장이 되시지 않았다면 자신의 영을 부어 주심으로써 성도를 다스리는 왕직도 없었을 것이기 때문이다.[698] 해원은 자유주의 신학자들은 예수의 신성은 부인하고 인성만 인정하기 때문에 속죄도, 내세도, 천국도, 재림도, 부활도 인정하지 않는다고 비판한다.[699] 그들은 예수를 단지 모범이며 지도자로만 여겨서 우리가 WCC의 경우에서 보듯이 세속주의, 종교다원주의에 이른다고 보았다.[700]

### 5) 구원론

칼빈주의는 중생 사역이나 구원 사역이 하나님의 단독 사역에 의한 것이며, 전적으로 하나님의 은혜에 의한 것이며 선물이라고 믿는다. 이것이 가장 성경적인 교훈이다.

여기에서 해원은 신인합력의 구원관을 개진하는 알미니우스주의에 따르면 결국 하나님의 주권은 인정되지 않으며 사람이 하나님의 뜻을 임의로 주관하는 데 이르게 된다고 지적한다.[701] 구원은 언약의 성취로서 영생을 수여하는 전적인 은혜의 역사이기 때문에 그 의를 다 이루신 예수

---

[698] 정규오, 『정규오박사 저작전집 IX, 사도신경해설』, 86-87, 90-91.
[699] 특히 부활에 관해서, 정규오, 『정규오박사 저작전집 X, 아멘의 생활』 (한국복음문서협회, 1994), 95-124.
[700] 정규오, 『정규오박사 저작전집 IX, 사도신경해설』, 93-94. WCC의 기독론에 대한 비판은 다음의 글을 참조하라. 문병호, "비(非)성경적, 반(反)교리적: WCC의 가시적 교회일치론 비판," 52-55.
[701] 정규오, 『정규오박사 저작전집 IX, 사도신경해설』, 71-72.

그리스도를 믿음 외에는 길이 없다.⁷⁰² 오직 믿음으로써 역사하는 성령 세례만 있을 뿐이며, 물 세례는 또 다른 세례가 아니라 그 믿음의 은혜를 인치는 것이다.⁷⁰³

해원은 법정적 칭의와 "새 사람의 도덕적이요, 재창조적이며 점진적인 활동으로서 하나님의 형상을 성취하는" 성화를 구별한다. 그러나 양자에 공히 이신득구(以信得救)의 원리가 적용된다고 한다.⁷⁰⁴ 이러한 이신득구의 본질은 이신칭의에서 찾을 수 있다. 이신칭의는 "십자가에 죽으시고 부활하신 예수 그리스도의 공로에 근거하여 그리스도를 믿는 자들을 의롭다고 선언하시는 하나님의 법정적인 행위"라고 정의된다. 이신칭의는 법률적으로 의롭게 된다는 뜻이 아니라 법정적으로 의롭다 일컬어 주심으로 그렇게 여겨진다는 것이다. 이러한 측면에서 이신칭의는 "신분"의 문제이며 성화는 그러한 신분 가운데서의 "상태" 문제이다.⁷⁰⁵

해원은 죄를 하나님의 뜻에 불순종하는 것으로서 적극적인 행위로 인한 것일 뿐만 아니라 부지불식간에 다른 사람을 넘어지게 하는 것도 포함한다고 이해했다.⁷⁰⁶ 해원은 박형룡 박사의 다음 말을 좇아서 죄를 넓게 이해한다.

> 죄는 구경(究竟)적으로 피조물, 사람 안에 있어서 창조주 하나님의 거룩한 성질을 표현하지 않거나 그 성격에 배치하는 상태 성향 행동이다.⁷⁰⁷

---

702 정규오, 『정규오박사 저작전집 IX, 사도신경해설』, 69.
703 정규오, 『정규오박사 저작전집 IX, 사도신경해설』, 72-74.
704 정규오, 『정규오박사 저작전집 IX, 사도신경해설』, 78-80.
705 정규오, 『정규오박사 저작전집 I, 로마서 강해』, 82-83, 91.
706 정규오, 『정규오박사 저작전집 IX, 사도신경해설』, 223-225.
707 정규오, 『정규오박사 저작전집 I, 로마서 강해』, 77.

해원은 죄의 본질을 하나님으로부터의 분리에서 찾고, 구원을 그러한 분리로부터 회복되는 것이라고 여겼다.[708] 그가 예수께서 화목제물이 되심을 특히 강조하며,[709] 화평을 이신칭의의 첫 번째 결과로 보는 이유가 여기에 있다.[710] 해원은 천상의 참 성소에서의 중보자 그리스도의 계속적 중보가 있기 때문에 성도가 소망과 위로 가운데서 사랑의 계명을 실천하는 삶을 살게 된다고 보았다.[711]

성도가 그리스도의 중보의 은혜 가운데 사는 것은 그분의 영의 내주로 말미암는다.[712] 왜냐하면 주님이 성도 안에 사시기 때문이다. 주님을 섬기는 삶을 살아야 한다. 성도는 주님이 다 이루신 율법의 규범에 따라서 살게 되는데, 이는 오직 그분의 계속적 중보로 말미암는다. 해원은 이러한 성도의 삶을 다음과 같이 말한다.

> 우리는 그리스도를 주님으로 섬기게 되었습니다. 그리스도께서 우리의 남편이십니다. 그런데, 그 남편을 섬기는 방법이 율법에 대한 순종이라는 것입니다.[713]

해원은 율법과 복음과의 관계를 오해하여 율법의 폐지를 주장하는 사람들을 강력하게 비판한다. 그는 "우리가 율법에서 구원받은 것은 무율

---

[708] 정규오, 『정규오박사 저작전집 I, 로마서 강해』, 57-58.
[709] 정규오, 『정규오박사 저작전집 I, 로마서 강해』, 88-90.
[710] 정규오, 『정규오박사 저작전집 I, 로마서 강해』, 117-118. 구원은 속죄와 용서와 화목이라는 세 요소를 포함하며 화목은 나머지 두 가지를 포함하는 포괄적 개념이다. Cf. 문병호, "Expiatio, Propitiatio, Reconciliatio(속죄, 용서, 화목): 바빙크의 그리스도의 무릎 이해," 「신학지남」 75/2, 325-346.
[711] 정규오, 『정규오박사 저작전집 I, 로마서 강해』, 120-128.
[712] 보혜사 성령의 임재를 그리스도께서 속에 사심으로 이해함에 있어서 성령은 그리스도의 영으로 특정된다. 이에 대하여, Ferguson, *The Holy Spirit*, 36-37, 100-103, 112, 116, 182, 188, 202, 247.
[713] 정규오, 『정규오박사 저작전집 I, 로마서 강해』, 173.

법주의자가 되기 위함이 아니고, 그리스도의 법에 매이기 위함입니다" 라고 단언한다.[714] 그리스도의 법은 다른 법이 아니라 그분께서 다 이루신 율법이다.[715] 주님이 율법을 완성하시기 위해서 우리와 같은 사람으로 오셔서 순종의 삶을 사셨다. 그러므로 가현설주의자들에게는 주의 법대로 살게 되는 성도의 은혜가 존재할 여지가 없다.[716]

해원은 성도는 율법 없는 자와 같은 삶을 사는 것이 아니라 "생명과 성령의 법"에 순종하는 성화의 삶을 살게 되는데 이는 그리스도의 영이 그 속에 임재하기 때문이라는 사실을 강조한다.[717] 그리스도의 영이 안에 거하시므로 그분께서 전가해 주신 의가 그분의 중보 가운데서 열매를 맺는다.[718] 해원은 성령이 "하나님의 영" 또는 "그리스도의 영"이라고 불리는 것은 성령이 성부와 성자로부터 출래하시기 때문이라고 한다. 그리고 이를 지적하면서 성령의 은사만을 편향되게 강조하는 경향은 잘못되었다고 비판한다.[719] 해원은 그리스도의 영을 받은 성도는 그분의 의를 전가 받아서 그분의 중보로 말미암아 아버지의 뜻을 좇는 삶을 충실히 살아야 한다고 역설한다.[720]

---

[714] 정규오, 『정규오박사 저작전집 I, 로마서 강해』, 169.
[715] 정규오, 『정규오박사 저작전집 I, 로마서 강해』, 279.
[716] 정규오, 『정규오박사 저작전집 I, 로마서 강해』, 191-192.
[717] 정규오, 『정규오박사 저작전집 I, 로마서 강해』, 190-192.
[718] 정규오, 『정규오박사 저작전집 I, 로마서 강해』, 192-195.
[719] 정규오, 『정규오박사 저작전집 I, 로마서 강해』, 199-200. 해원은 여기에서 "필리오케 (Filioque)" 교리를 분명하게 천명하고 있다. 필리오케 교리는 스페인 톨레도에서 열린 회의(제3차, 589년)에서 확정되었으며 서방교회는 이를 받았다. 필리오케에 대한 개혁주의 관점에 대해서 다음을 보라. Marc A. Pugliese, "How Important Is the *Filioque* for Reformed Orthodoxy," *Westminster Theological Journal* 66 (2004), 159-177.
[720] 그리스도의 영을 받아서 법정적으로 칭의된 성도는 그 순간 성화의 삶을 시작한다. 이는 결정적 성화로서 논해진다. Cf. Murray, *Collected Writings of John Murray*, vol. 2, 277-293.

성결은 성령의 권능을 힘입어 내가 힘써 싸우는 것입니다. 물론 내가 힘써 싸우는 것입니다. 사실 내가 힘써 싸우는 것도 알고 보면 내 안에서 하나님이 하시는 일입니다. 그러나 인간편에서 생각하면 인간이 적극적으로 하는 것입니다. 그러므로 하나님이 하신다고 핑계를 대면서 수동적 자세로 혹은 그저 아무 일 않고 있으면 안됩니다. 우리 인간의 힘으로는 아무 것도 할 수 없습니다. 가장 합당한 견해는 이미 그리스도인 안에는 성령님이 계시고, 그리스도인은 성령님 안에 거하므로 성령께서 생명과 평안과 능력과 지혜를 주실 줄 믿고, 또 의지하고 힘써 싸워야 한다는 것입니다. … 우리는 성결의 생활을 위해서라면 하나님이 은혜의 방편으로 주신 모든 것들을 활용해야 합니다. … 그리고 그리스도께서 이미 성령을 통하여 무한대의 능력을 주셨음을 믿을 뿐 아니라, 내 안에 있는 성령이 주시는 생명이 점점 성숙하고 있음을 깨달아야 합니다.[721]

해원은 성도의 구원을 다루면서 그리스도와의 연합을 강조한다. 그것은 오직 그분의 의의 전가함을 받은 은혜 가운데 성도가 하나님을 아는 지식을 누리고 위로 예배를 올려드리는 경건한 삶을 의미한다.[722] 그는 스스로의 공로에 이르고자 하는 자율주의를 거부한다. 반면에 철저히 하나님의 다스림을 받고자 하는 타율주의를 강조한다.[723] 해원이 말하는 타율주의는 숙명론적 결정주의와는 다르다. 그것은 하나님의 전적인 은혜를 누리며 그리스도의 영의 감화로 그분께로 자라 가는 삶을 사는 것을 의미한다. 해원이 말하는 타율주의는 곧 성경중심주의와 다르지 않다. 이런 측면에서 그에게 있어서 자율주의는 비성경적인 자유주의와 다르지 않다.

---

[721] 정규오, 『정규오박사 저작전집 I, 로마서 강해』, 202-203.
[722] 정규오, 『정규오박사 저작전집 I, 로마서 강해』, 206-210.
[723] 정규오, 『정규오박사 저작전집 I, 로마서 강해』, 276-277.

## 6) 교회론

해원은 "니케아-콘스탄티노플 신경"에서 고백된 일체성(*una*), 성성(聖性, *sancta*), 보편성(*catholica*), 사도성(*apostolica*)을 들어서 교회의 본질을 설명한다.[724] 특히 교회의 사도성과 관련해서 로마 가톨릭이 이를 왜곡하여 베드로로부터 시작된다는 교황의 수위(首位)권을 변호하고 있다고 질타하였다.[725] 해원은 교회를 유형교회와 무형교회로 파악하고 이를 지상교회와 천상교회 그리고 전투교회와 승리교회와 유사하게 다룬다. 특히 교회를 대적하는 마귀로 공산주의, 과학주의, 자본주의, 권력주의, 실용주의, 향락주의, 그리고 신신학 즉 자유주의 신학을 들고 있다.[726]

해원의 교회관은 단지 내적인 고찰에 그치지 않고 교회와 국가의 관계에 주목한다. 교회는 하나님의 특별은총권에 속하나 국가는 일반은총권에 속한다. 그러나 교회의 머리가 그리스도이신 것과 같이 국가도 그러하며, 교회와 국가를 공히 다스리는 헌법은 성경이다. 교회와 국가는 그 기원이 모두 하나님께 있으며 국가를 몸이라고 하면 교회는 영혼이라고 할 것이다. 해원은 이러한 칼빈주의 입장을 철저히 견지하고 있다.[727] 해원은 교회가 국가 안에서 감당하는 고유한 활동에 주목한다. 그러나 교회가 단지 기구적이며 도구적인 WCC와 같은 권력 기구가 되어서는 안 된다고 분명히 한다.[728] 교회는 보혜사 성령을 받은 성도들의 모임이므로 함께 그리스도의 몸을 세워 감을 목표로 할 뿐 세속적인 일과 단지 가시

---

[724] 정규오,『정규오박사 저작전집 XII, 교회행정학』, 17-19. 교회의 이러한 속성에 관해서, 박형룡,『박형룡박사 저작전집 VI, 교의신학 교회론』, 58-72; 문병호, "칼빈의 교회론: 기독론 삼위일체론 관점에서,"「조직신학연구」 8 (2006), 44-71.
[725] 정규오,『정규오박사 저작전집 IX, 사도신경해설』, 177-183.
[726] 정규오,『정규오박사 저작전집 IX, 사도신경해설』, 183-187.
[727] 정규오,『정규오박사 저작전집 IX, 사도신경해설』, 210-215.
[728] 정규오,『정규오박사 저작전집 IX, 사도신경해설』, 185.

적인 협의회적 일치를 추구해서는 안 된다는 것이다.[729]

자유주의 신학자들은 지상의 가시적 교제를 교회의 본질로 보고 비가시적 교회의 존재를 부인한다. 해원은 교회를 하나님의 비밀의 경륜이 역사상 실현되는 섭리의 장으로 본다. 교회는 언약의 백성이 지체들로서 모인 "살아 있는 유기체"이며 "영적 생명체"로서 그리스도를 머리로 삼는 연합체이다.[730] 해원은 교회의 머리가 그리스도이시기 때문에 그분의 영을 받아서 그분을 모시고 그분의 마음을 품고 사는 백성은 수직적으로는 하나님을 사랑하고 수평적으로는 이웃과 사회를 사랑하는 삶을 살아야 됨을 강조한다. 여기에서 주님이 "화목제물" 되심이 또다시 강조된다.[731]

> 먼저 우리는 그리스도는 머리요 교회는 몸이요 성도는 그 지체인 것을 알아야 합니다. 교회는 그리스도 안에서 연합되었고 그리스도와 연합되었다는 사실이 중요합니다. 그리스도는 유기적 의미에서 교회의 머리이신데, 그리스도는 교회를 그의 생명으로 채우시고 성령으로 지배하십니다. 교회는 그리스도의 몸이고 그리스도는 교회의 머리이시기에 교회는 통일성[732]을 가집니다. 교회는 그리스도 안에서 하나입니다. 그러므로 신자 상호 간의 다양성을 생각하기 전에 한 몸으로서의 통일성 특히 그리스도 안에서의 통일성을 강조해야겠습니다. 신적이며 초역사적인 완전한 그리스도의 몸 된 교회는 하나입니다. 모든 지체는 이 하나 됨을 위해 힘쓰고 봉사해야 합니다.[733]

---

[729] 정규오, 『정규오박사 저작전집 I, 로마서 강해』, 196-197.
[730] 정규오, 『정규오박사 저작전집 I, 로마서 강해』, 299-304, 312-313.
[731] 정규오, 『정규오박사 저작전집 I, 로마서 강해』, 314-331.
[732] 교회의 첫 번째 속성을 표현한 라틴어 "una" 또는 "unitas"는 어원상 '하나'라는 의미가 있어 필자는 이 속성을 "유일성"으로 번역한다. 다만 본서에서 정규오 목사는 이 속성에 대하여 "통일성"과 "일체성"이라는 용어를 사용하고, 김길성 교수는 "통일성"을 사용하기에 각각 관련되는 인용이나 언급 시에는 그대로 둔다.
[733] 정규오, 『정규오박사 저작전집 I, 로마서 강해』, 313.

여기에서 해원은 비가시적 교회와 가시적 교회의 기독론적 기초를 함께 다루고 있다. 해원은 만세 전에 작정된 성도들의 총수로서 구성된 비가시적 교회뿐만 아니라 가시적 교회의 연합도 그 본질이 성도의 그리스도와의 연합에 있다고 보았다. 그러므로 가시적 교회만을 인정하고 하나님의 작정이 아니라 단지 주관적 신 의식이나 실존적 신 체험의 공유를 교회의 본질로 보는 슐라이어마허와 바르트, 로마 가톨릭, WCC 등의 입장은 거부된다. 한편 해원은 비가시적 교회만을 강조하고 가시적 교회의 필연성을 부인하는 무교회주의자들도 교회의 기독론적 기초에 무지하다고 비판한다.[734]

해원의 교회론은 그의 기독론과 구원론의 연장선에서 바람직하게 이해된다. 교회는 그리스도와 연합한 성도들이 그분의 중보에 힘입어서 하나님의 뜻에 순종하여 위로는 하나님을 사랑하고 옆으로는 이웃을 사랑하는 유기적인 영적인 공동체이다. 교회는 그리스도의 의의 공동체이며, 중보의 공동체이다.

교회는 영생의 공동체이다. 영생은 단지 영원한 생명을 의미하는 데 그치지 않고 하나님의 자녀로서의 거룩한 삶을 포함한다. 영생은 그리스도와 함께 자녀 됨과 그분과 함께 후사 됨을 포함한다(롬 8:17).[735] 그러므로 교회의 공로가 있다면 오직 그리스도의 대속 외에는 없으며 교회의 권위가 있다면 오직 그리스도의 머리 되심 외에는 찾을 수 없다. 교회는 그 본질상 기독론적-구원론적이어야 한다. 그러므로 그리스도의 중보를 무시하는 기구적 교회, 그리스도 외의 중보를 인정하는 다원적 교회는 사실상 교회라고 할 수 없다.

---

[734] 정규오, 『정규오박사 저작전집 II, 복음의 폭탄』(한국복음문서협회, 1988), 214-215.
[735] 개혁주의 언약관에 따르면 그 약속인 "영생"은 포괄적인 개념이다. 찰스 핫지는 이를 인성 전체에 속한 복되고 거룩하며 불멸하는 생명, 하나님과 교제하는 불멸의 생명, 그리스도의 의를 전가 받아서 영원히 사는 자녀의 삶을 포함한다고 하였다. Hodge, *Systematic Theology*, 2.118-119.

## 3. 결론: 균형 잡힌 개혁주의 목회자

해원은 칼빈주의를 균형 있는 신학 체계라고 하면서 예정과 자유의지, 정신과 물질, 현실과 내세, 신앙과 지식의 조화를 거론하였다.[736] 해원의 삶에서 우리는 일종의 황금 균형을 느낄 수 있다. 그동안 해원 기념 강좌가 네 차례 진행되어 오면서 그의 생애와 신학에 대한 고찰이 다각적으로 이루어졌다. 해원에게 있어서 교단과 강단은 분리될 수 없다. 해원은 교회가 선포하는 교회(*ecclesia praedicens*)와 가르치는 교회(*ecclesia docens*)가 되어야 본연의 사명을 다하게 됨을 줄곧 강조하였다.[737]

해원은 비록 체계적인 신학서적을 저술하지는 않았지만 많은 글들과 설교들을 통하여서 자신의 신학적, 신앙적 소견을 분명하게 피력했다. 칼빈은 자신의 글이 간결성(*brevitas*)과 유용성(*facilitas*)을 추구한다고 했는데,[738] 해원의 문장도 이러했다.

본 장에서 필자는 해원의 신학 전반을 그의 대표적인 교리서적이라고 할 『정규오박사 저작전집 IX, 사도신경해설』과 『정규오박사 저작전집 I, 로마서 강해』를 중심으로 살펴보았다. 우리는 지금까지의 고찰을 통하여서 해원이 오직 성경의 원리를 거스르고 이성주의적, 인본주의적 신학을 추구했던 자유주의 신학을 신학 전반에 걸쳐서 비판하고 있음을 보았

---

[736] 정규오, "칼빈주의 경제관," 5.
[737] 해원은 1978년 1월 8일 마 28:16-20을 "교육하는 교회"라는 제목으로 설교하면서 다음과 같이 가르치는 교회를 강조하였다. "말씀을 가르쳐 지키게 하는 운동에 힘써야 하겠습니다. 지도자 양성이 시급합니다. 1) 신학교를 잘 해야 합니다(광주신학교). 2) 일반학교도 성경교육을 잘 실시하도록 해야 합니다. 3) 주일학교 공부를 열심히 해야 합니다(장년공부, 제직출석)(어린이 공부: 초학문답, 요리문답 암송). 4) 야간 신학교와 평신도 훈련을 잘 해야 합니다. 5) 사경회에 잘 참석하며, 목회연구회에서 발행하는 성경공부를 잘 하도록 해야 합니다." 정규오, 『정규오박사 저작전집 II, 복음의 폭탄』, 83.
[738] Cf. Richard C. Gamble, "Brevitas et Facilitas: Toward an Understanding of Calvin's Hermeneutic," *Westminster Theological Journal* 47(1985), 1-17.

다. 이를 다음과 같이 몇몇 관점으로 정리할 수 있을 것이다.

첫째, 해원은 성경은 그 자체로 진리이며 그 자체로 감화력이 있다고 믿었다. 왜냐하면 성경은 성령의 내적 역사를 수반하기 때문이다.[739] 그러므로 성경에 대한 일체의 이성적 비평은 거부된다.

둘째, 해원은 삼위일체 교리를 존재적이며 경륜적으로 파악한다. 그러므로 사변적이거나 귀납적인 유추 방식으로 이 신비에 이를 수 없다고 본다. 삼위일체를 단지 신 의식의 세 양상으로 이해하는 슐라이어마허나 계시 사건에 있어서의 세 존재 양식으로 보는 바르트는 배격된다.

셋째, 해원은 중보자 그리스도의 중보 사역을 다룸에 있어서 신인양성의 위격적 연합을 강조한다. 그리하여서 자신의 언약관을 속죄론과 연결시킨다. 그리스도의 의의 전가를 전제하지 않는 언약은 무의미하므로 그분의 양성적 중보의 필연성을 부인하는 자유주의 신학자들의 입장은 거부된다.

넷째, 해원은 그리스도의 속죄의 값을 영생의 의로 여기고 그 전가가 구원론의 핵심임을 강조한다. 그리스도의 의의 전가는 오직 그분의 성령의 임재로만 이루어진다. 곧 그리스도와의 연합이 구원서정의 기초가 된다. 그러므로 의의 직접적 전가를 부인하는 알미니우스주의와 로마 가톨릭은 거부된다.[740]

---

[739] Cf. *Inst.* 1.6.1(*CO* 2.53). 칼빈은 성경에서 자신의 거룩한 입술로 친히 말씀하시는 하나님의 표징들(*signa loquentis Dei*)은 오직 성령의 은밀하고 내적인 증거(*arcanum et interius testimonium*)에 의해서만 그 실체가 드러난다고 하였다.

[740] 핫지가 제시하듯이 구원의 계획의 또 다른 형태로 소뮈르(Saumur) 학파의 모세 아미라우트(Moïse Amyraut)에 의해서 주창된 가설적 구원(hypothetical redemption) 이론이 있다. 이 이론은 하나님은 누구든지 예수를 믿기만 하면 구원하시는 보편적인 가설적 작정(*decretum universale hypotheticum*)을 창조 전에 가지고 있었다고 한다. 이 경우 그리스도의 의의 전가는 간접적이 된다. 이를 아미랄드주의(Amyraldism)라고 한다. Hodge, *Systematic Theology*, 2.321-324.

다섯째, 해원은 교회를 그리스도와 연합한 성도의 몸으로 여기고 비가시적이며 가시적으로 다룬다. 교회의 유일성, 거룩성, 보편성, 사도성은 이러한 입장에서 역동적으로 다루어진다. 교회는 단지 기구적(instrumental)이거나 협의회적(conciliar)이지 않으며 단지 천상적이지도 않다. 그리스도의 의의 전가를 전제하지 않고 교회를 단지 신 의식의 공동체(슐라이어마허), 종교 윤리적 공동체(리츨), 계시에 대한 실존적 체험의 공동체(바르트)로 여기는 입장과 지상교회의 비밀을 제거하는 무교회주의는 모두 배척된다.

이렇듯 해원은 자신의 신학을 개진하면서 변증적 성격을 뚜렷이 드러내었다. 해원 신학의 변증적 동기는 하나님의 뜻에 따른 엄정한 삶을 추구한 그의 삶에서 찾을 수 있다. 해원은 하나님의 사랑은 공의와 함께 한다고 믿었다. 그는 성도가 하나님을 사랑하는 방식도, 하나님이 성도를 사랑하는 방식도 모두 공의로워야 한다고 믿었다. 그는 언약에 깊게 부착했다. 언약은 하나님의 사랑을 역사 가운데 섭리로서 드러내되 그리스도의 은혜 가운데 그러하다. 칼빈이 그리스도의 속죄의 의미를 다루면서 "사랑의 시작은 의이다(principium amoris est iustitia)"라고 강조했듯이,[741] 해원도 사랑의 삶을 신학의 진리와 떨어질 수 없는 것으로 여겼다.

총체적인 언약의 삶, 하나님의 자녀로서의 온전한 삶, 이것이 영생 아닌가?

이것이 주님이 전가해 주신 의 그 자체 아닌가?

해원은 자유주의 신학자들이 추구한 "생활의 철학"을 버리고 "영생의 신학"에 지상의 생애를 바쳤다. 이 점이 해원이 우리에게 귀감이 되는 이유이다. 오늘날 우리는 비변증적인 혼돈의 시대를 살고 있다.[742] 이러

---

[741] *Inst*. 2.17.2.

[742] Cf. William C. Placher, *Unapologetic Theology: A Christian Voice in a Pluralistic Conversation* (Louisville: Westminster/John Knox, 1989), 12-13. 저자는 여기에서 변증적 신학을 지양

한 시대에 해원의 자취를 다시금 기리는 것은 그가 성경의 정확무오성과 더불어서 성경에는 오직 하나의 진리만이 있음을 믿은 성경의 목회자요, 신학자요, 지도자요, 교육자였기 때문이다.[743]

---

하고 공존하는 신학을 할 것을 요청하고 있다.
[743] Cf. Robert L. Reymond, *The Reformation's Conflict with Rome: Why It Must Continue!* (Ross-shire, UK: Mentor, 2001), 98-130. 여기에서 저자는 개혁주의의 "alone"은 로마 가톨릭의 "and"와 양립할 수 없음을 지적하고 있다.

# 제9장 WCC와 한국교회:
## 죽산 박형룡과 해원 정규오 중심으로

## 1. 들어가는 말

하나님은 시간과 함께 천지와 인류를 지으시고 역사를 부여하셨다. 역사는 구속사로 진행된다. 구속사는 언약의 역사이며 교회의 역사이다. 하나님은 친히 일하시되 사람의 손을 사용하신다. 굳이 모세와 요나를 사용하시고 다윗과 엘리야와 다니엘을 세우신 것은 자신의 형상 가운데 있는 인류의 인격적 찬양을 받으시기 위함이셨다. 사랑과 공의는 하나님이 자신의 일을 이루시는 두 가지 큰 원칙이다. 사랑은 용서하시는 것이며 흩어진 것을 모으시는 것이다. 공의는 심판을 통하여 의와 불의, 정과 사를 구별하셔서 거룩하게 분별된 자를 남은 자로 삼으시고 그 가운데 자신의 왕국을 자신의 뜻 가운데 세우시는 것이다.

하나님은 사랑으로 모으시되 공의로 정련(精鍊)하신다. 하나님은 자격을 갖추지 않은 모임은 파하신다. 자신의 백성이 오직 한 성령과 한 진리 가운데 한 주를 믿는 믿음으로 섬기기를 원하신다. 진리를 불문(不問)하고 모이기만 힘쓰는 것은 진정한 교회의 연합과 일치를 오히려 해치는 일이다. 진리를 떠나 하나가 되기를 추구하는 것은 사술(邪術)이며 그

명분은 궤변에 불과하다. 세계교회협의회(WCC, World Council of Churches)는 진리를 불문하고 단지 가시적이며 기구적인 결속을 추구하는 단체이다. 그들은 유일한 구원의 진리를 등지고 있으므로 사실상 교회가 아니라 인류의 일치를 이상으로 삼고 있다.

WCC의 신앙고백은 대체로 명목적이며 그들의 활동은 교회의 부흥과 전도 그리고 선교에 역행하였다. 그들은 교회의 연합과 일치를 말하지만 교회에 대한 정의조차 불분명하다. 한국교회가 WCC를 처음 접하고 겪은 혼동은 이러한 그들의 모호한 정체성에 기인한다고 볼 수도 있다. 이러한 모호성 가운데서 WCC의 문제는 곧 진리의 문제라는 것을 간파한 두 분이 곧 죽산 박형룡 박사와 해원 정규오 목사였다. 전자는 신학적으로 후자는 교역(敎役)과 교정(敎政)에 주로 관련하여 자신들의 입장을 개진하였다.

WCC에 대한 죽산의 입장은 언제나 확고하였다. 죽산은 WCC가 교회의 본질을 왜곡하고 진리를 해치는 가운데 단지 기구적 일치만을 외향적으로 추구하고 있을 뿐이라고 죽산은 날카롭게 비판하였다.[744] 죽산의 비판의 펜은 WCC에 머물지 않고 이에 편승하여 미국 풀러신학교를 중심으로 흥기한 신복음주의 신학에 영향을 받은 복음주의협의회(NAE, National Association of Evangelicals)에까지 향했다.[745]

해원의 일생은 죽산의 신학을 교회 목회와 성도의 경건 그리고 교회정치에 적용하는 데 바쳐졌다고 해도 과언이 아니다. 해원은 자신이 조직한 51인 신앙동지회와 더불어 한국교회가 보수신학과 보수신앙의 명맥을 이어가는 데 지대한 공헌을 하였다. WCC와 한국교회의 분열에 관한 해원의 저술은 단지 사실의 기록에 그치지 않으며 본인의 신학과 신앙을

---

[744] 특히 다음 글을 참조하라. 박형룡, "에큐메니칼 운동 신학," 『박형룡박사 저작전집 IX, 현대신학비평 하권』, 70-98; "에큐메니칼 운동의 교리와 목적," 112-126.
[745] 박형룡, "신복음주의 신학," 『박형룡박사 저작전집 IX, 현대신학비평 하권』, 99-125.

담고 있다. 해원은 WCC의 에큐메니즘이 당대 사조와 세속적 가치를 추구하는 비성경적인 기구라는 사실을 분명히 직시하였다.[746]

본 장은 죽산과 해원의 글들을 중심으로 WCC를 반대했던 한국교회의 보수적인 입장이 어떠했는지를 신학적으로 살피는 데 주안점을 두고, WCC의 가입 문제로 불거진 1959년의 대한예수교장로회로부터의 통합 측의 이탈이나 2013년 부산에서 열린 WCC 부산 총회 등에 관한 사실적 언급은 이를 위하여 필요한 한에서 언급한다. 그리고 WCC의 신학 자체에 대한 언급도 자제한다.[747]

먼저 "2. WCC와 한국교회"에서는 제10차 부산 총회 가운데 표출된, WCC를 반대하는 한국교회의 정서를 다룬다. "3. 죽산 박형룡의 WCC의 에큐메니칼 운동 비판"에서는 죽산이 행한 WCC에 대한 신학적 비판을 다룬다. "4. 해원 정규오의 WCC의 에큐메니칼 운동 비판"에서는 해원의 기록을 중심으로 통합 측 교단 이탈 당시 WCC의 가입을 반대했던 측의 입장을 살펴본다. 마지막 결론에서는 이상의 논의를 반추하며 WCC의 비성경적이며 반교리적인 가시적 교회일치론의 오류를 일목요연하게 정리한다.

---

[746] 정규오, 『신학적 입장에서 본 한국장로교교회사 (상)』, 126-261.
[747] WCC의 신학과 정체성 그리고 활동에 대해서는 다음 책을 참조하라. 문병호, 『교회의 '하나 됨'과 교리의 '하나임.' WCC의 '비성경적,' '반교리적' 에큐메니즘 비판: 정통 개혁주의 조직신학적 관점에서』(서울: 지평서원, 2012). 이 책은 WCC의 신학적 문건들을 교리별로 분석하여 비판하였다.

## 2. WCC와 한국교회 : WCC 제10차 부산 총회와 관련하여

WCC의 신학에 대한 견해차로 말미암아 1959년 대한예수교장로회로부터 통합 측이 이탈하였으며, 교단이 분열되었다.[748] 이는 "12신조"와 함께 "웨스트민스터 신도게요서(信徒揭要書 혹은 信仰告白書)"와 "웨스트민스터 대·소요리문답"에 따른 개혁신학과 신앙에 그 자리를 둔 교단이[749] ―선교사들의 영향으로 처음부터 성경의 가르침에 따른 신앙과 삶을 추구했던 보수적인 교단이[750]―겪었던 신학적 분열이어서 더욱 아픔이 컸다. 통합 측의 이탈은 연합과 일치를 외치는 WCC가 단절을 초래하는 길이 될 수 있음을 보여 주는 획기적인 사건이었다.

WCC 제10차 부산 총회를 두고 한국교회에서는 다시금 WCC의 정체성에 대한 논쟁의 바람이 일어났다.[751] 행사를 주최하는 측에서는 이를 한국교회가 유치한 "기독교 올림픽"이라고 자평하나, 이를 반대하는 편에서는 WCC가 추구하는 에큐메니칼 운동 자체에 의구심을 갖고 있으며 부산 유치를 신학적 편향성을 지닌 몇몇 교단의 합작품 정도로 여길 뿐이다.

---

[748] 박용규, 『한국기독교회사 2. 1910-1960』 (서울: 생명의 말씀사, 2004), 985-1014; 이범성, "에큐메니칼 운동에 대한 예장통합 교단(PCK)의 입장," 대한예수교장로회 총회 에큐메니칼위원회 편, 『21세기 한국교회의 에큐메니칼 운동』 (서울: 대한기독교서회, 2008), 47-59.
[749] 이러한 문건에 대해서는 다음을 참조하라. 대한예수교장로회 총회, 『헌법』.
[750] 다음 책들은 한국장로교를 수립한 제일 원리가 오직 말씀에 있었음을 보여 주고 있다. 간하배, 『한국 장로교 신학사상』; 박용규, 『한국 장로교 사상사: 한국교회와 성경의 권위』.
[751] 다음과 같은 지상 논쟁이 특히 가열되었다. 박명수, "WCC는 통전적 전도를 지향하지 않는다," 「목회와 신학」 (2010. 4), 68-79; 금주섭, "WCC는 구원의 통전성과 일치 속의 선교를 지향한다," 「목회와 신학」 (2010. 4), 80-90; 정병준, "최근 한국교회 내부의 WCC 비판의 근거에 대한 역사적 고찰," 「백석신학저널」 18 (2010. 봄), 49-60; 이승구, "WCC의 문제점에 관한 한 고찰," 「백석신학저널」 18 (2010. 봄), 61-74.

한국교회는 WCC를 크게 세 가지 방향에서 반대하였다.

첫째, 그들의 신학에 관해서이다. 그들이 삼위일체론, 기독론, 구원론, 교회론 등에 관한 정통적인 입장을 버리고 신신학(新神學)과 자유주의 신학에 빠져서 종교혼합주의와 종교다원주의를 추구한다는 점이 부각된다.

둘째, 그들이 추구하는 사역들과 관련된다. 특히 공산주의에 대한 우호적 발언과 인종 분쟁 그리고 근동과 이스라엘의 분쟁 등에 특정한 이념적 성향을 가지고 정치적 견해를 피력한 점 등이 주목된다. 그리고 교회 본연의 복음적 선교와 전도를 등한시하고 사회적이거나 문화적인 활동에 치중한 점이 비판된다.

셋째, 성경의 가르침을 벗어난 그들의 행태와 관련된다. 특히 동성연애를 인정하거나 무분별한 성례 거행 그리고 이방 종교의 습속을 좇는 의식 추구 등이 거론된다.[752] 이러한 비판은 한국교회에서만 새로운 것은 아니었다.[753]

무엇보다도 WCC 부산 총회와 관련하여 여러모로 전환기적 시점에 놓여 있는 한국교회가 자칫 세속주의, 혼합주의, 다원주의의 도전으로 인하여 또 다시 홍역을 치르지 않을까 하는 염려의 목소리가 높다. 통합 측이 이탈하는 아픔을 겪었던 대한예수교장로회 합동 측 교단에 속한 총신대학교 신학대학원 교수들의 성명서는 이러한 정서를 잘 반영하고 있다. 필자가 그 기초에 참여한 전문은 다음과 같다.

---

[752] 이와 관련하여 다음을 보라. 조영엽, 『세계교회협의회(W.C.C.)의 실상을 밝힌다』 (서울: 언약출판사, 2010), 특히 221-229; 대한예수교장로회총회(고려), 「파수군」 130-142호 (1963-1964).

[753] 이와 관련하여 다음을 보라. 클라아스 루니아(Klaas Runia), 『현대의 종교개혁』(Reformation Today), 이종전 역 (서울: 아벨서원, 2004); 에네스트 W. 레훼버(Ernest W. Lefever), 『암스테르담에서 나이로비 대회까지: W.C.C.와 제3 세계』(Amsterdam to Nairobi: The World Council of Churches and the Third World), 전호진 역 (서울: 한국기독교교육연구원, 1981); 에네스트 W. 레훼버, 『나이로비에서 뱅쿠버까지』(Nairobi to Vancouver), 전호진 역 (서울: 바른신앙, 1988).

## WCC에 대한 총신대학교 신학대학원 교수 성명서

한국기독교교회협의회(NCCK)에 속한 기독교대한감리회, 대한성공회, 대한예수교장로회(통합), 한국기독교장로회가 자유주의 세속 신학과 종교다원주의를 표방해 온 WCC(세계교회협의회)의 제10차 부산 총회(2013년)를 유치하였다. 유치 측은 단지 4개 교단에 불과하지만 이를 마치 한국 기독교 전체의 행사인 양 과대포장하고 있다. WCC는 교파 간의 신앙고백의 차이에도 불구하고 교회의 연합과 일치, 그리고 봉사를 위해 노력하였으나, 성경의 절대적 계시와 정통교리의 가르침을 거부하므로 기독교의 본질 자체를 왜곡하고 있다. 이로 인해 한국의 많은 교단과 교회들은 WCC 부산 총회를 앞두고 본 기구의 취지와 사업에 대해 우려하며 또한 한국교회의 양극화를 초래할 위험에 대한 논란이 가중되고 있음을 염려하고 있다. 이에 총신대학교 신학대학원 교수 일동은 WCC의 비성경적인 신앙과 신학의 문제점들을 전국 교회 앞에 알리는 바이다.

1. WCC는 성경이 하나님의 말씀이라는 사실을 부인한다.
WCC는 성경의 가르침을 절대적 객관적 진리로 여기지 않고, 구전되는 교회 전통의 한 산물 정도로 간주한다. WCC의 많은 회원 교회는 성경의 정경성을 부인하며, 창세기의 창조기사, 동정녀 탄생, 그리고 예수의 육체적 부활과 재림 등을 역사적인 사건이 아닌 신화(神話)로 본다.

2. WCC는 정통 삼위일체론, 기독론, 구원론, 교회론 교리를 거부한다.
초대교회와 종교 개혁기에 교회가 추구한 진정한 성경적 에큐메니즘은 교리의 일치를 이루어 내는 것을 최우선의 과제로 여겼다. 그러나 WCC는 그 형성에서부터 교리의 내용의 정당성 여부를 불문하고 교회의 가시적 연합과 일치만을 편향되게 추구해 왔다.

3. WCC는 성경에 계시된 유일신론을 이탈하고 있다.
WCC는 종교 간의 대화라는 허명으로 타 종교에도 구원이 있다는 종교다원주의를 추구하고 있으며, 성경의 하나님을 타 종교의 신과 동일시하거나 상대화한다.

4. WCC는 예수 그리스도를 유일한 구원의 중보자로 여기지 않는다.
WCC는 예수 그리스도의 역사적 대속 사역의 절대적 가치를 인정하지 않고, 그리스도의 구속의 은총의 사역을 윤리적이거나 문화적인 영향력으로 상대화시키고 있다.

5. WCC는 성령을 타 종교의 영적 현상과 혼동하고 있다.
WCC는 성령의 인격적 구원 사역을 왜곡하여 우주 만물에 깃드는 정령 활동 정도로 여기는 일까지도 수용하고 있다. 이로 말미암아 심각한 영적 혼란을 초래하며 성령의 고유한 사역을 크게 훼손시키고 있다.

6. WCC는 교회의 본질을 왜곡하여 가시적인 교제만을 편향되게 강조하고 있다.
WCC는 단지 협의체적 교제에 불과하다고 말하지만 궁극적으로는 교회라는 이름을 취하고, 모든 교회를 기구적으로 통합하고자 한다. 이로 인해 WCC는 예수를 구세주로 믿는 성도들 간의 연합과 교제의 모임인 교회를 교회 간의 가시적인 연합체나 사회 구호 단체로 전락시키고 있다.

7. WCC는 복음 전도와 사회적 책임에 대한 균형을 훼손하고 있다.
WCC는 선교를 사회복음주의적 입장에서 극단적으로 강조하거나, 종교 간의 대화와 교류로 이해함으로써 복음 전파의 본질적인 요소인 영혼 구원의 중요성을 약화시키고 있다. 이로 인해 하나님 나라의 왜곡된 개념을 초래하여 복음을 변질시키는 오류를 범하고 있다.

8. WCC에 참가한 교단은 한국교회에서 소수에 불과하지만, 마치 자신들이 한국교회를 대표하듯이 행동하고 있다.
건전한 한국의 다수 교회들은 WCC의 문제점들을 직시하고 이 단체가 주님의 복음 사역에 얼마나 큰 장애가 되는지 여러 방면으로 지적해 왔다. WCC는 종교다원주의와 교회세속주의를 더욱 가속시키고 있다.

그러므로 하나님의 말씀대로 믿고 살며, 하나님의 말씀대로 교회의 연합과 일치를 추구하는 우리는 WCC 부산 유치가 성도들의 신앙에 미칠 악영향을 심히 우려한다. 그리고 WCC가 다양한 문서와 매스컴을 통하여 WCC 부산대회를 과대, 편파 광고함으로써 한국교회 대다수를 차지하는 하나님 중심, 성경 중심, 교회 중심의 삶을 살아가는 성도들을 실족하게 하는 일이 없도록 권고하는 바이다.[754]

제10차 부산 총회는 2013년 10월 30일부터 열흘간 부산 벡스코에서 "생명의 하나님, 우리를 정의와 평화로 이끄소서(God of Life, Lead Us to Justice and Peace, 사 42:1-4)"라는 주제로 개최되었다.

부산 총회가 내건 "생명의 하나님"이라는 주제는 주로 지구촌의 생태계 문제, 신자유주의 시장 경제를 극복할 경제 정의 문제, 새로운 동서 간의 냉전 기류를 극복할 군축 문제 등과 관련된다. 그들이 공식적인 문건에서 말하듯이, 이 주제가 표방하는 것은 구원의 영생과는 무관하고 "생명 중심의 문명"을 뜻할 뿐이다. "우주공동체를 관계적이고 유기적인 상생의 생명공동체로 인식하는 아시아적 사고"를 중시하여 본 주제를

---

[754] 「기독신문」, 대한예수교장로회 합동, 2010년 5월 4일, 광고.

다루겠다고 천명하고 있음을 보아도 분명히 알 수 있다.[755] 그들의 주요한 관심사는 구령의 복음이 아니라 인류와 우주의 일치를 통하여 생명의 질을 고양시키고자 하는 세속적 생명운동에 있다.[756]

같은 맥락에서 WCC는 부산 총회의 주제와 관련하여 채택한 "부산 커뮤니케이션 선언문(Busan Communication Statement)"에서 다음과 같이 말한다.

> 커뮤니케이션이 없다면 생명도 없는 것이다. … 동아시아와 여러 토착 민족들의 전통적인 세계관에 따르면, 우주는 하나로 통합되어 있는 전체이자, 서로 연관된 하나의 유기체이다. 이러한 견해에 따라 우리는 바로 커뮤니케이션이야말로 생명의 핵심인 것과 인간들은 모든 창조물과 커뮤니케이션을 하며 살아가는 것임을 깨닫게 된다.[757]

이러한 표현은 철학적 물활론이나 생기론에서나 가능하다.

과연 "동아시아와 여러 토착 민족들의 전통적인 세계관"이 생명의 창조와 구원에 관한 성경의 진리를 대체할 수 있는가?

태초에 하나님은 무로부터 천지를 창조하셨다. 태초에 커뮤니케이션이 아니라 창조가 있었다. 생명은 피조물 각각에게 개별적으로 부여된 것이지 그것들의 교통이나 소통에 있는 것이 아니다. 그저 모이기만

---

[755] 박성원, "세계교회협의회(WCC) 제10차 총회의 의의와 준비," 6-9. 출처, http://www.wcc2013.kr

[756] 위와 동인(同人)에 의하여 작성된 다음 글은 이러한 WCC의 공식적인 입장을 더욱 상세히 설명하고 있다. 박성원, "함께 생명을 향하여 - 변화된 에큐메니칼 지형에서의 선교와 전도 -," 1-14. 출처, http://www.wcc2013.kr

[757] "부산 커뮤니케이션 선언문. 생명, 정의, 평화를 위한 커뮤니케이션을 재천명하며…," 3. 이 성명서는 세계교회협의회(WCC), 세계기독교커뮤니케니션협회(WACC), WCC 총회한국준비위원회(KHC) 주최로 2012년 5월 22-25일, 부산에서 열린, 세계교회협의회 제10차 총회 주제를 다루는 국제회의에서 채택된 것이다. 출처, http://www.wcc2013.kr

하는 것을 하나님은 폐하신다. 그것은 생명이 아니라 죽음의 길이다. 오직 주님 자신이 생명이시다. 주님은 무리의 "통전성(通典性)"과 "공동선"이 아니라 좁은 문을 지시하셨다.⁷⁵⁸

WCC가 부산 총회를 결정하게 된 이유들 중에서 "한국교회는 복음주의 교회와 오순절교회가 공존하며 협력적이라는 점"과 더불어 "한국교회가 3.1운동처럼 역사적으로 타 종교와 평화로운 공존과 협력을 해 오고 있다는 점"을 든다.⁷⁵⁹ 이러한 명분은 교리적 정통성과 순수한 말씀의 신앙보다 종교혼합주의 내지 종교다원주의에 더욱 무게를 두는 WCC의 정체성을 잘 방증해 준다. 보수적인 한국 교단들이 WCC를 반대한 바로 동일한 명분으로 WCC는 소위 그들이 말하는 "마당"을 펼치고⁷⁶⁰ 무조건 와보라고 초청을 남발했다.⁷⁶¹ 이러한 무례함은 역사의식을 결여한 소치이다.

한국교회에 베푼 하나님의 은혜는 다원성이 아니라 순수성에, 타협이 아니라 일사각오의 순교의 신앙에 있었다. 특히 대한예수교장로회는 초기 선교사들의 영향과 평양신학교의 학풍에 따라 칼빈주의에 서서 성경을 절대 진리로 수납하고, "12신조"와 "웨스트민스터 신앙고백서"를 신앙의 요체로 여기고, 그 "대 · 소요리문답"을 통해서 배우고자 하는 일치된 자리에 서 있었다.⁷⁶² 그리하여 그 자리가 굳건했던 만큼 이탈에 대한 진통도 컸던 것이다.

---

⁷⁵⁸ "부산 커뮤니케이션 선언문. 생명, 정의, 평화를 위한 커뮤니케이션을 재천명하며…," 4.
⁷⁵⁹ 박성원, "세계교회협의회(WCC) 제10차 총회의 의의와 준비," 8.
⁷⁶⁰ 부산 총회는 "마당"이라는 이름으로 장외 프로그램을 진행할 예정이다. 박성원, "세계교회협의회(WCC) 제10차 총회의 의의와 준비," 6.
⁷⁶¹ 예컨대 WCC 의장 월터 알트만(Walter Altmann)은 기자회견에서 "문제를 제기하는 이들에게는 내년에 있을 WCC 총회에 직접 와서 정말 잘못됐는지를 경험해 보기를 바란다"고 제안했다. 정하라, "WCC 반대자들, 직접 와서 체험해야," 「뉴스파워」(http://newspower.co.kr), 2012.06.11.
⁷⁶² 간하배, 『한국 장로교 신학사상』, 12-40.

WCC는 대한예수교장로회로부터 통합 측이 이탈해 가는 분열의 뇌관이었다. WCC는 단지 분열의 단초를 제공하는 데 그친 것이 아니라 그 처음과 끝이었다고 해도 과언이 아니다. 이는 당시 합동 측이 총회를 통하여 결의한 사항을 보면 알 수 있다. 분명한 것은 여러 악조건 가운데서도 떨어져 나가지 않고 남은 교회와 성도들은 오직 정통신학과 신앙을 지키고자 한 염원밖에 없었다는 사실이다. 이러한 점을 주목하기 때문에 아무 일도 없었다는 듯이 태연하게 초청을 남발하는 그들에게 의아할 뿐만 아니라 경악스러운 마음을 갖게 되는 것이다.

누가 자르는 칼을 두 번 받으려고 하겠는가?

그 칼은 오히려 이전보다 더욱 날카로워지지 않았는가?

대한예수교장로회 합동 측은 제44회 총회(1959년, 대전중앙교회-승동교회)에서 "WCC와 그 노선의 에큐메니칼 운동은 우리 교회의 거룩함과 또 그리스도의 합일의 속성을 저해함을 확인하였으므로 대한예수교장로회는 이에 WCC에 항구히 탈퇴하고 그 에큐메니칼 운동에 관계치 않기로 함을 총회에 선언 한다"고 하였다. 그리고 제45회 총회(1960년, 승동교회)에서는 "WCC를 탈퇴하고 WCC의 에큐메니칼 운동을 전폐하고"라고 이를 재차 확인하였다. 또한 WCC에 대하여 중도적인 입장을 가졌던 "복음주의협의회(NAE)"에 가입한 사람들도 모두 그곳에서 탈퇴할 것을 명령하였다. 그리고 교단의 목사들이 "WCC 및 WCC적 에큐메니칼 운동이 비성경적이고 위태로운 것"이라고 서약하게 한 후 목회하게 하였다.

이러한 입장이 불변함은 WCC 부산 유치의 소식을 접한 후 합동 측 총회 비상대책위(위원장 서기행 목사)가 주선하여 2010년 1월 25일에 19개 교단 대표들이 모여 채택한 다음 결의문을 통하여 확인할 수 있다.

1. 우리는 오직 성경, 오직 예수, 믿음만이 성경이 가르치는 복음의 진리라고 굳게 믿으며, 한국교회 보수 교단들은 힘을 합해 공동으로 한국교회

정체성을 사수하며, 한국교회를 보호할 것을 다짐한다.

2. 우리는 종교다원주의와 혼합주의는 성경과 정면으로 배치되는 인본주의 신앙이므로 이를 단호히 배격하고, 초혼제 등 무당굿을 신앙의 행위로 정당화하며, 이를 용납하는 그 어떠한 단체나 기관과의 연합도 단호히 거부할 것을 굳게 다짐한다.

3. 우리는 한국교회 극히 소수의 교파(NCCK)가 참여하는 세계교회협의회(WCC) 한국 개최를 마치 한국교회 전체가 유치하는 대회로 과장 보도하고, 이를 한국교회 올림픽이라고 선전하는 것에 매우 유감을 표하며, 자제해 줄 것을 주최 측과 언론 등에게 엄중히 주문한다.[763]

한국교회는 처음부터 WCC가 비성경적이며 반교리적인 에큐메니즘을 추구하는 점을 들어서 이를 진리의 문제로 여겨왔다.[764] 부산 총회를 준비하는 측에서는 이 점을 깊이 새겨야 할 것이다. 옳고 그름의 문제를 은폐하고 단지 문화적이거나 정서적인 동기를 부각시켜 건전한 교회와 신자들을 미혹하는 것은 또 다른 분열의 씨가 될 뿐이다. WCC는 그동안 추구해 온 성경비평주의, 다원주의, 혼합주의, 세속주의를 부산 총회에서 더욱 가속시킬 것이다.[765]

---

[763] 본 성명서는 다음 19개 교단 대표들이 서울 앰배서더 호텔에 모여서 채택하였다. 예장(합동), 예장(고신), 예장(고려), 예장(합신), 예장(대신), 기성, 예성, 예장(웨신), 예장(개혁국제), 기침, 예감, 예장(재건), 예장(합동중앙), 예장(합동진리), 예장(고려개혁), 예장(합동총신), 예장(합동동신), 예장(보수합동), 예장(합동보수).

[764] WCC의 문제를 진리의 문제 혹은 신학의 문제로 인식하여 대한예수교장로회 합동 측 WCC대책위원회는 다음의 책들을 출간해서 총회에서 세 차례 배포하였다. 문병호 편, 『WCC 신학 비판』(서울: 목양사, 2010); 홍정이·문병호 편, 『WCC는 우리와 무엇이 다른가?』(서울: 대한예수교장로회총회 출판부, 2011); 문병호, 『왜 우리는 WCC를 반대하는가?』(서울: 대한예수교장로회총회 출판부, 2012).

[765] 그동안 아홉 차례의 총회를 통해서 부산 총회를 이같이 전망할 수 있다. WCC는 개최지의 사정에 무관하게 자체의 논제들을 계속 다루어 가기 때문이다. Cf. 문병호, 『교회의 '하나 됨'과 교리의 '하나임'』, 41-55.

WCC는 과외 행사에 불과한 몇몇 "마당"의 프로그램으로 본질을 호도하지 말고 그간 면밀하게 수년간 혹은 수십 년간 준비해 온 심각한 문건들을 덧붙이거나 빼지 말고 공개해야 할 것이다. 그리고 WCC를 주도하는 소위 에큐메니칼 신학자들의[766] 글들도 있는 그대로 알려야 할 것이다. 좋은 만큼만이 아니라 모두 알려야 한다. 단지 있으니 읽으라고 하지 말고 알려야 할 의무가 있다. 왜냐하면 그것이 성경의 진리 문제이며 생명의 문제가 되기 때문이다. WCC는 더 이상 모호성에 숨지 말고 있는 그대로 모든 것을 알려 판단을 받아야 할 것이다. 그리한 후 사람들의 무지를 꼬집는 상투적인 푸념이라도 늘어놓아야 할 것이다.

### 3. 죽산 박형룡의 WCC의 에큐메니칼 운동 비판: 신학 중심

죽산은 존 칼빈의 신학과 그를 계승하고 심화시킨 개혁주의자들의 신학에 심취하였다. 그는 영미의 보수신학과 대륙의 정통신학을 두루 섭렵하였다. 그는 또한 장로교의 신학과 정체(政體)를 견지한 교단신학자였다. 죽산은 장로교가 칼빈-녹스-웨스트민스터를 잇는 개혁주의의 전통이 만개한 꽃과 같다고 여겼다. "장로교회의 신학이란 구주대륙의 칼빈 개혁주의에 영미의 청교도 사상을 가미하여 웨스트민스터 표준문서에 구현된 신학이다"라는 그의 정의는 이러한 뜻을 담고 있다.[767]

죽산은 한국의 장로교는 이러한 신학적 전통과 함께 청교도적 삶이 가미된 것이라고 보아서 이를 "청교도 개혁주의"라고 불렀다. 그리고 그

---

[766] "에큐메니칼 신학자들"은 WCC의 위원회에 속하여 있거나, 위탁받거나, 자신들의 입장을 개진하여 WCC 신학을 수립하고 추구해 가는 사람들을 통칭한다.
[767] 박형룡, "한국 장로교회의 신학적 전통," 『박형룡박사 저작전집 XIV, 신학논문 하권』, 389.

특징으로 "성경의 신성한 권위를 믿는 믿음," "하나님 주권에의 확신," "안식일의 성수와 경건생활에 치중," "성실한 실천," "천년기전 재림론" 등을 열거하였다.[768]

죽산의 신학적 노정은 단지 조직신학 전권의 저술과 강의에 제한되지 않는다. 그의 신학은 사변적이지 않았으며 당대의 신학적 논쟁들과 교회정치 그리고 성도의 삶에 관한 교리들을 아우르는 것이었다. 죽산의 초기 작품인 『기독교 근대신학 난제 선평』은 가히 시대를 지로(指路)하는 등대와 같은 역할을 하였다. 여기에서 죽산은 성경부합성(附合性)에 따라서 정통신학과 비정통신학을 구별하고, 프리드리히 슐라이어마허의 자유주의 신학, 칼 바르트의 신정통주의 신학, 루돌프 불트만의 비신화화 신학, 폴 틸리히의 존재의 신학, 오스카 쿨만으로 대변되는 신자유주의, 종교 심리신학, 사회적 복음신학, 성경에 대한 고등비평, 유물주의, 신비주의, 무교회주의 등을 조목조목 비판하였다. 그리고 본 장에서 다루는 WCC의 에큐메니칼 운동과 신복음주의에 대한 비판도 수록하였다.[769]

WCC 가입 문제로 교단이 어려움에 처해 있었을 때 죽산은 자신의 입장을 여러모로 피력하였다. 이에 대해서는 "4. 해원 정규오의 WCC의 에큐메니칼 운동 비판"에서 다룬다. 다만 여기에서는 죽산이 「신학지남」에 기고했던 "에큐메니칼 운동의 교리와 목적"이라는 글과[770] 이를 증보하여 『기독교 근대신학 난제 선평』에 수록한 "에큐메니칼 운동 신학"이라는 글 그리고 "신복음주의 신학"이라는 글을 통하여[771] WCC와 이와

---

[768] 박형룡, "한국 장로교회의 신학적 전통," 394-397.
[769] 『기독교 근대신학 난제 선평』은 1975년에 이르기까지 꾸준히 증보(은성출판사)되었다. 이 책의 글들은 이후 『박형룡박사 저작전집』에 주제별로 흩어져 수록된다. 이하 본 장에서는 이 전집에 실린 글들을 인용한다.
[770] 「신학지남」 25/1 (1958.6), 11-22. 이 글은 박형룡, 『박형룡박사 저작전집 XIV, 신학논문 하권』, 112-126에 수록. 이하 본 장에서는 전집에 실린 이 글을 인용.
[771] 박형룡, 『박형룡박사 저작전집 IX, 현대신학비평 하권』, 각각 70-98, 99-125.

유사한 에큐메니칼 운동에 대한 그의 신학적 입장을 고찰한다.

### 1) WCC의 신학 비판

죽산은 다음 세 가지 질문에 주목하여 WCC를 다룬다.
그것이 어떤 교리적 기초 위에 서 있는가?
그 운동이 어떤 방식으로 추구되는가?
그 목적이 무엇인가?
이 세 가지 질문은 WCC의 신학, WCC 에큐메니칼 운동의 성격, WCC의 정체성과 관계된다. 먼저 첫 번째에 대해서 다루고 나머지 두 가지는 이어서 함께 다룬다.

죽산은 WCC의 총무를 역임했던 비설트 훕트(W. A. Visser't Hooft)가 자인하였듯이 WCC에는 "명백히 정의된 신학"이 없고 "상위(相違)한 방식들로 해석되는 기초(교리적) 외에 아무 것도 가진 것이 없다"는 사실을 먼저 거론한다. 그들에게는 교리의 통일이 없으며 그나마 그들이 내세우는 교리적인 선언들은 다양한 해석의 기초를 제공할 뿐이라는 것이다.[772]

죽산은 WCC의 신학이 애매하다는 점과 자유주의 신학에 젖어서 성경의 계시를 믿지 않는다는 점을 들어 이를 강하게 비판한다. WCC의 모호성은 "WCC는 우리 주 예수 그리스도를 하나님과 구주로 수납하는 교회들의 연합이다"라는 그들의 선포 자체에 이미 나타난다. 이는 하나의 프로그램적인 진술에 불과하며 아무 것도 말하지 않는 것과 다르지 않다. 왜냐하면 교리는 주관적인 "수납"의 양상이 아니라 절대적이고 객관적인 성경의 진리를 고백적으로 진술하는 것이 되어야 하기 때문이다. 이러한 "애매한 언사의 사용"은 단지 다양한 복음주의자들, 정교도들,

---

[772] 박형룡, 『박형룡박사 저작전집 XIV, 신학논문 하권』, 112-113; 『박형룡박사 저작전집 IX, 현대신학비평 하권』, 82.

로마 가톨릭교도들을 유인하기 위한 궁여지책일 뿐이다. 이러한 선포에 따르면 성부와 성령을 믿지 않아도 회원이 될 수 있으며, 예수의 인성을 부인하는 자들이나, 예수의 신성을 말하기는 하나 종교적 감정이나 신적 의식 정도로 여기는 자유주의자들도 모두 포용하게 된다.[773]

죽산은 WCC가 이러한 교리적 모호성을 변명하는 장치가 그들이 말하는 "에큐메니칼 해석"이라는 점을 거론한다. 그들의 헌장에는 이에 대하여 다음과 같이 천명한다.

① 교리적 기초는 사람이 교회들을 판단함에 의거할 만한 표준이 아니다.
② WCC는 교회들의 해석의 양식에 관심을 두지 않는다.
③ 그 기초 위에 합작하기를 원하는지를 결정하는 것은 각 교회의 책임이다.[774]

여기에서 교리는 교회의 서고 넘어짐의 조항(articulus ecclesiae stantis et cadentis)이라는 인식은 여지없이 거부된다. 교리는 교회의 판단 기준이 될 수 없으며 각각의 교회가 그것을 따를 것인지의 여부는 자유에 맡겨진다.[775] 그리하여 WCC의 신학은 산만(散慢)하며, "모순의 표적(表跡)"을 남길 뿐이며, "변증법적 긴장"을 고양시킬 뿐이다.[776]

---

[773] 박형룡, 『박형룡박사 저작전집 XIV, 신학논문 하권』, 113; 『박형룡박사 저작전집 IX, 현대신학비평 하권』, 81.
[774] 박형룡, 『박형룡박사 저작전집 XIV, 신학논문 하권』, 114; 『박형룡박사 저작전집 IX, 현대신학비평 하권』, 82.
[775] Cf. Germanos Strenopoulos, "Encyclical of the Ecumenical Patriarchate, 1920: Unto the Churches of Christ everywhere," in Visse't Hooft, *The Genesis and Formation of the World Council of Churches*, 94: "우리 교회는 다양한 기독교 교회들 간의 화해와 교제가 그들 사이에 존재하는 교리적 차이점 때문에 배제되지 않는다고 생각한다."
[776] 박형룡, 『박형룡박사 저작전집 XIV, 신학논문 하권』, 114-115; 『박형룡박사 저작전집 IX, 현대신학비평 하권』, 82-83.

이렇듯 WCC는 교리의 일치를 추구하기보다 그 다양성을 전제하는 데 열심을 더한다. 그들은 "교의(敎義)는 분열하나 봉사는 연합한다"라는 말을 일종의 모토와 같이 여긴다. 그들은 교리의 일치를 추구하는 것이 미신이나 맹신이라도 되는 양 여긴다.[777] WCC는 자유주의 신학을 넘어서고자 하지 않으며 오히려 그것을 극단화시킨다. 죽산이 WCC를 "자유주의 광장"이라고 부르는 이유가 여기에 있다.[778]

죽산은 WCC의 신학적 진실은 초창기 그것을 이끌었던 지도자들의 언명에서 분명히 드러난다고 보았다. "에큐메니칼 운동의 아버지"라고 불리며 WCC가 태동하는 데 결정적인 사상적 지주였던 스웨덴의 나탄 셰데르블롬(Nathan Söderblom)은 "칼케돈 신경"에서 발견되는 양성의 교리는 그다지 가치가 없으며 단지 예수의 사역이 중요하다고 말하였다. 1937년 에딘버러 대회의 회장을 맡았던 캔터베리 대감독 윌리암 템플(William Temple)은 그리스도의 위격적 존재를 부인하여 그의 의식(意識)은 형식에 있어서는 인적(人的)이나 내용에 있어서만 신적이라고 하였다.

1948년 WCC의 총회장이었으며 미국교회연합의 주역이었던 감리교 감독 브롬리 옥스남(G. Bromley Oxnam)은 하나님은 죄에 대한 죽음의 형벌을 요구하는 샤일록(Shylock)과 같은 잔인한 채권자가 아니라고 하여 속죄론의 근간을 흔들었다. 그리고 뉴욕 유니온신학교의 교장이었으며 초기 WCC신학의 형성에 지대한 영향을 미쳤던 헨리 P. 반 더센(Henry P. van Dusen)은 그리스도의 신성은 인성이 담을 만큼에 제한되었다고 보았다. 그리고 미국의 에큐메니칼 운동을 주도했던 해리 에머슨 포스딕(Harry Emerson Fosdick)은 그리스도의 신성, 삼위일체, 이적, 부활을 부인했다.[779]

죽산은 WCC가 공식적으로 천명하는 교리적인 고백들은 신학적인

---

[777] 박형룡, 『박형룡박사 저작전집 XIV, 신학논문 하권』, 115-116.
[778] 박형룡, 『박형룡박사 저작전집 IX, 현대신학비평 하권』, 83.
[779] 박형룡, 『박형룡박사 저작전집 IX, 현대신학비평 하권』, 84.

엄밀성을 결여하고 있으며 단지 추상적인 신앙의 언술을 공표할 뿐이라고 보았다. 그들은 그리스도를 믿기만 하면 어떻게 믿는지는 문제 삼지 않는다. 그리스도는 단지 하나의 랍비나 성현에 불과할 수도 있다. 다만 그리스도를 믿는다는 주관적인 합의가 있으면 충분하다고 본다. 그들은 마치 신앙의 세계는 진리 없이 통일이 가능하기라도 하듯이 여긴다. 그들은 신앙은 그 양태가 어떠하든, 그 대상에 대한 인식이 어떠하든, 그 안에 이미 진리의 일치를 내포하고 있다고 본다. 그들이 말하는 신앙은 계시를 믿는 것이 아니고 단지 자의적인 신념일 뿐이다. 이에 대하여 죽산은 다음과 같이 분명한 비판을 가한다.

> 에큐메니칼 운동자들의 교회통일에 향한 신앙은 가상(嘉尙)한 무엇임에 틀림없으나 진리의 통일이 없는 교회통일은 다만 형식적 통일이요 진정한 통일일 수는 없다. 그들의 말과 같이 진정한 통일이 하나님이 행하실 이적이라면 그것은 장차 하늘에서 나타날 이적이요 현세 지상에서 되어질 이적은 아닐 것이다.[780]

죽산은 이러한 WCC의 에큐메니칼 운동은 진정한 교회의 연합이 아니라 단지 "일양(一樣, uniformity)"을 추구하는 데 불과하다고 단정하였다.[781]

## 2) WCC의 정체성과 에큐메니칼 운동 비판

WCC가 추구하는 궁극적인 목적은 무엇인가?

그것은 교회의 일치인가?

아니면 교회의 일치를 통한 종교의 일치, 나아가서 인류의 일치인가?

---

[780] 박형룡, 『박형룡박사 저작전집 IX, 현대신학비평 하권』, 78-80, 인용 80.
[781] 박형룡, 『박형룡박사 저작선집 VI, 교의신학 교회론』, 61-62.

이러한 질문에 대한 답은 자명한 듯하다. 그러나 실상은 그리 단순하지 않다. WCC의 활동은 에큐메니즘 본연의 이상과 가치를 훨씬 넘어서기 때문이다. 그들은 "속죄구령(贖罪救靈)의 옛 복음이 아니라 사회 개량의 새 복음"을 전하고, "이교들과의 대화의 광장"을 무분별하게 열고, 스스로 전락하여 "자유세계에서 공산주의를 선전하기 위한 도구"로 사용되고 있다.[782] 죽산이 지적한 이러한 형편은 WCC의 총회가 거듭될수록 더욱 노골화되고 있다. 비록 공산권의 몰락과 함께 이에 대한 직접적인 논란은 어느 정도 사그라졌지만 종교다원주의와 사회 참여 문제 등은 더욱 심각해지고 있다.

죽산은 선교가 복음전도 외에 다른 것을 본질로 여겨서는 안 된다는 점을 분명히 한다. WCC가 추구하는 새로운 선교 방법은 현세적 생명에만 관심을 가지고, 그 사명을 개인의 삶과 인류 사회의 평화에 두고, 타 종교와의 화해를 모색하고, 복음의 전파를 구시대의 유물로 치부하고, 급기야는 구원이 타 종교에도 있다는 종교다원주의에 이르게 됨을 지적한다.[783]

WCC는 교회의 가시적 통일을 이루기 위해서는 그것이 인류애에 호소하는 한 공산주의 유물론과 계급투쟁론도 경청할 필요가 있다고 보았다. 그러나 정작 WCC는 공산 정권 아래에서 신음하는 성도들은 대변하지 않고 그들을 핍박하는 자리에 서 있는 사람들을 중앙위원에 임명하고 심지어 총회장으로 뽑는 지경에 이르게 되었다.[784]

WCC는 헌법에서 "다함께 공동의 소명을 완수하고자 노력하는 교회들의 교제"라고 그 정체성을 말하고 있다.[785] 일찍이 1927년 제1차 로잔 신앙과 직제위원회는 그 목적이 이러한 교제 가운데서 교회의 "가시적

---

[782] 박형룡, 『박형룡박사 저작전집 IX, 현대신학비평 하권』, 85-90.
[783] 박형룡, 『박형룡박사 저작전집 IX, 현대신학비평 하권』, 86-87.
[784] 박형룡, 『박형룡박사 저작전집 IX, 현대신학비평 하권』, 87-90.
[785] *The New Delhi Report* (New York: Association Press, 1961), 426.

일치(visible unity)"를 이루는 데 있다고 그 부칙에 규정하였다.⁷⁸⁶ 다만 이후 "토론토 성명서(Totonto Statement)"는 그것이 "초교회(a Super-Church)"를 추구해서는 안 된다고 천명하였다. 그리고 이러한 "가시적 일치"는 교리적 일치를 요구하지 않는다는 점을 분명히 했다.⁷⁸⁷

죽산은 이러한 WCC의 규정에도 불구하고 교리를 떠나 단순히 실천적 목적을 추구하는 통일은 분명 하나의 행정 단체를 양산하거나 아니면 초교회를 형성하는데 이르게 될 수밖에 없다는 점을 지적한다. 그들은 용어만 달리할 뿐 "하나의 거룩한 보편교회"를 추구하고 있다. 그런데 문제가 되는 것은 그들은 이러한 교회가 지상에서 가시적인 형태로 이루어질 것으로 낙관했다는 점이다. 그것은 곧 "초교회"와 다르지 않다. 이런 식의 기계적인 교파 연합이나 합동은 결국 WCC의 기구로 교회를 대체하는 결과를 낳게 될 것이라는 사실을 죽산은 직시한 것이다.⁷⁸⁸

죽산은 WCC가 교회의 일치를 말하지만 교회 자체에 대한 바른 이해가 결여되어 있다고 보았다. WCC가 로마 가톨릭과 같은 입장에 서서 비가시적인 무형교회를 부인하고 가시적인 유형교회만 인정하기 때문에 그들의 에큐메니칼 운동은 필히 기구적, 행정적, 정치적 일치로 나아갈 수밖에 없다고 보았다.⁷⁸⁹

죽산은 교회의 본질을 성도의 그리스도와의 신비한 연합에서 찾고 이로부터 무형과 유형교회의 관계를 언약적인 측면에서 긴밀하게 다룬다. 그리하여 지상의 유형교회도 단지 "조직체"에 불과한 것이 아니라 "유기

---

⁷⁸⁶ "Faith and Order By-Laws, 3.1," in *Faith and Order at the Crossroads: The Plenary Commission Meeting, Kuala Lumpur 2004*, Faith and Order Paper No. 196, ed. Thomas F. Best (Geneva: WCC, 2005), 405.

⁷⁸⁷ Marien E. Brinkman, *Progress in Unity? Fifty Years of Theology within the World Council of Churches: 1945-1995. A Study Guide* (Louvain: Peeters Press, 1995), 13-15.

⁷⁸⁸ 박형룡, 『박형룡박사 저작전집 XIV, 신학논문 하권』, 116-123; 『박형룡박사 저작전집 IX, 현대신학비평 하권』, 75-78.

⁷⁸⁹ 박형룡, "에큐메니칼 운동의 교리와 목적," 112-126.

체"로서 그리스도의 몸을 이룬다는 점을 강조한다.[790] 유·무형의 교회를 불문하고 교회의 머리는 그리스도시다.[791]

그러므로 교회의 가시적 연합과 비가시적 연합은 분리될 수 없다. 그리스도와의 비가시적인 연합을 배제한 교회의 가시적이고 기구적인 통일을 단지 허상일 뿐이다. 교회의 연합은 성도와 그리스도의 연합을 기초로 자라갈 때에만 참되다. 이러한 연합은 그리스도에게로 자라 가는 "유기적 연합"이며, 함께 영생을 누리는 자녀로서 "생(生)적 연합"이며, 그리스도의 영으로 하나가 되는 "영적 연합"이며, 임마누엘 하나님의 품 안에서 하나가 되는 "불가분 연합"이며, 그 신비한 비밀로 인하여 "불가사의 연합"이다.[792]

죽산은 이러한 연합에 따른 교회통일은 "영적(靈的)," "성질적(性質的)," "생적(生的)"이어야 한다고 말한다. 첫째, 그것은 단지 조직적이지 않으며 영적이어야 한다. 성령의 줄로 하나가 되어서 함께 한 말씀과 고백 가운데 자라 가는 하나 됨이 있어야 한다. 한 성령으로 한 주를 섬겨야 한 교회인 것이다.

둘째, 그것은 단지 외면적으로나 형식적으로 하나가 되는 것이 아니라 아버지와 아들이 하나 되신 것과 같이 진정한 연합과 일치여야 한다. 교리와 신앙과 생활이 서로 주 안에서 하나가 되는 언약적인 결합이어야 한다.

셋째, 주 안에서 다시 산 백성들의 연합이어야 한다. 그것은 기구적이지 않으며 유기적이어야 한다. 교회통일의 궁극적 단위는 교회가 아니라 거듭난 성도이다.[793]

---

[790] 박형룡, 『박형룡박사 저작전집 VI, 교의신학 교회론』, 42-43, 46-52.
[791] 박형룡, 『박형룡박사 저작전집 VI, 교의신학 교회론』, 44, 81, 82-86.
[792] 박형룡, "신비적 속죄론," 『박형룡박사 저작전집 XIV, 신학논문 하권』, 73-74.
[793] 박형룡, 『박형룡박사 저작전집 IX, 현대신학비평 하권』, 93-95.

이러한 죽산의 이해는 교회통일의 구원론적 지평을 확보한다. 주님의 공의를 넘어서는 사랑은 결코 연합의 길이 되지 못한다. 선택과 유기가 함께 작정되듯이 교회의 일치는 단지 양적인 취합을 의미할 수 없다. WCC가 말하는 진리를 묻지 않는 무분별한 연합과 일치는 단지 분열을 고착시키는 변명이 될 뿐이다. 진정한 다양성 가운데서의 통일(unity in diversity)은 하나님의 영원한 작정이 역사상 성취되는 비밀스러운 경륜에만 있다.[794] 이런 경륜을 무시하고 인위적인 방법을 동원하여 연합과 일치를 이루려고 한 점에 있어서 신복음주의자들이 추구한 NAE도 WCC와 같은 맥락에 서 있다고 죽산은 정곡을 찌른다.[795]

## 4. 해원 정규오의 WCC의 에큐메니칼 운동 비판: 통합 측 이탈을 중심으로

한 권의 책은 사람을 획기적으로 변화시키기도, 시대를 움직이기도 한다. 죽산의 『기독교 근대신학 난제 선평』을 거의 암송하다시피 한 해원 정규오는 여기에서 자신이 살아가야 할 삶과 한국교회가 나아가야 할 방향을 함께 읽었다. 해원은 죽산을 "최고의 스승이요, 신학과 신앙의 지도자요, 공사 간 나의 인생에 절대적 영향을 끼친 위대한 인물"로 여기고 따랐다.[796] 모세에게 지팡이가 들려 있었다면, 해원의 심령에는 죽산의 신학이 흐르고 있었다.[797] 그것이 해원에게 어떤 모습으로 정립되었는지

---

[794] 박형룡, 『박형룡박사 저작전집 IX, 현대신학비평 하권』, 95-98.
[795] 박형룡, 『박형룡박사 저작전집 IX, 현대신학비평 하권』, 99-125.
[796] 정규오, "나의 신학, 신앙, 인격의 모델," 김남식, 『아름다운 원칙주의자 해원 정규오 목사』(해원기념사업회, 2007), 400-408, 인용 401.
[797] Cf. 장차남, "해원 정규오 목사의 신학 사상," 『해원 정규오 목사의 생애와 사상』(서울: 쿰란출판사, 2011), 25-27, 34-40.

그리고 어떻게 역사상 발현되었는지를 이하 차례로 살필 것이다.

### 1) 해원의 신학과 WCC[798]

해원 정규오 목사는 뛰어난 목회자요 설교자였으며, 교정(敎政)의 지혜가 남달랐던 진정한 교회정치가였다. 그는 말씀의 가르침에 따라서 이러한 일을 함께 수행한 "아름다운 원칙주의자"였다.[799] 해원의 삶을 한마디로 요약한다면, 그것은 시대의 격랑을 헤쳐 나간 변증적인 삶이라고 할 수 있을 것이다. 해원은 신학과 삶이 어우러진 진정한 칼빈주의자였다. 제33회 총회에 접수한 51인 신앙동지회의 진정서에 나타나듯이 해원은 "신앙은 보수적이나 신학은 자유"라는 당대 자유주의 신학의 주장을 일축했다.[800] 이는 마치 죽산이 장공 김재준을 비판하면서 성경비평과 성경의 성령 영감이 서로 양립할 수 없다고 일축한 것과 같았다.[801]

해원은 성경을 "하나님께서 인류의 구원과 천국건설을 위하여 만들어 놓으신 헌법"이라고 하였다.[802] 그러므로 성경을 이성에 가두거나 신비로 더하는 것은 더 이상 기독교가 아니라고 보았다.[803] 왜냐하면 오직 성경만이 "하나님의 말씀"으로서 "신앙과 본분에 대하여 정확무오한 유일

---

[798] 이 부분은 다음 글을 참조하였다. 문병호, "해원 정규오 목사의 자유주의 신학 비평,"『해원 정규오 목사의 생애와 사상』(서울: 쿰란출판사, 2011), 326-353.
[799] 김남식,『아름다운 원칙주의자 해원 정규오 목사』, 166-210.
[800] 정규오,『신학적 입장에서 본 한국장로교교회사 (상)』, 43. 이는 조선신학교 학생 51명이 김재준 교수의 신학에 대해서 비판한 글 중 나타나는 요지이다. Cf. 간하배,『한국 장로교 신학사상』, 123. 신앙동지회의 보수신학에 대해서는 다음을 보라. 소재열, "해원 정규오 목사와 '51인 신앙동지회' 성경관," 83-101.
[801] Cf. 간하배,『한국 장로교 신학사상』, 127-130. "박형룡 박사의 김재준교수 진술서 검토," 정규오,『신학적 입장에서 본 한국장로교교회사 (상)』, 55.
[802] 정규오,『정규오박사 저작전집 IX, 사도신경해설』, 21.
[803] 정규오,『정규오박사 저작전집 IX, 사도신경해설』, 21-22.

의 법칙이요 표준"이 되기 때문이다.[804] 해원이 주도한 "51명의 진정서"에는 이 부분이 분명히 천명되어 있다.[805] 해원은 자유주의 신학을 비판함에 있어서 특히 성경관을 문제 삼았는데, 이는 그가 WCC를 비판하는 입장과 일맥상통하였다.[806]

해원은 "예수 그리스도가 복음"이라고 단언한다. 그리고 복음의 역사는 구원의 의를 다 이루신 중보자가 지금도 우리를 위하여 중보하시기 때문이라고 한다.[807] 자유주의 신학자들은 주님의 이러한 신인양성의 중보를 믿지 않고 예수를 단지 모범이며 지도자로만 여겨서 우리가 WCC의 경우에서 보듯이 세속주의, 종교다원주의에 이른다고 보았다.[808] 해원은 성도와 교회의 모든 일이 그러하듯이 교회의 연합과 일치도 하나님께 맡기고 하나님의 방식으로 행하는 것이 칼빈주의라고 보았다.[809] 이러한 연합은 "자율주의"로 되지 않고 오직 "타율주의"로 말미암는다. 곧 비성경적인 자유주의가 아니라 성경중심주의에 따를 때 가능하다.[810]

그러므로 교회의 연합은 인위적으로 되지 않으며 오직 지상의 가시적 유형교회와 천상의 비가시적 무형교회의 머리가 되시는 예수 그리스도가 하나가 되게 하시는 연합의 중보로만 가능하다. 이 점에서 해원은 칼빈주의 교회일치론과 로마 가톨릭이 추구하는 교권적 일치론[811] 그리고 인본적인 자유주의자들의 기구적 일치론을 구별한다.[812] 해원의 WCC

---

[804] 정규오, 『정규오박사 저작전집 IX, 사도신경해설』, 231.
[805] 정규오, 『신학적 입장에서 본 한국장로교회사 (상)』, 43.
[806] 해원과 51인 사건에 관해서 다음을 참조하라. 정규오, 『나의 나된 것은』, 75-88; 김남식, 『아름다운 원칙주의자 해원 정규오 목사』, 145-162.
[807] 정규오, 『정규오박사 저작전집 I, 로마서 강해』, 29, 86-87, 90-91, 98-99.
[808] 정규오, 『정규오박사 저작전집 IX, 사도신경해설』, 93-94.
[809] 정규오, 『정규오박사 저작전집 IX, 사도신경해설』, 71-72.
[810] 정규오, 『정규오박사 저작전집 I, 로마서 강해』, 206-210, 276-277.
[811] 정규오, 『정규오박사 저작전집 IX, 사도신경해설』, 177-183.
[812] 정규오, 『정규오박사 저작전집 IX, 사도신경해설』, 183-187.

비판은 그가 견지했던 오직 성경, 오직 그리스도, 오직 믿음주의의 필연적인 결실이었다. 해원은 WCC가 하나의 권력 기구가 되고 있다는 점을 간파하였고,[813] 그들이 단지 협의회 중심의 가시적, 세속적 일치를 꿈꾸고 있다고 비판하였다.[814]

죽산의 경우에서와 같이 해원도 교회를 "살아 있는 유기체"이며 "영적 생명체"로서 파악하는 가운데, 성도와 그리스도의 연합으로부터 교회의 연합으로 나아간다고 인식하였다.[815] 그리고 교회는 그리스도 안에서 하나이므로 오직 그리스도 안에서 추구되어야 한다는 것이 해원의 지론이었다.[816] 또한 죽산의 경우에서와 같이 해원도 그리스도가 교회의 머리되심은 유·무형교회에 모두 해당한다고 보았다. 그리하여 가시적 교회만을 인정하는 자유주의, 신정통주의, 로마 가톨릭, WCC 등의 입장이나, 비가시적 교회만을 인정하는 무교회주의자들도 모두 배척한다. 왜냐하면 그들은 머리가 없는 몸을 추구하기 때문이다.[817]

### 2) WCC와 교단 이탈, 그리고 해원

죽산과 해원은 1956년 제41회 총회의 결의에 따라서 "에큐메니칼 연구위원회"에 나란히 이름이 올랐다. 해원은 서기도 겸하고 있었다. 당시 WCC 지지자로는 한경직, 전필순, 유호준, 안광국, 반대자로는 죽산과 해원 그리고 박병훈, 황은균이 포함되었다. 위원장은 한경직이었다.[818] 이 위원회는 사태를 봉합하기 위한 것이었지만 결과적으로 통합 측 교단

---

813 정규오, 『정규오박사 저작전집 IX, 사도신경해설』, 185.
814 정규오, 『정규오박사 저작전집 I, 로마서 강해』, 196-197.
815 정규오, 『정규오박사 저작전집 I, 로마서 강해』, 299-304, 312-313.
816 정규오, 『정규오박사 저작전집 I, 로마서 강해』, 313.
817 정규오, 『정규오 박사 저작전집 II, 복음의 폭탄』, 214-215.
818 정규오, 『신학적 입장에서 본 한국장로교교회사 (상)』, 127-128.

이탈의 공식적인 신호탄이 되고 말았다. 이후 WCC와 교단 이탈의 함수 관계를 고찰하는 데 있어서 해원의 증언은 거의 천금의 가치가 있다. 그는 주요한 일마다 장본인으로 등장하였을 뿐 아니라, 보수신학의 대변자였으며, 역사를 기록한 서기였다.

WCC에 대한 해원의 입장은 분명하다. 그는 교단이 제1, 2차 WCC 총회를 참석하고 WCC 가입을 결의하기까지 했으나 이로부터 탈퇴해야 할 명분을 분명히 피력하고 있다.

> 에큐메니칼 운동의 사상, WCC는 칼빈주의 정통 보수신학과 사상을 바탕으로 하는 한국 장로교회에서 지지하고 용납할 수는 없는 것이다. 즉 에큐메니칼 운동의 사상은 신신학과 단일교회 운동과 용공주의 사상을 내포하고 있다는 것이다.[819]

탈퇴의 명분은 "신신학," "단일교회," "용공사상"으로 분명히 표명되었다. 이 세 가지는 칼빈주의와 양립할 수 없다는 것이다.[820]

당시 선교회의 분위기는 보수주의 진영의 입장을 거부하는 쪽으로 모아졌다.[821] 특히 마포삼열 선교사의 아들 마삼락 박사는 제네바에서 에큐메니칼 신학을 배운 자로서 국내에 들어와 이를 옹호하는 강의를 하였다. 그 논지는 WCC는 교회의 연합 운동이지 한 교회를 세우는 것이 아니며, 세계교회가 이에 호응하고 있고, 특히 빌리 그래함(Billy Graham) 목사도 에큐메니칼 운동의 지도자라는 점 등에 있었다. 이에 대하여 해원은 당시 문제가 된 세 가지에 대한 언급이 전혀 없고 단일교회와 관련해서는 "비연합, 초교회, 무신조를 주장하면서도 신앙과 연합 사업은 불가분리

---

**819** 정규오, 『신학적 입장에서 본 한국장로교교회사 (상)』, 127.
**820** 정규오, 『신학적 입장에서 본 한국장로교교회사 (상)』, 128.
**821** 정규오, 『신학적 입장에서 본 한국장로교교회사 (상)』, 127, 132.

의 관계라 말하여 연합할 것을 주장하여 논리의 모순당착을 범하고 말았다"라고 핵심을 지적하였다.[822]

당시 중진 목사들은 대체로 WCC를 반대하는 편에 서 있었다. 그리하여 1958년 제43차 총회에서는 총대들의 연서를 받아서 "에큐메니칼 운동 반대 WCC 탈퇴건의서"가 제출되었다. 그러나 다루어지지는 않았다. 이런 일을 감당한 실제적인 주역은 박찬목, 조동진, 정규오였다.[823] 본 건의서에서는 먼저 대한예수교장로회가 "웨스트민스터 신앙고백서"와 본 장로회 "12신조"에 위반되는 어떤 운동도 반대하여 왔다는 사실을 천명한다. 그리고 몇 가지 논점에 따라서 반대의 명분을 일목요연하게 서술하였다. 논란이 되었던 부분들을 정리하면 다음과 같다.

첫째, WCC가 프로테스탄트의 한계를 넘어서 로마 가톨릭과 유니테리언을 포함한 단일교회를 획책하고 있다. 실제로 단일교회를 추구하는 교파들의 합동이 일어나고 있다.

둘째, 한국교회가 WCC에 가입하게 된 것은 신중치 못한 결정이었다.

셋째, WCC가 자체적으로 새로운 교회정치제도를 마련하고 이를 실행, 선전, 실천하고 있으므로 우리 장로교의 전통이나 신앙과 양립할 수 없다.

넷째, WCC는 인문주의적 또는 사회학적 방법으로 힘의 결집을 꾀하고 새로운 형태의 중세 교권을 만들고자 한다.

다섯째, WCC를 지도하는 간부 및 신학자들의 거의 전부는 성경의 권위를 인정하지 않는다. 그들은 재림을 부인하며 그리스도의 신성을 믿지 않고 동정녀 탄생과 육신의 부활을 믿지 않는다.

---

[822] 정규오, 『신학적 입장에서 본 한국장로교교회사 (상)』, 129-131.
[823] WCC를 반대한 분들의 면면은 다음과 같다. 서울: 이대영, 박형룡, 명신홍, 이정노, 권연호, 이환수, 김윤찬, 황은균, 박찬목, 조동진. 호남: 양화석, 고성모, 정순모, 박종삼, 문재구, 정규오. 영남: 박병훈, 노진현. 정규오, 『신학적 입장에서 본 한국장로교교회사 (상)』, 133.

여섯째, 이들은 공산주의에 많은 이득을 주고 있다. 그러므로 그들은 분명 "반기독교자들"이다.[824]

이에 대하여 우제(愚齊)라는 익명의 반박문이 성명되었다. 유호준 목사라고 알려진 그 필자는 WCC를 반대하는 입장이야말로 불순한 교권주의, 반교회 운동, 고식적인 교파주의, 사상적인 근본주의에 빠진 바리새인들과 다름없고 이러한 궤계는 분명 사탄으로부터 나온 것이라고까지 하였다.[825] 이번에는 이에 대한 반박문이 정제(正齊)라는 이름으로 성명되었다. 이 글의 필자 조동진 목사는 "에큐메니칼 운동 반대 WCC 탈퇴건의서"의 내용들을 확인하는 증거들을 조목조목 제시하면서 앞선 반박문을 날카롭게 비판하였다.[826]

이러한 격론 가운데 증경총회장들과 현 총회장과 그리고 임원들이 연서하여 잠정적인 조정안을 내고 WCC와 NAE의 활동 여하에 따라서 관계를 끊을 것을 제안했으나 이미 돌이킬 수 없는 갈등 국면을 어찌할 수 없었다. 국지적으로 WCC를 탈퇴하는 성명이 발표되고 이를 묵살하는 선교회의 전신이 오가는 등 회오리는 점점 커가기만 했다.[827] 이런 와중에 경기노회의 총대선출권이 불거졌고 급기야 제44회 총회가 정회하는 시점에서 불법적인 총회장 불신임이 WCC를 찬성하는 측의 각본 가운데 자행되었다.[828] 총회는 연동교회에 모인 총회는 불법이며 이러한 문제의 초점이 WCC와 NAE의 문제에 있다고 전국교회에 고하였다.[829]

그리고 총회는 "대한예수교장로회 총회원칙과 정책"을 공포하였다 (1959년 11월 27일). 그중 우리의 사안과 관련된 부분만 적시하면 다음과

---

[824] 정규오, 『신학적 입장에서 본 한국장로교교회사 (상)』, 135-136.
[825] 정규오, 『신학적 입장에서 본 한국장로교교회사 (상)』, 136-143.
[826] 정규오, 『신학적 입장에서 본 한국장로교교회사 (상)』, 143-147.
[827] 정규오, 『신학적 입장에서 본 한국장로교교회사 (상)』, 148-158.
[828] 정규오, 『신학적 입장에서 본 한국장로교교회사 (상)』, 159-161.
[829] 정규오, 『신학적 입장에서 본 한국장로교교회사 (상)』, 176-179.

같다. 이 원칙과 정책은 여전히 유효한 것이다.

**<원칙>**

...

3. 칼빈 선생이 가르친 장로교회의 신학과 모든 원칙들을 준수한다. 웨스트민스터 신도게요서는 이러한 원칙들을 잘 표시한 것으로 인정하므로 이에 준거하여 작성한 대한예수교장로회의 신경을 충실히 준수하여야 한다.

4. 교회는 본질상 거룩하며 또한 주 예수 그리스도를 머리로 한 신령적 유기체라는 터 위에서만 교회의 통일성이 존재한다. 교회의 신령한 속성들과 증표들을 가리움이나 흐림이 없이 드러내야 할 것이다.

**<정책>**

1. WCC와 그 노선의 에큐메니칼 운동은 우리교회의 거룩함과 또 그리스도와의 합일의 속성을 저해함을 확인하였으므로 대한예수교장로회는 이에 WCC에서 항구히 탈퇴하고 그 에큐메니칼 운동에 관계치 않기로 중외에 선포한다.

...

3. 비록 우리와 동일한 신앙을 위한 단체라 할지라도 그와의 관계가 우리 교회의 거룩한 사랑의 구현이나 그 성장에 지장을 일으킬 우려가 있는 경우에는 우리는 이와의 관계를 단절하거나 맺지 않기로 한다. 그런 점에서 우리교회의 교역자들로서 NAE에 가입한 분들은 이에서 탈퇴하여야 한다.[830]

---

[830] 정규오, 『신학적 입장에서 본 한국장로교교회사 (상)』, 186-188.

## 5. 결론: 역사의 교훈

본 장에서 우리는 WCC 자체에 대한 논의가 아니라 한국교회에 미친 WCC의 영향에 대해서 죽산과 해원의 예를 중심으로 고찰하였다. WCC의 제10차 부산 총회와 관련하여 다시금 역사를 새기는 것은 매우 시의적절하다고 여긴다. 하나님은 역사적 변증이라는 방식을 통해서도 진리를 깨닫게 하시기 때문이다.

한국교회는 에큐메니칼 기구가 올바로 성경의 진리에 서지 않으면 교회의 연합과 일치를 이루기는커녕 갈등을 조장하고 급기야 교회의 분열이라는 결과를 낳을 수도 있다는 사실을 약 반세기 전에 통렬히 경험하였다. 무엇보다도 이러한 기구가 정치의 도구로 악용될 때의 폐해는 말할 수 없이 쓰라린 것이다.

죽산은 교리를 떠나서 무분별하게 수행되는 WCC와 본질적으로 이를 좇아가고 있는 NAE가 추구하는 가시적인 교회일치운동은 참 교회와 거짓 교회의 경계를 허물고 결국 교회를 파괴하는 지경에 이를 수도 있음을 직시하였다. 오늘날의 WCC를 죽산이 비판한 70년대까지의 WCC와 비교해 보면 종교혼합주의, 종교다원주의, 세속주의가 더욱 골수 깊이 새겨지고 그 표현은 더욱 노골화되었다. 죽산은 성경의 진리를 떠난 교회통일을 거부했으며, 오직 그리스도가 언약의 머리가 되셔서 그 자신의 공로로 이루시는 지체들의 연합만이 참되다고 보았다.

죽산의 이러한 반 WCC 사상은 해원에 의해서 충실히 교정(敎政)에 반영되었다. 하나님은 한국교회를 위하여 두 사람을 나란히 세우셨다. 죽산의 신학이 해원에 의하여 표현되어 공식적으로 나타났다. WCC의 문제점을 "신신학," "단일교회," "용공사상"으로 집약해서 지적한 것은 우리가 위에서 보았듯이 죽산의 신학을 고스란히 담고 있다. 해원은 총회가 돌이킬 수 없는 분열의 길에 접어들었을 때 전서노회장과 본인의 이름으로 "WCC와 에큐메니칼 운동의 사상적 검토"라는 문건을 작성하는데, 여기에는 그의 신학적 식견이 담겨 있다. 이에 비추어 해원의 사상을 정리함으로 오늘날 한국교회가 새겨야 할 부분을 돌아 볼 일이다.

첫째, WCC는 주요한 교리에 대한 명목상의 고백을 가지고 있지만 각 교회가 해석하는 방식에 관여하지 않는다고 천명한다. 그러므로 사실 교리 폐지 혹은 교리 무용에 이른다. 그러므로 그들의 교리적 언급 그 자체에 현혹되지 말아야 한다.

둘째, WCC는 급진적인 자유주의 신학자들, 사회복음주의자들이 주도하고 있다. 그들은 성경에 대한 고등비평을 수행하여 이성적으로 용납되지 않는 진리는 받지 않는다. 즉 부활, 동정녀 탄생, 재림 등을 믿지 않는다. 대체로 그들의 모호한 표현이나 침묵은 정통교리에 대한 부인을 뜻한다고 여겨야 한다.

셋째, WCC는 삼위일체를 믿지 않는 유니테리언을 포함하고 있다. 이는 그들이 신인양성의 중보자 그리스도의 위격이나 대속의 은총을 부인하는 교회들을 포함하고 있음을 뜻한다. 그들이 "칼케돈 신경" 뿐만 아니라 "니케아-콘스탄티노플 신경"도 올바로 받지 않고 있다는 방증이다.

넷째, WCC는 특정 이데올로기에 편향적이다. 그들은 냉전의 시대에 공산주의에 우호적이었다. 유물론적 가치가 실제로 WCC의 의사결정에 지대한 영향을 미쳤다. 이러한 현상은 공산주의의 쇠퇴와 더불어 어느 정도 사라졌지만 그들의 정치적 성향은 여전히 강하다. 제10차 부산 총회의 준비 문건에서 보았듯이, 그들이 말하는 통전성 혹은 최고선은 교회의 보편성과는 오히려 역행한다.

다섯째, WCC는 단일교회 운동을 추구하고 있다. 그들이 주장하는 협의회 중심의 가시적 일치는 결국 교회를 대체하는 초교회로 나아가든지 아니면 교회의 분열을 협의회라는 명목으로 고착시키는 결과를 낳을 뿐이다. WCC가 연합과 일치가 아니라 분열의 단초가 된다는 역사의 교훈을 우리는 경험하여 잘 알고 있다.

여섯째, WCC는 진리를 묻지 않는 에큐메니칼 운동을 추구함으로 종교다원주의와 혼합주의에 필히 이르게 된다. 그것은 교회의 일치가 아니라 종교의 일치와 인류의 일치를 목적으로 삼게 된다. 이 경우 영원한 하나님의 작정에 따른 역사적 언약의 성취가 무색해진다.

일곱째, WCC는 비가시적인 무형교회를 부인하고 가시적인 유형교회만을 인정한다. 그리하여 그들이 말하는 교회의 연합과 일치는 단지 가시적이며, 기구적이며, 단지 지상적이다. 성경이 전하는 교회의 보편성은 유·무형교회에 모두 미치는바, 이는 중보자 그리스도가 공히 그 머리가 되시기 때문이다. WCC는 그들 자신이 머리가 된다. 그리하여 성경적, 교리적이 아닌 단지 협의회적(conciliar) 교회일치를 추구할 뿐이다.[831]

---

[831] Cf. 정규오, 『신학적 입장에서 본 한국장로교회사 (상)』, 214-217.

# 제10장 서철원의 그리스도의 중보론

## 1. 중보자 그리스도론과 그리스도의 중보론

서철원 교수는 일생 동안 꾸준히 조직신학(*theologia systematica*) 전반에 걸친 주제들(*loci*)을 정통 개혁주의 신학의 관점에서 그리고 그것에 터 잡아 연구해 온바, 그 백미(白眉)는 중보자 그리스도론 혹은 그리스도의 중보론이라고 할 것이다.

중보자 그리스도론은 그리스도의 중보를 다룸에 있어서 중보자로서의 그리스도의 신인양성의 위격적 연합을 파악함이며, 그리스도의 중보론은 이와 같이 파악된 중보자 그리스도의 인격 가운데서의 위격적 감수(甘受) 혹은 위격적 고난으로서 그의 사역을 파악함이다.[832] 교리사적으로 전자의 교리가 "칼케돈 신경"에 의해서 확립되었다면, 후자의 교리는 종교개혁자 존 칼빈의 중보자 그리스도의 삼중직(*munus triplex*)론에 의해서

---

[832] Cf. Turretin, *Institutes of Elenctic Theology*, 2.271-449; Hodge, *Systematic Theology*, 2.378-638; 박형룡, 『박형룡박사 저작전집 IV, 교의신학 기독론』 (서울: 한국기독교교육연구원, 1977), 119-302. 특히 하인리히 헤페는 그리스도의 인격과 사역을 "*De mediatore foederis gratiae*"와 "*De officio Iesu Christi mediatorio*"로 다룸으로써 언약에 기초한 중보론을 중심으로 기독론을 파악하고 있음을 보여 주고 있다. 이는 개혁주의의 전통을 대변해 주고 있다. Heppe, *Schriften für reformirten Theologie*, vol. 2, 293-350.

정치(精緻)하게 수립되었다고 할 것이다.[833] 그러나 양자는 성경의 가르침에서 보듯이 분리되지 않는다.

성경은 그리스도께서 멜기세덱의 반차를 좇은 대제사장으로서 단번에 영원한 제물이 되심을 가르친다. 우리의 영원하신 목자는 세상 죄를 지고 가는 하나님의 어린 양이셨다. 예언되신 목자는 너무나 양을 사랑하셔서 양으로서 죽으셨다. 그리스도의 제사장과 제물이심이, 목자와 양이심이 함께 계시되었다. 교회의 성도들은 사도행전 2:33-36, 빌립보서 2:5-11, 골로새서 1:15-23, 로마서 1:2-6 등에서 보는 바와 같이 그리스도의 중보자이심과 그리스도의 중보하심을 함께 찬미했다. 중보자 그리스도와 그리스도의 중보가 동시에, 함께, 완전히 계시되었다.

중보자 그리스도의 중보에 대한 성경의 가르침은 구원중보자가 창조중보자이심을 함께 계시하여 구속사(*historia salvifica*)와 개인 구원서정(*ordo salutis*)을 동시에 전망하게 한다. 기독론에 기초하여야 하는바, 신학서론은 중보자 그리스도의 중보의 계시로서, 구원론은 중보자 그리스도의 계속적 중보로서 파악된다. 이와 같이 수립된 구원론에 기초하여 그리스도의 의의 전가로 말미암은 성도의 연합과 자라감으로서의 교회의 본질(*essentia*)이 파악된다. 곧 전체 교리 체계는 영원하신 중보자가 우리를 지으신 분으로서 자신 가운데(*in se*) 우리를 위해서(*pro nobis*) 중보하신다는 진리 가운데 놓여 있다. 우리의 구원자는 하나님의 아들로서 우리를 지으신 분이시다. 그분이 하나님의 말씀으로서 "우리가 그 영광을 보니 아버지의 독생자의 영광이요 은혜와 진리가 충만하더라"(요 1:14).

진리(ἀλήθεια)는 모형계시(*revelatio ectypa*)로써 계시된(*revelatum*) 원형계시(*revelatio archetypa*)로서, 말씀(*verbum*)이 하나님의 아들이심을 계시하며,

---

[833] Cf. 서철원, 『교리사』 (서울: 총신대학교출판부, 2002), 486-489; Klauspeter Blaser, *Calvins Lehre von den drei Ämtern Christi*, Theologische Studien 105 (Zürich: EVZ Verlag, 1970), 7-23.

은혜(χάρις)는 그분이 우리의 그리스도가 되심을 계시한다.[834] 그분이 우리를 위해서 우리의 형상(μορφή, forma)으로 위로부터 오셨다.[835] 영원하신 중보자가 중보자로서 오셨다. 중보자로서 구속을 다 이루시고 그 이루신 영의 임재로 성도를 구원하심으로써 구원중보자가 창조중보자이심을 계시하셨다. 이 진리 가운데서 구원이 재창조의 은혜임이 밝히 계시되었다.

초대 교부 아타나시우스는 영지주의자들의 왜곡된 창조신관을 비판하며 그리스도의 나심을 구원중보자로 오신 창조중보자의 비하의 관점에서 변증함에 있어서 궁극적으로 그리스도의 대속적 죽음에 문의(問議)하면서 그의 인격의 위격적 연합과 위격적 고난을 함께 파악하였다. 그럼으로써 그는 성육신의 구원론적 의의를 전개한 효시(嚆矢)를 보여 주었다.[836]

이처럼 구원중보자가 창조중보자이심이 그리스도의 대리적 무름(satisfactio vicaria)에 기초한 대속론의 기초 명제가 됨은 명백하다.[837] 신학의 문화주의화와 윤리주의화에 편승하여 주관설과 모범설과 정치설이 성경적인 객관적 속죄론을 구축(驅逐)하고, 감정주의의 시대적 변용으로서 등장한 신정통주의의 실존적 주관주의가 전락하여 포스트모더니즘과 포스트-포스트모더니즘(Post-postmodernism)의 성향을 좇아 성경의 진리를

---

[834] 이와 같은 이해는 칼빈의 "오직 성경으로(sola Scriptura)"에 대한 이해에 기초한다. Bavinck, *Reformed Dogmatics*, 1.178, 415, 583-585; Van Til, *The Protestant Doctrine of Scripture*, *In Defense of the Faith*, vol. 1, 115-121; Kenneth S. Kantzer, "Calvin and the Holy Scriptures," in *Inspiration and Interpretation*, ed. John F. Walvoord (Grand Rapids: Eerdmans, 1957), 115-155. 아브라함 카위퍼는 "*theologia ectypa*"에 있어서 하나님 아버지의 자기 계시와 예수 그리스도의 하나님의 지식과 성령의 역사를 동시에 다룸으로써 계시의 삼위일체적 이해에 이른다. Kuyper, *Principles of Sacred Theology*, 275-299.

[835] 빌 2:7-8의 "종의 형체"와 "사람의 모양"에서 두 번 사용된 "μορφή"는 단지 외형만이 아니라 실체 도 그러한 형상을 의미한다. 이는 진정한 의미에서 "Seinsweise"로 번역할 수 있다(뒤에서 보게 될 칼 바르트적인 의미가 아닌). Cf. Chul-won Suh, *The Creation-Mediatorship of Jesus Christ* (Amsterdam: Rodopi, 1982), 272-274.

[836] Cf. 서철원, 『교리사』, 247-273; "아따나시오스(Athanasios) 신학," 「신학지남」 65/2 (1998), 87-109.

[837] Cf. 문병호, "그리스도의 무름(satisfactio Christi) I: 개혁주의 속죄론의 형성," 326-350.

해체하며 카오스라는 미명의 "객관"의 수렁으로 빠져 가는 상황에서, 구원중보자가 창조중보자이심에 대한 계시는 창조중보자가 우리에게 오신 구원중보자이심을 계시함으로써 창조와 재창조로서의 구속의 엄연한 객관성을 보증한다.[838]

객관적 속죄의 진리는 말씀이신 그리스도의 드러나심과 드러내심이 곧 이루심이라는 사실에 기초한다. 성경을 믿음으로 수납함은 성령의 역사로 말미암아 영감(*inspiratio*)된 말씀을, 조명(*illuminatio*)되어 감화(*persuasio*)된 심령이 받아들이는 것이므로, 성령의 주관적 감동(*affectus*)은 객관적 성경 진리의 주관화 혹은 해체를 의미하지 않는다.[839] 그리스도의 피 공로는 객관적인 것이며―언약적이며―객관으로서, 나에게 공로 없는, 주관적 공로가 되는 것이다. 그러므로 피 흘림이 없으면 죄 사함이 없다는 고백은 생명은 피에 있다는 진리의 선포와 다르지 않다(레 17:11; 히 9:22).[840]

## 2. 계시와 이루심: 구원경륜으로부터 창조경륜 읽기

지금까지 필자는 중보자 그리스도의 중보라는 개념으로써 전체 신학 체계를 역동적으로 이해하기 위한 기독론적 기초를 제시했다. 본 장에서 필자는 이와 같은 논지에 따라서 서철원 교수의 신학을 고찰하고자 한다. 서철원 교수는 단권의 조직신학 책을 집필하시지는 않았다. 그러나 기간

---

[838] 현대신학의 제 양상에 관해서는 다음을 보라. 서철원, "현대신학의 동향," 「신학지남」 62/1 (1995), 23-60; "종교다원주의와 구속 신앙," 「신학지남」 64/1 (1997), 131-157; "20세기 신학의 회고와 전망," 「신학지남」 66/4 (1999), 52-69.
[839] Cf. 문병호, "칼빈의 교회론: 기독론·삼위일체론 관점에서," 44-71. 이 글에서 필자는 개혁주의 성경론이 칼빈의 말씀과 성령 이해에 터 잡고 있음을 고찰함으로써 기독론과 삼위일체론을 고찰하고 이로부터 교회론에 이른다.
[840] 이 내용은 서철원 교수가 신학서론, 기독론, 성령론 등 신학 전반에 걸쳐서 가장 강조하는 부분이다.

(既刊)의 글들은 주요한 신학 주제들을 거의 망라한다.

화란 자유대학교 박사학위 논문으로 제출된 그리스도의 창조중보자직에 대한 글은 고금의 대표적인 상승기독론자들과 하강기독론자들을 선정해서 비판한 책으로서 신학 형성기의 중요한 작품이라 할 것이다. 이 작품에서 예수 그리스도의 창조중보직은 구속의 관점에서 추구되어야 함이 논증되었으며 아울러 종말에 그리스도께서 하나님과 사람과의 연합을 중보하기 위해서 성육신의 필요성이 역설되었다.[841]

이와 같이 그리스도의 창조중보가 구원중보에 의해서 계시됨이 논증됨으로써 말씀의 성육신이 신학의 중심에 자리 잡게 되었으며 신학의 서론(prolegomena)으로서 전개되었다.[842] 하나님의 사역은 창조, 섭리, 창조의 회복으로서의 구원, 그리고 창조의 완성으로 제시되었다.[843] 신학의 근본 원리는 "예수 그리스도 안에서 자신을 구속주로 나타내신 하나님께서 창조주이심를 아는 것이다."[844]

> 로고스로서 그리스도는 하나님의 자기 객관화이므로, 하나님의 자기 계시(revelatio ipsius Dei)이다.[845]

그리스도가 모든 계시의 유래(origo)이며 목표(scopus)이고 절정(culmen)이다. 그가 계시자로서 삼위일체 하나님을 계시하셨다.[846] 그러므로 그리스도에 의해서 모든 부분이 해석되고 조명되는 신앙의 유비(analogia fidei)

---

841 특히, Suh, *The Creation-Mediatordship of Jesus Christ*, 302-310.
842 서철원, 『신학서론』 (서울: 총신대학교출판부, 2000).
843 서철원, 『신학서론』, 35-44.
844 서철원, 『신학서론』, 45.
845 서철원, 『신학서론』, 46.
846 서철원, 『신학서론』, 55.

에 의존해서 신학해야 한다.[847]

이와 같은 이해 가운데 구속은 새 창조(*nova creatio*)가 아니라 재창조(*recreatio*)로서 이해되며, 은혜는 자연을 보충하고 앙양(昂揚)하는 것이 아니라 자연을 회복하는 것으로서 고찰된다.[848]

구원에 이르는 길은 신인합력적인 공로의 주입(*infusa*)이 아니라 오직 그리스도의 의의 전가(*imputatio*)에 있음이 복음과 율법과의 관계와 관련해서 주장된다.[849] 율법과 복음의 관계를 구원서정적이 아니라 구원사적으로 이해함으로써 이제 율법은 더 이상 구원 과정에 작용하지 않는 것으로 본다.[850] 다만 "웨스트민스터 신앙고백서" 7장에서 규정된 바와 같이 믿는 백성들에게 생활 규범으로만 율법이 작용한다고 주장한다.[851] 이로써 그리스도가 율법의 마침(τέλος)으로서 계시됨은 완성된(*perfacta*) 구원 과정의 끝(*finis*)을 의미하는 것이지 완성(*perfectio*) 자체를 의미하지는 않는 것으로 이해된다.[852] 율법과 복음에 대한 이러한 이해가 신·구약의 단절을 의미하는 것이 아님은 그리스도의 중보로 구원중보자가 창조중보자이심이 계시되었듯이 새 언약을 통하여 창조주 하나님은 구주 예수 그리

---

[847] 서철원, 『신학서론』, 51. 성경의 영감성에 대해서는 다음을 보라. 서철원, "아직도 성경의 영감이 문제가 되어야 하는가," 「목회와 신학」 1995, 2월호, 114-133.

[848] 서철원, 『신학서론』, 171.

[849] 서철원, 『신학서론』, 164-169.

[850] 서철원, 『복음과 율법과의 관계』, 개정판 (서울: 엠마오, 1987), 14-22, 44-45, 154-160. 개혁신학자들은 구원 과정에 있어서의 율법의 공로를 주장하지는 않는다. 그러나 죄를 정죄함으로써 예수 그리스도께로 향하게 하는 신학적 용법(*usus elenticus*)은 공히 인정한다(루터란들의 제2용법, 칼빈의 제1용법). 서철원 교수는 이와 같은 율법의 신학적 용법이 폐지된 것으로 본다. 그리고 이를 구원서정에 구원사를 포함내지 축소한 종교개혁자들의 오류로 여기는 듯하다(15). 기독론에 터 잡은 개혁주의 율법관에 관해서는 다음을 보라. Moon, *Christus Mediator Legis*, 특히 213-245.

[851] 서철원, 『복음과 율법과의 관계』, 66-67, 91-92, 93-126.

[852] 서철원, 『복음과 율법과의 관계』, 131. 서철원 교수는 롬 10:4을 갈 3:13의 문맥에서 엄격하게 이해한다.

스도의 아버지이심이 계시됨을 인식함으로써 확인된다.[853]

구약이 신약을 약속하고 신약이 구약을 확증함은 신·구약 공히 그리스도가 구원협약(pactum salutis)의 실체(substantia)임을 계시하기 때문이다. 예수 그리스도의 피 언약은 새로운 행위언약으로서 영원한 구원협약의 이루심이다.

> 하나님은 백성의 하나님 되시고 사람은 하나님의 백성 되기로 하는 합의가 언약이다.[854]

언약은 영생을 주시기 위함이 아니라 하나님의 백성으로서 완전함에 이르게 하심이다. 영생은 "하나님의 백성으로서 하나님을 섬김에 대한 보상"이다.[855] 영생은 사랑이신 하나님의 교제의 대상자로서 인류가 그의 존재에 동참하는 것이 아니라 완전한 하나님의 백성이 되어서 만유 안에 만유가 되시는 하나님과 함께 거하는 것이다. 즉 그의 영광에 동참하는 것이다.[856] 이렇듯 언약을 통한 구원경륜을 통하여서 하나님은 "창조경륜에 이르러 가신다."[857]

예수 그리스도의 피로 세운 언약인 새 언약은 인류를 자기의 백성 삼기로 한 첫 언약의 성취이다.[858] 새 언약은 예수 그리스도가 제사장으로서 제물이 됨으로써 영원한 제사장 되심이며, 목자로서 도수장의 양이 되심으로써 영원한 속죄양 되심이다. 그러므로 그리스도 자신이 새 언약의 설립자이며 보증(ἔγγυος, ἀρραβών, pignus)이 되심으로써 언약을 중보

---

853 서철원, 『복음과 율법과의 관계』, 132.
854 서철원, 『하나님의 구속경륜』(서울: 성문당, 1989), 16-17, 27.
855 서철원, 『하나님의 구속경륜』, 28.
856 서철원, 『하나님의 구속경륜』, 45.
857 서철원, 『하나님의 구속경륜』, 17-18, 인용 18.
858 서철원, 『기독론』(서울: 총신대학교출판부, 2000), 111.

하신다.[859]

새 언약은 성육신하실 아들(*filius incarnandus*)이 아니라 성육신하신(*incarnatus*) 아들과 체결된 것이다.[860] 삼위 하나님의 구원협약에 따른 대속의 작정에 따라서 때가 차매 아들이 자신을 낮추시고 비우셔서 자신의 순종을 조건(*conditio*)으로 첫 행위언약을 갱신하는 새 [행위]언약을 맺으셨다. 새 언약으로써 그리스도의 피로 말미암은 행위의 언약이 우리에게는 은혜의 언약이 되었다. 새 언약으로써 하나님이 아들의 행위를 의(*iustitia*)로 받으셨고 그 의를 우리의 의로 삼으셨다.[861] 그리하여 그리스도가 내 속에 내가 그리스도 속에 거하듯이 하나님 속에 내가, 하나님이 내 속에 거하신다.[862] 이것이 구원경륜이며 창조경륜이다.

### 3. 창조중보자 그리스도

상승 신학(elevation-theology)을 주장하는 신학자들은 전적 타락과 전적 은혜의 교리를 인정하지 않고 창조를 창조의 과정으로 이해한다. 그래서 창조는 불완전하며 일시적이었다. 창조는 세계와 인류의 승귀(*elevatio*)를 그 자체의 목적으로 삼았다. 하나님은 우리를 자신의 존재에 동참시킴으로써 우리와 연합하셔서 우리의 하나님이 되시고자 하셨다. 이러한 존재 동참을 통한 하나님과 인류의 교제는 인류의 신화(*deificatio*) 사상을 배태하기에 이르렀다.[863]

---

[859] 서철원, 『기독론』, 110, 113.
[860] 서철원, 『기독론』, 112.
[861] 서철원, 『하나님의 구속경륜』, 89-106.
[862] 이 부분은 칼빈의 경건(*pietas*) 개념으로 승화된다. Chul-won Suh, "A New Thought on Covenant Doctrine," 118-120. 본 논문에는 이상 제시한 언약신학이 잘 정리되어 있다.
[863] 초대교회 교부들은 "*elevatio*"로서 신화(*deificatio*)를 말했는데, 이는 의의 전가에 기반

그리스도의 중보는 인류의 승귀를 위해서 필연적이었으니, 창조로 말미암아, 창조의 중보자(*mediator*)가 창조의 완성자(*consummator*)로서 작정되셨다. 상승신학자들은 '언약-창조-구속'의 신학 체계(theologoumenon)를 제시한다. 그들은 "언약의 외부적 기초로서의 창조와 창조의 내부적 기초로서의 언약(die Schöpfung als äusserer Grund des Bundes-der Bund als innerer Grund der Schöpfung)"을 주장함으로써 '창조-타락-구속'의 구원사적 이해에 기초한 언약신학을 부인한다. 그들에게 있어서 창조의 중보자는 구원의 중보자가 되었다.[864]

한편 전통적인 회복신학(restitution-theology)을 견지하는 학자들은 구속을 죄로부터의 속량으로 이해함으로써 그리스도의 구원중보로부터 창조중보자 개념에 이른다. 예수 그리스도의 십자가의 공로가 객관적인 의로서 전가되어 성도들은 하나님의 형상을 회복한다. 그리스도의 무릎의 공로로 말미암아 성도는 영생의 자녀로서 거듭난다. 구속은 재창조로서 창조의 완성을 위한 첫 언약의 성취이다. 구속을 통하여서 구원중보자가 창조중보자였음이 계시된다. 그리하여 성육신 전에 그리스도는 단지 하나님의 작정으로 계셨던 것이 아니라 실제로 창조중보자였음이 계시된다.

죄로부터의 회복으로서의 구속을 논하며 이로부터 그리스도의 창조중보직을 추론하는 학자들도 그 회복를 단지 죄로부터의 원상회복으로

---

을 둔 것으로서 오늘날 바르트의 '존재의 통보'에 영향을 받아서 칼 라너(Karl Rahner)가 주장한 자질의 고양에 기초한 신화 개념을 포함하지 않는다. 초대 교부 아타나시우스는 신화(θεοποίησις)라는 단어를 사용하면서 우리가 신적으로 될 수 있도록 로고스는 사람이 되셨다고 말했는데, 이것은 타락한 인류를 회복하는 로고스 사역을 강조한 것이지 구원받은 인류가 신과 같이 된다는 것을 말한 것이 아니었다. Cf. Frances Young, *From Nicaea to Chalcedon: A Guide to the Literature and Its Background* (Philadelphia: Fortress Press, 1983), 73-76, 82. 예컨대 아타나시우스와 나지안주스의 그레고리(Gregory of Nazianzus)의 신화 개념에 대해서 다음을 보라. 서철원, 『교리사』, 262, 442.

[864] 특히, Suh, *The Creation-Mediatorship of Jesus Christ*, 2-3. 여기에 소개한 상승기독론자의 입장은 대체로 바르트와 칼 라너의 신학을 반영함. 인용은 Ibid, 2로부터 재인용한 Karl Barth, *Kirchliche Dogmatik*, III/1.2, 3이다.

보느냐 재창조로 보느냐에 따라서 차이가 있고, 또한 재창조로 보는 경우에도 성육신의 필연적인 동인(動因)을 죄로 보는 데 엄격한지 아닌지에 따라서 차이가 있다.[865]

구속을 창조를 앙양하는 그리스도의 사역으로 보면서 창조중보자라는 개념에 문의(問議)한 것은 주로 현대 자유주의 상승신학자들이었다. 그러나 그들의 이론은 단지 사변적이어서 도무지 성경적 속죄론이나 언약신학에 터 잡은 것이 아니었기 때문에 삼위 하나님의 구원협약에 따른 예정론과 십자가에서 다 이루신 그리스도의 십자가 사역의 구속사적 의미를 합당하게 제시할 수 없었다.

한편 구속을 죄로부터의 회복이라는 관점에서 신학을 개진한 학자들은 그리스도의 십자가에서 다 이루심을 구원중보의 완성으로 보고 이후의 계속적인 중보에 등한시하는 경향을 보여 주었다. 구속을 단순한 원상회복으로 보지 않고 재창조로 보는 경우에도, 재창조를 성육신하신 그리스도의 창조중보로 인식하지는 않았다. 서철원 교수의 창조중보자(*mediator creationis*)라는 신학 논제(*locus theologica*)가 자리하는 곳이 여기이다. 성육신하신 구원중보자 예수 그리스도는 갈보리에서 단번에 영원한 구원을 이루셨다. 그리고 이후 계속해서 그것을 재창조하시고 갱신하신다. 이러한 관점에서 그리스도의 영원한 창조중보가 논해진다.[866]

---

**865** 특히, Suh, *The Creation-Mediatorship of Jesus Christ*, 3-7.
**866** 특히, Suh, *The Creation-Mediatorship of Jesus Christ*, 5: "In the first place God should restore the fallen creation to Himself. But the restoration of the creation in its original state to the Creator is shown to be extremely difficult because of the radical effect of sin upon it. Therefore, it became necessary for the Redeemer to recreate eschaton. Since the fall into sin, God had decreed that the Redeemer should redeem the creation from sin and its consequences and recreate it. Jesus Christ the Redeemer accomplished the redemption of the world once and for all on the cross of Calvary, but since then He continues to recreate and reform it." 필자는 성도의 그리스도와의 신비한 연합(*unio mystica cum Christo*)을 통한 교제와 교통 가운데서의 그리스도의 계속적인 의의 전가를 그리스도의 계속적 중보로 파악한다. 이와 같은 구원중보자의 계속적 중보 개념은 서철원 교수의 창조중보자

## 1) 상승신학자들

### (1) 던즈 스코투스

프란시스칸 수도회의 주의주의(主意主義) 신학의 기초를 정립한 던즈 스코투스(Duns Scotus)는 구속의 공로는 예수 그리스도의 고난 자체보다 하나님이 그것을 받으심에 있다고 주장한다. 그의 논법은 이러하다.

그리스도의 대속적 죽음은 하나님이 그것을 받으심으로 말미암아 합력적인 공로가 있다.[867] 하나님은 창조 자체에 타락의 가능성을 부여하셨다. 그렇다고 해서 그리스도의 죽음의 필연성(necessitas mortis Christi)을 타락에서 찾아서는 안 된다.[868] 그리스도의 고난은 인류의 불순종을 제거하고 은혜 가운데 그들을 하나님과 화목케 하는 원인은 되지만, 그리스도가 작정된 근본적인 원인은 아니다. 그리스도의 고난이 구원에 이르는 처방으로서 작정된 것은 타락이 예지된 후였다. 그러므로 그의 죽음이 죄를 폐하기 위해서 처음부터 필연적인 것은 아니었다.[869] 그리스도의 공로는 그에게 속한 의를 우리에게 회복시키는 데 있다.

이러한 "의의 감화(affectio justitiae)"는 그리스도의 영혼의 하부에서 일어난다. 그리스도의 의지(voluntas)는 그 영혼의 상부에 속하며 하나님의 의지와 완전히 결합되어 있다.[870] 그리하여 그 의지는 하나님의 지극한

---

개념과 함께 이해됨으로써 그리스도의 계속적 중보에 대한 이론을 완성한다. Moon, *Christus Mediator Legis*, 84-122.

[867] Suh, *The Creation-Mediatorship of Jesus Christ*, 31. Duns Scotus, *Liber III Sententiarum*, d.19, q.1: "... sic talis passio praecise fuit meritoria de congruo, quia sic accepta."

[868] Suh, *The Creation-Mediatorship of Jesus Christ*, 30-31.

[869] Suh, *The Creation-Mediatorship of Jesus Christ*, 26. Scotus, *Liber III Sententiarum*, d.19, q.1: "... et ideo passio, ut praevisa, post praevisionem lapsus, potuit esse ratio remittendi offensam, et conferendi gratiam reconciliantem, non autem potuit esse ratio praedestinationis."

[870] Suh, *The Creation-Mediatorship of Jesus Christ*, 29.

영광(summa gloria)을 위해서만 효과적으로 작용한다. 하나님은 미리 작정하신 대로 인류를 영화롭게 하시고자 그리스도의 영혼을 지어셨다. 성육신이 그 사건이며, 이는 인류의 타락이 없었더라도 일어났을 것이다. 그렇다고 해서 인류가 영화롭게 되는 것이 그리스도의 공로나 은혜 때문이라고만 할 수는 없다. 왜냐하면 그리스도가 처음부터 인류를 죄를 위한 구원자로서 작정된 것은 아니었기 때문이다.[871] 따라서 "구속 역사가 없었더라도(nisi redemptio fuisset facienda)" 말씀은 성육신하셨을 것이다.[872] 아무도, 심지어 그리스도의 영혼조차도, 이러한 작정에 나타나는 하나님의 의지의 공로를 합당하게 취할 수 없다.[873]

스코투스는 이러한 입장에 서 있지만 성육신은 말씀이 인간의 영혼과 육체를 취한 것이지 인간의 인격을 취한 것은 아니라고 하여 자기가 "칼케돈 신경"의 교리를 계승하고 있다고 자평하나, 그리스도의 상부에 속한 영혼은 말씀과 결합하고 하부에 속한 영혼은 육체를 취했다고 함으로

---

[871] Suh, *The Creation-Mediatorship of Jesus Christ*, 23-25.

[872] Suh, *The Creation-Mediatorship of Jesus Christ*, 22. 이와 같은 스코투스의 입장은 오시안더와 매우 흡사하다. 오시안더의 입장은 하나님의 본질은 인성을 취할 수 없다는 가정에 기초해 있다. 그는 하나님의 아들의 존재를 성육신 전·후를 통하여서 불변하는 하나님의 본질의 영원한 현존으로 이해한다. 또한 그는 그리스도의 형상(imago Christi)으로 창조된 인류가 원래적인 의(iustitia essentialis)를 지녔고 하나님의 본질을 주입(infusa) 받음으로써 그리스도를 닮아 간다고 말하면서, 비록 사람이 타락하지 않았더라도 그리스도는 육신을 입었을 것이라고 주장한다. 오시안더에 의하면 중보자 그리스도의 대속의 필연성은 부인되는데, 그는 우리가 의롭다 함을 받는 것은 그리스도의 의의 전가로 인한 것이 아니라 "우리는 하나님과 더불어 의롭다(nos una cum Deo iustos esse)"는 사실에 기반한다고 본다. *Inst.* 3.6.3(*CO* 2.503). 칼빈과 오시안더의 논쟁에 대해서는 다음을 보라. J. Faber, "Imago Dei in Calvin: Calvin's Doctrine of Man as the Image of God by Virtue of Creation," in *Essays in Reformed Doctrine*, tr. J. D. Wielenga (Alberta, Canada: Inheritance Publications, 1990), 234-239; Peter Wyatt, *Jesus Christ and Creation in the Theology of John Calvin* (Allison Park, Pa.: Pickwick Publications, 1996), 39.

[873] Suh, *The Creation-Mediatorship of Jesus Christ*, 22. Scotus, *Liber III Sententiarum*, d.7, q.3: "... quod loquendo de merito de condigno nullus meruit praedestinari, nec etiam anima Christi ..."

써 크게는 아폴리나리우스 이단과 궤를 같이 하고 있다.[874]

스코투스가 이러한 나락에 빠지게 된 것은 다음과 같은 자신의 견해를 합리화하기 위한 궁여지책에서 비롯된 것이다. 그에 따르면, 인류와 피조물의 구속을 위한 영원한 하나님의 예정의 의지(*voluntas divina praedestinationis*)는 그리스도의 성육신에 있어서 연합된 인간의 하부적 본성이 말씀에 의해서 취해짐(*naturam humanam assumendam a Verbo*)을 우선 목적으로 한다.[875] 이러한 하나님의 공로는 그리스도의 은혜에 앞선다. 하나님은 그리스도의 대속의 공로로 말미암아 인류를 받아 주시는 공로를 베푸신다. 이러한 공로는 다른 피조물에게도 미친다. 이로써 하나님은 자신의 의지 가운데 완전한 영광을 취하신다.[876]

스코투스는 타락을 성육신의 동인으로 보지 않고 예수 그리스도 자신의 신화(*deificatio*)를 통한 창조의 완성을 인류와 피조물의 구원으로 설명하여 결과적으로 영지주의적인 범신론에 회귀하고 있다. 스코투스의 신학은 그리스도의 대속적 공로(*meritum*)의 필연성조차 하나님의 절대 의지에 종속되는 것으로 본 유명론자들의 왜곡된 언약신학에 단초를 제공했다.

### (2) 칼 바르트

칼 바르트는 창조를 하나님이 사랑의 상대자(Partner)를 조성하시고 양 양시키시는 과정으로 이해한다. 그의 논법은 이러하다.

하나님은 사랑이시므로, 사랑하셔야 하며, 사랑의 상대자를 필요로 하신다. 하나님은 유일하신 창조주시기 때문에 그 상대자를 친히 창조하신다. 하나님은 사람을 사랑의 상대자로 창조하셨고 세계를 거주지로 정하셨다. 하나님은 사람과 하나되어 사람을 높이심으로써 사람을 자신의

---

[874] Suh, *The Creation-Mediatorship of Jesus Christ*, 15-19.
[875] Suh, *The Creation-Mediatorship of Jesus Christ*, 20-21.
[876] Suh, *The Creation-Mediatorship of Jesus Christ*, 31-33.

존재에 동참시키고자 창조 전에 작정하셨다. 창조 전에 "하나님은 사람을 위한 하나님이 되시고자(Gott für uns Menschen zu sein)" 언약을 작정하셨다. 하나님은 자신의 언약 가운데서 자신의 사랑을 창조를 통하여서 완성하신다.[877]

하나님과 인류가 마주 서서 '나와 너'(Ich und Du)로서 연합하는 것이 언약이며 이 언약의 완성이 화해이다. 창조는 언약이 아니라 언약에 이르는 길이며 그 외부적인 기초이다. 하나님은 창조를 통해서 사랑의 대상을 구하고 사랑으로 교제하신다. 창조가 사랑의 표현이며 은혜이다.[878] 하나님의 말씀은 창조 행위이며 피조물의 어떠함이다.[879] 창조 기사는 역사 그 자체가 아니라 선사(praehistorische Geschichte) 설화(saga)로서 언약에 대한 표적을 보여 주고 지혜를 계시한다. 예컨대 별의 창조는 아브라함의 축복을 예표하고 궁극적으로 모든 계시의 완성으로서 그리스도에 대한 가르침을 준다.[880]

삼위 하나님은 인류를 자신의 형상과 모양으로 지을 것을 경륜하셨다(창 1:26). 바르트는 이를 삼위 하나님의 동사(同事)로 보지 아니하고 한 분 하나님이 인간의 존재와 조화롭게 자신을 드러내시는 계시로 본다.[881] 즉 사람에게 남자와 여자의 이중성이 있듯이 하나님이 스스로 결정하심에

---

[877] Suh, *The Creation-Mediatorship of Jesus Christ*, 35-37, 재인용, Barth, *Kirchliche Dogmatik*, IV/1, 39. 바르트의 신학 전반에 대해서 다음을 보라. 서철원, "발트 신학의 문제점들," 「신학지남」 66/1 (1999), 160-171.
[878] Suh, *The Creation-Mediatorship of Jesus Christ*, 40-42. 바르트는 태초의 혼돈을 어둠 혹은 사라진 세상의 본질로 본다. 비록 아직 빛이 완전하지는 않지만 그것이 비참함과 저주를 몰고 올 어두움을 물리친 것은 하나님의 은혜라고 말한다.
[879] Suh, *The Creation-Mediatorship of Jesus Christ*, 40. Barth, *Kirchliche Dogmatik*, III/1.122: "So ist Gottes Wort als Gottes Schöpfertat die Disposition des Geschöpfs."
[880] Suh, *The Creation-Mediatorship of Jesus Christ*, 42-48.
[881] Suh, *The Creation-Mediatorship of Jesus Christ*, 62-65. 바르트는 남자와 여자의 창조 기사는 설화이며, 교회와 그리스도의 연합을 예표하며 교훈한다고 본다.

있어서도 "신적인 마주함(Genenüber)"이 있다는 것이다.882 하나님 가운데서 일어나는 "자기 만남(sichbegegnen)"과 "자기 발견(sichfinden)"이 하나님과 사람의 관계를 반영하고 묘사(描寫)하고 모사(模寫)하기 때문에, 하나님에 대한 마주섬과 하나님의 자신과의 관계에 대한 마주섬 가운데서 하나님과 마주섬을 반복하는 사람을 상대자로 사랑하시기 위해서 하나님은 사람을 창조하셨다. 그러므로 하나님과의 관계에 있는 사람이 하나님의 형상이다.

이러한 하나님의 형상은 인간에 의해서 소유될 수 없고 죄로 인해서 상실될 수도 없다. 왜냐하면 사람은 하나님의 형상인 그리스도에 동참함으로써 하나님의 형상으로 창조되었으며, 사람 안에 역사하시는 그리스도가 그 형상을 이루시기 때문이다.883

바르트는 구속을 타락으로부터의 회복이 아니라 피조물의 승귀로 본다. 구속은 "하나님의 존재에 동참하는 존재(ein Sein in der Teilnahme am Sein Gottes)"가 되는 것이다. 하나님은 사람을 사랑하셔서 사람을 창조하시기 전에 사람을 위하여 그리스도를 주시기로 작정하셨다. 하나님은 우리를 위하여 그리스도 안에서 사람이 되셨다. 여태껏 하나님의 예정의 행위 가운데서 선재했으며 하나님의 자기 형상(selstgemachten Götterbild)으로서 언약 가운데 역사하셨던 그리스도가 화해를 이루기 위해서 사람으로 오셨다. 그리스도는 구원협약의 당사자가 아니었으며 성육신 전에는 "육신을 입지 않으신 말씀(*Logos asarkos*)" 혹은 "숨어 계시는 하나님(*Deus absconditus*)"으로서 은혜를 계시했는데, 이러한 그리스도는 단지 하나님의 작정

---

882 Suh, *The Creation-Mediatorship of Jesus Christ*, 49, 각주 4. 바르트는 칼빈이 위격을 표현한 "*subsistentia in Dei essentia*"(*Inst.* 1.13.6)를 한 하나님의 존재 양식(Seinsweise)으로 이해한다. 이와 같은 관점으로 삼위를 계시자, 계시, 계시 대상(revealer, revelation, the revealed)으로 파악한다. 이러한 입장에서는 창 1:26의 "우리"의 주체는 한 계시 행위의 주체인 한 하나님일 수밖에 없다.
883 Suh, *The Creation-Mediatorship of Jesus Christ*, 49-53.

에 불과하다.[884]

화해(*reconciliatio*)는 오직 예수 그리스도 안에 있다. 그가 성육신하실 유일하신 하나님의 말씀이시기 때문이다. 하나님은 화해를 전제로, 말씀으로써, 천지와 인류를 창조하셨다. 화해는 단지 이전의 상태(*status quo ante*)로 회복(*restitutio*)되는 것이 아니라 회복을 넘어서 완전함에 이르는(*ad integrum*) 것을 의미한다. 하나님이 그리스도 안에서 구원을 이루심으로써 언약의 기초인 창조를 완성하여 화해에 이르게 하시니, 하나님은 그리스도를 위해서 천지를 창조하셨다고 말함이 합당하다. 그러므로 은혜가 원래적이며 죄는 단지 우연한 사건일 따름이다.[885]

바르트의 창조중보론은 성육신 이후의 그리스도의 구속으로 말미암는 피조물의 창조주와의 동참이라는 측면에서만 적실성이 있다. 왜냐하면 이전에 그리스도는 단지 하나님의 예정 가운데서 언약의 작정으로서만 역사하기 때문이다. 바르트에 있어서 "육신을 입지 않으신 말씀(*Logos asarkos*)"의 인격은 부인되며, 그러므로 삼위 하나님의 만세 전의 구원협약은 세 존재 양식들의 계시 사건으로 대체된다. 하나님이 그리스도 안에서 역사하신다는 측면에서와 그리스도 안에 계신 하나님(God in Christ)이라는 측면에서 가현설적인 요소가 나타나며, 그리스도의 인격이 때에 따른 사역의 양태 혹은 능력으로서 추량(推量)된다는 측면에서 동력적 단일신론의 경향도 보인다.

무엇보다 계시 자체가 과정적이며, 전적 타락을 부인함으로써 그리스도의 객관적 구속 공로에 입각한 언약관도 존재할 수 없다. 바르트의 하나님 존재에의 통보(通報, *communicatio*) 사상은 변용된 주관주의이며 그것의 창조에의 적용은 자연신학적이라고 할 것이다.

---

[884] Suh, *The Creation-Mediatorship of Jesus Christ*, 57, 67-68, 72-73.
[885] Suh, *The Creation-Mediatorship of Jesus Christ*, 70-71. 이상 바르트의 견해는 그의 성경 주석에서 확인된다.

참으로 바르트는 창조의 완성자로서 그리스도를 시종 언급했지만 그에게 있어서 창조중보자는 없다. 그런 만큼 구원중보자의 공로도 불완전하다.

그것이 불완전한 채로 만인을 승귀에 이르게 할 것인가?[886]

### (3) 칼 라너

칼 라너(Karl Rahner)는 아리스토텔레스의 철학에 기초하여 수립된 가톨릭 신학이 여러 형이상학적 문제들을 다룸에 있어서 보여 준 비본질주의(Extrinsecismus)에 대한 실존주의적 반성으로부터 자신의 신학을 전개했다. 그는 자연과 은혜는 모두 하나님의 작정 가운데 조화를 이루면서 초자연적 은혜로서 주입되는 것이라는 기존 이론을 그대로 받지 않았다.

사람은 순수한 자연인이고자 하며 하나님의 부름의 경험을 오히려 교란과 방해로 여기므로 자연과 은혜의 한계를 정해서 분리할 필요가 있는데, 라너는 그 기능을 계시가 감당한다고 본다. 이 계시는 외부로부터 진술되어서 들어오는 것이 아니라 사람의 초월 경험 안에서 알려진다. 사람의 본질은 초월이며 그의 한계를 넘는 것이다.

이와 같이 하이데거적인 실존적인 인간관에 기초하여 신학을 전개하는 라너는 성육신에 있어서 하나님의 본성은 변하지 않고 오직 취해진 인간의 본성만이 변한다는 스콜라 기독론을 신화(神話)적이라고 비판하며 하나님의 말씀이 육체 곧 사람이 되었음을 강조한다. 구속사적(heilsgeschichtliche) 관점에서 현대 진화론과 이원론(물질주의에 기초한)을 극복하기 위해서는 '누가 그리스도가 될 수 있는가?'라는 질문보다 '그가 사람이 되었다,' '그가 그리스도가 되었다'는 진술이 중요하다고 보았다.[887]

---

[886] 바르트의 만인구원설은 오리겐의 만유회복론과 유사하다. 서철원, "발트 신학의 문제점들," 166-168.

[887] Suh, The Creation-Mediatorship of Jesus Christ, 74-77. 대체로 인용된 라너의 작품들은

라너는 그리스도의 위격적 연합을 루돌프 불트만이 말하는 신화(神話)의 영역으로 간주한다. 메시아 중보자는 하나님에 대한 자발적인 순종을 통하여서 인간의 편에 서며 그의 행위를 통하여서 사역을 이룬다. 신·인은 진정한 사람이었다.

> 확실히 그는 세상의 한 조각이었으며, 역사였으며, 참으로 그 절정에 있었다.[888]

메시아 중보자는 하나님의 인간과의 자기 교통을 통해서 주어진 은혜 가운데 순수한 직접성(Gottunmittelbarkeit)을 행사한다. 이와 같은 관점에서 성육신은 인간 실제의 본질이 최고로 실현된 것이다. 그러므로 만약 자연과 은혜를 분리시킨다면 그리스도의 중보도 공허해진다. 말씀이 되신 그리스도 안에서 하나님이 사람을 받으시기 때문에 그리스도의 인성을 모두 받는 사람은 그 사람의 아들을 받는 것이다. 성경의 구속사적 이해는 말씀이 육신이 되었다는 진리를 "칼케돈 신경"과 같이 내려오신 하나님으로 전하지 않는다. 오히려 그리스도에 관한 설교가 출발점에 있다.[889]

현대적 진화 개념에 던져지는 성경의 메시지는 하나님이 사람이 되었다는 개념의 반복이 아니라 낮은 존재의 자기 초월에 있다. 된다는 것(Werden)은 반복이나 외부적인 보충이 아니라, 절대 존재의 자기 운동을 통한 자기 초월이다. 위격적 연합은 결과가 아니라 이와 같은 초월의

---

다음과 같다. Karl Rahner, *Schriften zur Theologie* (Einsiedeln-Zürich-Köln: Benziger Verlag, 1960-)과 *Grundkurs des Glaubens. Einführung in den Begriff des Christentums* (Freiburg-Basel-Wien: Herder, 1976).

[888] Suh, *The Creation-Mediatorship of Jesus Christ*, 77. "... muss ein Stück des Kosmos sein, ein Moment an seiner Geschichte, und zwar in deren Höhepunkt." *Grundkurs des Glaubens*, 196.

[889] Suh, *The Creation-Mediatorship of Jesus Christ*, 77-80.

시작이다. 하나님의 말씀의 성육신은 세상의 신화(deification)의 출발이다. 하나님의 자기 교통(self-communication)은 자신에게로 향한 직접성을 사람들과 영적 존재들에게 부여함으로써 그들이 자신들을 초월하게 한다. 성육신이 곧 구속이다. 구속은 말씀이 육신으로 오셨다는 데 있다. 곧 육체와 물질이 신의 실제가 되었다는 데 있다. 이렇듯 물질과 영성(spirituality)이 하나가 되고 진화가 초월이 되는 점이 구속이며 구속사이다.

> 신적 인성이 인간 본질의 가장 순수한 절정이다(die Gottmenschlichkeit <ist> die radikalste Aufgipgelung des Wesens des Menschen).[890]

라너에게 있어서 창조는 말씀 가운데서의 하나님의 자기 교통 사건으로 인식된다. 창조는 하나님에 의한 실제의 산출이고 무(無) 속으로 자신을 표현하시는 것이다.[891] 절대 존재자 창조주는 창조를 수행하고 지지하신다. 세상이 하나님의 자기 교통의 과정이므로 하나님은 세상에 내재하신다(immanent).

하나님은 자기가 사랑할 수 있는 대상으로서 사람을 창조하셔서 스스로 교통하신다. 자기 자신을 사람에게 주심으로써 사람을 자신의 자아로서 받아들이신다. 사람은 하나님이 자기 교통을 하시면서 자신을 비우시는 사건으로서 정의된다. 하나님이 자신을 무화(無化)하실 때(Nicht-gott) 사람이 된다. 따라서 하나님의 신성은 사람에게 순수한 실제가 된다. 하나님의 자기 교통을 통하여서 사람은 하나님에 대한 직접적 직관에 이른다. 이러한 직관이 사람의 목적이며 사물의 구성 원리이다. 이러한 하나

---

[890] Suh, *The Creation-Mediatorship of Jesus Christ*, 78, 재인용, *Grundkurs des Glaubens*, 217(여기서 ist는 텍스트의 sei 대신에 삽입).

[891] Suh, *The Creation-Mediatorship of Jesus Christ*, 88. Rahner, *Schriften zur Theologie*, X.233: "Welt wird, weil und insofern Gott wird sich in slebstentäussernder Liebe weggeben will hinein in die nichtige Leere, die sich um seine selbst genügende Herrlichkeit ausbreitet."

님의 자기 교통은 모든 사람에게 부여된다.[892]

사람은 하나님의 자기 교통을 통하여서 자신을 초월하여 하나님의 직접성으로 나아간다. 사람의 완전함은 자기 초월의 완전함에 있다. 예수 그리스도의 위격적 연합(unio hypostatica)은 하나님이 은혜와 영광 가운데 모든 사람과 교통하기 원하심으로써 일어난다. 위격적 연합은 영적인 존재들의 신화(神化)가 실제화되는 완성의 순간이다. 예수의 본성은 하나님의 실재와 교통함으로 하나님의 말(die Aussage Gottes)이 되신다. 로고스의 인격과 인간의 본성이 서로 연합하는 것이 창조주와 피조물의 관계의 절정이다. 하나님은 세상과 교통하시기 위해서 위격적 연합을 하신다.

자연과 은혜는 부분과 전체의 관계이다. 전체 자연은 완전한 은혜의 절정을 지향한다. 그것이 성육신이었다. 구속은 자연에 은혜를 부여하는 것, 즉 초자연적인 은혜를 창조하는 것이다. 구속은 외부로부터 주어지는 것이 아니다.[893]

이상과 같은 이해에 기초하여 라너는 인간의 신화의 절정으로서 "지복직관(至福直觀, visio beata)"을 말한다. 예수 그리스도는 사람으로서 하나님의 자기 교통의 직접성을 체험했다. 그것이 사람과 인격적 피조물들이 신화되는 길을 열어 놓았다. 사람은 위격적 연합을 통한 은혜의 대상이 아니라 그 주체가 된다. 이러한 의미에서 예수 그리스도는 알파요 오메가이시다.[894]

라너에 의하면 예수 그리스도의 영원한 선재성이 하나님의 자기 교통이라는 개념으로 대체된 '페리코레시스'로서 설명된다. 하나님의 아들이면서 하나님에게로의 직접성을 취하는 사람으로서 성육신하신 그리스도의 신화가 창조의 완성으로 제시된다.

---

[892] Suh, *The Creation-Mediatorship of Jesus Christ*, 86-90.
[893] Suh, *The Creation-Mediatorship of Jesus Christ*, 91-97.
[894] Suh, *The Creation-Mediatorship of Jesus Christ*, 98-100.

과연 삼위 하나님의 '페리코레시스'가 신화를 통한 위격적 연합이라는 개념으로 설명될 것인가?

라너의 주장과는 달리 그리스도는 창조의 중보자로서 창조를 완성하시는 것이 아니라 창조의 완성자로서 창조의 중보자가 되신다(werden). 라너는 자연과 은혜의 벽을 허물려고 하다가 오히려 은혜를 자연에 함몰시켰다.[895]

### (4) 헨드리쿠스 벌코프

헨드리쿠스 벌코프(Hendrikus Berkhof)는 루터란과 개혁주의 신학이 예수 그리스도의 사역의 우주적(cosmic) 의미 해석에 대한 시대적 한계를 지녔다고 여기고 바르트의 신학을 충실히 계승하여 실존주의적이면서 진화론적인 관점에서 창조의 앙양으로서 구속을 다루었다.

헨드리쿠스 벌코프는 기존의 신학이 칸트적 이분법에 따라서 선재하신 그리스도와 역사적(historical) 예수를 분리하여 그의 창조 사역과 구속 사역에 각각 연관시킴으로써 진정한 창조신학에 이르지 못하였다고 비판하면서 역사적 예수가 창조에 동참하는 것으로서의 구속을 논하고자 했다. 그리스도의 선재와 그의 우주론적 의미는 오직 역사적 예수 가운데서 추구되어야 하며 하나님이 우주를 창조하신 뜻 가운데서만 예수 그리스도의 창조 사역을 이해할 수 있다고 본다. 하나님의 창조의 의도 혹은 목적은 예수 그리스도가 자신의 삶과 복종을 통해 높아지심, 이로 말미암은 새로운 인간성의 처음 열매가 되심, 즉 새로운 창조의 존재 양식을 수립하는 데 있다. 그러므로 그는 하나님이 그리스도의 오심과 승귀와 무관한 창조를 하지 않으셨을 것이라고 주장한다.[896]

---

[895] 라너의 진화론적 세계관에 기초한 상승기독론에 대해서는 다음을 보라. 서철원, "카알 라아너의 기독론," 「신학지남」 61/4 (1994), 163-179.

[896] Suh, *The Creation-Mediatorship of Jesus Christ*, 101-105. 인용은 대체로 다음 작품에 따

예수 그리스도 안에서의 새로운 인간성이 창조의 목적으로 제시된다. 기원상 하나님의 창조경륜은 언약의 경륜에 기초한다. 창조는 불완전하지만 선하다. 왜냐하면 창조는 비록 임시적이지만, 구속주 그리스도로 말미암은 종말론적 완성을 언약 가운데 지향하기 때문이다.

죄는 창조의 진화 과정이다. 죄의 기원은 창조의 완성을 향한 하나님의 경륜이다. 죄로 말미암아 창조의 완성은 앙양과 더불어서 정화(淨化)를 포함한다. 그리스도는 이 일을 위해서 이 땅에 오셨다. 그는 하나님의 새로운 창조 활동을 통해서 사람의 진정한 형상을 취한 새로운 사람이다.

하나님은 자신의 언약 가운데 예수를 한 상대자로 준비하셨다. 예수는 사람의 언약 대표자로서 하나님의 상대자가 되실 때에만 하나님의 아들이라고 불리신다. 예수는 성육신하신 하나님이 아니라 단지 하나님의 '사람-상대자'(human partner)이다. 하나님의 사람-상대자로서 예수는 하나님의 '하나님-상대자'(divine partner)인 성부 하나님과 하나가 되시는데, 이는 성부와 성자의 연합이신 성령으로 말미암는다.[897] 삼위일체 하나님은 영원한 한 존재가 아니라, 시간 안에서의 한 역사(歷史)이다. 새로운 사람 예수로 말미암아 하나님과 사람이 그리고 하나님과 자연이 절대적으로 하나가 된다. 구원은 이러한 정화와 앙양이다.[898]

---

른다. H. Berkhof, "Christ and cosmos," *Netherlands Theologisch Tijdschrift* 22e jaargang (1967-1968, Wageningen); *Christelijk geloof, een inleiding tot de geloofsleer* (Nijkerk: G.F.Callenback, 1979), 영어판, *Christian Faith, An Introduction to the Faith*, tr. Sierd Woudstra (Grand Rapids: Eerdmans, 1976).

[897] Suh, *The Creation-Mediatorship of Jesus Christ*, 110. H. Berkhof, *Christian Faith*, 333: "The Father is the divine partner, the Son the human representative, the Spirit the bond between them and therefore the bond between the Son and the sons whom he draws to the Father."

[898] Suh, *The Creation-Mediatorship of Jesus Christ*, 106-110. 이 부분에 있어서 헨드리쿠스 벌코프는 바르트의 세 존재 양식으로서의 삼위일체 이해와 라너의 하나님의 자기 교통을 통한 신화(神化)를 반영하고 있다.

창조는 창조된 실제의 본성상 죄의 가능성을 내포한다. 정화는 아담의 죄로 말미암는 것이 아니라 창조의 완성을 통해 하나님의 영광에 이르는 필연적 과정이다. 삼위 하나님은 이 과정에서 자신을 계시하며, 그러므로 언약의 역사(歷史) 자체이시다. 하나님은 계시된 계시의 자기 완성이시다. 그의 계시 가운데 하나님은 자신의 실체(essentia)를 사람에게 계시하신다.

하나님의 자기 계시로서 창조는 인류를 향한 낮추심이시다. 그러므로 창조는 하나님의 자존성 버리심(weerloosheid, defenselessness)이다. 하나님의 낮아지심의 계시로서 그리스도는 하나님의 아들이시다(아들이 되신다). 그리스도의 선재는 이러한 낮아지심의 출발을 지시한다. 하나님의 아들로서 낮아지신 그리스도의 구속으로 말미암아 하나님과 모든 인류가 보편적으로 화해된다. 태초에 사람은 그리스도의 공로로 말미암은 하나님과의 연합을 지향하게끔 창조되었다. 창조 가운데의 하나님의 자기 계시의 완성으로서 구속은 창조를 완성한다.[899]

헨드리쿠스 벌코프는 하나님이 자신의 자존성을 버리고 낮아지심을 창조라고 봄으로써 그리스도의 구속의 필연성을 죄로부터 찾지 않고 하나님의 본질의 계시 과정으로서 이해한다. 이는 바르트의 하나님의 자기 계시와 라너의 하나님의 자기 교통을 창조에 여과 없이 적용한 일단의 변증으로부터 제시된다. 하나님의 자기 교통의 계시로서의 창조의 흠결은 창조의 완성을 지향한다. 이는 곧 하나님의 삼위 하나님으로서의 자기 계시 과정이다. 창조의 완성은 창조의 정화이며 앙양이자 하나님의 삼위성의 계시이다. 마지막 완성은 피조물에 관계될 뿐만 아니라, 지극히 신적이다. 이로써 만유 안의 만유가 설명된다. 결론적으로 언약은 창조의 완성 과정이자 완전한 신이 되어 가는 과정이다. 보편적 구원이

---

[899] Suh, *The Creation-Mediatorship of Jesus Christ*, 111-119.

사람의 진화로 설명되듯이 하나님도 그러하다.[900]

## 2) 회복신학자들

### (1) 이레네우스

이레네우스는 성부 하나님을 창조주(*creator*)로서 그리고 말씀이신 성자 하나님을 만물의 조성자(*factor, fabricator*)로서 제시한다. 성부 하나님은 성자 하나님을 통하여서 만물을 지으시고 운행하신다. 하나님은 예수 그리스도의 아버지로서 천지를 창조하셨다. 아들은 모든 것을 소유하신다. 아버지는 아들을 통하여서 모든 것을 소유하신다. 하나님은 아들을 통하여서 천지를 지으시되, 성령 가운데 지으셨다. 이렇게 사람도 지으시되 자신의 형상대로 지으셨으므로,[901] 사람이 타락했을 때, 자신의 피조물(*plasma*)을 구원하시기 위해서 "고난 받는 사람(*passibilem hominem*)"으로서 아들을 보내셨다.[902]

> 모든 것이 하나님의 말씀을 통하여서 무로부터 지어졌다. 그분이 우리의 주님이시다(*Verbo Dei, per quam facta sunt omnia qui est Dominus noster Jesus Christus*).

---

[900] Suh, *The Creation-Mediatorship of Jesus Christ*, 115. H. Berkhof, *Christian Faith*, 330/1: "Then it became clear to us how the entire Christian faith hinges on this coming-together of God and man, as it takes place in the Spirit who proceeds from the Father to the Son and then in turn proceeds from the Son to human beings. In that event we saw the being of God in action: creating, acting, suffering, and struggling."

[901] Suh, *The Creation-Mediatorship of Jesus Christ*, 123-128. 이와 같은 창 1:26 이해는 이미 살펴본 바르트와는 확연히 다르다.

[902] Suh, *The Creation-Mediatorship of Jesus Christ*, 131. Irenaeus, *Libros quinque Adversus Haereses*, III.18.1.

이러한 신앙의 규범(regula fidei)이 확정되었다.[903]

성부는 보이지 않으시는 성자시며 성자는 보이시는 성부시다. 성자는 성부의 뜻을 이루심으로써 성부를 계시한다.[904] 성자는 자신이 조성하신 피조물과 연합하여 성부의 뜻을 이룬다. 성부의 뜻은 그의 놀라운 사랑으로 우리를 성자 자신과 같이 되도록 하심에 있다.[905] 하나님은 태초에 필요에 의해서가 아니라 은총을 베푸시기 위해서 사람을 지으셨다(plasmavit). 하나님이 불완전하게 사람을 지으신 것은 자신의 완전함과 영광으로 높여 들이시기 위하심이었다. 하나님이 먼저 성령으로써 사람에게 들어가시므로 사람이 생령이 되고 아들의 공로로 말미암아 영생에 이른다. 영생은 완전히 아버지를 받아들임이다. 이것을 이레네우스는 "견신(見神, visio Dei)"이라고 한다.[906]

예수 그리스도의 사역의 유일한 목적은 친히 지으신 피조물(plasma plasmatum)을 구속하는 것이다. 이를 위하여 그가 하나님의 피조물(plama Dei)이 되셨다. 그리하여 그 자신이 죽은 자들의 시작이 되셨고, 산 자들의 시작이 되셨다(initium morientium, initium viventium factus). 그는 우리의 모든 저주를 안고 나무 위에서 달려 돌아가셨다.[907] 이러한 '요점재현(要點再現, recapitulatio)'을 통하여서 그리스도는 우리의 속죄의 값을 치루셨다.[908]

우리의 창조주(성부, creator)는 우리 육체의 부활을 뜻하셨다. 우리의

---

[903] Suh, *The Creation-Mediatorship of Jesus Christ*, 126. Irenaeus, *Libros quinque Adversus Haereses*, III.8.2.

[904] Suh, *The Creation-Mediatorship of Jesus Christ*, 128-130.

[905] Suh, *The Creation-Mediatorship of Jesus Christ*, 132-134. Irenaeus, *Libros quinque Adversus Haereses*, V. praefatio: "… propter immensam suam dilectionem factus est quod sumus nos, uti nos perficeret esse quod est ipse."

[906] Suh, *The Creation-Mediatorship of Jesus Christ*, 135-138.

[907] Suh, *The Creation-Mediatorship of Jesus Christ*, 138-143.

[908] 이레네우스는 구속을 설명함에 있어서 그리스도의 "*capitulatio*"를 말한 바와 같이 적그리스도의 대적도 이와 같이 설명한다. 이로부터 오리겐의 사탄배상설의 영향을 받은 그의 속죄론이 전개된다. Cf. Suh, *The Creation-Mediatorship of Jesus Christ*, 144-146.

조성자(성자, *factor*)는 우리에게 육체의 부활과 아버지의 영광으로 옮겨감을 부여하셨다. 우리의 육체의 부활의 근거는 주님의 성육신과 부활이다. 육체는 하나님의 말씀의 피조물(*plasma*)로서, 하나님은 이를 상실하시기를 원치 않으신다. 육체는 성령의 전이며 성부와 성자가 함께 머무는 곳이다. 그러므로 육체는 하나님의 왕국의 자리이다. 성자 하나님이 육체의 조성자로서 사망을 이기시고 생명에 이르심으로써 우리의 육체가 생명을 얻는다. 육체 가운데 생명을 지으신 분은 육체의 부활을 통하여서 생명을 주실 것이다.[909] 그리하여 창조주 하나님이 자신의 피조물 가운데 영광 받으실 것이다(*glorificabitur … Deus in suo plasmate*).[910]

이레네우스는 그리스도의 요점재현(*recapitulatio*)을 통해서 창조의 불완전함과 창조의 완성으로서의 구속을 설명하고자 한다. 하나님이 사람을 지으신 목적은 하나님을 섬기도록 하기 위함이었다. 이 땅에 오신 하나님의 아들은 그 섬김의 극치를 보여 주셨다. 섬김은 부족함이 채워지는 과정으로 나타난다. 부족함이 다 채워지면 섬김이 완성될 것이다. 의인은 하나님의 영광에 동참한다.

> 왜냐하면 하나님의 영광은 살아 있는 사람이기 때문이다(*Gloria enim Dei vivens homo*).

영생으로, 사람은 하나님의 영광에 동참함으로써 하나님께 영광이 된다. 그러므로 사람의 영광은 신화(*deificatio*)에 이르는 것이 아니라 피조물

---

[909] Suh, *The Creation-Mediatorship of Jesus Christ*, 150. Irenaeus, *Libros quinque Adversus Haereses*, V.3.3: "Et Dominus itaque quum sit potens vivificare plasma suum et caro quum possit vivificari; quid superest quod prohibereat eam percipere incorruptelam, quae est longa et sine fine a Deo attributa vita?"

[910] Suh, *The Creation-Mediatorship of Jesus Christ*, 150. Irenaeus, *Libros quinque Adversus Haereses*, V.6.1.

의 완전한 피조성에 머문다. 비록 이레네우스는 심오한 창조론과 죄론을 전개하지 못했으며 이로 말미암아 많은 현대 신학자들이 그를 상승 신학자의 선조로 여기기도 하지만 위와 같은 점을 굳게 견지했다. 마지막 때 그리스도의 영원한 중보를 통하여서 섬김을 완성한 사람의 계속적 섬김을 영화(*glorificatio*)의 상태로 본 것은 초대교회 신학의 쾌거라고 할 만하다.[911]

### (2) 아브라함 카위퍼

아브라함 카위퍼는 개혁신학의 입장을 견지하면서 창조중보자와 구원중보자의 개념에 정초하여 하나님의 계시와 사역을 총체적으로 파악함으로써 신학의 문화 적용성을 제고(提高)한 신학자였다.

카위퍼는 하나님의 의식의 자기 객관화로서 로고스 개념을 수립하였다. 로고스는 하나님의 아들의 영원한 나심과 영원한 경륜이라는 두 가지 발생(*generatio*) 양식을 취한다. 로고스는 이중적 발생으로써 신적 본질의 표현(*expressio essentiae divinae*) 자체이며, 그 계시이다. 즉 로고스는 하나님의 하나님을 아시는 지식 혹은 의식의 전체로서 말씀의 존재 자체이며, 하나님의 뜻하신 바(*inclinatio*)가 말씀에 계시됨이다.[912]

하나님이 뜻하신 바를 이루시려는 경륜(*consilium*)은 로고스의 존재

---

[911] Cf. Suh, *The Creation-Mediatorship of Jesus Christ*, 152-153, 재인용, Irenaeus, *Libros quinque Adversus Haereses*, IV.20.7.

[912] Suh, *The Creation-Mediatorship of Jesus Christ*, 156. 전자는 "*Deus = cogitatio Dei = Verbum Dei = Λογος = Filius Dei* 혹은 *Filius Incarnandus*" 후자는 "*Dei cognitationis pars = consilium = Λογος προφορικος*"로서 설명된다. 이하 인용된 주요한 작품은 다음과 같다. Abrahma Kuyper, *E Voto Dordraceno: Toelichting op den Heidelbergschen Catechismus*, 4 vols. (Amsterdam: Höveker & Wormser, 1894); *Dictaten Dogmatiek*, 6 vols., 2nd. ed. (Kampen: Kok, 1910); *Encyclopadie der Heilige Godgeleerdheid* (Amsterdam: Wormser, 1894); *Uit het Woord*, 6 vols., 2nd. ed. (Amsterdam Höveker & Wormser, 1894-); *Pro Rege of Het Koningschap van Christus*, 3 vols. (Kampen: Kok, 1912); *De Gemeene Gratie*, 3 vols., 2nd. ed. (Kampen: Kok). 본문의 인용, Kuyper, *Dictaten Dogmatiek, Loci II de Sacra Scriptura*, I.22.

가운데 계시된다. 창조는 하나님의 본질의 표현으로서, 로고스의 계시이다. 하나님의 창조 계획은 그의 경륜에 내포되며(included) 그의 경륜은 그의 본질에 전적으로 포함된다(concluded).⁹¹³ 이를 로고스의 이중적 발생의 관점에서 보면, 창조의 본질(*essentia*)은 로고스의 계시의 존재에, 창조의 존재(*esse*)는 로고스의 계시 존재의 계시에 의존한다. 창조는 로고스를 통하여서 로고스로부터 나온다. 그러므로 모든 피조물들은 하나님의 본질과 유기적인 연관이 있다. 다만 창조는 하나님의 외적 사역(*opera extra*)으로서 하나님의 의식의 자기 객관화인 아들로부터 시작해서 아들에 의해서 완성된다. 이는 아들이 만유의 후사(κληρονόμος)가 되도록 영원 전에 작정되었기 때문이다.⁹¹⁴

하나님은 창조를 통하여서 스스로 영광 받고자 하셨다. 자신의 영광을 위해서 자신의 주권적 능력을 행하셨다. 오직 스스로 영광의 값을 치루셨다. 그럼으로써 자신을 향한 자신의 사랑을 이루고자 하셨다.⁹¹⁵ 이러한 목적을 위하여 인간을 자신의 형상으로 창조하셨다. 모든 피조물은 영광에 이르도록 지어졌다. 마치 돌이 닦여 광채를 내듯이 모든 피조물은 완성의 도상에 놓여졌다. 하나님의 문화 명령은 인간의 자기 완성 과정이었다. 그러나 죄로 말미암아 이 과정이 중단되었다.⁹¹⁶

하나님의 경륜은 죄를 포함한다. 그러나 죄의 기원은 사람에게 있다. 하나님은 악의 창조자(*auctor mali*)가 아니시다. 그러나 죄로 인한 타락이 영원한 경륜의 작정 가운데 예지되었으므로 영원한 경륜으로 중보자를 정함(*constitutio mediatoris*)이 있으셨다. 죄는 "실제적이었으나 절대적이지 않은 상실(*actuosa privatio non pura*)"이었다. 죄로 인한 타락으로 말미암아

---

**913** Suh, *The Creation-Mediatorship of Jesus Christ*, 154-156.
**914** Suh, *The Creation-Mediatorship of Jesus Christ*, 157-159.
**915** Suh, *The Creation-Mediatorship of Jesus Christ*, 159-162.
**916** Suh, *The Creation-Mediatorship of Jesus Christ*, 181.

죄가 역사하기 시작했다. 그리하여 이제 피조물이 하나님의 영광에 이름은 구속의 과정을 통해서 가능하게 되었다.[917]

죄의 역사로 말미암아 인류는 창조주로부터 분리되었으며, 이로써 육신과 영혼의 순수한 결합이 해체되었다. 사망이 도입되었다. 죽음을 모르던 영의 사람이 사망의 권세에 매인 육의 사람이 되었다. 생령인 인간의 유기적 구조는 사라졌다.[918] 죄의 역사는 창조의 전적인 파괴를 지향했다. 죄의 역사는 하나님의 영광을 지향하는 창조의 목적과 배치되었다.

따라서 하나님은 일반은총으로 죄를 막고 특별은총으로 죄를 제거하심으로써 창조의 경륜을 이루고자 하셨다. 이를 위하여 로고스 성자 하나님이 중보 사역을 감당하도록 하셨다. 그리스도는 창조중보자로서 창조의 전락(顚落)을 막기 위한 일반은총을 이루는 사역을 감당하시고, 구원중보자로서는 창조의 갱신과 개발을 통해서 원래의 목적에 이르는 특별은총을 이루는 사역을 감당하신다. 일반은총은 특별은총을 위해서 존재한다. 그리스도는 구원중보자가 되심으로써 창조중보자로서 온전히 계시된다.[919]

카위퍼는 예수 그리스도의 성육신의 필연성을 죄로 보고 이로써 그의 무죄성의 필연성을 논한다. 구원중보자의 대속은 영원하신 로고스 하나님이 인성을 취하셔서(anhypostatic) 신성과 연합을 이루시고(enhypostatic unio) 위격적 고난을 받아 다 이루신 의를 전가해 주심(imputatio iustitiae)에 있다. 그러므로 죄로 인한 성육신의 필연성을 부인하는 학자들이 주장하는 공로의 주입(infusa)은 부정된다.[920]

---

[917] Suh, *The Creation-Mediatorship of Jesus Christ*, 163-166, 재인용. Kuyper, *Dictaten Dogmatiek, Loci III de Peccato*, 27.

[918] Suh, *The Creation-Mediatorship of Jesus Christ*, 166-167.

[919] Suh, *The Creation-Mediatorship of Jesus Christ*, 168-173.

[920] Suh, *The Creation-Mediatorship of Jesus Christ*, 174-179. 특히 카위퍼는 오리겐이 죄로 인한 필연성을 부정하고 자연적 의, 원의, 본질적 의라는 개념으로 신인협력적 공로

창조와 구속이 모두 중보자의 은혜이다. 중보자의 중보로 창조는 영화(*glorificatio*) 가운데 오직 하나님께만 영광을 올리는(*soli Deo gloria*) 원래의 목적을 성취한다. 구속은 원창조의 회복이자 완성이다. 창조의 완성은 창조 때부터 시작되었다. 창조는 완성에 이르는 길이었다. 그 도상에 구속이 있다. 창조의 경륜은 창조의 완성의 경륜을 내포한다. 창조는 창조의 완성의 가능성을 내포한다. 구속은 이 가능성을 회복함이며 그 완성에로 나아가게 함이다.[921]

카위퍼는 창조중보자직은 삼위 하나님의 경륜(*oeconomia*) 가운데서 계시되는 아들의 본질로부터 기원하지만 구원중보자직은 죄로 인한 하나님의 경륜(*consilium*)에 기초한다고 본다.[922] 창조의 완성의 도상에 있는 구속은 단지 에피소드가 아니라, 하나님의 경륜에 포함된 타락으로 말미암은 죄의 역사를 막고 제거함이다. 그러므로 "원상회복(*restitutio in integrum*)"으로서의 구속은 단지 자연신학적인 상승이 아니라 원창조에 내포된 완성의 가능성을 이룸이다. 구속은 아래로부터의 공로에 의해서 진화의 최고점에 이르는 것이 아니라 일반은총과 특별은총에 의해서 원래의 창조경륜을 완성함이다. 그러므로 신화(deification)와 보편구원론이 자리 잡지 못한다.[923]

진화와 신화를 말하지 않더라도 그리고 비신화(非神化)화 작업을 수행하지 않더라도 성경적 창조론과 구속론이 중보자 그리스도의 중보로써 대통합의 장에 흡수됨을 조명한 것이, 그리고 그것의 문화에의 적용성을 통찰한 것이 카위퍼의 공이라 할 것이다. 카위퍼에게 있어서 창조중보자와 구원중보자는 함께 선다. 왜냐하면 양자가 함께 경륜 가운데 포함되

주입을 주장한 것으로부터 스코투스와 오시안더를 거쳐서 중재신학자들(Vermittlungstheologen)에까지 이르는 상승신학을 비판한다.
[921] Suh, *The Creation-Mediatorship of Jesus Christ*, 180-187.
[922] Suh, *The Creation-Mediatorship of Jesus Christ*, 177.
[923] Suh, *The Creation-Mediatorship of Jesus Christ*, 183, 188-191.

었으며, 양자는 하나님의 본질의 표현의 계시와 이루심을 한 중보자의 사역으로 제시하기 때문이다.

### (3) 헤르만 바빙크

카위퍼와 마찬가지로 헤르만 바빙크는 죄를 하나님의 영원한 경륜 가운데 포함시킨다. 죄가 예지되었으므로 영원한 경륜으로 성육신이 작정되었다고 본다. 다만 카위퍼는 성육신의 기초를 삼위 하나님의 본질의 표현으로서의 로고스의 존재 자체가 아니라 영원한 경륜의 작정으로 본 반면, 바빙크는 성육신을 삼위 하나님의 존재 자체에 근거시킨다.[924] 아들은 아버지와 성령 사이에 자리하고 본성상 아버지의 형상이며 처음 창조의 중보자이시자 하나님의 자녀로서 우리를 회복시킬 분이시다. 곧 아들은 성육신을 위하여 지정된 위격이시다. 성육신은 영원 전부터 작정되었을 뿐만 아니라 영원 전부터 작용하였다. 아들은 창조중보자로서 자신의 창조 가운데 성육신을 준비하셨다.[925]

바빙크는 성육신의 가능성을 계시의 가능성과 함께 파악해서, 하나님의 형상에 따른 인간의 창조를 성육신의 전제며 준비라고 본다. 아담은 타락 전에도 예수 그리스도의 모형이었으며 예수 그리스도를 지시했다. 하나님은 자신의 성육신을 위하여 사람과 천지를 창조하셨다. 그러므로 아들은 창조의 "모범인(模範因, *causa exemplaris*)"이시다. 피조물의 목적은 머리 되신 그리스도에 연합하여 아버지께 돌아감에 있다. 이를 위하여 아들은 타락 전에도 죄와 무관하게 연합의 중보자(*mediator unionis*)로서 임명되었다. 이제, 죄로 말미암아, 연합의 중보자가 화해의 중보자로 오셨다.

---

[924] Suh, *The Creation-Mediatorship of Jesus Christ*, 193. 성육신의 가능성은 하나님의 자기 교통의 본질을 계시한다. Herman Bavinck, *Gereformeerde Dogmatiek*, 4 vols. (Kampen: Kok, 1905-1911), III.255, 261.

[925] Suh, *The Creation-Mediatorship of Jesus Christ*, 192-194, 198-199.

하나님의 자기 교통으로서의 계시가 성육신으로 절정에 이른다. 성육신은 하나님의 완전한 자기 교통이다. 구속은 하나님이 만유 안에 만유가 되심이다. 성육신은 하나님이 다시 피조물에 거하심이다. 성육신은 "하나님의 충만한 내주에 이르는 길을 준비하는 길(*praeparatio viae ad plenam inhabitationem Dei*)"이다.[926]

창조 가운데 창조의 완성의 가능성이 내포된다고 본 점에서 바빙크는 카위퍼와 유사하다. 그러나 카위퍼에게 있어서는 창조중보자의 창조의 완성 도상에서의 구원중보자직이 논해진다면, 바빙크에게 있어서는 태초부터 창조중보자직이 구원중보자직에 의해서 보완되거나 대체된다. 카위퍼의 구속사가 완전의 가능성으로부터 완전의 성취로 나아가는 반면에 바빙크의 구속사는 불완전으로부터 완전의 계시를 통한 완전의 성취로 나아간다. 그러므로 바빙크가 갈파한 "순전한 상태(*status integritatis*)"로부터 "영광의 상태(*status gloriae*)"로의 구속 도식은 그 자체로서는 진리지만 바르트로 대변되는 상승기독론자들과 같은 궤에 서게 될 난점이 있다.[927]

### (4) G. C. 벌카우어

G. C. 벌카우어는 죄가 하나님의 영원한 경륜 가운데 포함되어 있다고 보지 않는다. 죄는 성육신의 동인이며 성육신은 죄에 대한 반응(reaction)이다. 성육신은 창조에 선행하지 않는다. 성육신의 우주론적(cosmological) 의미는 구속에 기초한다. 성육신은 하나님의 아들이 "사람"이 되셔서 신화됨이 아니라 "육체"를 입으심이다. 그러므로 성육신은 오직 구원중보

---

[926] Suh, *The Creation-Mediatorship of Jesus Christ*, 194-197, 재인용, Bavinck, *Gereformeerde Dogmatiek*, II.532, IV.667, I.352.

[927] Suh, *The Creation-Mediatorship of Jesus Christ*, 200-203. Bavinck, *Gereformeerde Dogmatiek*, II.525, 535. 어거스틴적 표현을 빌리자면 이는 "*posse non errare, peccare et mori*"로부터 "*non posse errare, peccare et mori*"로의 도식으로 표현된다.

자 그리스도의 위격적 연합이기에⁹²⁸ 그리스도의 신성이 제한되거나 부정되는 케노시스 이론은 받을 수 없다.⁹²⁹

성육신은 죄에 대한 반응이지만, 죄의 원인은 하나님으로부터 찾을 수 없다.

> 하나님은 죄의 원인이거나 창조자가 아니다(Deus non est causa, auctor peccati).

하나님의 의지와 죄는 인과적으로 파악될 수 없다. 성육신은 하나님과의 연합을 통한 인간의 상승이 아니라, 하나님과의 연합의 회복이며 화해이다.⁹³⁰

벌카우어는 구원중보자직의 우주론적 의미를 추구하되 창조중보자직에 문의하지 않는다. 그의 신학에는 일반은총에 대한 이해가 흠결되어 있으며 구속이 재창조로서 원창조보다 우승하다는 측면이 합당하게 제시되지 않는다.

과연 기원을 알 수 없는 죄, "거역의 신비(mysterium iniquitatis)"가 하나님의 창조경륜을 폐지하는가?⁹³¹

---

**928** Suh, *The Creation-Mediatorship of Jesus Christ*, 204-205. 이하 인용은 주로 다음 작품들에 의한다. G. C. Berkouwer, *De Persoon van Christus, Dogmatische Studien* (Kampen: Kok, 1952); *Het Werk van Christus* (Kampen: Kock, 1953); *De Zonde, I*, oorsprong en kennis der zonde (Kampen: Kok, 1958).
**929** Suh, *The Creation-Mediatorship of Jesus Christ*, 207.
**930** Suh, *The Creation-Mediatorship of Jesus Christ*, 208-211. Berkouwer, *De Zonde*, I.20. 사실 카위퍼와 바빙크도 죄를 하나님의 영원한 경륜에 포함시키나 하나님을 죄의 기원이나 창조자로 보지 않는다.
**931** Suh, *The Creation-Mediatorship of Jesus Christ*, 208, 재인용-, Berkouwer, *De Zonde*, I.122.

### (5) 반 룰러

반 룰러(A. A. Van Ruler)는 자신의 신학을 하나님의 나라(regnum Dei) 개념에 정초시킨다. 하나님의 나라는 하나님의 행위로서 정의된다. 하나님은 "오실 분(the Coming one)"으로서 마지막으로부터 일하신다. 마지막(τέλος)은 끝이며 완성이다. 곧 끝으로서 완성의 출발이다.[932] 삼위 하나님은 마지막에 충만한 본질로 일하시며 그렇게 계시하신다. 하나님의 사역은 창조된 실제를 향한다. 하나님이 지상에서 일하심은 지상에 하나님의 나라를 세우심이다.[933]

구원은 실제의 구속이다. 세상은 미래의 하나님의 나라의 현재적 실제이다. 세상이 하나님의 나라로서 창조되었으므로, 창조된 실제는 구속보다 우위에 있다. 왜냐하면 세상은 구속을 통해서 자체로 하나님의 영광의 표적을 보이기 때문이다. 구약 시대에는 율법으로 말미암아 세상이 하나님의 나라로서 실제화되었다. 그리고 이 땅에 오신 그리스도의 십자가 희생으로 율법이 완성됨으로써 이제 실제화가 종말론적으로 진행되었다. 이는 세상이 기독교화(Christianization)되고 그리스도인들의 몸(corpus christianum)이 됨이다.[934]

하나님의 사역으로서 창조는 원래 선하고 정결했다. 죄는 피조물 자체가 아니라 피조물의 의지로부터 기인했다. 죄는 창조에 내포된 것이

---

[932] 반 룰러와 입장은 성경적 역사 이해에 의해서 하나님의 말씀을 계시로서 의미가 있다고 보는 볼프하르트 판넨베르크(Wolfhart Pannenberg)를 연상하게 한다. Wolfhard Pannenberg, *Systematic Theology*, vol. 1., tr. Geoffrey W. Bromiley (Grand Rapids: Eerdmans, 1991), 230-257. "Jesus Christ … is the Word of God as the quintessence of the divine plan for creation and history and of its end-time but already proleptic revelation"(257).

[933] Suh, *The Creation-Mediatorship of Jesus Christ*, 214-218. 이하 인용은 주로 다음 작품들에 의한다. A. A. Van Ruler, *De vervulling van de Wet. Een dogmatische studie over de verhouding van openbaring en existentie* (Nijkerk: Gallenbach, 1947); *Droom en Gestalte* (Amsterdam: Holland, 1947); *De Dood Wordt Overwonnen* (Nijkerk: Callenbach, 1964).

[934] Suh, *The Creation-Mediatorship of Jesus Christ*, 218-224.

아니었다. 창조하신 분은 창조의 파괴를 뜻하시지 않으신다. 성육신은 죄에 대한 하나님의 비상대처였다. 죄가 영원한 경륜에 포함되지 않듯이 죄로부터의 구속도 그러했다. 그러므로 종말에는 하나님과 사람 사이에 더 이상의 중보가 없다. 중보자 예수 그리스도의 위격적 연합은 해소된다. 구속은 영원하지 않고 비상적이기 때문이다.

성육신은 창조의 일부가 아니라 일종의 혼합(synthesis) 혹은 연합이다. 교회와 성례와 심지어 성경도 그러하다. 이들은 일시적이며 비상적이다. 오직 창조된 실제만이 영원하다. 종말에 성육신의 해소(liquidation)와 함께 그리스도의 중보와 성령 부으심이 끝날 것이다. 반 룰러는 오직 이러한 이해 가운데 상승기독론자들의 신화 개념이 부정된다고 본다.[935]

반 룰러는 원창조만을 실제로서 혹은 실제의 대상으로 본다. 구속은 원창조에 대한 회복으로서만 파악된다. 그는 끝으로부터 시작과 과정을 봄으로써 끝을 시작과 과정에 묶어 버렸다. 종말론적 관점에서 파악된 창조주 하나님의 사역이 하나님 나라의 실제로서 제시된다. 하나님 나라의 법으로서의 토라가 그 토라의 완성으로서의 그리스도의 구속 사역보다 우위에 있다. 그는 창조주 하나님의 영으로서의 성령의 사역을 성자의 사역보다 우월하게 본다. 그리하여 전통적 필리오케(Filioque) 교리는 부인된다.[936]

결국 반 룰러에게 있어서 다 이루신 그리스도의 계속적 중보 개념은 자리할 곳이 없다. 그리스도는 중보직을 그만둠으로써 중보직을 완성한다. 그에게 있어서 구속은 창조의 순수한 회복의 과정에 다름 아니다. 율법이 실체이며, 오히려 구속이 그림자가 된다.

---

[935] Suh, *The Creation-Mediatorship of Jesus Christ*, 225-233.
[936] Suh, *The Creation-Mediatorship of Jesus Christ*, 233-235.

### 3) 그리스도의 계속적 중보의 우주적 차원

이상의 고찰을 통해서 상승기독론자들은 공히 죄로 인한 성육신의 필연성을 부인하고 구속을 창조의 완성 혹은 신화로서 파악함을 보았다. 반면 구속을 회복으로 보는 신학자들은 공히 죄로 인한 성육신의 필연성을 기초로 창조의 회복으로서의 구속을 논함을 보았다. 후자의 신학자들 가운데 죄와 성육신이 영원한 경륜에 포함되었다고 보는 입장은 구속이 창조보다 우월하다고 보는 입장과 그렇지 않다는 입장으로 나누어진다.[937]

대체로 전통적인 개혁주의 신학을 견지하는 학자들(카위퍼, 바빙크)은 그리스도의 창조중보직을 영원하신 하나님의 아들의 선재와 연관시킨다. 그들은 그리스도의 구속을 창조의 회복과 갱신으로 본다. 구속은 창조의 완성이 아니라 재창조로서 제시된다. 창조중보자가 구원중보자가 되었으며 구원중보자가 그리스도의 창조중보직을 확정한다고 주장한다.

한편 구속을 창조의 회복 그 자체로만 보는 신학자들은 창조중보자직에 대한 이해를 결여하거나(벌카우어) 끝으로부터 구속사를 바라봄으로써 창조중보자가 그리스도의 구원중보자직을 확정한다고 본다(반 룰러). 구속을 창조의 완성으로 보아서 창조중보자에 대한 개념을 불완전하게 바라보는 상승신학자들을 논외로 하더라도 신학자들은 십자가에서 다 이루신 그리스도의 계속적 중보자직의 의미를 구체적으로 궁구하지는 않는다.

서철원 교수는 비록 그리스도께서 구속을 위한 중보자 직분을 완성하셨더라도 하나님과 사람의 연합을 위한 중보를 계속하고 계신다는 논지 가운데, 육신 가운데 오신 하나님의 아들은 마지막에도, 선재하신 하나님의 아들이 감당하셨던 바와 같이, 여전히 구속과 재창조의 사역을 창조중보자로서 감당하고 계신다고 주장한다. 중보자로서 그리스도의 위격적

---

[937] Suh, *The Creation-Mediatorship of Jesus Christ*, 237-251.

연합은 종말에 해소되지 않는다. 그리스도의 영을 받아서 그와 연합한 사람마다(롬 8:9; 벧전 1:11) 종말에 하나님과의 연합으로 나아간다(계 21:3). 주님은 섬김을 완성한 자들의 계속적 섬김을 위해서 중보하시며, 영화로운 백성들이 영광 가운데 하나님께 영광 돌림을 위해서 중보하신다. 즉 서철원 교수는 처음 언약의 완성으로서 새 언약을 성취하신 그리스도의 구속의 우주적 혹은 우주론적 차원을 창조중보자직으로 표현한 것이며, 그럼으로써 그리스도의 구원중보를 중심에 세운다.[938]

## 4. 구원중보자 그리스도

서철원 교수는 그리스도의 구원의 의미를 광의적이고 역동적으로 파악하여 죄 용서, 의의 선사, 영생의 선사, 아들들이 됨, 부활을 보장함, 창조의 변환을 포함하는 것으로 본다. 창조주가 구속주로서 창조를 정화하고 구속하는 재창조의 사역이 구원에 함의됨으로써 구속의 완성은 인류뿐 아니라 인류의 거소에까지 미치는 것으로 파악된다. 새 하늘과 새 땅은 진화와 신화의 목적지가 아니라(헨드리쿠스 벌코프 비판), 부활의 보증으로서 성령을 받은 하나님 나라의 자녀들이 후사들로서 창조의 상속자 됨이다(반 룰러 비판). 그리스도와 함께 자녀가 된 사람마다 그리스도와 함께 상속자가 된다(롬 8:17; 엡 3:6). 왜냐하면 창조중보자께서 구원을 다 이루심으로써 창조의 상속자가 되셨기 때문이다.[939]

구속주는 그의 피로 인류를 구속하였기 때문에 그의 피로 창조도 정화하

---

[938] Suh, *The Creation-Mediatorship of Jesus Christ*, 306-310. 여기에서 저자는 다 이루신 그리스도의 계속적 중보 사역을 구원중보자직으로써 파악한다. 왜냐하면 이로써 구속이 단지 비상조치가 아님이 더욱 명확히 확증되고 구속 사역과 재창조 사역의 종말론적 지평이 열리며 성도의 구원의 완성이 온전히 설명된다고 믿기 때문이다.
[939] 서철원, 『기독론』, 179-190.

고 구속한다(롬 8:21-22; 계 21:5; 골 1:20). 창조주로서 만물을 창조하였는데 그 창조주가 구속주로서 창조를 정화하고 새롭게 한다(벧후 3:10, 12-13). 그리하여 새 하늘과 새 땅이 되게 한다(계 21:1). 구속된 인류가 영광에 이르고 자유에 이른 것처럼 창조도 하나님의 자녀들의 영광에 이른다(롬 8:21). 인류가 하나님의 아들들로서 완전히 나타날 때 창조도 합당하게 그에 상응하는 변화와 갱신을 겪어 새 인류의 거소로 세워진다. 그리하여 의인들이 사는 새 하늘과 새 땅이 되어 하나님의 구속에 동참한다(벧후 3:13). ⋯ 창조가 변화되고 새롭게 되는 것은 인류를 구원한 그리스도의 피와 부활의 권세로 그렇게 한다. 즉 구속주로서 세상을 변화시킨다(마 24:29). 그리하여 인류와 창조를 하나님의 창조로서 통일시킨다(엡 1:10).**940**

그리스도의 구속은 피조물의 존재가 앙양(*elevatio*)되어서 하나님의 존재에 동참하거나(바르트와 헨드리쿠스 벌코프 비판) 신화되는 것이 아니라(라너 비판), 그리스도께서 자신의 피를 속전(ἀντίλυτρον, λύτρον)으로 삼아 우리의 죄를 대신 무르고(대리적 무름, *satisfactio vicaria*) "참 성소, 하늘 자체 바로 하나님의 얼굴 앞에서(τῷ πτοσώπῳ τοῦ Θεοῦ, 히 9:24)" 우리를 위하여 계속 중보하심을 의미한다. 구속(λύτρωσις, ἀπολύτρωσις)은 그리스도의 피 제사가 우리를 위한(*pro nobis*) 속죄제(*expiatio*)로서 그리고 아버지께서 우리를 용서(*propitiatio*)하셔서 자신과 화목(*reconciliatio*, καταλλαγή)케 하시는 화목제물(ἱλαστήριον)로서 그 공로가 우리에게 전가됨이다.**941**

이러한 구원경륜(*consilium salutis divinum*)은 하나님의 의지(*voluntas*)에 종속되는 것이 아니라 영원한 구원협약(*pactum salutis*)으로서 삼위 하나님이 작정하신 것이다(스코투스 비판).**942**

---

**940** 서철원, 『기독론』, 190.
**941** 서철원, 『기독론』, 127-139. 인용. 135.
**942** 서철원, 『기독론』, 19-22.

하나님의 구속사(*historia salvifica*)는 만세 전의 구원협약을 이루심이다. 삼위 하나님은 아들을 구원자로 삼으셔서 대속의 방식으로 선택된 자들만 구원하시기로 작정하셨다. 그러므로 성육신이 구원을 위하여 필수적이었다. 성육신은 새 언약의 방식으로 첫 언약을 이루시기 위해서 그리스도께서 육신을 입으심이다. 성육신은 신화를 위함이 아니라 원상회복(*restitutio*)으로써 새 인류를 조성하기 위함이다. 즉 회복과 앙양을 위함이다.[943]

이를 위하여 그리스도의 인성은 성령으로 형성(*formatio*)되셨으며 거룩(*sanctificatio*)하게 되셨다(카위퍼). 창조의 모범인(*causa exemplaris*, 바빙크)이셨던 그리스도께서 육신 가운데 출생하심은 하나님의 새로운 창조사역이었다.[944] 성육신은 신화와 진화의 전형을 보여 주는 것이 아니라 재창조의 첫 열매를 계시한다. 오직 로고스 신위격(神位格, *deitas*)이 인성을 취하사 참 하나님과 참 사람이 되셨고, 위격적 고난을 감수하셨다. 로고스의 신위격이 무위격적 인성(*anhypostatia*)을 취함(*assumptio*)으로써 신성(*divinitas*)과 인성(*humanitas*)이 인격적 결합(*enhypostatia*)을 하여 위격적 연합(*unio hypostatica*)을 이루었다.[945]

삼위 하나님의 구원협약에 따라서 영원하신 하나님의 아들이신 창조중보자께서 구원중보자로서 새 언약을 수립하셔서 첫 언약을 성취하셨다. 멜기세덱의 반차를 좇는 대제사장이 세상 죄를 지고 가는 하나님의 어린 양이 되심으로써, 언약 설립자가 친히 언약의 보증(ἀρραβών)이 되셨다. 새 언약은 그리스도께서 자신을 단번에 드림으로써 피로 세우신 영원한 언약이다.[946]

---

[943] 서철원, 『기독론』, 27-30.
[944] 서철원, 『기독론』, 33-34.
[945] 서철원, 『기독론』, 32-33, 38-48.
[946] 서철원, 『기독론』, 110-119.

새 언약은 선택된 자들에게 전가되는 성자의 의와 이를 의로 여기시는 성부의 사랑과 이를 인치시는 성령의 약속이다. 즉 우리를 위한 성자의 다 이루심과 그 공로의 전가를 성부께서 받으심과 성령께서 인치심이다. 첫 언약이 약속의 계시라면 새 언약은 약속을 이룸의 계시이다. 첫 언약이 인간의 자유의지에 따른 소극적 행위(하지 않음)를 조건(*conditio*)으로 주어졌다면, 새 언약은 중보자 하나님의 위격적 연합 가운데서의 [자유]의지에 따른 적극적 행위(함)와 이에 대한 믿음을 조건으로 수립되었다.

언약의 은혜를 하나님의 백성 됨으로 파악하는 서철원 교수는 은혜의 언약을 다루며 특히 중보자 그리스도께서 하나님의 아들이시자 하나님의 기뻐하시는 자이심을 강조한다(마 3:17; 막 1:11; 눅 3:22). 하나님의 아들이심은 다윗과 솔로몬의 계보를 잇는 왕(삼하 7:14; 대상 28:6)이심의 선포이며, 하나님의 기뻐하시는 자이심은 아들이 영원한 구원협약을 이루심에 대한 선포이다. 이는 곧 아들이 자신을 제물로 드림으로써 왕이 되셨음을 의미한다. 더 나아가서 그 제물의 값으로 그를 믿는 자마다 아들을 삼는다는 것을 의미한다.[947]

하나님의 나라는 하나님의 사역 자체가 아니라(반 룰러 비판) 아들의 영의 임재 자체 혹은 그 현상을 더욱 의미한다. 하나님의 나라의 주권은 그리스도와 함께한 자녀로서 함께 후사 됨(롬 8:17)에 있다. 하나님의 나라는 하나님의 백성의 나라이다. 영원하신 하나님의 아들께서 비하와 승귀로 구원을 다 이루시고 그 이루신 공로를 보혜사 성령으로써 믿는 자에게 전가하셔서 믿는 자가 하나님의 아들과 교제하며 교통하게 하시고, 자녀이자 후사가 되게 하신다.[948] 사람이 영화롭게 되어 하나님께 영광을 돌림은 자신의 진화와 신화에 있는 것이 아니라 구원중보자 그리스도의

---

[947] Cf. 서철원, 『기독론』, 101; 『성령신학』, 개정판 (서울: 총신대학교출판부, 2006), 136-140.
[948] Cf. 서철원, 『기독론』, 147-167.

순종의 공로(수법, 守法)과 고난의 공로를 온전히 전가 받음에 있다.⁹⁴⁹

## 5. 구원: 그리스도의 영으로서 성령의 임재

성령은 그리스도와 결합되어서만이 성령으로 남고 인간의 영이 되지 않는다. 그러므로 성령 신학은 그리스도 신학으로 개진되어야 한다. 이것은 그리스도와 성령을 일치시키는 것이 아니고 그리스도의 영으로서 성령이어야 함을 뜻한다. 교회가 그리스도의 교회가 되고 성령의 전이 되려면 그리스도의 영을 바르게 말해야 한다.⁹⁵⁰

교회는 성령을 바르게 말하고 있는가?
교회는 가시적이든 비가시적이든, 성도들의 공동체(societas)로서 이해된다. 이 공동체성은 교회의 유일성, 보편성, 사도성으로서 고백되는데, 이는 교회는 그리스도의 몸이며 성도는 그 지체라는 성경적 진리를 수납함으로써이다. 이와 같이 교회의 본질을 이해함에 있어서, 서철원 교수는 성령을 그리스도의 영으로 봄으로써 성도는 그리스도의 지체라는 사실과 지체로서 머리이신 그리스도에게로 자라 가야 한다는 사실을 함께 강조한다.

성령 강림의 근거는 그리스도의 구속 사역이다. 그리스도께서 십자가에서 죽으시기까지 순종하심으로써 의를 다 이루시고 부활하시고 승천하셔서 보좌 우편에서 보혜사 성령을 부어 주시는데, 성도는 보혜사 성령을 오직 믿음으로써 선물로 받는다.⁹⁵¹ 성령 강림은 구속 사역의 연장

---

⁹⁴⁹ Cf. 서철원, 『기독론』, 107-109. 122-127.
⁹⁵⁰ 서철원, 『성령신학』, 6.
⁹⁵¹ 서철원, 『성령신학』, 81, 86-89

이다.⁹⁵² 하나님은 믿는 자들을 성령으로 인치심으로써 구원을 보장하신다.⁹⁵³ 하나님의 거주는 성령의 임재이다. 아담과 하와 이후 구약 백성들은 자신들 가운데 성령의 거소를 가졌으나 백성들 각자가 성령의 내주를 갖지는 못했다.⁹⁵⁴ 이제 신약 시대 백성에게는 예수 믿을 때에 성령이 내주하신다. 이 성령의 내주는 영구히 계속된다. 성도 각자가 성령의 전으로서 거룩한 삶으로 이끌어진다.⁹⁵⁵

내주하시는 성령은 보혜사(παράκλητος)로 지목되었고 약속되었다 (요 14:16; 15:26; 16:7). 예수 그리스도께서 원보혜사로서 제자들과 함께 계셨듯이 또 다른 보혜사는 영원토록 우리 안에 함께 계신다(요 14:16; 마 28:20).⁹⁵⁶ 보혜사 성령은 "예수 그리스도의 자리에서 왔지 독자적 자리를 만들기 위해서 온 것이 결코 아니다. 그는 예수를 증거하기 위해서 왔고(요 15:26), 예수의 것을 가지고 일하기 때문이다(요 16:14). 성령의 독자적 영역은 없고 예수 그리스도의 구속과 예수를 그리스도로 증거하는 것이 그의 영역이다. 성령은 예수의 일을 계속한다. 그는 예수의 다른 자아(*alter ego*)로 왔기 때문이다."⁹⁵⁷

---

**952** 서철원, 『성령신학』, 98, 114-115.
**953** 서철원, 『성령신학』, 196-202. 칼빈은 성령 부어 주심을 인치심으로 이해한다. 이러한 관점에서 우리는 이후 청교도 신학의 핵심 조목이 된 신앙의 확신(the assurance of faith)을 파악한다. 신앙의 확신은 어떤 외형적 표를 가지거나 특별한 구원서정에 속한 것이 아니라 믿음과 함께 온다. Cf. Joel R. Beeke, *Assurance of Faith: Calvin, English Puritanism, and the Dutch Second Reformation* (New York: Peter Lang, 1991).
**954** 서철원, 『성령신학』, 83-86.
**955** 서철원, 『성령신학』, 180-183. 칼빈은 『영혼수면설』(*De Psychopannichia*)에서 재세례파의 영혼수면설을 반박하며 성령의 임재의 영원성에 대해서 주장한다. Cf. George H. Tavard, *The Starting Point of Calvin's Theology* (Grand Rapids: Eerdmans, 2000); Timothy George, "Calvin's *Psychopannychia*: Another Look," in *In Honor of John Calvin, 1509-64*, ed. E. J. Furcha (Montreal: McGill University Press, 1987), 297-329.
**956** 서철원, 『성령신학』, 92-95.
**957** 서철원, 『성령신학』, 99. 289-292.

예수 그리스도께서 성령을 담지하신 분으로서 구속주가 되사 성령 파송권을 위임받았다(요 16:7). 성령은 아버지와 아들에게서 출래하지만 아버지에게서 나오심이 논리적으로 선행한다(요 15:26).[958] 성령이 보좌 우편에 재위하신 아들의 신위격을 통해서 파송된다. 보혜사 성령은 아들에 의해서 획득 되었으며(요 14:16) 아들로부터 나오신다. 그리하여 아들의 영(롬 8:14)은 그리스도의 영($\pi\nu\epsilon\hat{\upsilon}\mu\alpha$ $X\rho\iota\sigma\tau o\hat{\upsilon}$)으로 불리며(롬 8:9), 오신 성령은 예수 그리스도의 얼굴로 나타난다(계 2:7, 11, 29; 3:6, 13, 22).[959]

예수를 믿음이 성령을 선물($\delta\omega\rho\epsilon\acute{\alpha}$)로 받음이므로(요 7:37-38; 행 2:38)[960] 성령 충만이 성령 임재와 다르지 않다. 성령이 임하면 전인격적 지배를 받아서 죄 사함에 이르고 하나님의 통치에 순종하여 그의 뜻대로 살게 된다.[961] 성령의 강림은 성도 가운데 하나님의 거소를 마련하시기 위함이셨다. 하나님은 사람과의 교제 터로서 임재의 거소를 마련하셨다. 하나님의 거소는 백성들의 거룩함으로 이루어진다(고전 3:17). 이를 위하여 최초의 언약과 후속 언약들이 체결되었다. 창조는 이러한 하나님의 임재의 거소를 조성하기 위함이었다.[962]

> 성령은 아들의 영화에서 영광을 보며, 그 영화에서 자기도 신적 영광에 동참하신다.[963]

성령의 임재로 하나님의 백성은 종말에 아들의 영화 가운데서의 영광에 동참한다. 아들의 영의 임재는 영원하다. 종말에는 영의 지배가 완전

---

[958] 서철원, 『성령신학』, 89-92, 136-141.
[959] 서철원, 『성령신학』, 89, 286.
[960] 서철원, 『성령신학』, 108-110. 116-135, 147-152.
[961] 서철원, 『성령신학』, 101-103, 184-195.
[962] 서철원, 『성령신학』, 154-180.
[963] 서철원, 『성령신학』, 297.

해진다.[964]

## 6. 결론

지금까지 우리는 서철원 교수가 구원중보자로서 창조중보직을 완성하여 재창조의 역사를 이루신 영원하신 하나님의 아들 예수 그리스도의 인격(위격적 연합)과 사역(위격적 감수)을 핵심 주제(locus essentialis)로 신학을 전개하고 있음을 보았다. 이 과정에서 그는 상승신학자들이 자연신학적 관점에 경도되어서 그리스도의 구원사역을 타락한 인류를 위한 대속이 아니라 타락과 무관하게 진행되는 불완전한 창조의 점진적 완성 과정으로 이해하고 구원의 본질을 피조물의 신 존재 동참이나 신화와 동일시하고 있다고 엄정하게 비판한다.

서철원 교수의 논지는 다음과 같이 정리된다. 중보자 그리스도는 대속의 의를 다 이루시고 지금도 계속적으로 중보하고 계신다. 지금도 계속되는 그리스도의 창조중보는 이러한 구원중보에 기초하며 함의된다. 이 창조중보의 연속성을 갈파하시고 그 토대 위에 전체 신학의 체계(systematica theologiae)를 세우시고 이를 가르침의 순서(ordo docendi)로 삼으신 것은 서철원 교수의 큰 신학적 업적이라 할 것이다.

그리스도의 비하는 그의 영원하신 하나님의 아들로서의 창조중보자 되심에 온전히 기초할 때에만 바르게 설명될 수 있다. 성자께서는 단지 하나님의 작정으로서 선재하신 것이 아니라 창조중보자 인격(persona)으

---

[964] 서철원, 『성령신학』, 303-304. 그리스도의 영으로서 성령에 관해서는 다음을 보라. 서철원, 『기독론』, 70, 114-115, 184-186. 성령 세례의 구원론적 의미에 대해서 다음 논쟁을 참조하라. 서철원, "성령 세례와 구원," 차영배, "'성령 세례와 구원'에 대한 논평," 「목회와 신학」 1991년 1월 (통권 19호), 230-243.

로서 그 위격(*hypostasis*)이 영원히 존재(*subsistentia*)하셨다. 영원하신 로고스의 위격이 인성을 취하셔서 신성과 인성이 위격적 연합 가운데 비하와 승귀를 통한 구원중보자로서의 사역을 이루셨다. 상승신학자들은 전적 타락을 부인하는 만큼 그리스도의 비하도 설명할 수 없다. 왜냐하면 그들은 죄가 성육신의 동인이 된다고 보지 않기 때문이다. 죄와 무관한 성육신을 주장하게 되면 구속을 창조의 회복이 아니라 범신론적 진화 과정으로서만 파악할 수 있을 뿐이다.

구속은 창조의 회복이다. 이는 이전으로 되돌아가는 단순한 복구가 아니라 이전의 약속을 이루는 완성을 뜻한다. 그것은 옛 것이 지나가고 새 것이 되는 것, 곧 창조 이후의 창조, 즉 재창조를 뜻한다. 재창조로서의 구속에 구원중보자 그리스도의 계속적 창조중보직이 자리한다. 구속이 단지 원창조의 회복에 그치는 것이 아닌 것은 구속이 창조 후 첫 언약의 완성이며, 구속이 창조 자체의 회복이 아니라 창조와 창조의 약속의 회복이기 때문이다. 언약에 따라서 창조의 약속은 창조에 포함되며 이 약속이 완성되는 것이 구속이다. 그러므로 구속은 창조의 완성으로서의 재창조의 완성이다. 구속은 불완전한 창조의 진화이거나 신화가 아니다.[965]

구속(복음)은 단지 율법의 완성이며 율법은 창조의 원질서이므로, 구속(복음)이 창조에 매인다고(혹은 함몰된다고) 보는 견해는 합당하지 않다. 왜냐하면 구속은 영원하신 중보자 예수 그리스도의 위격적 사역으로 말미암아 온전한 하나님의 백성인 하나님의 자녀가 하나님 나라의 후사로서 영원히 하나님을 섬기는 것을 의미하기 때문이다. 이러한 재창조 이해에 기초해서 그리스도의 영의 임재와 그와의 신비한 연합 가운데서의 교제와 교통을 통한 의의 전가가 그리스도의 영원하신 아들이심과 성도

---

[965] 특히 진화론에 기초한 범신론적 신론을 추구하는 과정신학에 대한 비판은 다음을 보라. 서철원, "화이트헤드의 신관과 계속 신학자들," 「신학지남」 39/3 (1972), 65-78.

의 영원한 자녀임과 함께 설명된다.[966]

이상에서 고찰한 바와 같은 중보자 그리스도론에 입각해서 서철원 교수는 신실하신 개혁 신학자로서 교훈적(pedagogical), 신앙고백적(credal), 변증적(apologetical) 사명을 일생 감당했다.[967] 구속사에 있어서의 새 언약의 첫 언약 성취성에 기초하여 구원론과 교회론을 전개함에 있어서 그리스도의 창조중보직과 구원중보직의 하나임(unitas)과 연속성(continuitas)을 궁구하고 그 가운데서 하나님의 백성임의 참 의미를 개진했다.[968] 이러한 논지는 교리사적인 통시적 혜안을 바탕으로 동시대적 문화 이해로 심화되었다.[969] 서철원 교수는 화자적(話者的) 신학이 아니라 청자적(聽者的) 신학, 곧 겸손한 들음의 신학을 했다.[970]

> 본래 사람은 하나님의 형상으로 창조되었지만, 그보다 예수 그리스도의 피로 구속되었기 때문에 사람들로 이렇게 승귀되어 종이 아니고 아들이고, 아들로서 상속자가 되게 하셨다. 그리하여 하늘에서 하늘의 모든 복에 이르고 하나님의 모든 영광에 동참한다(요 17:22, 24; 롬 5:2; 8:18, 21; 9:23; 고전 2:7; 고후 3:18; 4:17). 그리고 그리스도 자신이 하나님으로서 누리신 영광에 그의 분신들로 동참하게 하신다. 먼저 그의 영광의 몸에로 변화시킨다(고후 3:18).

---

[966] 그리스도의 계속적 중보와 관련해서 다음 작품은 깊은 통찰을 제시한다. Murray, *Collected Writings of John Murray*, vol. 1., 44-58.

[967] 이와 같은 신학자의 사명은 칼빈의 『기독교 강요』의 저작 동기와 저술 형태에 뚜렷이 각인되어 나타난다. Moon, *Christus Mediator Legis*, 65-83.

[968] 서철원 교수의 종말론 역시 중보자 그리스도론에 기초한다. 서철원, "공교회의 종말신앙," 「신학지남」 58/3 (1991), 7-28.

[969] 그리스도인의 문화관에 대해서 특히 다음 작품 참조하라. 서철원, 『기독교 문화관』(서울: 총신대학출판부, 1992).

[970] 이와 같은 관점에서 서철원 교수가 이하 제시한 보수신학의 신앙 조목들이 깊이 이해된다. 즉 성경의 영감과 무오, 예수 그리스도가 하나님의 성육신임, 삼위일체 하나님, 시간적 창조와 타락, 존재의 앙양이 아니라 죄와 사망에서의 구출로서의 구원, 주의 재림과 부활. 서철원, "보수 신학이란 무엇인가?" 「신학지남」 63/1 (1996), 158-185.

그리하여 그리스도의 영광에 온전히 동참하게 하실 것이다(고후 4:17; 엡 1:18; 골 1:27; 3:4; 살전 2:12; 살후 2:14; 딤후 2:10; 벧전 5:1).[971]

---

[971] 서철원, 『기독론』, 187.

# 제11장 김길성의 교회론

## 1. 들어가는 말

　김길성 교수의 지론에 따르면, 교회론은 단지 조직신학의 한 분과로서 외따로 존재해서는 안 되며 전체 교리를 조화롭게 아우를 뿐만 아니라 성경신학과 역사신학 등과도 끊임없이 대화하는 가운데 심층적, 역동적으로 개진되어야 한다. 교회론은 음악으로 말하면 오페라와 방불하다. 교리신학 혹은 교의신학의 모든 가르침과 취지와 전망이 교회론으로 흘러든다.
　교회론의 토대는 신학서론, 즉 계시론이다. 교회는 말씀의 터 위에 서야 한다. 교회가 말씀을 앞설 수 없다. 교회는 말씀을 수납하는 곳이지 창출하는 곳이 아니다.
　교회론의 당위는 신론에 있다. 교회는 삼위일체 하나님의 영원한 내적 협약이 역사상 성취된 경륜, 즉 언약의 산물이다. 그렇지 않다면 그것은 단지 기구적이거나 조직적인 세속적 개체(個體)에 불과할 뿐이다.
　교회론의 본질은 기독론과 구원론의 차원에서 파악된다. 교회는 머리가 되시는 주님의 다 이루신 의를 법정적으로 전가받은 지체들의 몸이다.

교회론의 완성은 종말론이다. 종말론의 핵심 논제는 교회의 완성에 있다. 그것은 그리스도의 재림과 함께 시작된다는 점에서 기독론적 지평을 갖는다.

대체로 김길성 교수의 저술은 비평적이거나 비판적이라기보다는 서술적이고, 논쟁적이라기보다는 고백적이다. 어떤 신학적 주제들을 다루는 경우에 있어서도 지향하는 바가 뚜렷하다. 그것은 "역사적 개혁주의 전통을 지켜 온 신학과 신앙으로 돌아가는 것"이다.[972] 물론 교회론도 그 예외는 아니다.[973] 여기에서 필자는 이러한 지향점이 교회론의 주요한 신학적 주제들(loci)을 다룸에 있어서 어떻게 추구되고 있는지를 파악하는 데 주력한다. 이러한 접근은 조직신학의 종합적-체계적 방법론에 부합한다. 이를 위하여 먼저 김길성 교수의 교회론에 영향을 미친 신학자들에 대해서 살펴본다.

## 2. 신학자들과 신학사조의 영향

김길성 교수는 『총신의 신학 전통』에서 자신이 일생 동안 영향을 받은 신학자들이 누구이며 신학사조가 무엇인지를 일목요연하게 제시하였다.[974] 이 책은 기간(既刊)의 글 모음으로서, 전반부는 "총신의 신학자들"이라는 제하에 박형룡, 박윤선, 명신홍, 이상근, 차남진, 박아론, 서철원, 정규오의 신학과 사상을 담고 있다. 각각의 논문에서는 한국교회 역사적 개혁주의 전통을 잇는 주요한 신학자들의 면모가 잔잔한 필치로 전개되어 있다. 이 책의 후반부는 "총신 신학의 배경"에 할애된다. 여기에는

---

[972] 김길성, "한국장로교회 신학 100년의 회고와 전망," 「개혁논총」 22 (2012), 113.
[973] 김길성, "교회의 기원과 본질에 관한 연구," 「신학지남」 75/3 (2008), 32.
[974] 김길성, 『총신의 신학 전통』 (서울: 총신대학교 출판부, 2013).

다섯 논문이 수록되었다. "구 프린스턴 신학 전통," "「신학지남」으로 표현된 개혁신학 전통," "청교도 장로교회 신학 전통," "12신조에 나타난 고백교회의 전통," "W.C.C. 신학 배격." 여기에 나타나는 "구 프린스턴 신학," "개혁신학," "청교도 장로교회," "고백교회," "W.C.C. 신학 배격"은 김길성 교수가 강단이나 교단에서 일생 동안 추구해 온 신학적 가치관 혹은 신학적 전통을 마치 모토와 같이 표현해 주고 있다.

이 책에 수록된 논문들은 구체적인 신학 주제에 대한 정밀한 논변을 직접적으로 다루고 있지는 않다. 그러나 김길성 교수의 주관심사 중 하나인 교회론에 관한 역사적, 신학적 배경을 개론적으로 파악하는 데에는 큰 도움이 된다.

김길성 교수가 신학을 전개하면서 언급하는 학자들 중에는, 국내에서는 박형룡 박사, 국외에서는 찰스 핫지와 루이스 벌코프가 두드러진다. 헤르만 바빙크도 간혹 인용되나 개론적으로 소개되는 경우가 대부분이다. 이는 아마 루이스 벌코프가 바빙크의 신학을 충실히 개진하고 있다고 여겼기 때문일 것이다.[975] 이러한 경향은 김길성 교수의 교회론에도 대동소이하게 드러난다.

다만 핫지는 그의 대작(*opus magnum*)인 『조직신학』에서 단지 은혜의 수단(the means of grace)으로서 말씀, 성례, 기도를 다루고 있을 뿐 교회론의 핵심 주제인 교회의 본질과 속성과 사역 등에 관해서는 논의하고 있지 않으므로,[976] 해당 부분에 대한 것만 다룬 논문을 작성해서 출간했다.[977]

교회론과 관련하여 김길성 교수가 가장 많이 참고하는 책은 루이스 벌코프의 『조직신학』이다.[978] 이 책은 박형룡 박사의 교회론의 모판이

---

[975] 이와 관련해서 김길성 교수의 현대신학, 변증학, 신론, 종말론 등에 관한 강의안을 참조하라.
[976] Hodge, *Systematic Theology*, 3.466-709.
[977] 김길성, "교회의 속성과 표지," 「신학지남」 76/3 (2009), 54-62.
[978] Berkhof, *Systematic Theology*.

된다.[979] 김길성 교수가 지적하듯이 박형룡 박사는 벌코프에 비해서 훨씬 많은 페이지를 교회론에 할애하고 있기는 하지만[980] 내용상 벌코프와 거의 대동소이하며 어떤 부분은 거의 번역에 다름이 없을 정도로 일치하는 곳도 있다. 교회론에 있어서도 바빙크의 『개혁교의학』은[981] 개론 정도로 논의되는 데 그친다.[982]

이러한 신학자들과 더불어 게르할더스 보스,[983] 존 머레이,[984] 올리버 부스웰,[985] R. B. 카이퍼(R. B. Kuiper),[986] 에드먼드 클라우니(Edmund P. Clowney)가[987] 언급되고,[988] 밀라드 에릭슨(Millard J. Erickson)과[989] 웨인 그루뎀(Wayne A. Grudem)이[990] 다루어진다. 에릭슨의 복음주의 노선이 개혁주의와 차별화되어야 한다는 점과 그루뎀이 은사운동에 열려 있다는 점이 비판적으로 언급되기도 한다.[991]

누구보다 김길성 교수가 교회론을 전개함에 있어서 영향을 많이 받은 학자는 존 칼빈과 존 그레섬 메이천이었다. 우리가 이하에서 살펴보겠지

---

[979] 박형룡, 『박형룡박사 저작선집 VI, 교의신학 교회론』.
[980] 김길성, "박형룡 박사의 신학에 대한 이해와 평가," 『총신의 신학 전통』, 27; "교회의 속성과 표지," 58.
[981] Bavinck, *Reformed Dogmatics*, vol. 4.
[982] 김길성, "교회의 속성과 표지," 56, 각주 6.
[983] Geerhardus Vos, *Biblical Theology* (1948; Grand Rapids: Eerdmans, 1980). 예컨대, 김길성, "교회의 기원과 본질에 관한 연구," 34, 각주 5.
[984] Murray, *Collected Writings of John Murray*, vol. 2. 예컨대, 김길성, "교회의 기원과 본질에 관한 연구," 55-56.
[985] James Oliver Buswell, Jr., *A Systematic Theology of the Christian Religion*, vol. 2.
[986] R. B. Kuiper, *The Glorious Body of Christ* (1966; Edinburgh: Banner of Truth, 1987).
[987] Clowney, *The Church*.
[988] 김길성, "교회의 속성과 표지," 57, 59, 62.
[989] Millard J. Erickson, *Christian Theology*, Unabridged, One Volume Edition (Grand Rapids: Baker, 1987).
[990] Wayne A. Grudem, *Systematic Theology: An Introduction to the Biblical Doctrine* (Leicester: IVP, 1994).
[991] 김길성, "교회의 속성과 표지," 59-61.

만 김길성 교수는 교회의 속성과 표지, 그리고 교회의 일치를 다루는 논문에서 칼빈의 『기독교 강요』에 크게 의지하고 있다.

무엇보다 우리는 메이천에 주목해야 한다. 김길성 교수는 메이천의 교회론에 관한 박사학위 논문을 썼다.[992] 메이천의 신학 작업은 성경신학으로부터 시작되었다. 그러나 예수 그리스도의 동정녀 탄생과[993] 바울 신학의 기원을 다룬 책에서[994] 현저히 드러나듯이 메이천의 주된 관심은 신학의 분과를 넘어서는 기독교의 진리 자체에 있었다. 메이천은 교회론을 별도로 다룬 논문이나 책을 쓰지는 않았으며, 교단 정치의 회오리의 중심에 서서 자신의 입장을 불가피하게 밝히는 가운데서 교회에 관한 몇몇 글들을 남겼다.[995]

김길성 교수는 메이천의 신학이 "신실한 개혁주의와 장로교 신학자의 것"이라고 할 수 있으며 그가 "하나님의 정확무오한 말씀으로서 성경이 가진 신뢰성과 명료성에 대한 확신"을 가지고 있었다고 단언한다.[996] 메이천은 이러한 신학적 입장을 견지하는 가운데 "교회의 일치와 순결의 교리를 '지성적으로' 옹호하려" 하였고, "자신의 확신을 교회 활동을 통해 구체화시키고자 하였다."[997] 김길성 교수는 메이천이 교회는 복음에 바로 서야 할 뿐만 아니라 복음 가운데 날마다 새로워져야 함을 강조했다는 점을 부각시킨다. 다음 인용문에 주목하자.

---

[992] 김길성 교수의 생애 전반에 관해서는 다음을 보라. 이상웅, "송암 김길성 박사의 생애와 신학적 관심사들: 하나님·성경·교회중심의 삶,"「개혁논총」30 (2014), 17-64.
[993] J. Gresham Machen, *The Virgin Birth of Christ* (New York: Haper, 1930).
[994] J. Gresham Machen, *The Origin of Paul's Religion* (New York: Macmillan, 1921).
[995] 메이천의 삶과 사상에 대해서는 다음을 보라. Ned B. Stonehouse, *J. Gresham Machen: A Biographical Memoir* (Grand Rapids: Eerdmans, 1954).
[996] 김길성, "잔 그레스햄 메이천의 교회론,"「신학지남」69/1 (2002), 227.
[997] 김길성, "잔 그레스햄 메이천의 교회론," 230.

교회는 그 같은 온갖 오류로부터 벗어나 복음으로 새로워져야 한다. "하나님의 선택하신 자의 구속자는 다만 주 예수 그리스도 뿐이신데, 그는 하나님의 영원한 아들로서 사람이 되셨으니 그 후로 한 위에 특수한 두 가지 성품이 있어 영원토록 하나님이시오 사람이시다"(웨스트민스터 소요리문답 21). 간단히 말해, 이것이야말로 복음이 말하는 예수님에 관한 기사인 것이다. 그 같은 정의를 담고 있는 매 구절마다 매우 정교하게 만들어진 것이며, 초기엔, 때때로 심각한 논쟁거리가 되기도 하였다. 한 구절 한 구절마다 복음이 가르치는 내용의 본질적 요소가 담겨져 있다. 구절마다 수세기에 걸친 교회사를 통해 검증되고 입증된 것들이다.[998]

성령을 소유한 교회는 단순히 구원을 기다리는 교회가 아니다. 그것은 이미 구원을 받은 교회인 것이다. 성령은 인간이 그리스도께로 돌이킬 수 있는 믿음을 주시는 분이시며, 첫 선물이 모든 이들에게 필연적으로 미치게 하시는 이시다. … 그러나 여전히 많은 것들은 아직도 미래의 것으로 남아 있다. 이 세상은 점점 악에 빠져 들어가고, 기독교인은 자기도 모르는 사이에 악에 의해 잠식당하고 있다. 마지막 영광에 이르는 길은 멀고도 험한 길이다.[999]

여기에서 김길성 교수는 메이천이 복음과 그리스도와 성령을 서로 연결시켜 역동적인 교회론을 전개하고 있음에 주목하고 있다. 메이천은 진정한 교회는 "철저하게 교리적," "철저하게 비관용적," "철저하게 윤리적"이 되어야 한다는 점을 교회의 책임을 다루는 연설에서 역설한 바

---

[998] J. Gresham Machen, *The New Testament: An Introduction to Its Literature and History*, ed. W. John Cook (Edinburgh: Banner of Truth, 1976), 231-232. 김길성, "잔 그레스햄 메이천의 교회론," 244에서 재인용.

[999] Machen, *The New Testament: An Introduction to Its Literature and History*, 384. 김길성, "잔 그레스햄 메이천의 교회론," 245에서 재인용.

있다.¹⁰⁰⁰ 여기에서 "비관용적"이라 함은 배타주의를 뜻하는 것이 아니라 복음의 진리에는 어떤 혼합이나 타협이 없다는 점을 강조한 표현이라고 보아야 한다.¹⁰⁰¹

김길성 교수는 메이천의 입장을 네 가지로 결론짓고 있다.

1. 메이천의 교회론은 전반적인 그의 신학과 분리할 수 없으며, 오히려 그의 교회론은 그의 신학과 사상을 기반으로 하여 형성되었다고 하는 사실이다.
2. 메이천의 교회론에 대한 논의는 기독교의 존재 자체를 위협하던 당시의 시대적 사상과 조류를 배경으로 검토되어야 한다고 하는 사실이다.
3. 메이천의 교회론의 큰 주제는 기독교의 역사성 또는 역사적 기독교에 대한 지성적인 변호와, 교회의 일치와 순결이라고 하는 주제로 요약될 수 있다.
4. 메이천의 교회론의 특징 중 하나는 개혁고백주의에 대한 강조이다.¹⁰⁰²

우리는 이러한 메이천의 입장이 김길성 교수의 교회론에 뚜렷한 영향을 미쳤음을 이하의 신학적 고찰을 통하여 더욱 분명하게 확인할 수 있다.

---

1000 J. Gresham Machen, "The Responsibility of the Church in Our New Age," *Annals of the American Academy of Political and Social Science* 165 (1933), 38-47.
1001 김길성, "잔 그레스햄 메이천의 교회론," 272-273.
1002 김길성, "잔 그레스햄 메이천의 교회론," 274-277.

## 3. 교회론: 역사적 개혁주의 관점에서

### 1) 교회의 기원과 본질

김길성 교수는 교회의 기원과 본질을 다루면서 양자가 서로 밀접하다는 사실을 지적한 후 "웨스트민스터 신앙고백서" 25장에 고백된 무형교회와 유형교회의 정의(定義) 규정을 논의의 출발점으로 삼는다.

1. 무형한 공동 즉 보편의 교회는 과거, 현재, 미래에 교회의 머리이신 그리스도 아래 하나로 모이는 피택자들의 총수로 구성되는데, 만물 안에서 만물을 충만케 하시는 자의 아내요, 몸이며 충만이다.
2. 유형교회도 복음 아래서는 역시 공동 즉 보편의 교회이니, 전에 율법 아래서처럼 한 민족에게 국한된 것이 아니라, 전 세계를 통하여 참 종교를 고백하는 모든 자들과, 그들의 자녀로 구성된다. 이 교회는 주 예수 그리스도의 나라이고, 하나님의 집과 가족이니, 이것밖에는 구원의 통상한 가능성이 없다.[1003]

삼위일체 하나님은 창세 전의 구원협약(*pactum salutis*)에 따라 예수 그리스도를 구속자로, 그의 대속(代贖)을 구속방식으로, 택함 받은 자들을 구속백성으로 영원히 작정하셨다. 그리스도 안에서, 그리스도에 의해서, 그리스도에게로 구속이 작정되었다. 이러한 작정이 역사상 성취된 경륜을 우리는 언약이라고 부른다. 그리스도는 새 언약의 중보자로서 모든 의를 다 이루시고 그것을 모두 전가해 주신다. 교회의—무형이든 유형이든—기원과 본질이 여기에 있다. 김길성 교수는 교회의 이러한

---
[1003] 대한예수교장로회 총회, 『헌법』, 개정판 (서울: 대한예수교장로회총회, 2008), 329. 김길성, "교회의 기원과 본질에 관한 연구," 33에서 재인용.

기독론적 특성에 대해서 특별히 언급하지는 않지만, 이하에서 보듯이 그의 교회론은 이를 전반적인 배경으로 하고 있다.

### (1) 교회의 기원

김길성 교수는 교회의 기원을 다루면서 교회의 시작을 언제로 볼 것인지에 대한 학자들의 논란을 문제 삼는다. 개혁신학자들이 대체로 그러하듯이 김길성 교수도 교회의 시작을 구약 시대부터 시작되어 세상 종말까지 계속된다고 본다. 특히 R. B. 카이퍼를 인용하면서 교회는 "성도의 서로 교통하는 것"으로 정의할 수 있으며, 신·구약 성도가 모두 "그리스도를 믿음"으로 구원에 이른다는 점에 비추어 볼 때, "이사야, 다윗, 아브라함이나 아벨과 같은 그 밖의 다른 족장들까지도 모두가 그리스도와 연합한 몸이요, 또한 몸 된 주님의 교회의 한 지체"라는 사실을 적시한다.[1004]

김길성 교수는 세대주의자들이나 수정 세대주의자들을 거론하면서 교회는 오순절 성령 강림 이후 비로소 시작되었으며 구약 시대에는 없었다고 하는 그들의 입장을 비판한다. 구약의 '카할'(קהל)이 신약에서 교회(ἐκκλεσία)라고 번역되었으나 그것은 단지 "회중"을 의미할 뿐이라고 본 달라스신학교의 교수였던 찰스 라이리(Charles C. Ryrie)의 오류를 지적하고[1005] 이를 지지하는 에릭슨을 향하여 구체적인 비판을 가하고 있다.

에릭슨은 사도행전 7:38에 나오는 "광야 교회"를 번역하는 가운데 사용된 70인경의 "ἐκκλεσία"라는 단어는 교회를 의미하는 전문적인 단어가 아니라고 보고 교회의 출발은 오순절 성령 강림의 때이며 그 이전이 될 수 없다고 본다. 에릭슨은 이 단어가 마태복음 외에 다른 복음서에는 사용된 적이 없으며—사도행전에는 누차 나오지만 누가복음에는 나타나지 않으며—마태복음의 경우에도 16:18의 "너는 베드로라 이 반석 위

---

[1004] 김길성, "교회의 기원과 본질에 관한 연구," 34.
[1005] 김길성, "교회의 기원과 본질에 관한 연구," 35.

에 내 교회를 세우리니"라는 말씀에서 사용된 동사는 미래형으로 사실상 그 당시에 교회가 있었다고 보기 어렵다는 점을 자신의 입장을 지지하는 근거로 삼는다.[1006]

그러나 김길성 교수는 주님의 이러한 말씀이 베드로의 신앙고백 이후에 주어진 것이라는 점을 주목하면서, 주님이 사용하신, 교회를 "세우리니"라는 미래형 동사 "οἰκοδομήσω"는 굳이 주님의 수난 이후에 일어날 일을 지칭하는 것으로 여길 것이 아니라 이미 구약 시대에도 존재하는 교회를 상기시키면서 이제 그것을 자신의 말씀과 그것에 대한 신앙의 고백 위에 세우시겠다는 예언적인 말씀을 하신 것으로 볼 수 있다는 점을 강조한다. 권징과 관련해서 주님이 교훈하신 말씀인 마태복음 18:15-20에 두 번 나타나는 "ἐκκλεσία"도 교회가 이미 존재하고 있으며 사람들이 그것을 인지하고 있음을 보여 주는 증례가 된다고 김길성 교수는 지적한다.[1007]

김길성 교수에 따르면, 사도행전에 23회 사용된 "ἐκκλεσία"는 그 용례상 두 가지 기원이 있다.

첫째, 이 단어는 이미 신약성경이 기록되기 이전에 고전헬라어로 사용되었는데 그 경우 비전문적으로 모임이나 회집을 뜻한다. 이러한 용례가 사도행전 19:32, 39, 41에 3회 나타난다. 이 경우 "모인 무리," "민회," "그 모임"은 문맥상 교회를 지칭할 수가 없다.

둘째, 이 단어는 구약성경에서 교회를 뜻하는 두 단어인 '카할'(קהל)과 '에다'(עדה)에 대한 번역으로 신약에 나타난다. 이러한 용례는 나머지 20회에 모두 동일하게 나타난다.

굳이 사도행전 7:38의 "광야 교회"에 사용된 "ἐκκλεσία"를 이러한 다수의 용법과 달리 바라볼 근거가 없다. 오히려 스데반이 구약의 교회가 새로운 시대에 주님의 죽으심과 사심으로 그를 믿는 백성들의 모임과

---

[1006] 김길성, "교회의 기원과 본질에 관한 연구," 35-36.
[1007] 김길성, "교회의 기원과 본질에 관한 연구," 36-40.

연속성을 갖는다는 점을 지적하는 가운데 이 말을 사용했다고 본다면 더더욱 그러하다. 김길성 교수는 이러한 입장을 개진하면서 에릭슨과 동일한 침례교 신자인 그루뎀조차도 사도행전 7:38의 "광야 교회"는 에베소서 5:25의 "교회"와 다를 바 없다고 본다고 제시한다.[1008]

김길성 교수는 교회의 기원을 단지 시기 문제로 한정하여, 구약의 교회를 부정하는 세대주의자들이 자신들의 입장을 변호하기 위하여 내세우는 사도행전 7:38을 들어서 설명하는 선에서 멈춘다. 자신의 입장이 "역사적 개혁주의 관점"에 있다는 선포가 있을 뿐, 그것이 구체적으로 무엇을 말하는지에 대한 신학적 언급은 많지 않다. 오히려 이 부분은 "교회의 본질"과 관련하여 후속하여 논의된다. 교회의 기원에 대한 김길성 교수의 결론은 다음과 같다.

> 1. 인간이 에덴 동산에서 타락한 이후부터 교회가 존재했다는 것이요, 2. 구약시대에도 교회가 있었다는 것이 성경의 증언이요, 3. 구약시대의 교회와 신약 교회 사이에 구속사적인 구분이 있다는 것이요, 4. 오순절 성령강림은 교회의 시초가 아니라, 신약 교회의 출발이라고 하는 점이요, 5. 계시의 진전에 따라 구약시대의 교회보다는 신약 교회의 영광이 훨씬 더 크다고 하는 점이다.[1009]

### (2) 교회의 본질

김길성 교수는 교회의 본질을 다루면서 교회를 지칭하는 용어들인 구약의 '카할'(קהל)과 '에다'(עדה)와 신약의 '에클레시아'(ἐκκλεσια)와 '쉬나고게'(συναγωγη)를 중점적으로 고찰한다.

여기에서 김길성 교수는 '카할'과 '에다'의 어의와 '에클레시아'와

---

[1008] 김길성, "교회의 기원과 본질에 관한 연구," 41-46.
[1009] 김길성, "교회의 기원과 본질에 관한 연구," 46-47.

'쉬나고게'의 어의가 구별은 되나 성경적 용례를 볼 때 자로 대어 긋듯이 양단(兩斷)하기 어려운 점이 있다고 말한다. 벌코프가 지적하는 바와 같이 '카할'은 실제로 어느 때 어느 곳에서 모이는 회집(會集)을, '에다'는 그 회집의 주체인 기구를 지칭하는 경우가 상례이나, 항상 그런 것만은 아니라고 보는 것이다. 또한 '카할'과 '에다'에 대한 헬라어 번역에 해당하는 '에클레시아'와 '쉬나고게'의 경우에도 두 단어는 BC 250년경에는 구별 없이 사용되고 있었다는 점이 지적된다.

이후 신약에서는 이 두 단어가 서로 다르게 사용됨은 물론이다. '에클레시아'가 하나님의 백성의 모임으로서 그리스도를 믿는 믿음으로 말미암아 신·구약이 하나가 되는 교회를 의미하는 반면, '쉬나고게'는 유대인의 종교적 집회 혹은 모임을 위한 장소 혹은 건물 등을 뜻하는 경우로 용례가 한정되는 경향이 나타났다.

'카할'의 경우 70인경의 모세오경 중에서 창세기, 출애굽기, 레위기, 민수기에서는 예외 없이 '쉬나고게'로, 신명기에서는 한 번의 예외를 제외하고는 '에클레시아'로, 시편에서는 한 번의 예외를 제외하고는 '쉬나고게'로, 예레미야와 에스겔에서는 언제나 '카할'로 번역되고 있다. '에다'의 경우 70인경은 항상 '쉬나고게'로 번역하고 있다. '카할'과 '에다'는 그 성격은 다를지라도 그 대상을 언약의 백성, 하나님의 백성, 이스라엘의 제사 공동체로 한다는 점에서는 공통점이 있다. 그럼에도 불구하고 성경의 종류별로 '카할'이 '에클레시아'와 '쉬나고게'로 나뉘어 번역되는 것은 문맥의 고유한 의미를 추구했기 때문이라고 여겨진다.[1010]

이러한 고찰 가운데 김길성 교수는 그루뎀과 같이 '카할'만을 신약의 교회와 연결시키는 것은 무모하다고 결론짓고 '카할'과 '에다' 모두 번역에 있어서뿐만 아니라 본질상 교회, 즉 '에클레시아'에 관련된다고 보는

---

[1010] 김길성, "교회의 기원과 본질에 관한 연구," 47-52.

박형룡 박사의 입장을 지지한다. 그리고 '에다'를 "현실적 상황하에 있는 교회"로, '카할'을 "하나님에 의해 그분의 구원으로 부름 받은 백성들의 모임을 나타내는 이상적인 상태하에 있는 교회"로 보는 바빙크에 암묵적인 동의를 하고 있다.[1011]

이러한 용어에 대한 분석에 기초하여 김길성 교수는 '에클레시아'가 그 영역상 지교회, 가정교회, 지역교회, 무형과 유형을 포함하는 보편교회를, 그 의미상 하나님의 백성, 그리스도의 몸, 그리스도의 신부, 성령의 전, 새 예루살렘, 진리의 기둥과 터, 부르심을 입은 자들, 증인 등을 광범위하게 지칭한다고 주장한다.[1012] 무엇보다도 머레이와 에릭슨을 인용하면서 "그리스도의 몸으로서의 교회"와 "성령의 전으로서의 교회"를 강조한다.[1013]

## 2) 교회의 속성과 표지

### (1) 교회의 속성

교회의 속성과 표지를 다룬 글에서 김길성 교수는 칼빈의 『기독교 강요』 1559년 마지막 판을 일목요연하게 정리하는 것으로 설명을 대신하고 있다.[1014] "니케아-콘스탄티노플 신경"의 "하나의, 거룩한, 보편적 및 사도적 교회를(εἰς μίαν ἁγίαν καθολικὴν καὶ ἀποστολικὴν ἐκκλησίαν)" 믿는다는 고백이 그 근간이 된다. 이는 교회의 통일성(*unitas*), 거룩성(*sanctitas*), 보편성(*catholicitas*), 사도성(*apostolicitas*)으로 논의된다.[1015]

---

**1011** 김길성, "교회의 기원과 본질에 관한 연구," 47-48.
**1012** 김길성, "교회의 기원과 본질에 관한 연구," 53-55.
**1013** 김길성, "교회의 기원과 본질에 관한 연구," 55-57.
**1014** 교회의 통일성(*Inst*. 4.1.3), 교회의 거룩성(*Inst*. 4.1.17), 교회의 보편성(*Inst*. 4.1.2), 교회의 사도성(*Inst*. 4.6.1-17, 8.4-15).
**1015** 김길성, "교회의 속성과 표지," 62-63.

교회의 통일성은 예수 그리스도를 머리로 하는 하나의 교회에 대한 고백을 담고 있다. 이는 외면적, 제도적 통일이 아니라 내면적, 영적 특성을 지닌다. 칼빈은 이를 다루면서 "니케아-콘스탄티노플 신경"이 아니라 "사도신경"에 문의한다. 칼빈은 이를 설명하면서 한 목자를 둔 양들의 소통을 비유로 든다. "사도신경"의 고백 중 "성도가 서로 교통하는 것"이 이에 해당한다고 본다. 이러한 측면에서 교회의 통일성은 성도의 하나 됨과 상호 교통을 함의하고 있다.[1016]

교회의 거룩성은 성도의 성화에 부합한다. 김길성 교수는 "교회는 그리스도의 중보적인 의로움의 효능 때문에 하나님 앞에서 거룩한 것으로 간주된다"고 단언한다. 완전한 성도가 없듯이 완전한 교회가 없다. "교회는 날마다 거룩을 향하여 전진한다는 의미에서 거룩하다"는 칼빈의 말이 인용된다.[1017] 밖에는 양이 있고 안에도 이리가 있다는 어거스틴의 말로 대변되는 지상의 혼합 교회(ecclesia permixta)를 다루면서 김길성 교수가 강조하는 것은 다음 셋이다.

첫째, "하나님의 긍휼과 선택."

둘째, "그리스도의 영원하신 대제사장직과 중보자로서의 계속되는 중재대언 사역."

셋째, 날마다 거룩해지는 교회 곧 거룩을 위하여 힘쓰는 교회.[1018]

교회의 보편성은 주님의 교회가 세계 모든 곳에 걸쳐 있다는 의미이다. 무형교회는 지상의 유형교회와 분리해서 다룰 수 없다. 왜냐하면 그리스도가 교회의 유일한 머리가 되시며 자기 백성을 아시고 여전히 지도하고 계시기 때문이다. 그리스도가 여러 갈래로 찢어지지 않으시는 이상 교회는 두 개 혹은 세 개가 있을 수 없다. 이는 성도가 그리스도와 연합

---

[1016] 김길성, "교회의 속성과 표지," 64-65.
[1017] *Inst.* 4.1.17.
[1018] 김길성, "교회의 속성과 표지," 65-66.

하여 있으며 날마다 머리이신 그리스도께 자라간다는 성도의 그리스도와의 연합 교리(*unio cum Christo*)를 상기시킨다.

김길성 교수는 이를 다루면서 칼빈이 "공교회(catholic church)"을 "보편교회(universal church)"라고 부른 이유에 주목한다.[1019] 그리고 칼빈이 교회의 보편성이 무형교회와 유형교회에 모두 해당한다고 봄으로써 우리가 위에서 보았던 "웨스트민스터 신앙고백서"의 고백과 일맥상통한다는 점을 부각시킨다.[1020] 이 부분에 대한 김길성 교수의 이해는 교회의 일치와 순결에서 더욱 상론된다.

교회의 사도성을 다루면서 김길성 교수는 칼빈을 인용하는 가운데 크게 두 가지를 지적한다.

첫째, 로마 교좌, 곧 교황의 수위권(首位權)을 인정할 수 없다는 점이다. 교회의 머리는 그리스도시기 때문에 다른 머리를 두는 것은 사실상 그 머리로부터 잘려 나간 몸과 다름이 없다는 칼빈의 말이 인용된다. 이로써 교회의 통일성은 그리스도의 머리 되심에 있지 교황의 지고한 통치(*primatus*)에 기원하는 것이 아니라는 점을 함께 부각시킨다.

둘째, 교회에 부여된 열쇠의 권한은 인적 권위와 영광이 아니라 말씀의 권세에 관계된다는 점이다. 베드로의 신앙고백에 따라서 주어진 주님의 약속은 모든 교회와 그 지체들인 성도에게 해당하는 것이며 어느 한 인물에 특정할 수 없다는 것이다.

칼빈의 입장을 정리하면서 김길성 교수는 "교회의 사도성은 그리스도께서 교회의 머리이심의 원리에서 출발해야 할 것이며, 그리스도께서 그 자신의 권위와 그 자신의 이름으로 교회를 다스리고 계신다는 사실을

---

[1019] 어의적으로 보면 "*ecclesia catholica*"를 "보편교회"로, "*ecclesia universalis*"는 "우주적 교회"라고 번역할 수도 있다.
[1020] 김길성, "교회의 속성과 표지," 66-68.

인정하면 이 문제는 해결될 것"이라고 결론을 짓는다.[1021]

### (2) 교회의 표지

이 부분을 다루면서도 김길성 교수는 칼빈의 『기독교 강요』에 주로 문의한다. 교회의 표지(nota ecclesiae)는 유형교회가 무형교회의 "필수적이요 유용한 표현"이 되기 위한 필요불가결한 요소로 인식된다. 이를 통하여 성도는 교회가 제공하는 은혜의 방편을 누리게 된다.

첫째, 말씀의 선포와 청취가 있어야 한다. 칼빈은 『기독교 강요』 초판 서언에서부터 교회의 표지를 말씀의 순수한 선포와 성례의 합법적인 거행에서 찾았다.[1022] 양자가 동일하게 중요하지만 성례도 말씀에 따라서 거행되어야 한다고 본다면 말씀의 선포가 더욱 본질적이라고 여겨진다.[1023] 이와 관련하여 특히 문제가 되는 것은 설교의 의의와 가치이다. 김길성 교수는 칼빈이 설교를 그리스도의 은총이 전달되고 그로 말미암아 성도의 삶이 성령 안에서 열매를 맺게 된다고 한 점에 특히 주목한다.[1024]

둘째, 성례의 합법적 시행이 있어야 한다. 어거스틴은 성례를 보이지 않는 은혜에 대한 보이는 표라고 말하였다. 칼빈도 이러한 점에 주목하여 성례를 은혜의 창출 방식으로 보지 않고 법정적으로 의롭다 함을 받은 언약의 자녀에게 그 어떠함과 어떠해야 함을 인치는 것으로 여겼다. 김길성 교수는 칼빈의 성찬 이해가 그의 기독론과 성령론과 밀접한 관계가 있음을 지적한다. 성례의 실체는 그리스도의 공로이며 그 작용은

---

[1021] 김길성, "교회의 속성과 표지," 68-71, 마지막 부분 인용은 70.
[1022] 칼빈은 줄곧 교회의 표지들(notae ecclesiae)로서 말씀의 순수한 선포(pura praedicatio verbi)와 성례의 합법적 거행(administratio legitima sacramentorum)을 거론했다. 그렇다고 권징의 시행을 결코 등한시하지 않았다. 그는 권징이 힘줄과 같아서 이것이 없이는 말씀과 성례가 온전히 작용할 수 없다고 보았다.
[1023] 김길성, "칼빈과 교회의 일치," 「신학지남」 70/1 (2003), 174.
[1024] 김길성, "교회의 속성과 표지," 72-73.

성령으로 말미암는다는 것을 분명히 한 것이다. 이러한 입장은 칼빈의 영적 임재설을 지지하는 것이며, 로마 가톨릭의 화체설, 루터란의 공재설, 울리히 츠빙글리의 상징설과는 뚜렷이 구별된다.[1025]

셋째, 권징의 신실한 시행이 있어야 한다. 칼빈은 이를 교회의 제3의 표지로 거론하지는 않았지만 참 교회의 힘줄로서 필요불가결한 것임을 누누이 강조한다. 지상의 교회는 불완전하며, 그 성도도 분명 그러할진대, 권징이 없다면 교회의 거룩성이 지켜질 수 없다고 본 것이다. 양과 이리가 섞인 지상의 교회에서 권징은 목자의 막대기의 역할을 한다고 여기는 것이다. 그러므로 후대의 개혁신학자들이 권징을 교회의 표지로 삼은 것은 칼빈의 뜻과 배치되지 않는다고 김길성 교수는 말한다.[1026]

김길성 교수는 이러한 교회의 세 가지 표지가 온전할 때 교회는 참되며 그 교회는 그리스도의 교회 곧 보편교회의 지교회로서 자리를 갖는다고 주장한다. 곧 교회의 지표를 떠나 교회의 하나 됨과 연합과 일치를 말하는 것은 어불성설이라는 것이다.[1027] 이는 아래에서 다룰 교회의 일치와 순결의 문제와 연결된다.

### 3) 교회의 일치와 순결

김길성 교수는 현대 교회론의 문제점은 그것이 기초하고 있는 신학에 있다고 본다. 그는 프리드리히 슐라이어마허로부터 위르겐 몰트만에 이르는 현대신학자들을 비판하면서, "대부분의 자유주의자들의 공통점은 그들이 교회를 존재(Being)보다는 하나의 가능성(Becoming)으로 보며 교회의 본질(Nature)보다는 기능(Function)에 더 강조점을 두고 있다"고 결론을

---

[1025] 김길성, "교회의 속성과 표지," 73-74.
[1026] 김길성, "교회의 속성과 표지," 74-76.
[1027] 김길성, "교회의 속성과 표지," 76-79.

짓는다.[1028]

정통 교회론은 정통신학에 서 있다. 키프리안이 교회 밖에는 구원이 없다고 한 것은 교회에 구원의 공로가 있다는 말이 아니라 진리가 교회에 있다는 사실을 부각시키는 말이다.[1029] 어거스틴이 도나투스주의자들를 엄격히 배격한 것은 그들이 그리스도를 머리로 삼은 몸 된 교회가 하나라는 사실을 부인했기 때문이다.[1030] 칼빈이 교회의 본질을 성도의 교제에서 찾은 것은 교회의 주가 한 분 그리스도시라는 진리에 서 있었기 때문이다. 이로부터 교회의 네 가지 속성이 온전히 전개되었다.[1031]

메이천이 교회의 일치를 말하기 전에 교회의 순결을 말하라고 외친 것은 당대 자유주의 신학을 거부하고 참 교회론을 수립하고자 했기 때문이다.[1032] 메이천 역시 칼빈과 다를 바 없이 삼위일체, 기독론, 구원론 등에 관한 성경의 근본적인 가르침을 믿고, 고백하고, 따르는 경우 비록 비본질적인 부분에 차이가 있더라도 교회의 연합과 일치를 추구해야 한다고 주장했다.[1033] 이러한 입장을 견지하는 가운데 김길성 교수는 교회의 일치와 순결이 함께 다루어져야 하며, 그 정수(精髓)가 교회의 네 가지 속성에 드러난다고 주장한다.[1034]

본 사안에 대한 김길성 교수의 입장은 WCC에 대한 그의 비판에서 분명해진다. 다음 말에서 보듯이, 그의 논지는 분명하다.

---

**1028** 김길성, "교회의 일치와 순결: 개혁파 교회론을 위한 시도"「신학지남」62/2 (1995), 110.
**1029** 김길성, "교회의 일치와 순결," 113-116.
**1030** 김길성, "교회의 일치와 순결," 118-119.
**1031** 김길성, "교회의 일치와 순결," 124-125.
**1032** 김길성, "교회의 일치와 순결," 135-139.
**1033** 김길성, "칼빈과 교회의 일치," 182-188. Cf. 김길성,『개혁신앙과 교회』(서울: 총신대학교 출판부, 2001), 99-117
**1034** 김길성, "교회의 일치와 순결," 141.

이제, 한국 장로교회는 W.C.C. 이전의 역사적 개혁주의 전통을 지켜 온 신학과 신앙으로 돌아가야 한다. 일치와 연합은 진리 안에서의 연합이요, 우리는 성경적인 에큐메니즘을 반대하지 않는다.[1035]

김길성 교수는 WCC가 신학적 자유주의를 주도하고, 종교다원주의를 넘어 혼합주의 경향을 심화하며, 성경적 교회의 일치에 심각한 폐해를 끼침을 지적하며, 그것이 궁극적으로는 참 교회를 분열시키는 역할을 할 뿐이라고 경고한다.[1036]

### 4) 은혜의 수단[1037]

핫지의 『조직신학』에는 은혜의 수단(the means of grace)만이 교회론에 할애되어 있다. 김길성 교수는 이를 일목요연하게 정리하면서 본 주제에 대한 자신의 입장을 간접적으로나마 개진하고 있다.

핫지는 은혜의 수단을 세 가지—말씀, 성례, 기도—로 다룬다. 성경은 하나님의 말씀으로서 성인의 구원에 필수적이다. 말씀이 알려지지 않은 곳에 성령의 구원의 역사는—칭의와 성화를 불문하고—나타나지 않는다. 성령은 말씀을 통하여(*per Verbum*), 말씀 속에서(*in Verbo*)뿐만 아니라 말씀과 함께(*cum Verbo*) 역사한다. 그러므로 해서 루터란과 같이 성령의 작용을 말씀에 기계적으로 종속시켜서는 안 된다.[1038]

성례는 로마 가톨릭이 주장하듯이 사제의 축성(祝聖, *consecratio*)을 통한 사효성(事效性, *ex opere operato*)으로 말미암는 것도 아니고, 루터란이 주장

---

[1035] 김길성, "누가 교회의 일치를 깨뜨렸는가?"「신학지남」 307 (2011, 여름), 12.
[1036] 김길성, "W.C.C. 신학에 대한 이해와 평가,"「개혁논총」 16 (2010), 105-114.
[1037] 이는 "은혜의 방편(*media gratiae*)"으로 자주 번역된다. 여기서는 김길성 교수의 용례에 따라 "은혜의 수단"이라고 사용한다.
[1038] 김길성, "찰스 핫지의 교회론,"「신학지남」 74/3 (2007), 102-105.

하듯이 성례 자체의 고유한 덕이나 능력에 기인하는 것도 아니고, 오직 제정된 말씀에 따른 성령의 역사로 말미암는다. 그러므로 은혜의 수단이 된다.¹⁰³⁹ 세례와 성찬은 가시적 표징들을 통하여 비가시적인 칭의와 성화의 이중적 은혜를 제시한다. 세례는 옛 사람이 죽고 새 사람이 사는 중생의 은혜를, 성찬은 거듭난 사람이 날마다 그리스도와 연합하여 살아가는 성화의 은혜를 인치는 비밀(μυστήριον)이다.¹⁰⁴⁰

기도가 은혜의 수단인 것은 그것의 다섯 가지 특성으로 드러난다. 즉, 하나님의 인격성, 내재성, 주권성, 자애성, 무한성이다. 기도는 모든 선한 것의 원천이신 하나님을 움직인다. 그렇다고 해서 기도에 무슨 공로가 있는 것은 아니다. 기도로 말미암아 하나님의 전적인 은혜가 결코 퇴색되지 않는다.¹⁰⁴¹

## 4. 결론

김길성 교수는 스스로 규정하듯, 역사적 개혁주의에 서서 교회론을 전개하였다. 그의 저서와 강의안들 그리고 다수의 논문들은 교회론에 대한 끊임없는 관심을 반영하고 있다. 그는 교회론을 단지 교회론에 그치는 것이 아니라 교회의 고백과 역사 그리고 교회의 구성원인 성도의 삶 전반에 관련되는 것으로 여긴다. 교회론을 다룬 주저라고 볼 『개혁 신학과 교회』가 이를 잘 말해 주고 있다.¹⁰⁴²

---

**1039** 김길성, "찰스 핫지의 교회론," 107-109.
**1040** 김길성, "찰스 핫지의 교회론," 109-115.
**1041** 김길성, "찰스 핫지의 교회론," 115-117.
**1042** 김길성, 『개혁 신학과 교회』 (서울: 총신대학교 출판부, 2004, 개정판). 논문집에 해당하는 본서의 목차를 보면 다음과 같다. 제1장 "개혁주의 교회론을 위한 시도"에는 "교회의 일치와 순결," "장로교 표준문서에 대한 서약"이라는 논문이 포함되었다.

이러한 경향은 그가 교회론의 핵심 과제는 세부적인 교리를 조목조목 논하는 것에 선행(先行)해서 먼저 교회가 토대를 두고 있는 올바른 신학과 신앙고백 그리고 역사적 전통에 대한 인식을 환기해야 한다는 점에 대한 민감한 의식 때문이라고 여겨진다. 여러모로 불법과 미혹의 영의 궤계가 심한 오늘날 이러한 고찰이 더욱 절실히 요구되는 바가 있다고 볼 것이다.

말씀의 신학 그리고 고백의 신학. 김길성 교수의 교회론은 그의 다음 일성(一聲)으로 우리 후학의 반향(反響)을 기다리고 있다.

> 그리스도께서 친히 남기신 말씀과 그의 구속 사역을 통하여 그리스도의 말씀에 순종하는 교회, 성경의 그리스도에게 복종하는 사도적 말씀의 전통에 선 교회를 고백한다.[1043]

**영원히 오직 하나님께만 영광을 올립니다**(*Soli Deo gloria in aeternum*)!

---

제2장 "교회와 신학"에는 "구 프린스턴 신학전통의 연속성과 불연속성," "프린스턴 신학교의 재편성과 종교다원주의의 수용," "『성경전서 표준 새 번역』에 대한 신학적 검토"라는 논문이 포함되었다. 제3장 "교회와 성도의 삶"에는 "요한 칼빈의 성령론," "칼빈주의 문화관," "칼빈주의 이적론," "성령의 사역," "로마서 7장 14-15절과 성화의 교리 (I)," "로마서 7장 14-15절과 성화의 교리 (II)," "박형룡 박사의 내세론 연구"라는 논문이 포함되었다.

[1043] 김길성, "교회의 일치와 순결," 142.

# 본서에 수록된 필자의 논문

제1장 "개혁주의란 무엇인가?: 신학과 신앙의 요체."「개혁논총」 27 (2013): 61-93.

제2장 "종교개혁 500주년에 다시 돌아보는 칼빈신학."「신학지남」 84/2 (2017): 37-68.

제3장 "한국 장로교 신학의 기원과 형성: 총회 설립 100주년을 즈음해서."「신학지남」 79/2 (2012): 40-69.

제4장 "한국 장로교 신학의 맥: 칼빈, 녹스, 웨스트민스터 신앙고백서, 박형룡의 기독론적 교회론 중심으로."「개혁논총」 22 (2012): 119-156.

제5장 "죽산 박형룡의 언약신학: '언약적 전가' 개념을 중심으로 한 '차별금지법'에 대한 단상과 더불어."「신학지남」 80/2 (2013): 83-106.

제6장 "박형룡의 그리스도의 위격적 연합 교리 이해: 구속사적-구원론적 관점에서."「신학지남」 80/4 (2013): 112-132.

제7장 "정암 박윤선과 개혁주의 언약사상 조직신학적 관점에서."「신학정론」 30/2 (2012): 465-494.

제8장 "해원 정규오 목사의 자유주의 신학 비평."「신학지남」 78/2 (2011): 92-116.

제9장 "WCC와 한국교회: 죽산 박형룡과 해원 정규오 중심으로."「신학지남」 81/4 (2014): 85-114.

제10장 "중보자 그리스도의 중보론: 서철원 박사 신학의 정수(Medullar) I."「신학지남」 74/1 (2007): 26-46.
"중보자 그리스도의 중보론: 서철원 박사 신학의 정수(Medullar) II."「신학지남」 74/2 (2007): 182-201.
* 이 두 논문을 묶어 "서철원의 그리스도의 중보론"이라는 제하에 다룸.

제11장 "김길성 교수의 교회론."「신학지남」 81/3 (2014): 7-28.

# 참고 문헌

Ames, William. *The Marrow of Theology*. Tr. John D. Eusden. Durham, N.C.: Labyrinth Press, 1983.

Athanasius, *On the Incarnation of the Word*, 54. In *Christology of the Later Fathers*. Ed. Edward Rochie Hardy. Philadelphia: Westminster Press, 1954.

Baker, J. Wayne. "Heinrich Bullinger, the Covenant, and the Reformed Tradition in Retrospect." *Sixteenth Century Journal* 29/2 (1998): 359-376.

_____. *Heinrich Bullinger and the Covenant: The Other Reformed Tradition*. Athens, Ohio: Ohio University Press, 1980.

Balfour of Burleigh. *An Historical Account of the Rise and Development of Presbyterianism in Scotland*. Cambridge: Cambrigde Press, 2011, first published 1911.

Battles, Ford Lewis. "The Future of Calviniana." In *Renaissance, Reformation, Resurgence*. Ed. Peter De Klerk, 133-173. Grand Rapids: Calvin Studies, 1976.

Bauke, H. *Die Probleme der Theologie Calvins*. Leipzig: J. C. Hinrichs Buchhandlung, 1922.

Bavinck, Herman. *Reformed Dogmatics*. 4 Vols. Ed. John Bolt. Tr. John Vriend. Grand Rapids: Baker, 2003-2008.

Beardslee, John W. III. (Ed. & Tr.) *Reformed Dogmatics: Seventeenth-Century Reformed Theology through the Writings of Wollebius, Voetius, and Turretin*. New York: Oxford University Press, 1965.

Beeke, Joel R. "Did Beza's Supralapsarianism Spoil Calvin's Theology?" *Reformed Theological Journal* 13 (1997): 58-69.

_____. *Assurance of Faith: Calvin, English Puritanism, and the Dutch Second Reformation*. New York: Peter Lang, 1991.

Benoît, Jean-Daniel. "The History and Development of the Institutio: How Calvin Worked." Tr. G. E. Duffield. In *John Calvin*. Ed. G. E. Duffield, 102-117. Grand Rapids: Eerdmans, 1966.

Berkhof, Louis. *Systematic Theology, New Edition containing the full text of Systematic Theology and the Original Introductory Volume to Systematic Theology*. Grand Rapids: Eerdmans, 1996.

Berkouwer, G. C. *The Person of Christ*. Tr. John Vriend. Grand Rapids: Eerdmans, 1954.
Bierma, Lyle D. "Federal Theology in the Sixteenth Century: Two Traditions?" *Westminster Theological Journal* 45 (1983): 304-321.
_____. *German Calvinism in the Confessional Age: The Covenant Theology of Caspar Olevianus*. Grand Rapids: Baker, 1996.
Blaser, Klauspeter. *Calvins Lehre von den drei Ämtern Christi, Theologische Studien* 105. Zürich: EVZ Verlag, 1970.
Bornkamm, Heinrich. *The Heart of Reformation Faith*. Tr. John W. Doberstein. New York: Harper and Row, 1965.
Brinkman, Marien E. *Progress in Unity? Fifty Years of Theology within the World Council of Churches: 1945-1995. A Study Guide*. Louvain: Peeters Press, 1995.
Bultmann, R. *Faith and Understanding*. Philadelphia: Fortress Press, 1969.
Buswell, James Oliver, Jr. *A Systematic Theology of the Christian Religion*, Vol. 2. Grand Rapids: Zondervan, 1963.
Butin, Philip Walker. *Revelation, Redemption, and Response: Calvin's Trinitarian Understanding of the Divine-Human Relationship*. Oxford: Oxford University Press, 1995.
Calvin, John. *Institutes of the Christian Religion*. Ed. John T. McNeill. Tr. Ford Lewis Battles. *Library of Christian Classics*, Vols. 20-21. Philadelphia: Westminster Press, 1960.
_____. *Instruction in Faith* (1537). Tr. & Ed. Paul T. Fuhrmann. Philadelphia: Westminster, 1949.
Calvinus, Ioannes. *Catechismus, sive christianae religionis institutio*, 1538(CO 5.313-362).
_____. *Institutio christianae religionis, in libros quatuor nunc primum digesta, certisque distincta capitibus, ad aptissimam methodum: aucta etiam tam magna accessione ut propemodum opus novum haberi possit*, 1559, *Ioannis Calvini opera quae supersunt omnia* 2.
_____. *Instruction et confession de foy dont on use en l'église de Genevè*, 1537(CO 22.25-74).
Clowney, Edmund P. *The Chuch*. Downers Grove, IL: IVP, 1995.
*Constitution of the Presbyterian Church(U.S.A)*, pt. II, *Book of Order*. New York: Office of the General Assembly, 1985.
Crisp, Oliver D. *Dinivity and Humanity*. Cambridge: Cambridge University Press, 2007.
De Kroon, Marijn. *The Honour of God and Human Salvation: Calvin's Theology According to His Institutes*. Tr. John Vriend and Lyle D. Bierma. Edinburgh, UK: T&T Clark, 2001.
Dillenberger, John and Claude Welch. *Protestant Christianity: Interpreted through Its Development*. New York: Charles Scribner's Sons, 1954.
Dulles, Avery. *A History of Apologetics*. London: Hutchinson, 1971.
Edmondson, Stephen. *Calvin's Christology*. Cambridge: Cambridge University Press, 2004.
Erickson, Millard J. *Christian Theology*, Unabridged, One Volume Edition. Grand Rapids: Baker, 1987.

Faber, J. *Essays in Reformed Doctrine*. Tr. J. D. Wielenga. Alberta, Canada: Inheritance Publications, 1990.

Fairbairn, Donald. *Grace and Christology in the Early Church*. Oxford: Oxford University Press, 2003.

Ferguson, Sinclair B. *The Holy Spirit*. Downers Grove, IL: IVP, 1996.

Forstman, H. Jackson. *Word and Spirit: Calvin's Doctrine of Biblical Authority*. Stanford, CA: Stanford University Press, 1962.

Fuhrmann, Paul T. *God-Centered Religion*. Grand Rapids: Zondervan, 1942.

Gaffin, Richard B. Jr. *Perspectives on Pentecost*. Phillipsburg, NJ: Presbyterian and Reformed Publishing Company, 1979.

Gamble, Richard C. "Calvin's Controversies." In *The Cambridge Companion to John Calvin*. Ed. Donald K. McKim, 188-203. Cambridge: Cambridge University Press, 2004.

_____. "Current Trends in Calvin Reserch, 1982-90." In *Calvinus Sacrae Scripturae Professor: Calvin as Confessor of Holy Scripture*. Ed. Wilhelm H. Neuser, 91-112. Grand Rapids: Eerdmans, 1994.

Ganoczy, Alexandre. *The Young Calvin*. Tr. David Foxgrover and Wade Provo. Philadelphia: Westminster Press, 1987.

Garcia, Mark A. *Life in Christ: Union with Christ and Twofold Grace in Calvin's Theology*. Milton Keynes, UK: Paternoster, 2008.

Gavrilyuk, Paul L. *The Suffering of the Impassible God: The Dialectics of Patristic Thought*. Oxford: Oxford University Press, 2004.

George, Timothy. "Calvin's Psychopannychia: Another Look." In *In Honor of John Calvin, 1509-64*. Ed. E. J. Furcha, 297-329. Montreal: McGill University Press, 1987.

Gerrish, Brian. "Tradition in the Modern World: The Reformed Habit of Mind." In *Toward the Future of Reformed Theology*. Ed. David Willis and Michael Welker, 3-20. Grand Rapids: Eerdmans, 1999.

Gillespie, George. *Aaron's Rod Blossoming, Or, The Divine Ordinance of Church Government Vindicated*. Edinburgh: Robert, and Oliver & Boyd, 1844.

_____. *Presbyterian's Armoury*, 3 Vols. Edinburgh: Robert Ogle, and Oliver & Boyd, 1846.

Godfrey, W. Robert. *John Calvin: Pilgrim and Pastor*. Wheaton, IL: Crossway Books, 2009.

Grudem, Wayne A. *Systematic Theology: An Introduction to the Biblical Doctrine*. Leicester: IVP, 1994.

Hageman, Howard G. "Guilt, Grace, and Gratitude." In Donald J. Bruggink, *Gulit, Grace and Gratitude: A Commentary on the Heidelberg Catechism Commemorating Its 400th Anniversary*, 1-19. New York: Half Moon Press, 1963.

Hall, David W. and Peter A. Lillback. (Ed.) *Theological Guide to Calvin's Institutes: Essays and Analysis*. Phillipsburg, NJ: P&R Publishing Company, 2008.

Helm, Paul. "Calvin and the Covenant: Unity and Continuity." *Evangelical Quarterly* 55/2 (1983): 65-81.

_____. *Cavin: A Guide for the Perplexed*. London: T&T Clark, 2008.
Heppe, Heinrich. *Reformed Dogmatics: Set Out and Illustrated from the Sources*. Ed. Ernst Bizer, Tr. G. T. Thomson. London: George Allen & Unwin, 1950.
_____. *Schriften für reformirten Theologie*, Vol. 2, *Die Dogmatik der evangelisch-reformirten Kirche*. Elberfeld: Verlag von R. L. Friderichs, 1861.
Hesselink, I. John. "Calvin's Theology." In *The Cambridge Companion to John Calvin*. Ed. Donald K. McKim, 74-92. Cambridge: Cambridge University Press, 2004.
Hesselink, I. John. *On Being Reformed: Distinctive Characteristics and Common Misunderstandings*. Grandville, MI: Reformed Church Press, 1988.
Hodge, A. A. *The Westminster Confession: A Commentary*. Edinburgh: The Banner of Truth Trust, 1958, rep.
Hodge, Charles. *Systematic Theology*, Vol. 2. Grand Rapids: Eerdmans, 1995, rep.
_____. *Systematic Theology*, Vol. 3. Grand Rapids: Eerdmans, 1995, rep.
Hoekema, Anthony A. "The Covenant of Grace in Calvin's Teaching." *Calvin Theological Journal* 2/2 (1967): 133-161.
_____. *Saved by Grace*. Grand Rapids: Eerdmans, 1989.
Hunter, A. Mitchell. *The Teaching of Calvin: A Modern Interpretation*. London: James Clarke, 1950.
Jacobs, Paul. *Prädestination und Verantworklichkeit bei Calvin*. Neukirchen: Neukirchener Verlag, 1937.
John of Damascus, *On the Orthodox Faith*.
Johnson, Merwyn. "Calvin and Patterns of Identity in Reformed Theology." In *Calvin Studies X and XI*. Ed. Charles Raynal, 355-367. Grand Rapids: CRC Product Services, 2006.
Kelly, J. N. D. *Early Christian Doctrines*. London: Adam & Charles Black, 1958.
Kim, Yosep. *The Identity and the Life of the Church: John Calvin's Ecclesiology in the Perspective of His Anthropology*. Princeton Theological Monograph Series 203. Eugene, OR: Wipf and Stock Publishers, 2014.
Kirk, James. "The 'Privy Kirks' and Their Antecedents: The Hidden Face of Scottish Protestantism." In *Patterns of Reform: Continuity and Change in the Reformation Kirk*, 1-15. Edinburgh: T.&T. Clark, 1989.
Knox, John. "An Answer to the Cavillations of an Adversary Respecting the Doctrine of Predestination." In *Works of John Knox*, Vol. 5. Ed. David Laing, 7-468. Edinburgh: Bannatyne Club, 1856.
_____. *On Rebellion*. Ed. Roger A. Mason. Cambridge: Cambridge University Press, 1994.
Kraus, Hans-Joachim. "The Contemporary Relevance of Calvin's Theology." In *Toward the Future of Reformed Theology: Task, Topics, Traditions*. Ed. David Willis and Michael Welker, 323-338. Grand Rapids: Eerdmans, 1999.

Krusche, Werner. *Das Wirken des Heiligen Geistes nach Calvin*. Göttingen: Vandenhoeck & Ruprecht, 1957.

Kuiper, R. B. *The Glorious Body of Christ*. 1966; Edinburgh: Banner of Truth, 1987.

Kuyper, Abraham. *Lectures on Calvinism*. Grand Rapids: Eerdmans, 1953.

_____. *Principles of Sacred Theology*. Tr. J. Hendrik De Vries. Grand Rapids: Eerdmans, 1980.

Laing, David. (Ed.) *Works of John Knox*, Vol. 2. Edinburgh, 1895.

_____. (Ed.) *Works of John Knox*, Vol. 6. Edinburgh, 1895.

Leith, John H. *Assembly at Westminster: Reformed Theology in the Making*. Richmond: John Konx Press, 1973.

_____. *Introduction to the Reformed Tradition: A Way of Being the Christian Community*. Atlanta: John Knox Press, 1981, rev. ed.

Lane, A. N. S. "John Calvin: The Witness of the Holy Spirit." In *Faith and Ferment*, 1-17. London: The Westminster Conference, 1982.

Letham, Robert. "Faith and Assurance in Early Calvinism: A Model of Continuity and Diversity." In *Later Calvinism: International Perspectives*. Ed. W. Fred Graham, 355-384. Kirksville, MO: Sixteenth Century Essays & Studies, 1994.

_____. *The Westminster Assembly: Reading Its Theology in Historical Context*. Phillipsburg, NJ: P&R, 2009.

Lillback, Peter A. *The Binding of God: Calvin's Role in the Development of Covenant Theology*. Grand Rapids: Baker, 2001.

Lobstein, P. "La Connaissance religieuse d'après Calvin." *Revue de théologie et de philosophie religieuses* 42 (1909): 53-110.

Maag, Karin and Paul Fields. "Calvin in Context: Current Resources." In *The Cambridge Companion to John Calvin*. Ed. Donald K. McKim, 317-329. Cambridge: Cambridge University Press, 2004.

MacGregor, Geddes. *Corpus Christi: The Nature of the Church according to the Reformed Tradition*. Philadelphia: Westminster Press, 1958.

Machen, J. Gresham. "The Responsibility of the Church in Our New Age." *Annals of the American Academy of Political and Social Science* 165 (1933): 38-47.

_____. *The Origin of Paul's Religion*. New York: Macmillan, 1921.

_____. *The Virgin Birth of Christ*. New York: Haper, 1930.

Mackintosh, H. R. *The Doctrine of the Person of Jesus Christ*. Edinburgh: T & T Clark, 1912, sec. ed.

_____. *Types of Modern Theology: Schleiermacher to Barth*. London: Nisbet and Co. Ltd., 1937.

MacLeod, Donald. *The Person of Christ*. Downers Grove, IL: IVP, 1998.

Marsden, George M. *Understanding Fundamentalism and Evangelicalism*. Grand Rapids: Eerdmans, 1991.

McDonald, H. D. *Theories of Revelation: An Historical Study 1860-1960*. London: George Allen & Unwin, 1963.
McEwen, James S. *The Faith of John Knox*. London: Lutterworth, 1961.
McGrath, Alister A. *The Science of Theology*. Ed. G. Evans. Grand Rapids: Eerdmans, 1986.
McNeill, John T. *The History and Character of Calvinism*. Oxford: Oxford University Press, 1966.
Meeter, H. Henry. *The Basic Ideas of Calvinism*. Grand Rapids: Kregel, 1960.
Michell, A. F. *The Scottish Reformation*. Edinburgh: Blackwood, 1900.
Miller, Charles. "The Spread of Calvinism in Switzerland, Germany, and France." In *The Rise and Development of Calvinism*. Ed. John H. Bratt, 27-62. Grand Rapids: Eerdmans, 1964.
Moon, Byung-Ho. *Christ the Mediator of the Law: Calvin's Christological Understanding of the Law as the Rule of Living and Life-Giving*. Milton Keynes, UK: Paternoster, 2006.
Muller, Richard A. "Directions in Current Calvin Research." In *Calvin Studies IX*. Ed. John H. Leith and Robert A. Johnson, 70-88. Davidson, NC: Calvin Studies, 1998.
_____. "Scholasticism in Calvin: A Question of Relation and Disjunction." In *Calvinus Sincerioris Religionis Vindex: Calvin as Protector of the Purer Religion*. Ed. Wilhelm H. Neuser and Brian G. Amstrong, 247-263. Kirksville, MO: Sixteenty Century Essays & Studies, 1997.
_____. "The Covenant of Works and the Stability of Divine Law in Seventeenth-Century Reformed Orthodoxy: A Study in the Theology of Herman Witsius and Wilhelmus à Brakel." *Calvin Theological Journal* 29 (1994): 75-101.
_____. *Christ and the Decree: Christology and Predestination in Reformed Theology from Calvin to Perkins*. Grand Rapids: Baker, 1986.
_____. *Post-Reformation Reformed Dogmatics*, Vol. 1, *Prolegomena to Theology*. Grand Rapids: Baker, 1987.
_____. *The Unaccommodated Calvin: Studies in the Formation of a Theological Tradition*. Oxford: Oxford University Press, 2000.
Murray, John. "The Adamic Administration." In *Collected Writings of John Murray*, Vol. 2, *Selected Lectures in Systematic Theology*, 47-59. Edinburgh: Banner of Truth Trust, 1977.
_____. "The Attestation of Scripture." In *Collected Writings of John Murray*, Vol. 2, *Selected Lectures in Systematic Theology*, 1-52. Edinburgh: Banner of Truth Trust, 1977.
_____. *Calvin on Scripture and Divine Sovereignty*. Grand Rapids: Baker, 1959.
_____. *Collected Writings of John Murray*, Vol. 1, *The Claims of Truth*. Carlisle, PE: Banner of Truth, 1976.
_____. *Collected Writings of John Murray*, Vol. 2, *Select Lectures in Systematic Theology*. Edinburgh: Banner of Truth, 1977.
_____. *Redemption Accomplished and Applied*. Grand Rapids: Eerdmans, 1955.

Nicole, Roger. "John Calvin and Inerrancy." *Journal of the Evangelical Theological Society* 25 (1982): 425-442.
Niesel, Wilhelm. *The Theology of Calvin*. Tr. Harold Knight. Grand Rapids: Baker, 1980, rep.
_____. *Was heisst reformiert?* Munich: Kaiser Verlag, 1934.
Oberman, Heiko A. "Calvin's Critique of Calvinism." In *The Dawn of the Reformation: Essays in Late Medieval and Early Reformation Thought*, 259-268. Grand Rapids: Eerdmans, 1992, rep.
_____. "Initia Calvini: The Matrix of Calvin's Reformation." In *Calvinus Sacrae Scripturae Professor: Calvin as Confessor of Holy Scripture*. Ed. Wilhelm H. Neuser, 113-154. Grand Rapids: Eerdmans, 1994.
_____. "The Impact of the Reformation: Problems and Perspectives." In *The Impact of the Reformation*, 173-200. Grand Rapids: Eerdmans, 1994.
_____. "Toward the Recovery of the Historical Calvin: Redrawing the Map of Reformation Europe." In *Calvinus Evangelii Propugnator: Calvin, Champion of the Gospel*. Ed. David F. Wright, Anthony N. S. Lane, and Jon Balserak, 91-104. Grand Rapids: Calvin Studies Society, 2006.
_____. *The Reformation: Roots and Ramifications*. Grand Rapids: Eerdmans, 1994.
Origen, *On First Principles*, 2.4, 6, In *The Christological Controversy*. Ed. Richard A. Norris, Jr. Philadelphia: Fortress, 1980.
Orr, James. *Revelation and Inspiration*. New York: Charles Scribner's Sons, 1916.
Osterhaven, M. Eugene. *The Faith of Church: A Reformed Perspective on Its Historical Development*. Grand Rapids: Eerdmans, 1982.
_____. *The Spirit of the Reformed Tradition*. Grand Rapids: Eerdmans, 1971.
Owen, John. *The Holy Spirit: His Gifts and Power*. Grand Rapids, 1960, rep.
Pagels, Elaine H. "Mystery of the Resurrection: A Gnostic Reading of 1 Corinthians 15." *Journal of Biblical Literature* 93/2 (1974): 276-288.
Pannenberg, Wolfhard. *Systematic Theology*, Vol. 1., Tr. Geoffrey W. Bromiley. Grand Rapids: Eerdmans, 1991.
Partee, Charles. *The Theology of John Calvin*. Louisville: Westminster John Knox Press, 2008.
Paul, Robert S. *The Assembly of the Lord: Politics and Religion in the Westminster Assembly and the 'Grand Debate.'* Edinburgh: T&T Clark, 1985.
Pelikan, Jaroslav. *The Christian Tradition: A History of the Development of Doctrine*, Vol. 4, *Reformation of Church and Dogma(1300-1700)*. Chicago: University of Chicago Press, 1984.
Percy, Eustace. *John Knox*. Richmond: John Knox Press, 1966.
Perkins, Pheme. "Gnostic Christologies and the New Testament." *Catholic Biblical Quarterly* 43/4 (1981): 590-606.
Placher, William C. *Unapologetic Theology: A Christian Voice in a Pluralistic Conversation*. Louisville: Westminster/John Knox, 1989.

Pugliese, Marc A. "How Important Is the Filioque for Reformed Orthodoxy." *Westminster Theological Journal* 66 (2004): 159-177.

Quistorp, Heinrich. *Calvin's Doctrine of the Last Things*. Tr. Harold Knight. Richmond: John Knox Press, 1955.

Reid, W. Stanford. "John Calvin, John Knox, and the Scottish Reformation." In *Church, Word, and Spirit: Historical and Theological Essays in Honor of Geoffrey W. Bromiley*. Ed. James E. Bradley and Richard A. Muller, 141-151. Grand Rapids: Eerdmans, 1987.

_____. *Trumpeter of God: A Biography of John Knox*. Grand Rapids: Baker, 1974.

Relton, Herbert M. *A Study in Christology: The Problem of the Relation of the Two Natures in the Person of Christ*. London: Society for Promoting Christian Knowledge, 1917.

Reymond, Robert L. *The Reformation's Conflict with Rome: Why It Must Continue!* Ross-shire, UK: Mentor, 2001.

Rogers, Jack. *Presbyterian Creeds: A Guide to the Book of Confessions*. Philadelphia: Westminster Press, 1985.

Rolston, Homes III. *John Calvin versus the Westminster Confession*. Richmond: John Knox, 1972.

Russell, Norman. *The Doctrine of Deification in the Greek Patristic Tradition*. Oxford: Oxford University Press, 2004.

Kantzer, Kenneth S. "Calvin and the Holy Scriptures." In *Inspiration and Interpretation*. Ed. John F. Walvoord, 115-155. Grand Rapids: Eerdmans, 1957.

Sanday, W. *Inspiration, Eight Lectures on the Early History and Origin of the Doctrine of Biblical Inspiration*. London: Longmans, Green, 1893.

Sanders, Fred and Klaus Issler. (Ed.) *Jesus in Trinitarian Perspective*. Nashville: B & H Academic, 2007.

Schaff, Philip. (Ed.) *The Creeds of Christendom with a History and Critical Notes*, Vol. 2, *The Greek and Latin Creeds*. Grand Rapids: Baker, 1996, rep.

_____. (Ed.) *The Creeds of Christendom with a History and Critical Notes*, Vol. 3, *The Evangelical Protestant Creeds with Translations*. Grand Rapids: Baker, 1996, rep.

Schleiermacher, Friedrich. *On Religion: Speeches to Its Cultured Despisers*. Tr. John Oman. Rep. Louisville: Westminster/John Knox, 1994.

Selderhuis, Herman J. *John Calvin: A Pilgrim's Life*. Tr. Albert Gootjes. Downers Grove, IL: IVP Academic, 2009.

Servetus, Michael. *De Trinitatis Erroribus libri septem*. 1531

_____. *Dialogorum de Trinitate*. 1532.

Stonehouse, Ned B. *J. Gresham Machen: A Biographical Memoir*. Grand Rapids: Eerdmans, 1954.

Strauss, David Friedrich. *The Life of Jesus Critically Examined*. Tr. George Eliot. Philadelphia: Fortress Press, 1972.

Strenopoulos, Germanos. "Encyclical of the Ecumenical Patriarchate, 1920: Unto the Churches of Christ everywhere." In Visse't Hooft, *The Genesis and Formation of the World Council of Churches*, 94-97.
Suh, Chul-won. "A New Thought on Covenant Doctrine." *Chongshin Theological Journal* (1997): 98-127.
_____. *The Creation-Mediatordship of Jesus Christ*. Amsterdam: Rodopi, 1982.
Tavard, George H. *The Starting Point of Calvin's Theology*. Grand Rapids: Eerdmans, 2000.
The Members of the Faculty of Westminster Theological Seminary. *The Infallible Word: A Symposium*. Philadelphia: The Presbyterian Guardian Publishing Corporation, 1946.
*The New Delhi Report*. New York: Association Press, 1961.
Torrance, James B. "The Concept of Federal Theology–Was Calvin a Federal Theologian?" In *Calvinus Sacrae Scripturae Professor: Calvin as Confessor of Holy Scripture*. Ed. Wilhelm H. Neuser, 15-40. Grand Rapids: Eerdmans, 1994.
Torrance, Thomas F. *Calvin's Doctrine of Man*. London: Lutterworth Press, 1952.
_____. *Scottish Theology: From John Knox to John McLeod Campbell*. Edinburgh: T.&T. Clark, 1996.
_____. *Theology in Reconciliation: Essays towards Evangelical and Catholic Unity in East and West*. Grand Rapids: Eerdmans, 1975.
Turretin, Francis. *Institutes of Elenctic Theology*, Vol. 2, *Eleventh through Seventeenth Topics*. Tr. George Musgrave Giger, Ed. James T. Dennison, Jr. Phillipsburg, NJ: Presbyterian and Reformed Publishing Company, 1994.
_____. *Institutio Theologiae Elencticae*. New York: University Press, 1847.
Van Asselt, Willem J. *Introduction to Reformed Scholasticism*. Tr. Albert Gootjes. Grand Rapids: Reformation Heritage Books, 2011.
Van Til, Cornelius. *The Defense of Faith*. Phillipsburg, NJ: Presbyterian and Reformed Publishing, 1955.
_____. *The Protestant Doctrine of Scripture, In Defense of the Faith*, Vol. 1. Ripon, CA: Den Dulk Christian Foundation, 1967.
Van't Spijker, Willem. "'Extra Nos' and 'In Nobis' by Calvin in a Pneumatological Light." In *Calvin and the Holy Spirit*. Ed. Peter De Klerk, 39-62. Grand Rapids: Calvin Studies Society, 1989.
_____. *Calvin: A Brief Guide to His Life and Thought*. Tr. Lyle D. Bierma. Louisville: Westminster John Knox Press, 2009.
Vermigli, Peter Martyr. *Dialogue on the Two in Christ*. Tr. & Ed. John Patrick Donnelly, S. J., *The Peter Martyr Library Series One*. Kirksville, MO: Sixteenth Century Essays & Studies, 1995.
Vos, Geerhardus. *Biblical Theology*. 1948; Grand Rapids: Eerdmans, 1980.
Wallace, Ronald S. *Calvin, Geneva and the Reformation: A Study of Calvin as Social Reformer, Churchman, Pastor and Theologian*. Grand Rapids: Baker, 1988.

_____. *Calvin's Doctrine of The Christian Life*. Edinburgh: Oliver and Boyd, 1959.

_____. *Calvin's Doctrine of the Word and Sacrament*. Edinburgh: Oliver and Boyd, 1953.

Warfield, Benjamin B. "Calvin's Doctrine of the Knowledge of God." In *The Works of Benjamin B. Warfield*, Vol. 5, *Calvin and Calvinism*, 353-369. Grand Rapids: Baker, 2003, rep.

_____. "Calvin's Doctrine of the Trinity." In *Calvin and Augustine*. Ed. Samuel G. Craig, 187-284. Philadelphia: Presbyterian and Reformed Publishing Company, 1956.

_____. "Calvin's Doctrine of the Trinity." In *The Works of Benjamin B. Warfield*, Vol. 5, *Calvin and Calvinism*. Grand Rapids: Baker, 2003, rep.

_____. "Christ Our Sacrifice." In *The Works of Benjamin B. Warfield*, vol 2, *Biblical Doctrines*, 401-435. New York: Oxford University Press, 1932.

_____. "Concerning Schmiedel's 'Pillar Passages'." In *The Works of Benjamin B. Warfield*, Vol. 3, *Christology and Criticism*, 181-255. New York: Oxford University Press, 1932.

_____. "John Calvin the Theologian." In *Calvin and Augustine*. Ed. Samuel G. Craig, 481-507. Philadelphia: Presbyterian and Reformed Publishing, 1956.

_____. "Predestination in the Reformed Confessions." In *The Works of Benjamin B. Warfield*, Vol. 9, *Studies in Theology*, 49-128. New York: Oxford University Press, 1932.

_____. "The Biblical Doctrine of the Trinity." In *The Works of Benjamin B. Warfield*, Vol. 2, *Biblical Doctrines*, 133-172. New York: Oxford University Press, 1932.

_____. "The Person of Christ." In *The Works of Benjamin B. Warfield*, Vol. 2, *Biblical Doctrines*, 175-210. New York: Oxford University Press, 1932.

_____. *Calvin and Augustine*. Philadelphia: Presbyterian and Reformed Publishing, 1956.

_____. *The Plan of Salvation*. Grand Rapids: Eerdmans, 1977.

_____. *The Westminster Confession and Its Work*. New York: Oxford University Press, 1931; rep. Grand Rapids: Baker Book House, 1981.

Weir, David A. *The Origins of the Federal Theology in Sixteenth-Century Reformation Thought*. Oxford: Clarendon Press, 1990.

Wendel, François. *Calvin: The Origins and Development of His Religious Thought*. Tr. Philip Mairet. New York: Harper and Row, 1973.

Willis, David. E. *Calvin's Catholic Christology: The Function of the So-Called Extra Calvinisticum in Calvin's Theology*. Leiden: E. J. Brill, 1966.

Witsius, Herman. *The Economy of the Covenants between God and Man: Comprehending A Complete Body of Divinity*, 2 Vols., Tr. William Crookshank. London: R. Baynes, 1990.

Wyatt, Peter. *Jesus Christ and Creation in the Theology of John Calvin*. Allison Park, Pa.: Pickwick Publications, 1996.

간하배. 『한국 장로교 신학사상』. 서울: 실로암, 1988.

금주섭. "WCC는 구원의 통전성과 일치 속의 선교를 지향한다." 「목회와 신학」 2010, 4: 80-90.

김길성. "W.C.C. 신학에 대한 이해와 평가." 「개혁논총」 16 (2010): 89-128.
_____. "교회의 기원과 본질에 관한 연구." 「신학지남」 75/3 (2008): 32-59.
_____. "교회의 속성과 표지." 「신학지남」 76/3 (2009): 54-79.
_____. "교회의 일치와 순결: 개혁파 교회론을 위한 시도." 「신학지남」 62/2 (1995): 104-142.
_____. "누가 교회의 일치를 깨뜨렸는가?" 「신학지남」 307 (2011, 여름): 4-12.
_____. "박형룡 박사의 신학에 대한 이해와 평가." 『총신의 신학 전통』, 13-49. 서울: 총신대학교 출판부, 2013.
_____. "잔 그레스햄 메이천의 교회론." 「신학지남」 69/1 (2002): 226-277.
_____. "찰스 핫지의 교회론." 「신학지남」 74/3 (2007): 100-120.
_____. "칼빈과 교회의 일치." 「신학지남」 70/1 (2003): 170-195.
_____. "한국장로교회 신학 100년의 회고와 전망." 「개혁논총」 22 (2012): 71-117.
_____. 『개혁 신학과 교회』. 서울: 총신대학교 출판부, 2004, 개정판.
_____. 『개혁신앙과 교회』. 서울: 총신대학교 출판부, 2001.
_____. 『총신의 신학 전통』. 서울: 총신대학교 출판부, 2013.
김남식. 『아름다운 원칙주의자 해원 정규오 목사』. 해원기념사업회, 2007.
대한예수교장로회 총회. 『헌법』. 서울: 대한예수교장로회 헌법, 1992.
대한예수교장로회총회(고려). 「파수군」 130-142호 (1963-1964).
레훼버, 에네스트 W. 『나이로비에서 뱅쿠버까지』(Nairobi to Vancouver). 전호진 역. 서울: 바른신앙, 1988.
_____. 『암스테르담에서 나이로비 대회까지: W.C.C.와 제3 세계』(Amsterdam to Nairobi: The World Council of Churches and the Third World). 전호진 역. 서울: 한국기독교교육연구원, 1981.
루니아, 클라아스. 『현대의 종교개혁』(Reformation Today). 이종전 역. 서울: 아벨서원, 2004.
로이드 존스, 마틴·이안 머리. 『존 녹스와 종교개혁』. 조계광 역. 서울: 지평서원, 2011.
문병호. "Calvinus Theologus: 신학자 칼빈." 『칼빈신학: 근본 성경교리 해석』, 37-59. 서울: 지평서원, 2015.
_____. "Expiatio, Propitiatio, Reconciliatio(속죄, 용서, 화목): 바빙크의 그리스도의 무름 이해." 「신학지남」 75/2: 325-346.
_____. "개혁주의 생명신학의 영생관: 칼빈의 요한문헌 주석을 중심으로." 「생명과 말씀」 3 (2011): 9-50.
_____. "교리와 교육: 칼빈의 제1차 『신앙교육서』를 중심으로." 『칼빈신학: 근본 성경교리 해석』, 139-167. 서울: 지평서원, 2015.
_____. "그리스도의 무름(satisfactio Christi) I: 개혁주의 속죄론의 형성." 「신학지남」 73/4 (2006): 326-350.
_____. "비(非)성경적, 반(反)교리적: WCC의 가시적 교회일치론 비판." 「역사신학논총」 19 (2010): 40-61.
_____. "신학자로서의 칼빈." 오정호 편. 『칼빈과 한국교회』, 169-208. 서울: 생명의 말씀사, 2009.

_____. "언약의 실체 그리스도(Christus Substantia Foederis): 프란시스 뚤레틴의 은혜언약의 일체성 연구." 「개혁논총」 9 (2008): 119-144.
_____. "죽산 박형룡의 언약신학: '언약적 전가' 개념을 중심으로 한 '차별금지법'에 대한 단상과 더불어." 「신학지남」 80/2 (2013): 83-102.
_____. "차알스 핫지의 그리스도의 양성의 위격적 연합 교리 I: 영원한 작정과 역사적 언약에 관한 성경적 사실들." 「신학지남」 80/1 (2013): 81-104.
_____. "칼빈의 교회론: 기독론 삼위일체론 관점에서." 「조직신학연구」 8 (2006): 44-71.
_____. "칼빈의 기독론." 『칼빈신학개요 I』, 69-84. 서울: 두란노 아카데미, 2009.
_____. "프란시스 뚤레틴의 그리스도의 위격적 연합 교리 이해: 칼빈의 계승과 심화라는 측면을 덧붙여." 이상규 편. 『칼빈 이후의 개혁신학자들』, 208-232. 부산: 고신대학교 개혁주의 학술원, 2013.
_____. "해원 정규오 목사의 자유주의 신학 비평." 『해원 정규오 목사의 생애와 사상』, 326-353. 서울: 쿰란출판사, 2011.
_____. 『30주제로 풀어 쓴 기독교 강요: 성경교리정해』. 서울: 생명의 말씀사, 2013, 수정 증보판.
_____. 『교회의 '하나 됨'과 교리의 '하나임.' WCC의 '비성경적,' '반교리적' 에큐메니즘 비판: 정통 개혁주의 조직신학적 관점에서』. 서울: 지평서원, 2012.
_____. 『기독론: 중보자 그리스도의 인격과 사역』. 서울: 생명의 말씀사, 2016.
_____. 『왜 우리는 WCC를 반대하는가?』. 서울: 대한예수교장로회총회 출판부, 2012.
_____. 『칼빈신학: 근본 성경교리 해석』. 서울: 지평서원, 2015.
_____. 편. 『WCC 신학 비판』. 서울: 목양사, 2010.
박명수. "WCC는 통전적 전도를 지향하지 않는다." 「목회와 신학」 (2010, 4): 68-79.
박성원. "세계교회협의회(WCC) 제10차 총회의 의의와 준비." 6-9. 출처, http://www.wcc2013.kr
_____. "함께 생명을 향하여-변화된 에큐메니칼 지형에서의 선교와 전도-." 1-14. 출처, http://www.wcc2013.kr
박용규. 『한국 장로교 사상사: 한국교회와 성경의 권위』. 서울: 총신대학교 출판부, 1992.
_____. 『한국기독교회사 2. 1910-1960』. 서울: 생명의 말씀사, 2004.
박윤선. "신학교육, 주석사업, 설교에 몸 바쳐온 삶." 「신앙계」 1983년 1월: 38-41.
_____. 『개혁주의 교리학』. 서울: 영음사, 2003.
_____. 『성경신학』. 서울: 영음사, 1981.
_____. 『성경주석 고린도 전후서』. 서울: 영음사, 1962.
_____. 『성경주석 공관복음』. 서울: 영음사, 1964.
_____. 『성경주석 로마서』. 서울: 영음사, 1991.
_____. 『성경주석 바울서신』. 서울: 영음사, 1964.
_____. 『성경주석 사도행전』. 서울: 영음사, 1961.
_____. 『성경주석 소선지서』. 서울: 영음사, 1962.
_____. 『성경주석 예레미야서』. 서울: 영음사, 1975.

_____. 『성경주석 요한복음』. 서울: 영음사, 1970.
_____. 『성경주석 이사야서』. 서울: 영음사, 1964.
_____. 『성경주석 창세기 출애굽기』. 서울: 영음사, 1968.
_____. 『성경주석 히브리서 공동서신』. 서울: 영음사, 1965.
_____. 『웨스트민스터 신앙고백서』. 서울: 영음사, 1989.
박정신. "우리 지성사에서 본 신학자 박형룡." 「한국개혁신학」 21 (2007): 48-63.
박형룡. "신복음주의 신학." 『박형룡박사 저작전집 IX, 현대신학비평 하권』, 99-125. 서울: 한국기독교교육연구원, 1977.
_____. "신비적 속죄론." 『박형룡박사 저작전집 XIV, 신학논문 하권』, 60-75. 서울: 한국기독교교육연구원, 1977.
_____. "에큐메니칼 운동 신학." 『박형룡박사 저작전집 IX, 현대신학비평 하권』, 70-98. 서울: 한국기독교교육연구원, 1977.
_____. "에큐메니칼 운동의 교리와 목적." 『박형룡박사 저작전집 XIV, 신학논문 하권』, 112-136. 서울: 한국기독교교육연구원, 1977.
_____. "유형교회의 합리성." 『박형룡박사 저작전집 XIV, 신학논문 하권』, 93-112. 서울: 한국기독교교육연구원, 1977.
_____. "칼빈의 예정론." 『박형룡박사 저작전집 XIII, 신학논문 상권』, 339-350. 서울: 한국기독교교육연구원, 1977.
_____. "한국 장로교회의 신학적 전통." 『박형룡박사 저작전집 XIV, 신학논문 하권』, 389-402. 서울: 한국기독교교육연구원, 1977.
_____. 『박형룡박사 저작전집 I, 교의신학 서론』. 서울: 한국기독교교육연구원, 1977.
_____. 『박형룡박사 저작전집 II, 교의신학 신론』. 서울: 한국기독교교육연구원, 1977.
_____. 『박형룡박사 저작전집 III, 교의신학 인죄론』. 서울: 한국기독교교육연구원, 1977.
_____. 『박형룡박사 저작전집 IV, 교의신학 기독론』. 서울: 한국기독교교육연구원, 1977.
_____. 『박형룡박사 저작전집 VI, 교의신학 교회론』. 서울: 한국기독교교육연구원, 1977.
_____. 『박형룡박사 저작전집 VIII, 현대신학비평 상권』. 서울: 한국기독교교육연구원, 1977.
_____. 『박형룡박사 저작전집 IX, 현대신학비평 하권』. 서울: 한국기독교교육연구원, 1977.
_____. 『박형룡박사 저작전집 XIII, 신학논문 상권』. 서울: 한국기독교교육연구원, 1977.
_____. 『박형룡박사 저작전집 XIV, 신학논문 하권』. 서울: 한국기독교교육연구원, 1977.
서영일. 『박윤선의 개혁신학 연구』. 장동민 역. 서울: 한국기독교역사연구소, 2000.
서철원. "20세기 신학의 회고와 전망." 「신학지남」 66/4 (1999): 52-69.
_____. "공교회의 종말 신앙." 「신학지남」 58/3 (1991): 7-28.

_____. "발트 신학의 문제점들." 「신학지남」 66/1 (1999): 160-171.
_____. "보수 신학이란 무엇인가?" 「신학지남」 63/1 (1996): 158-185.
_____. "성령 세례와 구원." 「목회와 신학」 1991년 1월 (통권 19호): 236-243.
_____. "아따나시오스(Athanasios) 신학." 「신학지남」 65/2 (1998): 87-109.
_____. "아직도 성경의 영감이 문제가 되어야 하는가." 「목회와 신학」 1995, 2월호: 114-133.
_____. "종교다원주의와 구속 신앙." 「신학지남」 64/1 (1997): 131-157.
_____. "카알 라아너의 기독론." 「신학지남」 61/4 (1994): 163-179.
_____. "현대신학의 동향." 「신학지남」 62/1 (1995): 23-60.
_____. "화이트헤드의 신관과 세속 신학자들." 「신학지남」 39/3 (1972): 65-78.
_____. 『교리사』. 서울: 총신대학교출판부, 2002.
_____. 『기독교 문화관』. 서울: 총신대학교출판부, 1992.
_____. 『기독론』. 서울: 총신대학교출판부, 2000.
_____. 『복음과 율법과의 관계』. 개정판. 서울: 엠마오, 1987.
_____. 『성령신학』. 개정판. 서울: 총신대학교출판부, 2006.
_____. 『신학서론』. 서울: 총신대학교출판부, 2000.
_____. 『하나님의 구속경륜』. 서울: 성문당, 1989.
소재열. "해원 정규오 목사와 '51인 신앙동지회' 성경관." 『해원 정규오 목사의 생애와 사상』, 79-166. 서울: 쿰란출판사, 2011.
손병호. "한국 장로교 정치제도의 현황과 문제점." 심창섭, 손병호, 이성의 공저. 『오늘의 한국 장로교 정치제도 이대로 좋은가?』, 93-182. 서울: 엠마오, 1997.
오덕교. 『장로교회사』. 수원: 합동신학대학원출판부, 2006.
유영기. "계약신학적 입장에서 본 박윤선 신학." 『박윤선의 생애와 사상』, 151-172. 서울: 합동신학교출판부, 1995.
이범성. "에큐메니칼 운동에 대한 예장통합 교단(PCK)의 입장." 대한예수교장로회 총회 에큐메니칼위원회 편. 『21세기 한국교회의 에큐메니칼 운동』, 47-59. 서울: 대한기독교서회, 2008.
이상규. "해원 정규오 목사의 교회론." 『해원 정규오 목사의 생애와 사상』, 254-289. 서울: 쿰란출판사, 2011.
이상웅. "박형룡과 웨스트민스터 신앙고백서." 「개혁신학회」 14 (2010): 51-82.
_____. "송암 김길성 박사의 생애와 신학적 관심사들: 하나님·성경·교회중심의 삶." 「개혁논총」 30 (2014): 17-64.
_____. 『박형룡 박사와 개혁신학』. 용인: 목양, 2013.
이승구. "WCC의 문제점에 관한 한 고찰." 「백석신학저널」 18 (2010, 봄): 61-74.
_____. "정암의 개혁파적 교회론에 대한 한 고찰." 「한국개혁신학」 25 (2009): 118-152.
장차남. "해원 정규오 목사의 신학 사상." 『해원 정규오 목사의 생애와 사상』, 21-45. 서울: 쿰란출판사, 2011.
정규오. "낙태에 대한 성경적 고찰." 「광신논단」 제4집 (1992): 9-18.
_____. "공산주의의 몰락과 기독교의 사명." 「광신논단」 제3집 (1991): 9-52.

_____. "나의 신학, 신앙, 인격의 모델." 김남식, 『아름다운 원칙주의자 해원 정규오 목사』, 400-408. 해원기념사업회, 2007.
_____. "박형룡 박사의 김재준교수 진술서 검토." 『신학적 입장에서 본 한국장로교교회사 (상)』, 61-67. 한국복음문서협회, 1991.
_____. "이상적인 성경교육(딤후 3:14-17)." 『정규오박사 저작전집 VIII, 소논문』, [페이지를 찾아 볼 수 없었습니다]. 한국복음문서협회, 1988.
_____. "칼빈주의 경제관." 「광신논단」 제1집 (1989): 1-40.
_____. 『나의 나된 것은: 정규오목사 회고록』. 한국복음문서협회, 1984.
_____. 『신학적 입장에서 본 한국장로교교회사 (상)』. 한국복음문서협회, 1991.
_____. 『정규오박사 저작전집 I, 로마서 강해』. 한국복음문서협회, 1988.
_____. 『정규오박사 저작전집 II, 복음의 폭탄』. 한국복음문서협회, 1988.
_____. 『정규오박사 저작전집 III, 새 사람 운동』. 한국복음문서협회, 1988.
_____. 『정규오박사 저작전집 IV, 골고다의 세 십자가』. 한국복음문서협회, 1988.
_____. 『정규오박사 저작전집 IX, 사도신경해설』. 한국복음문서협회, 1970.
_____. 『정규오박사 저작전집 VIII, 소논문』. 한국복음문서협회, 1992.
_____. 『정규오박사 저작전집 XII, 교회행정학』. 한국복음문서협회, 1984.
정병준. "최근 한국교회 내부의 WCC 비판의 근거에 대한 역사적 고찰." 「백석신학저널」 18 (2010, 봄): 49-60.
정성구. "박윤선 목사의 신학과 설교 연구." 『박윤선의 생애와 사상』, 369-419. 합동신학교출판부 편. 서울: 합동신학교출판부, 1995.
조영엽. 『세계교회협의회(W.C.C.)의 실상을 밝힌다』. 서울: 언약출판사, 2010.
차영배. "'성령 세례와 구원'에 대한 논평." 「목회와 신학」 1991년 1월 (통권 19호): 236-243.
_____. "박윤선 신학에 미친 화란 개혁신학의 영향." 『박윤선 신학과 한국신학』, 29-56. 기독교학술원 편. 서울: 기독교학술원, 1993.
칼빈, 존. 『라틴어 직역 기독교 강요: 경건에 대한 순수한 가르침』. 문병호 역. 서울: 생명의 말씀사, 2009.
한국칼빈학회 편. 『John Calvin I: 칼빈 신학 개요』. 서울: 두란노 아카데미, 2009.
홍정이·문병호 편. 『WCC는 우리와 무엇이 다른가?』. 서울: 대한예수교장로회총회 출판부, 2011.
황창기. 『그리스도 중심의 성경 이해』. 서울: 이레서원, 2000.

# 주제별 색인

* 쪽수 뒤에 "주"가 붙은 경우에는 해당 쪽수의 각주를 가리킨다.

가르침의 순서(ordo docendi) 45, 62, 91, 134, 313
간과(παρεσις) 141, 150
감독 74, 78, 79, 80, 88주, 89주, 254
감화(persuasio) 29, 48, 49, 51, 58, 74, 75, 91주, 92, 100, 108, 109, 118, 120, 122, 173, 201, 209, 230, 235, 273, 280
갑바도기아 교부들 6, 170
개혁파 정통주의(Reformed Orthodoxy) 15, 21, 25주, 54
개혁파 학문주의(Reformed Scholasticism) 21
경건하고 올바른 삶의 규범(regula vivendi pie et iuste) 37, 47, 50, 223
경배의 존영(honor adorationis) 171
계속적 중보 48, 89, 174, 224, 228, 271, 279주, 280주, 304, 305, 306, 307, 315주
계시: 계시된 계시(revelatio revelata) 28, 292; 계시의 정점(culmen, climax) 29; 맞추어 주신 계시(revelatio accommodata) 28; 모형계시(revelatio ectypa) 28, 30, 271; 원형계시(revelatio archetypa) 28, 30, 271; 일반계시 47, 50, 54, 58, 91, 120; 특별계시 47, 49, 50, 54, 58, 91, 120
계시의 원리 혹은 신학의 원리: 계시의 원리(principia revelationis) 혹은 신학의 원리(principia theologiae) 28, 29, 54, 64, 216; 인식의 원리(principium agnoscendi) 28, 29, 216; 존재의 원리(principium essendi) 28, 216
공예배 지침서(Directory of Public Worship) 87주
공평(aequitas) 61, 76
교리권 48, 53, 74
교사 43, 73, 74, 78, 80, 82, 83, 84, 89, 101
교황: 교황 7, 53, 81, 84, 231, 331; 교황의 수위권 331; 보편적 감독(episcopus universalis) 108
교회의 본질과 당위: 가르치는 교회(ecclesia docens) 38, 53, 73, 234; 가시적 교회(可視的 教會, ecclesia visibilis) 8, 37, 38, 40, 53, 55, 60, 78, 108, 119, 120, 125, 130, 232, 233, 236, 257, 258, 262, 269, 310; 거룩성(sanctitas) 236, 329, 330, 333; 공교회(catholic church) 331; 교회의 권위 108, 233; 교회일치 240, 261, 267, 269; 무형교회 37주, 38주, 40, 86, 93, 124-129, 144, 231, 257, 258, 261, 262, 269, 324, 329-332; 보편교회(ecclesia catholica 혹은 universalis, universal church) 40, 108, 120, 130, 257, 329, 331, 333; 보편성(catholicitas) 125, 144, 231, 236, 268, 269, 310, 329-331; 보편적 무형교회 124, 128; 보편적 유형교회 128; 비가시적 교회(非可視的 教會, ecclesia invisibilis) 8, 37, 40, 53, 55, 60, 78, 86, 108, 116, 119, 120, 125, 130, 232, 233, 236, 257, 258, 261, 262, 269, 310; 사도성(apostolicitas) 231, 236, 310, 329, 331; 사도적(apostolica) 17, 38, 53, 216, 329, 337; 선포하는 교회(ecclesia praedicens) 53, 234; 성경-역사적 교회 70, 101, 102, 127; 성도의 교제 72, 89, 106, 130, 334; 신도의 교통 혹은 성도의 교통(communio fidelium 혹은 sanctorum) 124; 어머니로서의 교회(ecclesia mater) 53, 109, 125; 에클레시아(ἐκκλεσια) 327-329; 연합체(societas) 38, 52, 60, 106, 152, 232, 244; 유형교회 37주, 38주, 40, 86, 93, 119, 125-129, 144, 231, 257, 258, 261, 262, 269, 324, 329-332; 신도의 모(母)체(mater fidelium) 124; 유일한 감독 107, 108; 피택자들의 총수와 집단(coetus

*et numerus electorum*) 38, 53, 60, 124, 125, 232, 324

교회의 서고 넘어짐의 조항(*articulus stantis et cadentis ecclesiae*) 15, 22, 60, 209, 253

교회의 표지: 교회의 표지(*nota ecclesiae*) 53, 82, 119주, 332, 333; 권징 18, 38, 46, 48, 53, 60, 73, 75, 77, 78, 83, 86, 89, 90, 129, 326, 332주, 333; 말씀의 순수한 선포(*pura praedicatio verbi*) 38, 332; 사법권 48, 53, 74; 성례의 합법적 거행(*administratio legitima sacramentorum*) 38, 332; 열쇠의 권한(*clavium potestas*) 75, 90, 107, 331; 재판권 75; 치리권 129; 힘줄 60, 61, 108, 332주, 333

교회정치(교정[敎政]) 72, 86, 87, 88, 89, 90, 105, 107, 108, 116, 129, 209, 210, 213, 239, 251, 260, 264, 267

구속사적 성취와 구원론적 적용: 구속사적-구원론적 9, 24, 33, 62, 64, 121, 132, 133, 151, 153, 155, 163, 165, 166, 167, 174, 187주, 207; 구속사적 성취 34, 102, 132, 153, 154, 174, 205; 구원론적 적용 34, 102, 132, 153, 154, 205

구원서정(救援序程, *ordo salutis*) 46, 52, 119, 202, 235, 271, 275, 311주

구원협약: 구속경륜(an economy of redemption) 180주, 191; 구속언약(*pactum salutis*) 134, 138, 139, 140, 141, 142, 143, 179, 206; 구원경륜(*consilium salutis divinum*) 273, 276, 277, 307; 구원협약(*pactum salutis*) 23, 133, 140, 150, 153, 154, 165, 167, 174, 179, 180, 183, 184, 189, 190, 198, 205, 222, 276, 277, 279, 284, 285, 307-309, 324; 삼위 하나님의 협정(συνθήκη) 140

국가적 통치 75

그리스도: 가현설 229, 285; 공로 25, 31, 58, 118, 128, 195, 198, 201, 204주, 225, 227, 280, 281, 292, 332; 구원중보자 10, 179, 185, 271-273, 275, 278, 279, 286, 296, 298, 299, 301, 302, 305, 306, 308, 309, 313, 314; 귀속(歸屬, appropriation) 163, 168-170; 기체(*suppositum*) 156; 당하신 순종(*obedientia*

*passiva*, passive obedience) 9, 25, 51, 147주, 152, 153, 186, 187주, 201; 둘째 아담 145, 200; 로고스(λογος) 157-159, 161, 171, 175, 274, 278주, 289, 296-298, 300, 308, 314; 보증(ἔγγυος)의 중보격(格) 144; 보증(ἔγγυος, ἀρραβών, *pignus*) 139, 141, 142, 143, 184, 205, 276, 308; 부활 32, 46주, 48, 54, 55, 60, 97, 152, 166, 173, 211, 226, 227, 243, 254, 264, 268, 294, 295, 306, 307, 310, 315주; 비하(*humiliatio*) 48, 51, 54, 55, 154, 169, 171, 172, 173, 186, 225, 272, 309, 313, 314; 사역의 교통(*communicatio operationum sive apotelesmatum*) 168, 169; 삼중직(*munus triplex*) 51, 55, 226, 270; 선재 161, 284, 289, 290, 292, 305, 313; 성육신 29, 30, 48, 55, 57, 159, 160, 161, 162, 163, 166, 172, 173, 175, 179, 186, 211, 225, 272, 274, 278, 279, 281, 282, 284, 285, 286, 287, 288, 289, 291, 295, 298, 300, 301, 302, 304, 305, 308, 314, 315주; 성육신하신 로고스(λογος *incarnatus*) 172, 277; 성육신하실 로고스(λογος *incarnandus*) 172, 277; 성자의 나심(*generatio*) 50, 55; 속성교통(*communicatio idiomatum*) 55, 168, 175; 술어적 교통(*communicatio verbalis*) 168; 승귀(*exaltatio*) 48, 51, 54, 55, 154, 169, 171-173, 290, 309, 314, 315; 양성의 교통 48, 154, 168, 169, 170, 171, 175; 연합의 중보자(*mediator unionis*) 300; 영원한 나심 175, 296; 요점재현(*recapitulatio*) 294, 295; 위격적 고난의 감수 270, 272, 298, 308, 313; 위격적 연합(*unio hypostatica*) 24, 34, 48, 51, 53, 54, 55, 105, 154, 155, 158, 159, 160, 164, 165, 166, 167, 168, 169, 170, 172, 173, 174, 175, 225, 235, 270, 272, 287, 289, 290, 302, 304, 305, 308, 309, 313, 314; 육신을 입지 않으신 말씀(*Logos asarkos*) 284, 285; 율법의 중보자 그리스도(Christ the Mediator of the law, *Christus mediator legis*) 24, 275; 은사의 교통(*communicatio gratiarum*) 168, 170-173; 의(義) 8, 9, 34, 35, 48, 50-52, 59, 62, 92,

100, 105, 106, 109, 122, 124, 127, 132, 137, 142-144, 146, 148, 149, 152, 153, 174, 193, 199, 201, 207, 223, 233, 235, 236, 271, 275, 281주, 298, 317; 인격과 사역 23, 31, 134, 171, 174, 270주; 인격성(personality) 165, 336; 일의설 155; 접근(προσαγωγη)의 중보격(格) 144; 중보자(μεσίτης, mediator) 24, 34, 38, 47주, 48, 50, 51, 53-55, 59, 61, 87주, 103, 105, 107, 120, 127, 132, 140주, 143, 151-155, 160, 166, 167, 169, 171, 174-176, 182, 184-186, 191, 197, 205-207, 224, 225, 228, 235, 244, 261, 268-273, 278, 281주, 287, 290, 297, 299, 300, 304, 305, 309, 313-315, 324, 330; 케노시스(κένωσις, exinanitio) 172, 302; 행하신 순종(obedientia activa, active obedience) 9, 25, 51, 147주, 152, 153, 186, 187주, 201
그리스도인의 삶 26, 36주, 48, 52, 54, 59, 130, 144, 199, 200, 202
그리스도인의 자유 37, 48, 54, 59
근본조항들(articuli fundamentales) 31주, 107
『기독교 강요』 8, 23, 30, 42주, 43, 44, 46-49, 54-56, 62, 63, 67, 77, 85, 91, 104, 105, 126, 168, 202주, 223, 315주, 321, 329, 332
『기독교 근대신학 난제 선평』 214, 251, 259
기독교 철학(philosophia Christiana) 20
기독론: 기독론 8-10, 23, 24, 28, 29, 31, 46, 50, 51, 53, 56, 61-63, 64주, 68, 103-105, 109, 119, 123, 126, 129, 130, 133, 134, 153, 174, 175, 206, 211, 221, 224, 226주, 232, 233, 242, 243, 270주, 271, 273, 275주, 286, 317, 318, 325, 332, 334; 상승기독론 274, 278주, 290주, 301, 304, 305; 하강기독론 274
네스토리우스주의 155
니케아 신경 93
니케아-콘스탄티노플 신경 231, 268, 329, 330
대한예수교장로회 38주, 240, 241-243, 247-249주, 264-266
도르트 신경(The Canons of Dort) 31, 123

독경자(讀經者, lay reader) 78, 79, 81
로마 가톨릭, 로마 가톨릭주의자 6, 7, 19, 27, 48, 53, 68, 78, 79, 81주, 91주, 109, 124, 125, 166, 167, 183, 211, 231, 233, 235, 237주, 253, 257, 261, 262, 264, 333, 335
루터란(Lutheran), 루터주의(Lutheranism) 17, 22, 27, 68, 69, 119, 168, 171, 172, 223, 275주, 290, 333, 335
망명객 종교개혁(the Reformation of the Refugees) 17, 44, 68주
목사 43, 73, 74, 78-84, 88주, 89, 102
무름: 대리적 무름(satisfactio vicaria) 48, 55, 106, 112, 114, 147, 148주, 272, 278, 307; 무름의 값(pretium satisfactionis) 147
미국 북장로교회(PCUSA) 32
범신론 97, 159, 171, 282, 314
법정적 55, 59, 146, 152, 217, 227, 229주, 317, 332
변증(apologetica) 6, 10, 15, 27, 39, 41, 54, 56, 63, 64, 67, 78, 94, 98, 99, 103, 114, 209, 210, 211, 213-215, 224, 236, 260, 267, 272, 292, 315, 319주
복음주의협의회(NAE: National Association of Evangelicals) 239, 248, 259, 265-267
불가항력적 은혜 31, 36, 150
비밀교회(privy kirks) 78
비본질주의(Extrinsecismus) 286
사도신경 46, 49, 93, 214, 215, 220, 330
살아남과 살아감 53, 152
삼위일체 22, 25, 28, 29, 31, 33, 40, 47, 50, 54, 55, 57, 63, 119, 127, 133, 139, 140, 142, 154, 160, 173-175, 179, 180, 184, 189, 191, 211, 218-220, 224, 235, 242, 243, 254, 268, 272주-274, 291, 315주, 317, 324, 334
삼위일체론적-기독론적 28, 62, 133
선행 45, 50, 55, 78, 114, 150
섭리(providence) 23, 31, 47, 50, 54, 55, 68, 76, 78, 111, 118, 122, 139, 151, 219, 224, 225, 232, 236, 274
성경: 성경의 권위(auctoritas) 32, 40, 71, 74, 91, 108, 213주, 216, 264; 성경의 무오 32, 40, 41, 71, 91, 103, 213주, 215-

218, 237, 260, 315주, 321; **성경의 성령 영감**(*inspiratio*) 29, 32, 33주, 41, 49, 55, 58, 71, 86, 91, 94, 95, 99, 217, 218, 260, 273, 275주, 315주; **성경의 자증** 74, 91, 92, 117, 122; **성경의 정경성** 218; **완전축자영감** 217; **유기적 영감** 217
**성도의 견인** 32, 36주, 46, 55
**성도의 그리스도와의 신비한 연합**(*unio mystica cum Christo*) 28, 38, 47주, 48, 51, 60, 72, 96, 99, 105, 108, 112, 119, 125, 128, 129, 175, 178, 200, 202, 208주, 230, 233, 235, 257, 279주, 314, 331
**성도의 표지** 53, 60, 82
**성령: 그리스도의 영**(πνεῦμα Χριστοῦ) 35, 51, 59, 92, 120-122, 129, 185, 228-230, 258, 306, 310-314; **보혜사 성령** 34, 35, 51, 62, 105, 128, 142, 166, 228주, 231, 309-312; **성령의 나오심**(*processio*, 출래, 발출) 33, 50, 55, 229, 312; **성령의 내적 증거**(*testimonium internum Spiritus Sancti*) 117; **성령의 은밀하고 내적인 증거**(*arcanum et interius testimonium*) 235; **필리오케**(*Filioque*) 55, 229주, 304
**성례: 공재설** 119, 333; **상징설** 333; **성령 세례** 226, 313; **성례** 18, 38, 46-48, 53-55, 60, 61, 68, 73, 77-83, 86, 89주, 106, 119주, 126, 128주, 242, 304, 319, 332, 335; **성례적 연합**(*unio sacramentalis*) 53-55; **성찬** 38, 46, 48, 60, 79, 81, 86, 87, 118, 119, 173주, 205, 332, 336; **세례** 38, 46, 48, 60, 79, 85, 226, 336; **표징**(*signum*) 53, 86, 235주, 336; **화체설** 333
**성화** 9, 37, 45, 48, 50, 52, 55, 59, 64주, 121, 144, 152, 173, 222, 223, 227, 229, 330, 335, 336
**소뮈르**(Saumur) **학파** 235주
**속죄론: 사탄배상설** 294주; **속죄**(*expiatio*) 25, 51, 54, 55, 58, 106, 134, 142, 147, 148, 151, 154, 174, 179, 186, 190, 192, 196, 198, 201-203, 206, 226, 228주, 235, 236, 254, 272, 273, 279, 294, 307; **용서**(*propitiatio*) 112, 147, 166, 228주, 238, 306, 307; **화목**(和解, καταλλαγή, *reconciliatio*)

144, 147, 224, 228주, 280, 283-285, 292, 300, 302, 307
**숨어 계시는 하나님**(*Deus absconditus*) 284
**스스로 계신 하나님**(*Deus in se*) 29, 62
**스코틀랜드 장로교: 스코틀랜드 신앙고백서** (the Scot Confession of Faith) 72, 77, 78, 79, 86, 88, 104, 116, 117, 119; **스코틀랜드 장로교** 25주, 39, 77, 87, 88, 90주, 99, 104, 121; **일반예식서**(the Book of Common Order 혹은 Knox's Liturgy) 77; **제1 치리서**(the First Book of Discipline) 77, 78, 82, 90주; **제2 치리서**(the Second Book of Discipline) 82, 83
**시민 국가, 시민 정부** 46-48, 54, 56, 61, 81, 83, 90
**신복음주의** 64, 239, 251, 259
**신앙의 유비**(*analogia fidei*) 64, 274
**신자유주의 신학** 64, 97, 251
**신정통주의 신학** 6, 61주, 64, 97, 251, 262, 272
**신화**(神化, θεοποίησις, *deificatio*, deification) 121, 159, 164, 165, 167, 170, 171, 174, 277, 278주, 282, 288-291주, 295, 299, 301, 304-309, 313, 314
**쏘키누스주의**(Socianism) 197
**아리우스주의**(Arianism) 155
**아미랄드주의**(Amyraldism) 235주
**아일랜드 종교 조항들**(the Irish Articles of Religion) 88주
**아폴리나리우스주의** 155
**알미니우스주의**(Arminianism) 183, 197, 226, 235
**앙양**(*elevatio*) 92, 275, 277-279, 282, 284, 286, 290-292, 307, 308, 315주
**양심**(*conscientia*) 49, 79, 129, 220
**언약 국가**(covenanted nation) 86, 116
**언약: 법정적 언약** 135; **새 언약**(*foedus novum*) 9, 25, 34, 40, 135, 140, 143, 145, 153, 154, 182, 184-186, 189, 194, 205, 206, 221, 222, 275-277, 306, 308, 309, 315, 324; **신·구약의 실체** 23, 187, 216; **언약**(בְּרִית, διαθήκη, *foedus*, *pactum*, *testamentum*) 140, 187; **언약신학** 9, 23-26, 33, 41,

47주, 51, 56, 62-64, 86, 87, 92, 100, 103, 105, 106, 120, 121, 130-134, 139, 145주, 151-153, 155, 175, 177, 178, 187주, 207, 223, 277주-279, 282; **언약의 머리** 9, 53, 121, 133, 145, 184, 192, 267; **언약의 법**(*lex foederis*) 23, 37, 50, 55; **언약의 보증** 184, 308; **언약적 머리** 126; **언약적 통치** 135, 138; **은혜언약**(*foedus gratiae*) 25, 34, 55, 120-122, 134-146, 154, 179, 182-186, 190-194, 205, 206, 222; **일방적 약정**(διαθήκη) 140; **자연언약**(*foedus naturae*) 135, 181; **조건성**(conditionality) 24, 25, 183, 207; **첫 언약**(*foedus primum*) 50, 135, 138, 139, 142, 145, 182, 194, 221, 276, 278, 308, 309, 314, 315; **행위언약**(*foedus operum*) 25, 34, 121, 134-143, 146, 154, 173, 181, 182, 185, 186, 200, 205-207, 221, 222주, 276, 277

**에라스티안**(Erastian) 88주

**에비온주의** 155

**연합의 신학**(*theologia unionis*) 30

**영광의 상태**(*status gloriae*) 301

**영국교회의 39개 조항**(the Thirty-Nine Articles of the Church of England) 88주

**영적 통치** 75

**영지주의** 155, 211주, 221, 272, 282

**영화**(*glorificatio*) 121, 142, 281, 296, 299, 312

**예정론: 마땅한 형벌**(*poena debita*) 36, 52, 113, 114, 150, 151, 180주; **만인구원설** 286주; **무조건적 사랑** 110, 141; **무조건적 선택** 8, 31, 78, 126, 179, 190; **무조건적 은혜**(*gratia immerita*) 60, 113, 141, 150, 151, 180주, 190, 213; **무조건적인 보증**(*expromissor*) 141, 143; **선택**(*electio*) 8, 9, 22, 36, 40, 45, 52, 55, 57, 60, 78, 86, 90주, 93, 99, 105, 106, 108, 112-116, 118, 119, 124, 127-129, 134, 141, 148-151, 153, 154, 179, 180주, 190, 199, 205, 259, 308, 309, 322, 330; **예정** 24, 28, 40, 45-48, 52, 54-57주, 64주, 78, 86, 94, 105, 110-112, 115, 122, 123, 126주-128, 149, 153, 213, 234, 279, 282, 284, 285;

**예지**(prescience) 111, 113, 139, 141, 280, 297, 300; **예지예정** 40; **유기**(*reprobatio*) 36, 40, 52, 55, 57, 58, 105, 112-115, 134, 149-151, 153, 180주, 259; **이중예정**(*praedestinatio duplex*) 9, 40, 55, 90주, 113, 114, 118, 122, 151; **하나님의 작정**(*decretum*) 22-25주, 33, 36, 48, 55, 56, 105, 106, 111-113, 117, 124, 126, 127, 132, 133, 135, 139-142, 149-151, 180, 184, 189, 190, 199, 200, 204, 206, 232, 233, 235, 236주, 259, 269, 277, 278, 280, 281, 283-286, 297, 300, 307, 313, 324

**오직 그리스도** 14, 74, 120, 121, 143, 144, 193, 233, 248, 262, 267, 275, 285

**오직 믿음** 14, 29, 52, 55, 85, 216, 226, 262, 310

**오직 성경** 14, 26, 27, 28, 39, 56, 68, 91, 96, 109, 119, 127, 133, 213, 234, 248, 260, 262, 272주

**오직 은혜** 14, 36, 52, 55, 221

**오직 하나님께 영광** 14

**우리를 아는 지식**(*cognitio Dei et nostri*) 30, 47, 49, 58

**우리를 위한 하나님**(*Deus pro nobis*) 29

**원죄: 벌치적 죄상**(罰値的 罪狀, *reatus poenae*), **책치적 죄상**(責値的 罪狀, *reatus culpae*) 146; **오염**(*corruptio*) 47, 50, 145-147; **운명**(*fatum*) 55, 111; **원죄**(*peccatum originale*) 47, 50, 55, 144-146, 173, 181, 193; **전적 타락** 31, 36, 40, 99, 277, 285, 314; **전적인 무능** 146; **전적인 부패** 146; **죄책**(*reatus*) 47, 50, 145-147

**웨스트민스터 표준문서: 웨스트민스터 대요리문답**(The Westminster Larger Catechism) 39, 87, 140, 241, 247; **웨스트민스터 소요리문답**(The Westminster Shorter Catechism) 39, 87, 124, 241, 247, 322; **웨스트민스터 신앙고백서(신도게요서)** 8, 16, 32, 33주, 35주, 38주-41, 72, 87-93, 101, 104, 119-126, 130, 205, 241, 247, 264, 266, 275, 324, 331; **웨스트민스터 총회** 8, 39, 87-89; **웨스트민스터 표준문서**(The Westminster Standards) 99, 104, 129, 250

위격적 특성 50
유니테리언(Unitarian) 114, 264, 268
유티케스주의 155
유한은 무한을 파악할 수 없다(finitum non capax infiniti) 30, 164
은혜의 방편(은혜의 수단, media gratiae, the means of grace) 37, 53, 126, 230, 319, 332, 335, 336
이신칭의 45, 48, 59, 102, 222, 227, 228
이중적 은혜(gratia duplex) 9, 52, 59, 152, 336
이중적 통치 75
인도 장로교회 88
일반은총 35, 47, 48, 49, 54, 58, 61, 65, 66주, 75, 231, 298, 299, 302
입법권 48, 53, 74
잉글랜드 청교도 25주
자연법 55, 61, 66, 76, 181, 220
자유의지 45, 50, 54, 55, 158, 234, 309
자유주의 신학 6, 95, 96, 210, 211주, 213-215, 218, 231, 234, 242, 251, 252, 254, 260-262, 334
장로: 가르치는 장로(Teaching Elders) 89주; 장로(elder, senior) 73, 74주, 78, 80-83, 89, 102; 치리 장로(Ruling Elders) 89주
장로교: 장로교 신학 25주, 71, 72, 87, 90, 93-95, 98, 122, 123, 127, 130, 321; 장로교 정치 83, 89, 90, 92, 100; 장로교 정치 양식(Form of Presbyterian Government) 88주, 89; 장로교회 70, 93, 123, 127-130, 250, 266, 319; 장로회(presbyterorum collegium, eldership, assembly) 74, 83, 84, 88주
(소위) 중심 교리(the so-called central dogma) 27;
재세례파(Anabaptism) 196, 311주
전가(imputatio) 8, 9, 25, 34, 35주, 37, 47, 48, 50-52, 54, 55, 58, 59, 61, 62, 92, 100, 105, 106, 113, 120-122, 124, 126, 127, 132-134, 137, 140주, 143-147, 149-152, 154, 165, 167, 174, 185-187, 193, 198, 199, 201, 203, 205, 207, 217, 221, 223, 224, 229, 230, 233주, 235, 236, 271, 275, 277주-279주, 281주, 298, 307, 309, 310, 314, 317, 324
전적 성경 56

전적 은혜 25, 31, 36, 52, 55, 99, 138, 179, 226, 230, 277, 336
정치의 8대 원리 129
정통신학 16, 41, 93, 94, 248, 250, 251, 334
제1차 『신앙교육서』 8, 44-45, 48
제2차 콘스탄티노플 신경 157
제네바 교회규칙서 78
제한 속죄 31, 34주
조건적 보증(fideiussor) 141
조명(illuminatio) 29, 49, 58, 91, 108, 122, 273
조선신학교 95주, 260주
존재의 통보 278주, 285
종교[기독교]의 합당한 가르침(propria religionis placita) 30
종교개혁(Reformation) 14주, 16-18, 44, 68, 77, 85, 87, 99, 101, 103, 104, 117, 164, 211
종교의 씨앗(semen religionis) 49
종말 46주, 47, 48, 52, 55, 65주, 97, 152, 274, 291, 303, 304, 306, 312, 315주, 318, 319주, 325
종합적-체계적 46, 61, 318
죄 사함(remissio peccatorum) 37, 48, 52, 121, 147, 165, 186, 198, 273, 312
주기도문 46
주의주의 280
주입(infusa) 275, 281주, 286, 298, 299주
중생 35, 45, 48, 51, 60, 124, 226, 336
직제 92, 101, 108
진화, 진화론 219, 221, 286-288, 290, 291, 293, 299, 306, 308, 309, 314
집사(deacon) 73, 74, 78, 80, 81, 83, 84, 89
참 경건(pietas vera) 15
참 신학(theologia vera) 15, 44
참 종교 45, 125, 324
창조와 재창조: 새 창조(nova creatio) 275; 순전한 상태(status integritatis) 301; 원상 회복(restitutio in integrum) 278, 279, 299, 308; 재창조(recreatio) 227, 272, 273, 275, 278, 279, 302, 305, 306, 308, 313, 314; 창조 18, 23, 25주, 31, 35, 47주, 50, 54, 55, 62, 76, 133, 139, 176, 179, 219, 221, 224, 236주, 246, 273, 274, 277-279,

280-286, 288-293, 295, 297-301, 303-306, 308, 312--315주; 창조경륜 273, 276, 277, 291, 299, 302; 창조중보자(mediator creationis) 10, 271, 272-275, 277-279, 286, 296, 298-302, 305, 306, 308, 313
하나님의 형상 30, 47, 49, 55, 221, 227, 278, 284, 300, 315
청교도 개혁주의 93, 123, 250
초 칼빈주의(the so-called extra Calvinisticum) 164
초대교회 6, 101, 156, 159, 169주, 170, 174, 175주, 211, 224, 243, 277주, 296
총신대학교 71, 242, 243
최후의 심판 46주, 54, 55, 182
칭의 9, 22, 37, 47주, 48, 52, 55, 121, 144, 152, 222, 223, 227, 229주, 335, 336
칼빈주의 14, 18-21, 24, 27, 28, 31, 66, 78, 83, 88, 89, 94, 105, 116, 123, 207, 213주, 218, 226, 231, 234, 247, 261, 263
칼빈주의자 6, 15, 19, 21, 24주, 26, 39, 62, 64, 213, 260
칼케돈 신경 155, 172, 175, 254, 268, 270, 281, 287
타락전예정설(전택설, supralapsarianism) 139주, 150, 154주, 180주, 190
타락후예정설(후택설, infralapsarianism) 139주, 150, 154주
톨레도 229주
통일성 232, 266, 329-331
통치의 정점(culmen) 133
특별은총 35, 58, 65, 231, 298, 299
페리코레시스(περιχώρησις, circumincessio) 158, 174, 289, 290
펠라기우스주의자 183
평양신학교 94, 95, 247
하나님을 아는 지식 30, 45, 47, 49, 66, 92, 122, 204, 218, 230
하나님을 알만한 지식(sensus divinitatis) 49
하나님의 통치(gubernatio) 76, 312
하이델베르크 신앙교육서(Heidelberger Katechismus) 32
한국 장로교회 15, 94, 123, 263, 335
한국기독교교회협의회(NCCK) 243, 249

항상 개혁되어지고 있어야 한다(semper est reformanda) 15, 100
『현대신학비평』 94
화란 개혁교회의 5대 원리 129
확신(fiducia) 15, 40, 47주-49, 51, 55, 60, 81, 85, 93, 99, 109, 110, 111, 118, 123, 126, 127주, 251, 311주
회개 45, 47주, 48, 59, 77, 80, 124
회복(restitutio) 49, 147, 201, 227, 274, 275, 278-280, 284, 285, 299, 300, 302, 304, 305, 308, 314
회복신학(restitution-theology) 278
12신조(조선예수교장로회 신조) 39주, 88, 241, 247, 264, 319
51인 신앙동지회 210, 213, 217, 214주, 218주, 239, 260주, 261주
WCC: WCC(World Council of Churches, 세계교회협의회) 7, 10, 98, 107주, 125, 210, 226, 231, 233, 238-268; WCC 제10차 부산총회 240-243, 245, 246, 249, 267, 268; 반교리적 10, 96, 211, 240, 249; 비성경적 10, 211, 230, 240, 243, 248, 249, 261; 에큐메니즘 10, 210, 240, 243, 249, 256, 335; 에큐메니칼 운동 240, 241, 248-259, 263-269; 종교다원주의 226, 242-245, 247, 249, 256, 261, 267, 269, 335; 종교혼합주의 242, 247, 267

# 성구 색인

## 구약

**창세기**
1:26 179, 283, 284주, 293주
2:16-17 181, 191, 193
2:17 137
3:15 115, 143, 194, 195, 200
8:21-22 195
9:8-11 185
9:8-18 195
12:1-3 185
12:15 195
12:22 195
15:4-21 195
15:6 203
17:2 185
17:4-8 185
17:5-8 195
18:18-19 195
22:17-18 195
22:18 198

**출애굽기**
19:5-6 185, 196
19:6 196
24:8 196
29:45 203

**레위기**
17:4 146
17:11 182, 273
18:5 182
26:9 185
26:12 203

**신명기**
29:13 196

**사무엘하**
7:11-17 196
7:14 309
7:16 198

**역대상**
28:6 309

**시편**
2:7 191
32:2 146
89:3 190
89:3-4 196

**이사야**
42:1 191
42:1-4 245
42:6 190
43:10 191
49:8 196
53:4-11 191
53:6, 12 146
55:3 187
55:3-4 196
55:3하-5 198

**예레미야**
24:7 203
24:33 203
31:31-33 185
32:38 203

**에스겔**
11:20 203
34:24 203
37:23 203
37:27 203

**호세아**
6:7 191

**하박국**
3:2 194

**스가랴**
8:8 203

## 신약

**마태복음**
1:1 197
1:23 185
3:17 309
12:18 191
16:18 125, 325
18:15-20 326
24:29 307
26:26-28 185
26:28 198
28:16-20 234주
28:20 311

**마가복음**
1:11 309
14:22-24 185

**누가복음**
3:22 309
20:38 203
22:14-20 198
22:15-20 185
22:29 190
22:29-30 198
23:20 143
24:26 191

**요한복음**
1:14 58, 111, 271
1:17 58, 111

1:29　146
3:15　149
5:30　190
5:34　190
6:38-40　190
7:37-38　312
12:31　194
14:6　58, 203
14:13-14　59, 185
14:16　185, 311, 312
14:16-17　133
14:17　185
15:1-12　204
15:7　185
15:26　311, 312
16:7　311, 312
16:14　311
17:3　58
17:4-12　190
17:22　315
17:24　190, 315
19:30　132, 185

사도행전
2:23　191
2:33　185
2:33-36　271
2:38　312
4:12　199
4:28　191
7:38　325, 326, 327
13:33　190
19:32　326
19:39　326
19:41　326

로마서
1:2-6　271
8:12-19　192
4:8　146
5:2　144, 315
5:8　149
5:12　146, 204

5:12-14　192
5:12-21　184, 190, 200
5:14하-19　194
5:21　204
8:9　121, 185, 306, 312
8:14　312
8:17　59, 185, 233, 306, 309
8:18　315
8:21　307, 315
8:21-22　307
8:29　135
9:23　315
10:4　275주
10:5　182
12:8　73
16:20　194

고린도전서
2:7　315
3:17　312
4:1　73
11:25　143
12:12　204
12:27　204
12:28　73
15:22　184, 190, 204
15:47-48　135

고린도후서
1:20　59
3:3　204
3:18　315
4:17　315, 316
5:19　146
5:21　146
6:16　203

갈라디아서
2:16　195
3:16　195
3:20　133, 185, 204
3:12　182
3:13　146, 275주

3:15-18　183
5:6　59

에베소서
1:3-14　179
1:4　149, 190, 204주
1:9　180주
1:10　180주, 307
1:18　316
1:23　204
2:1-6　204
2:20　31
3:6　306
3:9　180주
3:11　179, 190
4:15　204
5:25　327

빌립보서
2:5-11　271
2:7-8　272주

골로새서
1:15-23　271
1:20　307
1:27　316
3:4　316

데살로니가전서
2:12　316

데살로니가후서
2:13　179, 190
2:14　316

디모데전서
3:15　31

디모데후서
1:1　190
1:9　149, 179
2:10　316
3:14　15
3:16　15

**디도서**
1:9  74

**히브리서**
1:5  190
5:5  190
7:21  185
7:22  144, 184
8:6  205
8:6-13  185
8:10  203
9:14  198
9:15  185
9:22  182, 198, 273
9:24  307
9:28  146
9:11-15  185
10:4  143
10:5-7  190
10:18  190
12:24  185
13:8  199
13:20  185, 199

**야고보서**
2:5  179, 190

**베드로전서**
1:2  179, 190, 199
1:11  306
1:20  191
2:9  196
2:24  146
5:1  316

**베드로후서**
3:10  307
3:12-13  307
3:13  307

**요한일서**
2:18-29  211주
4:2-6  211주
4:9  149

**요한이서**
1:7  211주

**요한계시록**
2:7  312
2:11  312
2:29  312
3:6  312
3:13  312
3:22  312
13:8  191
17:14  195
21:1  307
21:3  203, 306
21:5  307

# 인명 색인

Altmann, Walter  247주
Ames, William  25주
Amstrong, Brian G.  67주
Amyraut, Moïse  235주
Anselm  148주
Apollinarius  211, 221, 282
Aquinas, Thomas  166주
Arius  211
Athanasius  6, 159, 170, 175주, 272, 278주
Augustine  16, 102, 178, 183, 301주, 330, 332, 334
Baker, J. Wayne  24주, 186주
Balfour of Burleigh  77주, 78주, 82주, 85주
Ball, John  25주
Balserak, Jon  68주
Barth, Karl  6, 61주, 97, 164, 194, 207, 213, 225, 233, 235, 236, 251, 272주, 278주, 282-286, 290-293, 301, 307
Battles, Ford Lewis  65주
Bauke, Hermann  68주
Bavinck, Herman  6, 15, 22, 23주, 29주, 31주, 33주, 35주, 38주, 46주, 54, 101주, 134주, 136주, 139주, 151, 153주, 162주, 164, 165, 168주, 170, 171주, 179주-185주, 188, 190, 191, 202, 204, 206, 216주, 272주, 300, 301, 302주, 305, 308, 319, 320, 329
Beardslee, John W., III  25주
Beeke, Joel R.  180주, 311주
Benoît, Jean-Daniel  49주
Berkhof, Hendrikus  290, 291주, 292, 293주, 306, 307
Berkhof, Louis  29주, 35주, 37주, 38주, 134주, 138주, 139주, 155주, 179주, 180주, 181주, 182주, 206, 222주, 319, 320, 328
Berkouwer, G. C.  163, 164, 165주, 171주, 206, 301, 302, 305
Best, Thomas F.  257주
Beza, Theodore  21, 83, 113, 114, 180주
Bierma, Lyle D.  25주, 186주
Bizer, Ernst  25주
Blaser, Klauspeter  271주
Bolt, John  22주
Bornkamm, Heinrich  15주
Boston, Thomas  118주
Bradley, James E.  67주
Bratt, John H.  19주
Brinkman, Marien E.  257주
Bullinger, Heinrich  18, 24주, 25주, 186
Bultmann, Rudolf  97, 213, 251, 287
Buswell, J. Oliver, Jr.  157, 320
Butin, Philip Walker  63주
Calvin, John(Ioannes Calvinus)  6, 8, 14-32, 36주, 37주, 39, 42-57, 61-78, 80, 82, 85, 88, 90주, 91, 92, 99, 101-110, 113-130, 134주, 143, 149, 151, 164, 168, 169주, 172주, 178, 180, 183, 184, 186, 187, 197, 202주, 206, 207, 210, 215주, 217, 220주, 223주, 224주, 231주, 234, 235주, 236, 250, 266, 270, 272주, 273주, 275주, 277주, 281주, 284주, 311주, 315주, 320주, 321, 329-334
Castellion, Sebastian  110, 114
Clowney, Edmund P.  38주, 320주
Cocceius, Johannes  139, 141, 179, 181
Craig, Samuel G.  27주
Crisp, Oliver D.  174주
Cullmann, Oscar  97, 251
Cyprian  109, 334
Cyril of Alexandria  6, 169주, 170, 175주
Dabney, Robert L.  167, 206
Daniélou, Jean  156주

인명 색인    365

De Klerk, Peter  65주
De Kroon, Marijn  42주
Dennison, James T., Jr.  23주
Dillenberger, John  18주
Duffield, G. E.  49주
Edmondson, Stephen  63주
Erickson, Millard J.  320, 325, 327, 329
Eutyches  211
Evans, G.  67주
Faber, Jelle  281주
Fairbairn, Donald  158주, 169주
Ferguson, Sinclair B.  35주, 202주, 228주
Fields, Paul  61주
Fosdick, Harry Emerson  254
Fuhrmann, Paul T.  18, 44주
Gaffin, Richard B., Jr.  36주
Gamble, Richard C.  43주, 61주, 67주, 234주
Ganoczy, Alexandre  20주, 43
Garcia, Mark A.  63주
Gavrilyuk, Paul L.  169주
George, Timothy  311주
Gerrish, Brian  27주
Gillespie, George  87, 99, 100주
Godfrey, W. Robert  43주
Graham, Billy  263
Graham, W. Fred  47주
Gregory of Nazianzus  278주
Grudem, Wayne A.  320, 327, 328
Hageman, Howard G.  32주
Hall, David W.  42주, 47주
Hamilton, Patrick  85
Helm, Paul  26
Heppe, Heinrich  25주, 30주, 36주, 38주, 101주, 113주, 134주, 139주, 141주, 143주, 153주, 154주, 161주, 162, 163, 168주, 170주, 172주, 179주-181주, 185주, 270주
Hesselink, I. John  27주, 57주
Hodge, A. A.  72주, 130주, 179주, 206
Hodge, Charles  6, 15, 23주, 34주, 36주, 37주, 38주, 46주, 54, 94, 134주, 139주, 140주, 155, 156, 157주, 160, 162주,  167, 168주, 170, 178, 179주, 180주, 184주, 204, 206, 233주, 235주, 270주, 319, 335
Hoekema, Anthony A.  26주, 35주, 143주, 183주, 202주
Hoffmann, Wilhelm  159
Hooft, W. A. Visser't  252
Hunter, A. Mitchell  42
Irenaeus  159, 293-296
Jacobs, Paul  56주
John of Damascus  158
Johnson, Merwyn  67주
Johnson, Robert A.  66주
Junius, Franciscus  29
Kantzer, Kenneth S.  272주
Kelly, J. N. D.  211주
Kim, Yosep  63주
Kirk, James  78주
Knox, John  8, 24, 39, 71, 76-78, 81주, 82, 85-87, 91, 99, 101-103, 110-119, 122, 126-129, 250
Kraus, Hans-Joachim  67주
Kreck, Walter  57주
Krusche, Werner  35주, 62주
Kuiper, R. B.  320, 325
Kuyper, Abraham  15, 27, 29주, 109주, 216주, 272주, 296, 298-301, 302주, 305, 308
Laing, David  24주, 79주, 81주
Lane, Anthony N. S.  68주
Lasco, John à  78
Lefever, Ernest W.  242주
Leith, John H.  21, 39주, 57주, 66주, 88주
Leontius of Byzantium  6, 157, 158
Letham, Robert  39주, 47주, 88주, 89주, 92주, 122주, 127주, 186주
Lillback, Peter A.  26주, 42주, 47주, 63주, 133주, 145주, 183주
Lloyd-Jones, D. Martyn  85, 86주
Lobstein, Paul  29주
Luther, Martin  16, 17, 19, 20, 44, 68, 69, 102, 118주, 164, 172, 178, 183, 197
Maag, Karin  61주

Machen, J. Gresham  95, 177, 320, 321, 322, 323, 334
MacKintosh, H. R.  172주, 213주
MacLeod, Donald  34주
Marcion  211주
Marsden, George M.  95주
Mason, Roger A.  128주
McDonald, H. D.  32주
McEwen, James S.  39주, 117, 118주, 119주
McGrath, Alister A.  67주
McIntire, Carl  95
McKim, Donald K.  43주, 57주, 61주
McNeill, John T.  18, 20주, 44주, 66주
Meeter, H. Henry  19, 20, 21, 26
Melville, Andrew  83, 85주, 87주
Michell, A. F.  85주
Miller, Charles  19
Moltmann, Jürgen  97, 333
Muller, Richard A.  24, 28주, 30주, 43주, 44주, 49주, 56주, 66주, 67주, 106주, 149주, 186주
Murray, Iain  86주
Murray, John  32주, 35주, 37주, 109주, 177, 213주, 222주, 229주, 315주, 320
Nestorius  158, 211
Neuser, Wilhelm H.  26주, 44주, 61주, 67주
Niesel, Wilhelm  27주, 42
Novatian  211
Oberman, Heiko A.  16, 17, 44주, 62주, 68주
Ockenga, Harold  95
Oecolampadius, Johannes  18
Origen  161주, 286주, 294주, 298주
Orr, James  33주
Osiander, Andreas  121주, 281주, 299주
Osterhaven, M. Eugene  16, 17주, 22주, 23주
Owen, John  6, 35주
Oxnam, G. Bromley  254
Pagels, Elaine H.  211주
Pannenberg, Wolfhart  6, 97, 303주

Partee, Charles  42주
Pelagius  110, 114, 211
Pelikan, Jaroslav  22
Perkins, Pheme  211주
Perkins, William  25주
Placher, William C.  236주
Polanus, Amandus  29
Quistorp, Heinrich  65주
Rahner, Karl  6, 278주, 286-292, 307
Raynal, Charles  67주
Reid, W. Stanford  67주, 77주, 86주, 116주
Relton, Herbert M.  158주
Reymond, Robert L.  177, 237주
Ridderbos, Herman N.  178, 206
Ritschl, Albrecht  96, 212, 236
Rogers, Jack  78주, 93
Rolston, Homes, III  39주, 120주
Runia, Klaas  242주
Russell, Norman  159주
Rutherford, Samuel  25주
Ryrie, Charles C.  325
Sabellius  211
Sanday, William  32주
Schaeffer, Francis A.  95
Schaff, Philip  33주, 34주, 78주, 86주, 87주, 89주, 116주, 117주, 119주, 120주, 156주
Schleiermacher, Friedrich  6, 96, 159, 164, 171, 212, 213, 233, 235, 236, 251, 333
Scotus, Duns  280-282, 299주, 307
Servetus, Michael  114, 211주, 212주
Shedd, William G. T.  179주
Söderblom, Nathan  254
Strauss, David Friedrich  212주
Strenopoulos, Germanos  253주
Tavard, George H.  311주
Temple, William  254
Tertullian  6, 156
Theodore of Mopsuetia  158
Tillich, Paul  6, 97, 251
Torrance, James B.  26주, 143주, 183주
Torrance, Thomas F.  65주, 88주, 175주
Turretin, Francis  6, 15, 21, 23, 24주, 25주,

35주, 54-56, 134주, 140주, 143주, 162주, 168주, 172주, 179주, 181주, 184주, 185주, 270주
Ussher, James 88주
Van Asselt, Willem J. 21주, 26주, 133주
Van Dusen, Henry P. 254
Van Ruler, A. A. 303-306, 309
Van Til, Cornelius 28주, 109주, 220, 272주
Van't Spijker, Willem 43주, 44주, 105주
Vermigli, Peter Martyr 162주
Vos, Geerhardus 177, 178, 179주, 206, 320
Wallace, Ronald S. 65주, 66주
Warfield, B. B. 6, 15, 24주, 27주, 29주, 33주-35주, 39주, 43주, 62주, 91주, 94, 120주, 122주, 139주, 177, 211주, 180주, 211주, 220주
Weir, David A. 25주
Welch, Claude 18주
Welker, Michael 27, 67주
Wendel, François 42, 49주
Willis, David. E. 27주, 62주, 67주, 164주
Witsius, Herman 25주, 141주, 217주
Wright, David F. 68주
Wyatt, Peter 281주
Zwingli, Ulrich 18, 24주, 119, 186, 333

간하배 39, 71주, 95주, 104주, 241주, 247주, 260주
고성모 264주
권연호 264주
금주섭 241주
김길성 10, 38주, 317-337
김남식 210주, 214주, 215주, 218주, 259주, 260주, 261주
김윤찬 264주
김재준 95주, 218, 260
노진현 264주
마삼락 263
마포삼열 263
명신홍 264주, 318
문병호(Byung-Ho Moon) 24주, 27주, 30주, 34주, 37주, 43주, 45주, 47주, 49주, 56주, 57주, 61주-63주, 90주-92주, 98주, 105주, 107주, 118주-122주, 134주, 140주, 148주, 155주, 172주, 187주, 209주, 223주, 224주, 226주, 228주, 231주, 240주, 249주, 260주, 272주, 273주, 275주, 280주, 315주
문재구 264주
박명수 241주
박병훈 262, 264주
박성원 246주, 247주
박아론 318
박용규 39주, 71, 95주, 104주, 241주
(정암) 박윤선 9, 95, 123, 177-208, 318
박정신 94주
박종삼 264주
박찬목 264
(죽산) 박형룡 8, 9, 38주, 39, 41, 72, 93-98, 103, 104, 123-130, 132-176, 206, 210주, 214, 215, 218, 227, 231주, 238-240, 250-259, 260, 262, 264주, 267, 270주, 318-320주, 329
서기행 248
서영일 206주, 207주
서철원(Chul-won Suh) 7, 10, 222주, 270-316주, 318
소재열 214주, 260주
손병호 89주
송창근 218
안광국 262
양화석 264주
오덕교 72주, 78주, 89주, 105주
유영기 187주
유호준 262, 265
이대영 264주
이상규 172주, 210주
이상근 318
이상웅 39주, 160주, 321주
이승구 95주, 123주, 241주
이정노 264주
이환수 264주
장차남 259주
전필순 262
(해원) 정규오 9, 38주, 209-240, 251, 259-266, 269, 318

**정병준** 241주
**정성구** 207주
**정순모** 264주
**조동진** 264, 265
**조영엽** 242주
**차남진** 318
**차영배** 201, 313주
**한경직** 262
**황은균** 262, 264주
**황창기** 208주